MINERVA
社会福祉叢書
㊷

福祉哲学の継承と再生

―社会福祉の経験をいま問い直す―

中村　剛著

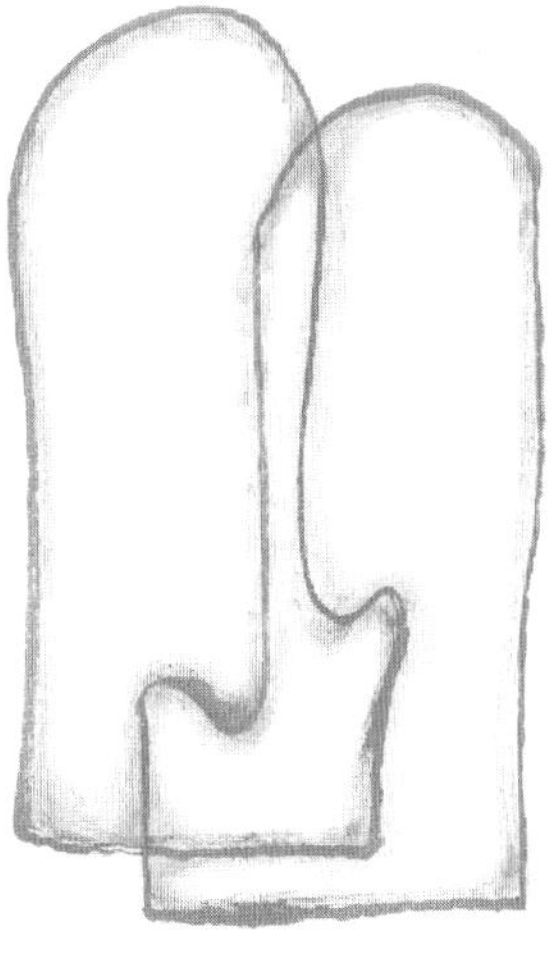

ミネルヴァ書房

はじめに
――この世に生を受けた全ての人に開かれた哲学

哲学の主体は誰なのか。地域で暮らす多くの人にとって哲学は無縁の営みであり、大学の文学部哲学科という極めて限られた場所で行われている特殊な営み、というのが一般的な理解ではないだろうか。少なくとも、筆者はそのように思っていた。大阪大学で始まった臨床哲学という運動は、大学の外に出て、街中で市民と、学校で生徒と対話するという哲学実践をしており、筆者の印象を変えてくれた。それでも、哲学は物事を「自分で考えることが出来る人」が行う営みであり、筆者が仕事を通して日々出会った最重度といわれる知的障害がある人たちのように、考えることが苦手な人も哲学の主体である、という発想は筆者にはなかった。

しかし、日本社会福祉学会第六一回秋季大会（二〇一三年）における特定課題セッション（テーマ：社会福祉哲学の意味・枠組・内容）で筆者が本書内容の概略を報告した時、参加者から「アウシュヴィッツで亡くなっていった人と福祉哲学はどう関係するのか。それらの人も福祉哲学をすることが出来るのか」といった旨の質問を受けた。この問いかけに触発され、「哲学の営みにおいて重要なことは『問い』を発することである。アウシュヴィッツで亡くなった人も、最重度と言われる知的障害がある人も、『他者と共に生きる』上で極めて重要な問いを発するという形で福祉哲学をしている」といったことに気づき、そのことをセッションの最後に話した。

この世に生を受けた人は誰でも、問う、考える、あるいは問い考えるといった仕方で哲学の主体となり得るのである。そして、問いかけ、それに応え考えるという対話としての哲学、即ち複数で営まれる哲学、それが福祉哲学なのである。

阿部志郎のような福祉哲学者によって、福祉哲学の可能性の一端は示されてはいるものの、その哲学がもつ可能性は十分に顕在化していない。この現状に対して、福祉哲学の先覚者からの学び（継承）を基に、「こうすれば福祉哲学をすることが出来る」という福祉哲学の実践を示すことで、福祉哲学という営みを再生することが本書の目的である。

本書では多様な声、証言が聴かれ、その声への応答が力となり、福祉哲学という思考が展開されていく。そこで聴かれる声には、それを発した人がおり、そこには〝かけがえのない生〟があった。僭越なことかもしれないが、読んでいただく上で、この点を心に留めていただければと思う。

凡　例

1　引用は本文中に、（著者名　発行年：該当ページ）という形で表記している。例えば、（中村 2013：125）とは、文献一覧にある、中村……（2013）『文献名』出版社、の文献を指し、その一二五頁にある文章から引用したことを意味している。
2　引用の場合、「　」内は原文そのままの引用である。ただし、数字については本文が縦書きであるため、アラビア数字は漢数字に変換している。一方、「　」がない場合は若干文章を整え引用している。
3　著書名は『　』で、引用文は「　」で示している。
4　話し言葉による文章も「　」で示している。この場合、引用文と違い（著者名　発行年：該当ページ）という表記がない。
5　強調する言葉は「　」あるいは〝　〟で表記している。この内〝　〟の表記は、福祉哲学の思考を表わしていると思われる言葉やフレーズである。
6　文中の／は、または、あるいは、を意味する。
7　出典を示していない図はすべて筆者が作成したものである。

福祉哲学の継承と再生——社会福祉の経験をいま問い直す

目次

第Ⅰ部　福祉哲学の生成

第Ⅱ部　福祉哲学を実践する

第Ⅲ部　福祉哲学がもたらすもの

序　章　経験に基づき根源から問い考える

第一節　いま、福祉哲学を問う理由

福祉哲学とは、まだ耳慣れない言葉である。その内容は本書を通して示すことになるが、ここでは、「社会福祉とは何かを根本から問い考える哲学」と規定しておく。最初に、何故福祉哲学をテーマとするのか、その理由を社会福祉学の可能性、福祉システムがもたらす思考停止状態への抵抗、地域住民との協働、そして社会福祉の発展といった四つの観点から述べる。

(一)社会福祉学の可能性

一九五四年に日本社会福祉学会が設立された当初から、社会福祉学の中心には社会福祉原論という研究領域があった。原論は一般に、①その学問領域の独自の概念、定義及び全体の輪郭としての体系、②その学問の根幹をなす根本原理・哲学、③その学問の理論史と背景の歴史、という構成要素から成る。木原活信は原論をこのように捉えた上で、社会福祉原論は「①の枠組みとしての体系に重点がおかれているのに対して、②、③の社会福祉の哲学や歴史というものがやや軽視されてきたのではないかと考えられる」(木原 2012：111）と指摘する。さらに木原は、アメリカやカナダ、イギリスその他の国を調べても社会福祉原論という領域は存在せず、そのため「日本の社会福祉原論研究へのある種のこだわりは、世界の社会福祉研究でみれば、特異なもの、ガラパゴス化した議論といわざるを得ない」(木原 2012：112）と指摘する。ただし、木原はガラパゴス化を必ずしも否定的に捉えているわけではない。外国の影響を受けず、「鎖国」した中で醸し出したが故に、社会福祉の本質や社会福祉とソーシャルワークの差異などの議論を深めることに有効に働いたと述べている（木原 2012：112)。

木原も示唆しているように、社会福祉学の先人が見出した本質に対する問いを継承し、その問いを考え抜くことが出来る福祉哲学を見出すことで、その成果を海外に発信していくことが必要である（木原 2012：112)。そこに日本の社会福祉学の可能性の一つが宿っていると考える。この可能性を顕在化させるために福祉哲学が必要である。

(二) 福祉システムがもたらす思考停止状態への抵抗

小倉襄二が書評で筆者の『福祉哲学の構想——福祉の思考空間を切り拓く』(2009）を取り上げ、本書を〝警世の書〟と位置づけた（小倉 2010：103)。それは、いまや福祉は強大なシステムとなり、現場で福祉に対する根源的な問いに接していながら、その問いを考えなくなっている（思考停止状態になっている）ことに対する警告という意味である。

小倉の指摘の通り、社会福祉は巨大な福祉システムとなり、様々な規則とマニュアルのもとで、日々の業務に追われながら福祉サービスが提供されている。そこにあるのは、どうすれば問題や課題に対処できるかといった問題解決の思考ばかりである。これは福祉システムが必然的に要求することを考えているに過ぎない。

しかし、福祉システムの中にいても、人が人と出会い、支援という関わりをもつと、「福祉とは何か」、「何故支援するのか」、「人間が尊厳をもつ根拠は何なのか」といった問いが心に浮かぶ。筆者はそうであった。筆者だけが、そのような問いが心に浮かぶ特異な人間であるとはとても思えない。同様な問いは、多くの人の心に浮かんだであろう。しかし、それが問いとして設定され考えられることは少なく、ましてや、それを考え抜く（哲学する）ことは稀のようである。ここには、福祉システムが要求すること以外のことに対する思考停止状態がある。

福祉システムがそこに属する人たちの思考と行為を調整し、人として主体的に考える機会を奪っている。そして、人々にその自覚は殆んどない。しかし、痛みや苦しみ、喜びや希望を感じるのはシステムではなく人である。そして、システムを作りシステムを利用するのも、感性と思考力をもった人である。システムに抗し、人が人としての感性と思考力をもって福祉システムを構築し、利用していくためには、その根底に、人として感じ、問い考える福祉哲学が不可欠である。

(三) 社会福祉に対する地域住民の理解

社会福祉の諸問題は社会の問題であり、その問題への対応は社会を統治する国の責任である。しかし、社会福祉の諸問題に対応するためには、法制度に基づく社会福祉事業に従事する専門職と地域住民が協働して取り組む必要がある。そして、問題に事後的に対応するだけでなく、問題を生み出さないような社会の仕組みを皆で考えていくことが望まれる。

では、社会福祉に対する地域住民の意識はどのようなものだろうか。大学の社会福祉学部という環境の中では、社会福祉は誰もが必要に応じて利用できる（利用する）普遍的な権利保障の仕組みであると理解されている。しかし、一歩大学から出て、地域の人と話をすると、筆者自身の親も含めて、大学における社会福祉の理解を地域住民もしている訳ではないことをしばしば痛感する。ここで筆者が感じる住民の意識とは次のようなものである。

一つめは、社会福祉は生活に困った一部の人に税金を使って施されるものであり、自分は社会福祉のお世話にはなりたくないという憐れみと選別的な意識である。二つめは、「(支援を)やってあげる」という意識である。社会福祉基礎構造改革では、今後の社会福祉の方向性として、地域福祉の推進や利用者とサービス提供者の対等な関係が掲げられた。しかし、地域住民には、否、福祉サービスの提供者にも、「~をやってあげる」、「手伝ってあげる」という意識は未だ根強い。また、この点は社会福祉学部に入学する学生にも観られる。三つめは、社会福祉は税金を使って国や地方自治体が行うものであり、自分には関係がないという意識である。言い換えれば、社会福祉は「他人事」という意識である。昔から、例えば障害者福祉には賛成、でも自分の家の近くに障害者施設ができることは反対という「総論賛成、各論反対」という意識構造がある。これは他人事の内は賛成だが、いざ我が事になると反対するという意識である。そして四つめは、税金を使う生活保護受給者、虐待をする人たち、あるいは貧困から犯罪や非行に走る人たちに対する敵意である。そこには、それらの人々がどのような生い立ちでいまの状態にあるのかといった背景や、その状態を生み出している社会の不正の仕組みに対する理解は乏しい。結果、本来であれば、社会を構成する不正の仕組みを批判し改善しなければならないのに、そこに目は向かず、目の前の人を敵対視してしまう。

地域住民に、社会福祉は誰もが必要に応じて利用できる(利用する)普遍的な権利保障の仕組みであることを理解してもらうことは、共に支え合う社会を築いていく上で必要である。この「社会福祉は普遍的な権利保障の仕組みである」という理解は、望まれる福祉システム(法制度に基づく社会福祉の仕組み)の特徴(普遍主義という特徴)を言い表しているに過ぎず、社会福祉の本質の全てを表現している訳ではない。とは言え、社会福祉学が社会福祉の本質を解明しているかと言えば、そうではない。共に支え合う社会を築いていくためには、福祉哲学という営みを通して、様々な立場の人が社会福祉の本質に対する理解を深めていく必要がある。

（四）社会福祉の発展

いつの時代・社会にも、極めて困難な生活を強いられている人たち、人間らしい普通の暮らしをすることが困難な人たちが大勢いる。それが今日では、児童虐待、いじめ、子どもの貧困、ドメスティックバイオレンス、孤独死や無縁死（誰にも引き取られない遺体）、老老介護を含めた介護の問題、過労死、失業、多重債務、現在でも四人一部屋で暮らしている障害者や高齢者の入所施設での暮らしといった姿として現れている。

社会福祉とは、姿かたちを変えて存在しつづけるこれらの生活困難／人間らしい暮らしの剥奪／社会からの排除に抗し、社会との適切な関わりの中で人間らしい暮らしを支える営みといえるであろう。この社会福祉という営みは、経済、政治、文化（国民の意識、具体的には地域で暮らす一人ひとりの住民＝地域住民の意識）といった外的要因に大きく左右される。経済が停滞すれば税収が減り社会福祉を支える財政的基盤が弱まる。自助努力を強く謳う新自由主義のような政治思想が強ければ社会福祉の制度は縮小する。そして、国民（地域住民）の社会福祉に対する理解や協力がなければ社会福祉は衰退する。そうなれば、先に述べたような諸問題への対応がますます困難になる。

それ故、社会福祉原論の研究に求められることは、これら外的要因に抗して、社会福祉という営みを維持・発展させることが出来る内的要因（社会福祉が潜在的に宿している原動力）を明らかにすることである。そして、それを根拠に、社会福祉の諸問題に対応するだけでなく、問題を生み出さないような社会の仕組みを皆で考えていくことである。この求めに応じるためには、古川孝順らの原理研究に見られるように、社会福祉とそうでない政策や活動の区別及びその関連性を整理するだけでなく、木原（2012：111-114）が問題提起しているように、歴史や福祉哲学といった観点から、社会福祉とは何であるのかを、その根源から問い直さなければならない。

第二節　問い／方法／目的

以上の四点が、いま、福祉哲学が必要とされる理由である。では、どうすれば社会福祉を根本から問い直す「福祉哲学」をすることが出来るのだろうか。これが、本書における問いである。この問いに応える方法が、「福祉哲学はこうすれば出来る」という福祉哲学の枠組みとプロセスに関する仮説を提示し、それに基づき福祉哲学を自ら行い、その妥当性を検証するという方法である。

本書の目的は、このような問いと方法を実践することで、福祉哲学を継承し、それを今日において再生することである。

第三節　本書の内容

(一) 概　略

前述した目的を達成するために、本書では第Ⅰ部「福祉哲学の生成」、第Ⅱ部「福祉哲学の実践」、第Ⅲ部「福祉哲学がもたらすもの」という三部構成により議論を展開する。

第Ⅰ部「福祉哲学の生成」の第一章で福祉哲学の枠組みとプロセスを提示する。そこでは、福祉哲学という思考は、まず、〝視るべきもの〟を視て、そこにある声／声なき声を証言として聴くことから始まることが示される。ここで言う〝視るべきもの〟とは、〝人としての尊厳が剥奪されているような状況〟を意味する。その状況に身を置いた時、そこには眼差しが示す懇願、体や行動が示す拒否、あるいは呻きといった声なき声が発せられていることに気づく。また「何故」、「どうして」という問いも潜んでいる。この声に情動性（共感や怒りそして苦痛）を伴った形で応答する時、福祉哲学という独自の思考が立ち上がる。第三章ではその場面と瞬間を捉える。そして、そこで生じる問いと思考について論じる中で、福祉哲学の問いには、社会福祉の原理、目的、そして社会福祉の本質に関する問いがあることを、具体的な問いの形で提示する。これらの問いが第Ⅱ部以降における考察対象となる。

第Ⅱ部「福祉哲学の実践」では、社会福祉の原理に関する問い、社会福祉の目的に関する問い、そして、社会福祉の本質に関する問いといった福祉哲学の問いを巡って思考を展開する。福祉哲学の問いを考えるためには、まず、同様の問いについて考えていた福祉哲学の先覚者からの学びが必要である。そのため第四章では、筆者が最も多くを学び影響を受けている小倉襄二と阿部志郎の福祉の哲学と思想を整理する。次に、福祉哲学の問いを考えるためには、歴史・社会の中に常に存在し続ける〝人を人とも思わぬ状況〟とその状況を生み出している力、規範、仕組みを事実として理解する必要がある。そのために、第五章第一節では社会科学からの学びを、第二節では社会哲学からの学びを整理する。続けて、明らかにされた事実を前にして、社会福祉はどうしなければならないのかを考える必要がある。そのため第五章第三節では、ロールズ、セン、デリダの正義に関する考え方、及び、バーリン／シュクラー／マルガリート／イグナティエフの自由や人権に関する考え方を整理する。また、人間をどのように理解するのかは社会福祉の生命線であり、福祉哲学において絶えず問い考え、理解を深めていかなければならない。そのため第五章第四節ではブランショの文学に対する考え方を学んだ上で、エリスンの『見えない人間』とプルーストの『失われた時を求めて』を取り上げ、そこから人間に対する理解を深める。この二つの章では、問いを設定し、その問いについて根源から考えるのではなく、福祉哲学の問いを考えるために必要となる知識の整理を行っている。

これに対して、第六章と第七章では具体的な問いを設定し、その問いをより根源的な地点へと遡り考えるという哲学の実践を記録している。第六章では「筆者が福祉現場で感じた〝声なき声〟と〝それに応えるように促す力〟

とは何であるのか」という問いを、より根源的な地点から考えるために、現象学という方法を用い、事象分析という形で思考を展開する。ここで見出される根源的な地点は、理性の働きが及ぶ限界である超越論的次元である。これに対して第七章では、「私（筆者）が福祉現場で聴いた（感じた）声なき声とは何であるのか」、「単なる知識ではなく、福祉への関心を喚起し、行動へと駆り立てるような次元における福祉の理解はどうすれば可能か」、「福音から福祉思想が学ぶべき点は何か」といった問いを、より根源的な地点から考えるために、キリスト教神父との対話という方法を用いて思考を展開する。ここで見出される根源的な地点は、理性の働きが及ぶ限界を超えた超越的次元である。

第Ⅲ部「福祉哲学がもたらすもの」の第八章では、社会福祉の原理、目的、そして本質に関する問いについて、超越論的次元、さらには超越的次元へと遡って考えた結果、それぞれについてどのような学び直しをしたか体系的に示す。終章では、第一章で提示した仮説がどのような形で検証されたのかを示した後、本書で福祉哲学を試みた結果として明らかになった福祉哲学の本質をまとめる。そして最後に、福祉哲学の継承と再生とはどのようなことだったのか述べた後、福祉哲学の課題と今後の方向性について整理する。第八章において明らかにしたのは社会福祉の原理、目的、本質といった福祉思想であるが、終章で明らかにしたことは、どうすれば福祉哲学をすることが出来るのかという点（本書のメインテーマ）と福祉哲学の本質である。

（二）各章の要旨

第Ⅰ部　福祉哲学の生成

第一章「福祉哲学の枠組みとプロセス――仮説の提示」では、「どうすれば福祉を根本から問い直す『福祉哲学』をすることが出来るのか」という問いに対する答えの仮説、即ち、福祉哲学はこのような枠組みとプロセスによって行われるという仮説を「福祉哲学の枠組みとプロセス」として提示する。この章では、①福祉哲学という言葉の意味を確認していき、そこから仮説の基盤となる構成要素を抽出する方法、②福祉哲学の先覚者から継承する形で仮説の軸となる構成要素を抽出する方法、③福祉哲学を遂行する上で必要不可欠なものという観点から、仮説を構成する上で必要とされる要素を抽出する方法という三つの方法を用いることで、以下の仮説を提示する。

「福祉哲学の枠組みとプロセスは、社会福祉の経験を巡って、社会福祉の現実に目を向ける（視るべきものを視る）→その現実の中で声なき声を聴き、その声に応える形で問い考える（呻きに応える）→原理や本質など社会福祉において大切なことを言葉にする（一例として〝この子らを世の光に〟）→社会福祉の経験……という思考の循環運動の中で、社会福祉の経験を学び直すことである」

第二章以降は、この仮説に基づき議論を展開する。

第二章「視るべきものを視る――そこで証言を聴く」では、福祉哲学という問いと思考が立ち上がるための前提条件である〝視るべきもの〟を視て、そこにある証言を聴く。

まず第一節では、福祉哲学者小倉襄二から継承すべきメッセージである、〝視るべきものを視る〟とはどういうことであるのかを説明する。そして、その典型であるアウシュヴィッツの経験から福祉哲学の倫理として、抵抗の倫理と証言の倫理を見出す。抵抗の倫理とは、生物学的に人間でありながらも、一定の条件を設けることでなされる「これが人間である、あれは人間ではない」という線引き／排除に抵抗し、生物学的に人間である存在を護ることが善いとする考えや態度のことである。一方、証言の倫理とは、人間とは見做されず人間として対応されていない人が自らの体験を証言することと、その証言を聴くことは善いとする考えや態度である。

次の第二節では、抵抗の倫理と証言に倫理に基づき〝視るべきもの〟の具体例を視て、そこにある証言に耳を傾ける。視るべきものを視るとは、虐げられ、抑圧されている人たちの前に立ち、そこから現実を視ることである。

ここで求められることは、実際に虐げられ、抑圧されている人たちの前に立つことである。そのため、最初に筆者自身の経験を述べる。とは言え、筆者の経験は〝視るべきもの〟の一例に過ぎない。歴史・社会の中には無数の〝視るべきもの〟がある。これら視るべきものの具体例を、歴史の中における〝視るべきもの〟今この時における〝視るべきもの〟――国内、及び――海外、の三つに分けその一端を提示する。

続く第三節では、本章における考察として、視るべきものを視た上で分かったこと、視るべきものを視ることの可能性について論じる。ここでは、福祉哲学には抵抗の倫理があるが故に、人々を抑圧する（虐げ・剥奪し・蔑む）力や仕組みに抗して、福祉とは何かを根源から考え、また、証言の倫理があるが故に、歴史・社会の中に埋もれてしまった／埋もれてしまっている声／声なき声を証言として届け、その証言を聴いた上で問い考えることが求められることを明らかにする。そして、視るべきものを視ることにより福祉哲学が生み出され、さらには、社会福祉を形成する主体や現実を踏まえた社会福祉学を生み出すことが出来ることを示す。

第三章「呻きに応える――苦痛を被る中から立ち上がる思考」では、視るべきものに身を置いた時、どのようにして福祉哲学という問いと思考が立ち上がるのか、その場面と瞬間を記述する。まず第一節では、「問い」を設定することは、視るべき（考えるべき）社会福祉の現実と多くの人を結びつけ、社会福祉とは何であるのか、どのような方向へ進めばいいのかを考える起点となること、それが故に、問うこと自体、重要な意味をもつことを確認する。その上で、福祉哲学の問いは、一見、言葉や訴えがないと思われる状況の中で、声にならない声として発せられている願い、呻き、拒否に気づき、それらに自らも苦痛を被りながら応答しようとする中で生まれることを確認する。そして、問い自体の構造を明らかにした後、福祉哲学における具体的な問いを幾つか列挙する。

次の第二節では、福祉哲学の問いを考えること（思考）が、どのようにして生じるのかを確認する。そして、思考自体の構造を明らかにした上で、福祉哲学の思考は根源にあるものを知りたいという欲求だけでなく、「痛みや苦しみを避け、幸せを願う」という人間の本源的欲求に基づいていることを明らかにする。その後に、福祉哲学の問いについて考えるための方法を述べる。本書では、福祉哲学の問いを考えるためには、現象学と対話という二つの方法が必要であると考えるが、最初に、その理由を述べる。次に、福祉哲学における思考の方法として対話を用いるとはどういうことかを説明する（なお、現象学についての説明は第六章第一節で行う）。更に、福祉哲学の問いを考えるためには、福祉哲学の先覚者からの学びと他領域からの学びが必要であることを説明する。

続く第三節では、福祉哲学という問いと思考によってもたらされるもの／生み出されるものを確認する。そこで確認されるものは、①問いに対する根拠、②社会福祉の経験の学び直し、③社会福祉の経験を学び直す中で徐々に感じられる「希望」、さらには、④学び直しによって明らかにされる福祉思想と、その思想を基盤とした社会福祉学、⑤福祉の問題を共有し、共に考える主体などである。

そして第四節では、本章における論述をもとに、福祉哲学の構造と本質を明らかにする。福祉哲学は、視るべきものの中で生じる問いを起点に、根源にあるものを知りたいという欲求と、「痛みや苦しみを避け、幸せを願う」という人間の本源的欲求に動機づけられた思考が、社会福祉の経験の学び直しなどをもたらす、といった構造があることを図に表し示す。また、福祉哲学の本質を、問い、思考、思考によってもたらされるもの、といったそれぞれの局面において示す。

第Ⅱ部　福祉哲学の実践

筆者は小倉襄二と阿部志郎の福祉哲学／福祉思想に出会うことで、「これが社会福祉だ」と心底納得する経験をした。それ以来、福祉哲学の問いについて考える時は、常に二人の福祉哲学／福祉思想が意識の底にあり、問いの内容によっては、二人の著書を読み直し考えていた。そのため第四章「先覚者からの学び――福祉の哲学と思想の継承」では、筆者が常に参照することとなる小倉襄二と阿部志郎の福祉哲学／福祉思想を整理する。

第一節では、福祉哲学をする上で小倉から学ぶべき点には、〝視るべきものを視よ〟という要請、抵抗すること、歴史／社会および制度という文脈を分析する視点、福祉を希求する一人ひとりの立場から福祉を問う視点があることを確認する。第二節では、阿部の福祉実践の一端を整理した上で、福祉哲学をする上で阿部から学ぶべき点には、「福祉という経験・実践の中で〝自ら問い考える〟福祉の哲学」の原型が示されること、その哲学の内容は〝呻きに応えること〟といった点があることを確認する。

第五章「社会科学・社会哲学・実践哲学・文学からの学び――経験的次元における思考」では、福祉哲学の問いを考えていく上で必要とされる社会科学・社会哲学・実践哲学・文学からの学びを整理する。まず必要なことは、歴史・社会の中に常に存在し続ける〝人を人とも思わぬ状況〟とその状況を生み出している力、規範、仕組みを「事実」として理解することである。そのために、第一節では社会科学からの学びを整理する。ここでは現代社会を再帰的近代化によってもたらされた社会であると捉える。そして、その社会の在り方を、グローバリゼーション、リスク化、個人化という観点から理解する。その上で、グローバリゼーションに潜む不公平な規則や仕組み、グローバリゼーションがもたらす富が公正に分配されていない歴史や現実があることを確認する。また、リスク社会が生み出す、全体の利益（豊かさや安全）のために一部の地域が犠牲になっている「犠牲の構造」があることや、個人化によって、人が生きていくために必要な実存的な欲求（人と人とのつながり、役割と承認、帰属意識や安心感、生きる意味など）が中間集団（家族、地域社会、学校、職場など）から供給され難くなっている現実を確認する。

しかしながら、社会を実証的に分析しただけは、必ずしも社会にある抑圧の仕組みや歪み（イデオロギー）は見えてこない。社会についての理解を深めるためには、社会にある抑圧の仕組みや歪み（イデオロギー）について分析し、その上で、社会のあるべき姿についても考察する社会哲学が必要である。そのため第二節では社会哲学からの学びを整理する。ここでは、ホネットの物象化論に焦点を絞り、物象化とはどのような事態であるのかを確認した上で、その原因には承認の取り消し（拒絶）があることを学ぶ。そして、視るべきものの中で観られる〝人を人とも思わぬ状況〟とは、まさに物象化の現われであり、そこには承認の基本的形態である存在そのものの取り消し（拒絶）があることを学ぶ。

続く第三節では、明らかにされた不正の仕組みや力に抗するためには、どのような考え方や価値観があるのかを、実践哲学の中で検討されている正義論や人権論に関する知見から学ぶ。ここでは、生まれながらの不平等を視野に入れたロールズの正義の構想／財産所有のデモクラシーや、ケイパビリティを平等に保障しようとするセンの正義の考えを学ぶ。また、正義論だけでなく、品位ある社会における自由という観点から自由の大切さを論じるバーリン／シュクラー／マルガリート／イグナティエフらの自由論及び人権論を学ぶ。更に、福祉哲学をする上で最も重要である、「みんな（あるいはみんなの福祉）」から排除され、忘却された人に眼差しを向け、その人たちの立場や視点から既存の法制度の妥当性を吟味し脱構築していこうとする観点をデリダの正義論から学ぶ。

そして第四節では、「人間理解」について文学から学ぶべき点の一端を整理する。人間をどのように理解するのかは社会福祉の生命線であり、福祉哲学において絶えず問い考え、理解を深めていかなければならない。ここでは、ブランショの文学に対する考えを参考に、文学とは、声なき声や抽象化／一般化からこぼれ落ちてしまうものに言葉を与え（文学作品を創り）、それでも言葉を与えられないものに対しては、何とか応えようとする営みであると捉える。その上で、ラルフ・エリスンの『見えない人間』からは、「史料やデータがすくい落とした歴史の間隙」に耳を澄ませ、この声なき声に応える姿勢を学び、マルセル・プルーストの『失われた時を求めて』からは、〝時〟が刻まれた人間を理解することを学ぶ。

第六章の「現象学という方法――超越論的次元における思考」では、福祉哲学の問いを現象学に基づく事象分析を通して考える。ここで採り上げる福祉哲学の問いは、「筆者が福祉現場で感じた〝声なき声〟と〝それに応えるように促す力〟とは何であるのか」という問いである。

この問いを、現象学に基づく事象分析を通して考えるために第一節では、「現象学に関する教科書的な概略」ではなく、あくまで「福祉哲学の問いに直面した人が、その問いを考えていく上で参考になる思考の仕方」という観点から、現象学という方法の概略をまとめる。ここで現象学を用いることにより、私の意識を超越しているものがどのようにして私の意識に与えられるのかという超越論的次元において、社会福祉の原理を理解する可能性が拓かれる。

続く第二節では、村上靖彦が現象学の方法を用いて事象分析することで明らかにした、対人関係という事象が成り立つ仕組みや働きを、他者を支援するという事象に直接関係すると思われる点に絞りその内容を整理する。村上は超越論的次元で作動している能動的な対人志向性と、受動的総合における自己組織化する連合の志向性という二つの志向性に加え、サルトルやレヴィナスが見出した第三の志向性を視線触発として位置づける。村上はこれら三つの志向性を基に対人関係という事象（経験）が成り立つ仕組みを解明するが、ここで村上が第三の志向性として導入した視線触発が、筆者が福祉現場で聴いた（感じた）〝声なき声〟の経験を解明する鍵となる。

第三節では、第一節と第二節にまとめた内容をもとに、筆者が経験した他者を支援するという事象の分析が試みられる。取り上げる場面は、筆者が勤務していた知的障害者入所更生施設（現在では障害者支援施設）において、入居者と幼稚園児とが定期的に交流するきっかけとなった場面である。ここでは、現象学を用いて他者を支援するという事象分析を試みた結果、筆者が福祉現場で感じた〝声なき声〟とは、共感と超越論的テレパシー（その他者の思いや気持ち）が浸透した形でこちら（私）に向かってくる視線触発であり、〝その声に応えるように促す力〟とは、視線触発は共感を基盤とした「呼びかけ」であるが故に、「呼びかけに応えなければ」という能動性に反転した時に生じる力であることを明らかにする。

さらに第四節では、フッサールの現象学を発展させ、他者という事象分析を行うことで現象学の新たな可能性を切り拓いたレヴィナスの哲学を要約する。レヴィナスの哲学を採り上げる理由は、他者を支援するという事象の「意味」を現象学の志向的分析という手法を用いて明らかにしている点と、レヴィナスの哲学自体が福祉哲学の一つの典型と考えるからである。ここでは、顔の現象学あるいは社会性の現象学と言われるレヴィナスの哲学を、①志向性と意味、②間主観性と社会性、③他者の顔と他者への責任といった観点から要約する。

この章では福祉哲学の問いを、現象学を用いて考える例を示すと共に、社会福祉の原理を超越論的次元において、さらには、超越論的次元を超えていこうとする次元において理解する可能性を示す。

第七章「対話という方法――超越的次元における思考」では、福祉哲学の問いを対話に基づき考える。対話の相手は『釜ヶ崎と福音――神は貧しく小さくされた者と共に』や『聖書を発見する』の著者である本田哲郎神父である。この章で本田神父に対話を依頼した理由は二つある。一つは、本田神父が釜ヶ崎という〝視るべきところ〟に身を置き、日雇労働者から学びながら、『聖書』を原典に当たり読み直しているからである。もう一つは、視るべきところに身を置き、そこから聖書や社会福祉を理解し直すという点では共通しているものの、本田神父はクリスチャンであり筆者はクリスチャンではないことが示すように、世界に対する理解が異なっているからである。対話は異なる世界観や根拠をもつ者同士が、言葉を交わし、そこに真なるものを見出す営みであると考える。

さて、この章で取り上げられている福祉哲学の問いは、「私（筆者）が福祉現場で聴いた（感じた）声なき声とは何であるのか」、「単なる知識ではなく、福祉への関心を喚起し、行動へと駆り立てるような次元における福祉の理解はどうすれば可能か」、「福音から福祉思想が学ぶべき点は何か」といったものである。第一節では、これらの問いを巡って対話が展開されている。対話は、神が全人類を救済する動機、メタノイヤ、ダバールという言葉、神は小さくされた者に働くなど、聖書を理解する上での基礎となる事柄を本田神父に学んだ後、聖書が告げている福音について学ぶ。そしてそれらの学びを踏まえ、福音と福祉思想といったテーマのもと対話を展開する（なお、第一節で用いられるダバールとそれ以外で用いられるダーバールは同義である）。

第二節では、対話の内容を要約した後、対話から学んだ点を整理する。そこでは、福音と福祉思想の類似性から、「福音は福祉思想の源泉である」という一つの仮説を提示する。また、この対話において、この世界にはギリシア哲学・文化のロゴス（言葉・論理）や思考（ヘレニズム的思考）とは異なる、ユダヤ・キリスト教・文化のダーバール（いのちの言葉・論理）や思考（ヘブライ的思考）があるということを学んだ。その学びに基づき「福祉哲学は、ヘブライ的思考に基づく〝視る〟と〝聴く〟によって問いに気づき、その問いをギリシア的思考に基づいて展開することで、誰もが納得する答えを見出そうとする営みと言えるであろう」という見解を示している。

第Ⅲ部　福祉哲学がもたらすもの

本書の根底には福祉哲学の問いとして、「社会福祉とは何であるのか」という本質に関する問い、「社会福祉の根源にあるものは何か」という原理に関する問い、そして「社会福祉が目指すのはどのような状態であるのか」という目的に関する問いがあった。本書では、これらの問いに応えるために第四章では先覚者からの学びを、第五章では社会科学、社会哲学、実践哲学、文学から学びを整理してきた。そして、第六章では現象学における事象分析を、第七章では本田神父との対話を通して、これらの問いについて考えてきた。第八章「社会福祉の原理・目的・本質――福祉思想」では、第四章から第七章までの学びと考察を踏まえ、社会福祉の原理、目的、本質について学び直したことを、可能な限り根源的且つ体系的に整理して示すことで、現時点で福祉思想として考えられるものを提示する。

第一節では、社会福祉を根源から理解するために必要な視点を設定し、そこから私たちの経験を成り立たせている Intersubjektivität の働きを、超越論的次元、経験的次元、更には超越的次元のそれぞれにおいて分析記述する。

そして、それらの働きによって構成される生活世界こそが、社会福祉を理解する上での基盤であり根拠となることを示す。そしてその上で、社会福祉を根源から理解するための分析枠組みを提示する。第二節では、他者を支援するという事象の分析とレヴィナスの哲学からの学び（第六章）及び本田神父との対話（第七章）における考察を根拠に、社会福祉の原理は何であるのかを明らかにする。第三節では、社会科学・社会哲学・実践哲学・文学からの学び（第五章）及びレヴィナスの哲学からの学び（第六章）を根拠に、社会福祉の目的を人と環境（社会）の双方に分け明らかにする。そして最後の第四節では、社会福祉の原理、人間理解、方法や取り組み、目的それぞれについての本質を示す内容を整理した上で、社会福祉とは何であるのか、その本質を明らかにする。

終章「福祉哲学の継承と再生――仮説の検証と今後の課題」では、第一章で提示した仮説を検証した後、本書で福祉哲学を実践した結果として理解できた福祉哲学の本質をまとめている。その後、福祉哲学の継承と再生とはどのようなことだったのかを整理し、最後に、福祉哲学の課題と今後の方向性について述べている。

本書では、「どうすれば社会福祉を根本から問い直す『福祉哲学』をすることが出来るのか」という問いに対して、福祉哲学は次の枠組みとプロセスによって行うことが出来るという仮説を提示した。

「福祉哲学の枠組みとプロセスは、社会福祉の経験を巡って、社会福祉の現実に目を向ける（視るべきものを視る：小倉襄二の言葉であり、福祉哲学の前提）→その現実の中で問い考える（呻きに応える：阿部志郎の言葉であり、福祉哲学の生成）→原理や本質など社会福祉において大切なことを言葉にする（福祉思想）→社会福祉の経験……という思考の循環運動の中で、社会福祉の経験を学び直すことである」

第一節では、この仮説の妥当性を検証する基準として以下の五点を設定し、仮説の妥当性を検証した。

①当事者（筆者）自身の視点と経験に基づいたものであるか

②普段は問われることがない自明なものを問うているのか

③問うことを重視しているか
④原理を探究しているか
⑤真なる世界に対する理解を目指す（この私が生きている世界を学び直す）
そして、この基準に基づき仮説の妥当性を検証した結果、仮説を一部修正すれば、仮説の妥当性は検証出来ることを示した。

第二節では「福祉哲学は対話実践の一種であり、その思考はヘブライ的思考とギリシア的思考、ダーバールとロゴスという二種類の言葉によって営まれる」といった学び直しや、「視るべきものの中にいる一人ひとりは、重要な問いを発している福祉哲学の実践者（参加者）であり、福祉哲学は、この世界に生を受けたすべての人に開かれている」といった学び直しがなされている。

第三節では、本書の書名ともなっている福祉哲学の継承と再生についてまとめている。継承については、福祉哲学をすること自体の継承と、福祉思想の継承とに分け、福祉哲学を継承するとはどういうことかを述べている。一方、再生については、先覚者の〝視るべきものを視る〟、〝呻きに応える〟、〝この子らを世の光に〟という三つのメッセージを軸とする「福祉哲学に関する仮説」を提示し、その枠組みとプロセスに沿って思考を展開することで、福祉哲学という独自の思考を生み出すことが出来る点が、再生の意味として述べられている。

最後となる第四節では、福祉哲学の今後の研究課題と方向性についてまとめている。研究課題としては、①他領域からの学びと対話、②現象学を学ぶ／現象学者と共に、③福祉哲学の更なる継承、④多様な視点／立場から福祉哲学をすること、⑤終わりなき対話、⑥東洋的なものとの対話といった点が挙げられている。そして、方向性には、①疑い得ないものを疑う——福祉哲学の徹底、②対等な立場で考える、③主体性を育む、④社会福祉学の構築といった点が挙げられている。

第Ⅰ部　福祉哲学の生成

第一章　福祉哲学の枠組みとプロセス
――仮説の提示

本書の問いは「どうすれば福祉を根本から問い直す『福祉哲学』をすることが出来るのか」である。ここではこの問いに対する答えの仮説、即ち、福祉哲学はこのような枠組みとプロセスによって行われるという仮説を「福祉哲学の枠組みとプロセス」として提示する。

第一節　仮説提示の方法

本書では次の三つの方法に基づき「福祉哲学の枠組みとプロセスに関する仮説」を提示する。まず、福祉哲学という言葉の意味を確認していき、そこから仮説の構成要素となるものを抽出する。福祉哲学は福祉と哲学という二つの言葉の合成語である。ここでは、福祉の意味を福祉／社会福祉／社会という言葉との関連性の中で明確にする。その上で、福祉哲学の意味を哲学及び福祉思想との対比・関連性の中で明確にする。これら言葉の意味を確認することで基盤となる構成要素を抽出する。これは仮説の構成要素を、言葉の意味の確認という「規約による真理」に基づき取り出す方法である。次に、福祉哲学の枠組みとプロセスを構成するために必要な要素を、福祉哲学の先覚者から継承する形で明らかにする。ここでは一般の哲学と対比させ、福祉哲学の固有な側面を浮き彫りにするという形で、仮説の軸となる構成要素を抽出する。これは仮説の構成要素を、筆者の社会福祉の経験に照らして真理と考えられるという「経験による真理」に基づき取り出す方法である。最後に、福祉哲学を遂行し、そこから福祉思想を明らかにしていく上で必要不可欠なものという観点から、仮説を構成する際に必要とされる要素を抽出する。

（一）意味の確認に基づく抽出

①福祉／社会福祉／社会

福祉哲学と言う時の福祉は社会福祉と同義であり、正確に表記すれば社会福祉哲学となる。では、社会福祉とは何か。多くの人の共通認識となっているような定義は存在しない（山縣 2013 : 157）。しかしながら、言葉の意味を分析すると次のように考えることが出来る。

まず、社会福祉の意味を理解するためには、この言葉を、社会―社会福祉―福祉の三つの言葉に分けて考えると分かり易い。社会とは、私や他者といった個々人に完全には還元出来ない、私と他者の関係性（ミクロ）、集団を形成する規則（メゾ）、政治／経済／文化や全体社会にある規則や秩序（マクロ）といった私と他者との結びつきのことである。このミクロ―メゾ―マクロといった言葉に示されているように、社会とは時空間の拡がりをもった概念である。一方、時間的にはそれぞれの社会の在り方（時代）が積み重ねられ歴史を形成する。即ち、社会は歴史という大きな流れの中にある。次に社会福祉とは、「二〇世紀に形成され第二次世界大戦後に確立した歴史的概念」（加藤 2013 : 1）である。それは、何らかの理由で自力及び家族の力では生活することが困難な人たちの福祉を支える（保障する）と同時に、社会の安定に寄与する仕組み（制度）と活動の総体である。そして、福祉とは実際に存在している社会福祉という営みが、その実現を目指す状態（理念）を意味する。

即ち社会福祉とは、第二次世界大戦後という歴史の中で生まれ、社会の中で行われている営みであり、その営みは一人ひとりの福祉の実現と社会の安定を目指して行われる仕組み（制度）と活動の総体を意味する。

②哲学／福祉哲学／福祉思想

（ⅰ）哲　学

哲学とは何であるのか。哲学はギリシアで生まれた。そのため、「哲学とは何か」という問いの答えは、古代ギリシアに遡れば得られると思われるかもしれない。しかしながら納富信留が言うように「古代ギリシアこそ、〝哲学とは何か〟を巡る対立と論争のアリーナ」（納富 2007：32）であり、一義的に「哲学とは～である」ということは出来ない。同様に斎藤慶典も「哲学にはそのような（入門書で示されるような：カッコ内は筆者が挿入）統一的な全体などなく、あるのは個々の哲学のみなのだ」（斎藤 2007：7）と述べている。この「個々の哲学」の一つに現象学があるが、この現象学も第六章で述べるような「教科書にあるような知識とは異質な一種の芸事」である。

これらのことから推察されることは、哲学は「哲学とは～である」と固定化されるような知識ではなく、そのような固定化に抗うような自由な思考ではないか、ということである。しかしながら、自由な思考とは言え、個々の哲学に触れると、そこには、次のような特徴を抽出することが出来る。

▼ある世界を生きている当事者（主体）の視点

髙山守は科学と哲学の視点を対比させた形で次のように述べている。「心理学や社会学、社会科学等においても、科学者は、自分自身をも含めた世界の全体をもっぱら対象化し、その外に立ち、それを外から観察しよう」（髙山 2007：18）とする。これに対し哲学は「生身の自分自身であらざるをえないわれわれ人間が、そういう人間のままいわば内側から世界を眺め、世界を捉えるという、そういうすぐれて内在的な営み」（髙山 2007：19）である。即ち、哲学とは生身の身体を持つ私（自分自身）に立ち現れる〝世界という全体〟を眺め捉えるという視点をもつ。

科学者の視点が対象を観察する観察者の視点であるのに対して、哲学者の視点はある世界を生きている当事者

（主体）の視点である。そして、その当事者（主体）は生きている限り、必然的に様々な経験を積み重ねている。その意味で、哲学者の視点とは、ある世界を生き様々な経験をしている人の視点なのである。

▼自明性を問う

田口茂は自著『フッサールにおける〈原自我〉の問題』の第一章を「『自明性』の学としての現象学」とし、その中で「最もありきたり《トリヴィアル》のことのうちに、最大の問題を発見しなければならないことが、哲学の宿命」（田口 2010 : 17）「〔哲学は、〕もっぱら自明なことを問題にするという奇妙な性格をもっている（〔　〕は原文）」（田口 2010 : 21）というフッサールの言葉を引用している。そして、その上で「『自明性の問い直し・問題化』が、現象学の特徴的な方法として開花するのである」（田口 2010 : 20）と指摘している。

哲学には、自明（当たり前）であるが故に、問われることがないことについて問い直す（問題化する）という特徴がある。

▼問うことを重視する

永井均は「哲学は主張ではない。それは、徹頭徹尾、問いであり、問いの空間の設定であり、その空間をめぐる探究である」（永井 1998 : 10）と言う。そして、次のように述べている。

「哲学にとって、その結論（つまり思想）に賛成できるか否かは、実はどうでもよいことなのである。重要なことはむしろ、問題をその真髄において共有できるか否か、にある。優れた哲学者とは、すでに知られている問題に、新しい答えを出した人ではない。誰もが人生において突き当たる問題に、ある解答を与えた人ではない。これまで誰も、問題があることに気づかなかった領域に、実は問題があることを最初に発見し、最初にそれにこだわり続けた人なのである」（永井 1995 : 9）

問うことを重視する点も、哲学の特徴の一つである。

▼原理を探究する

アリストテレス（Aristoterēs）は『形而上学』において、「我々の求めているもの〔知恵〕の名前は、まさにこの同じ学に与えられる。すなわちそれは、第一の原理や原因を研究する理論的な学であらねばならない」（Aristotelēs＝1959：28）と述べている。そして、『形而上学』の翻訳者である出隆は訳者解説で「理論的な学または哲学は、あらゆる物事の第一の諸原理諸原因を対象とする認識（または学）であるとされる」と解説している（出 1961：413）。哲学の特徴の一つは、あらゆる物事の第一の諸原理諸原因を対象とする点にある。

▼真なる世界に対する理解を目指す（この私が生きている世界を学び直す）

プラトン（Platōn）『国家』の翻訳者である藤沢令夫は「本篇はまた、『哲学とは何か』という問に対する、プラトンの最も正式な回答の書であった」（藤沢 2002：469）と述べている。そして、その哲学の在り方としてしばしば引用されるのが、第7巻518C～Eの次の箇所（Platōn＝2002：104-105）である。

「ひとりひとりの人間がもっているそのような〔真理を知るための〕機能と各人がそれによって学び知るところの器官とは、はじめから魂のなかに内在しているのであって、ただそれを――あたかも目を暗闇から光明へ転向させるには、身体の全体といっしょに転向させるのでなければ不可能であったように――魂の全体といっしょに生成流転する世界から一転させて、実在および実在のうちに最も光り輝くものを観ることに堪えうるようになるまで、導いて行かなければならないのだ。そして、その最も光り輝くものというのは、われわれの主張では、〈善〉にほかならぬ」

「教育とは、まさにその器官を転向させることがどうすればいちばんやさしく、いちばん効果的に達成されるかを考える、向け変えの技術にほかならないということになろう。それは、その器官のなかに視力を外から植えつける技術ではなくて、視力ははじめからもっているけれど、ただその向きが正しくなくて、見なければならぬ方向を見ていないから、その点を直すように工夫する技術なのだ（強調は原文）」
「その神的な器官（知性）は、自分の力をいついかなるときも決して失うことはないけれども、ただ向け変えのいかんによっては、有用・有益なものともなるし、逆に無益・有害なものともなるのだ（強調は原文）」

古東はこの箇所について、次のように述べている。

「哲学とは、知識の習得なんかじゃない。変転きわまりない五感的世界から脱けでて、だれもがもっていながら眠らせている『こころのなかの器官や能力を、ペリアゴーゲー（向け変えること）だ』、と（『国家』518D）。ペリアゴーゲー、つまり全身全霊をあげての転身作業。それが哲学。現象学的還元とか、実存転調といった現代哲学の手法をかんがえあわせれば、いまも昔も、この点はかわらないはずだ」（古東 2005：11）

更に言えば古東哲明は、プラトンのこの箇所に言及する直前に、メルロ＝ポンティ（Merleau-Ponty, Maurice）の「ほんとうの哲学とは、この世界をみる見方を学び直すこと（『知覚の現象学』序文XVI）」（古東 2005：10）という言葉を引用している。即ち、哲学とは、全身全霊を挙げて心（魂）の中の器官や能力を、真なるものへと向き変えることで、この世界を見る見方を学び直すことなのである。

　このように哲学の特徴を抽出しても、「これが哲学である」と言うことは出来ず、あくまで、筆者が考える個別の（一つの）哲学のあり方に過ぎない。そのことを踏まえつつも、本書では上記の特徴をもった思考が哲学であると考える。

（ii）福祉哲学

　福祉哲学という言葉を用いる場合、大別すれば次の三つの立場が想定出来る。一つめは、支援を必要としている当事者、あるいは、そのような状況にいる人を対人関係の水準で、即ち、直接的な関わりをもった人が行う哲学である。二つめは、支援を必要としている人と直接の関わりはないが、事業経営や政策立案という形で社会福祉という営みに関わっている人が行う哲学である。ここまでは、社会福祉という営みに何らかの形で関わっている当事者によって行われる福祉哲学である。

これに対して、社会福祉という営みには関わっていない立場の人によって行われる福祉哲学がある。その一つが臨床哲学である。これは、一九九〇年代後半に大阪大学を中心にして生まれた哲学の運動・実践である。臨床哲学は、「社会のケアの現場」にコミットすることを標榜し、一般市民との間で哲学カフェをはじめ多くの哲学的「対話」を実践し、サポートしてきている（中岡 2011：278-280）。臨床哲学のように、福祉哲学には、哲学者が社会福祉の現場に赴き哲学を行うものが考えられる。更に、哲学者が社会福祉の現場に赴くことなく、社会福祉を対象（事象）として哲学する立場も考えられる。これらすべてを含む哲学を最広義の福祉哲学と捉えることが出来る。

しかし、福祉哲学の最も固有な特徴は、生活することが困難であったり、人としての尊厳が傷つけられたりしている、あるいはそのような状況にいる人に直接関わっている／関わったという経験を基盤にしていることである。このような福祉哲学における固有な特徴と、先に確認した哲学の特徴を併せ考えるならば、暫定的ではあるが福祉哲学を次のように定義することが出来る。

「福祉哲学とは、生活することが困難であったり、人としての尊厳が傷つけられたりしている、あるいはそのような状況にいる人に直接関わっている／関わったという経験の中で、当たり前／自明であるが故に誰も問わないことに対して、本当にそうなのかと問うと共に（問い）、根源にある根拠を求め（考え）、そして、その根拠に基づき、社会福祉に関する経験をより確かな／真なる理解をもたらす（経験の学び直しをする）営みである」

（iii）福祉思想

哲学と思想について、明確な区別があるわけではない。そのためか、福祉哲学と福祉思想もほぼ同じ意味として使われている。しかし本書では、言葉の意味及び哲学と思想に対する捉え方といった観点から　明確に区別して使用する。

まず、言葉の意味について確認する。先の（ⅰ）と（ⅱ）は哲学に関する概念規定である。この哲学と類似の概念に思想がある。『大辞林』には「単なる直観の内容に論理的な反省を施して得られた、まとまった体系的な思考内容」とあり、『岩波哲学小辞典』には「個々の観念や理論ではなく、人生や社会についての一つの全体的な思考の体系および態度」（粟田・古在編 1979：94）とある。これらの概念規定に基づくならば、哲学は「問い考える営み」であるのに対して、思想は「哲学をした結果得られた体系的な思考内容」と理解出来る。

次に、哲学と思想に対する捉え方について確認する。筆者の哲学に対する理解は永井均の影響を受けている。哲学と思想の捉え方についても同様である。この点について永井は次のように述べている。

「ここには、のりこえがたい困難がある。どんなに哲学することに誘おうとしても、結局、すでに哲学されてしまったものを提示することしかできない、という困難だ。ぼくの哲学は、ぼく以外のひとにとっては、中途半端な一個の思想でしかない。思想を語ることによってしか哲学のやり方を示せないということは、残念ながら認めざるをえない事実だ（強調は原文）」（永井 1996：202）

以上のことから本書では、福祉哲学をした結果として示された体系的思考を福祉思想と捉える。

③起点となる経験

哲学はどこから始まるのか。その起点となるところはどこなのか。それは、哲学をする人に立ち現れている世界において直接経験されているところである。では、何故そこが起点となるのか。それは、そこが哲学をする人が実際に生きている現実だからである。哲学とは、一人の人間が実際に生きた軌跡であり、その生から遊離した理論では決してない（納富 2002：9-10）。あくまで、一人の人間が実際に生きた経験・軌跡に基づくのである。

しかしながら、哲学は人が実際に生きた経験から遊離した理論になりがちである。その点を批判し、経験の初源性を取り戻すことに臨床哲学の役割を見出しているのが中岡成文である。中岡は次のように述べている。「元来の哲学は経験をフレーム化する（捉える枠組みを作る、定式化する）ものだった。それなのに『哲学学』となった哲学研究においては、既存のフレーム（哲学理論）そのものが観察の対象とされ、フレームがフレームを呼ぶ。日常的経験へのフィードバックはきわめて弱く、せいぜいのところ引証としておざなりに呼び出されるだけである（私のいう『事例』になりおおせていない）。その場合、経験は本来のインパクト・喚起力を失っている。臨床哲学は経験の初源性を取り戻すことに貢献したい（強調は原文）」（中岡 2010-b : 174-175）

実際に生きて経験していることを起点に、その経験の中で自明視されていることを問い、最も根源にある根拠を求め、その根拠に基づき自らの経験を学び直す。そんな枠組みを作り定式化するのが哲学であり福祉哲学である。

④社会福祉の経験

経験とは、実際に見たり、聞いたり、行ったりすることである。よって、「社会福祉の経験とは、何らかの理由で自力および家族の力では生活することが困難な人たちの福祉を支える（保障する）と同時に、社会の安定に寄与する仕組み（制度）と活動を、実際に見たり、聞いたり、行ったりすること」を意味する。簡単に言えば、社会福祉と言われる営みを実際に見たり、聞いたり、行ったりすることである。

社会福祉の経験には、実際に見たり、行ったりしているが故に、社会福祉の理解に対する現実味（リアリティ）がある。しかし、その現実味（リアリティ）が社会福祉に対する真なる理解であるかは別の問題である。思い込みや不適切な理解は決して少なくない。そのため、一人ひとりの社会福祉の経験を起点とし、その経験における無知、思い込み、不適切な理解に対して、哲学という営みをすることで、社会福祉に対する真なる理解（学び直し）が出来るようになることが福祉哲学である。

⑤基盤となる構成要素

ここまでの考察をまとめると、「福祉哲学の枠組みとプロセス」における基盤となる構成要素として次のものが抽出出来る。一つめは、歴史と社会という全体的な文脈である。社会福祉とは、歴史・社会の中に実際に存在する営みである。それが故に、歴史と社会という全体的な文脈は、福祉哲学の仮説を場合、欠くことができない要素である。二つめは、一人ひとりの社会福祉の経験である。福祉哲学も哲学の一つである限り、ひとりの人間が実際に生き・経験していること／経験したことが起点（出発点）となる。この二つは、福祉哲学の仮説を構成する基盤となる要素である。

（二）福祉哲学の継承に基づく抽出

社会福祉の経験を起点としながら、哲学をするのが福祉哲学である。では、どのように哲学をするのか。もし、社会福祉の経験を起点として哲学をするだけであれば、福祉哲学という必要はない。しかしながら、小倉襄二、岩下壮一、阿部志郎、糸賀一雄ら先覚者の哲学には、哲学から敢えて「福祉哲学」と区別させる独自な思考がある。ここでは、一般の哲学と対比させる形で福祉哲学の固有な側面を浮き彫りにする。そして、福祉哲学の固有な側面を、福祉哲学の枠組みとプロセスを構成する軸とする。

①原理や本質を観る／視るべきものを視る

哲学者とは何であるのかを示す〝祭礼の比喩〟という喩え話がある。藤沢（1985：6）の説明を引用すれば次のような話である。

「……祭礼に集まってくる人々は三種類に区別できる。まず、競技に出場して賞を得ようとする人々。つぎに、祭礼の市場で商売して金もうけをしようとする人々。そして最後に、そうした名誉賞賛をも利益をも求めることなく、ただ見物のために（visendi causa）やってきて、何がどのように行なわれているかを熱心に観る人々がいる。人生においても同様に、名誉や金銭のために骨折る多くの人々のほかに、少数ながら、他のすべてを無視して『物事の本性（自然）を熱心に観ようとつとめる人々』（qui……rerum naturam studiose intuerentur）がいる。この人々はみずからを『知の求愛者』（sapientiae studiosi）と呼んでいるが、これが『哲学者』にほかならない。観想（contemplatio）と認識（cognitio）は、はるかに他のものにまさるのである。……」

この例えには哲学者の特性が二つ示されている。一つは、名誉や金銭といったことに囚われない、言い換えれば、それらから自由であるということである。もう一つは、「物事の本性」を観るということである。プラトンやアリストテレスに見られるように、哲学は物事の本性（本質）や根本にあるもの（原理）を「観る」（そして知る）ことをその大きな特徴としている。

一般の哲学とは異なる哲学のあり方を要請したのが小倉襄二の〝視るべきものを視よ〟という言葉である。〝祭礼の比喩〟で示されている哲学の特徴の一つは「自由な思考／思考の自由」である。しかし、〝視るべきものを視よ〟という言葉は、「べき」や「視よ」という言い方が示しているように、それは自由な思考に先行し、それに従うことを要請する義務であり命令となっている。

さらに、〝祭礼の比喩〟で示されているもう一つの特徴は「本質や原理を観る」ことである。福祉哲学も哲学であるが故に、物事の本性（本質）や根本にあるもの（原理）を観ようとする。しかし、それだけでなく、福祉哲学では〝視るべきものを視る〟ことが要請される。それは小倉が〝人を人とも思わぬ状況〟や〝無念をのみこむ無数の状況〟という言葉で表現したように、人の尊厳が損なわれている状態や状況である。

加藤博史の証言によれば、小倉は、視るべきものの中にある問題を核心に位置づけられない福祉思想、一般的な社会サービス調整技術に拡散させがちな現代の社会福祉理論動向に危惧を抱き、視るべきものに関与していない福祉実践は「意味がない」と断言している（加藤 2008：6）。では、何故意味がないと言い切れるのか。それは、視るべきものをしっかりと視て、その現実に対処することが社会福祉の本質的特徴であり、そこを欠いてはもはや社会福祉ではなくなってしまうからである。故に、福祉を根本から問い直す「福祉哲学」を始めるためには、その前提として、まず〝視るべきものを視る〟ことから始めなければならない。その意味で〝視るべきものを視る〟ことは、福祉哲学が成り立つための前提条件である。

②他の可能性に応える／呻きに応える

斎藤は、哲学とは思考、考えること以外ではない（斎藤 2007：7）とした上で、その思考は、常に「偏差（ずれ）」と共にあると言う（斎藤 2007：13）。その「ずれ」とは、当たり前（自明）と思っていた世界のある状況が、別様でもあり得たことに対する当惑であり（斎藤 2007：13-14）、思考とは他の可能性に開かれることであると言う（斎藤 2007：24-27）。そして「思考はみずからの営みを通してつねにその外部を開くのであり（外部へとみずからを開くのであり）、しかもこの外部は思考を通してはじめて曲がりなりにもその片鱗をきらめかせることになる」（斎藤 2007：61）と言う。即ち、哲学における思考は、この世界は別様にも理解し得る／あり得るという他の可能性への応答ということが出来る。

福祉哲学も哲学である限り同様である。しかし、社会福祉には視るべきものがあるが故に、福祉哲学の思考は他の可能性（外部）だけではなく、呻き、声なき声、といった普段は聴かれることがない声へと自らを開く。そして、そこに身を置いた時、人によってはその状況の中で困難な生活を強いられている人の呻き、声なき声、呼びかけを感じる。

そのことを示しているのが福祉哲学の先覚者である岩下壮一である。岩下は、日本で最初に作られた神山復生病院第六代院長であり、院長として病院内で暮らす。ハンセン病に対する薬や治療がなかった当時、病気が進行すると顔や手足に重い症状が表れ、最後には気道に出来た結節のため、七転八倒して苦しむことがある。あまりに苦しみが激しいと患者は岩下を呼び、岩下も何をおいても駆けつける。このような現実の中で岩下は次のように書き記している。

「私は其の晩プラトンも、アリストテレスも、カントもヘーゲルも皆ストーブの中にたたき込んで焼いてしまいたかった。原罪なくして癩病が説明できるか……（中略）……生きた哲学は現実を理解し得るものでなくてはならぬと哲人は云う。然らば凡てのイズムは顕微鏡裡の一癩菌の前に悉く瓦解するのである。……（中略）……その無限小の裡に、一切の人間のプライドを打破して余りあるものが潜んでいるのだ」（岩下 1991-a : 206-207）

その上で、次のように書いている。

「しとしとと降る雨の音のたえまに、わたしはかれらの呻吟をさえ聞きとることができる。ここへきた最初の数年間は、『哲学することが何の役に立とう』と反復自問しないわけにはいかなかった。しかしいまやわたくしはこの呻吟こそは最も深い哲学を要求するさけびだということを知るにいたったのである」（岩下 1991-b : 277）

ここに福祉哲学の姿を見出したのが阿部志郎である。阿部は『福祉の哲学』の中で次のように述べている。

「福祉の哲学は、机上の理屈や観念ではなく、ニードに直面する人の苦しみを共有し、悩みを分かちあいながら、その人びとのもつ『呻き』への応答として深い思索を生みだす努力であるところに特徴があるのではなかろうか」（阿部 1997 : 9）

ハンセン病を患った人の呻きがあった。虐待を被っている子どもの悲痛な叫びがある。非行少年とされ、皆から恐れ避けられている少年の心の内に「俺がどんな仕打ちを受けてきたのか誰にも分かりっこない」と言葉にされない想いがある。これらの呻き、叫び、想いに思考を開きそれらの声に応えること、そして、彼ら・彼女らにも別の世界があり得る／あり得たという他の可能性へと思考を開くこと、これらによって生じる思考が福祉哲学となる。

③世界を見ることを学び直す／この子らを世の光に

メルロ＝ポンティは「真の哲学とは、世界を見ることを学び直すこと」（Merleau-Ponty＝1967：24）と言う。また、プラトンは次のように書き残している。

「ひとりひとりの人間がもっているそのような〔真理を知るための〕機能と各人がそれによって学び知るところの器官とは、はじめから魂のなかに内在しているのであって、ただそれを――あたかも目を暗闇から光明へ転向させるには、身体の全体といっしょに転向させるのでなければ不可能であったように――魂の全体と一緒に生成流転する世界から一転させて、実在および実在のうち最も光り輝くものを観ることに堪えうるようになるまで、導いて行かなければならないのだ」（Platōn＝2002：104）

プラトンは、生成流転する世界（思い込み／ドクサ）から一転させて、実在及び実在の内最も光り輝くもの（真理／善）を観ることが出来るように、魂を向け変えること（ペリアゴーゲー）が必要であることを指摘している。これらの言葉が示すように、哲学は思い込みや偏見ではなく真なるものを知るために、世界を見ることを学び直す営みである。

福祉哲学も哲学である限り同様である。しかし、福祉哲学は世界を見ることを学び直すだけでなく、他者と共に生きることを学び直す営みでもある。このことを示しているのが、阿部が福祉哲学について説明する上で引用している糸賀一雄の次の言葉である。

「彼らにたいして、また、彼らのために何をしてやったかということが問われているのではなく、彼らとともにどういう生き方をしたかが問われてくるような世界である」（糸賀 1968：51）

ここで言う「彼ら」とは知的障害がある人であるが、知的障害に関わらず、他者と共に生きるという次元で「世界を見ることを学び直す」のが福祉哲学である。そして、この次元における学び直しを示しているのも糸賀である。社会福祉教育の中でしばしば言及される次の文章は、そのことを示している。

「『この子らに世の光を』あてすてやろうというあわれみの政策を求めているのではなく、この子らが自ら輝く素材そのものであるから、いよいよみがきをかけて輝かそうというのである。『この子らを世の光に』である」（糸賀 1968：177）

糸賀がこの言葉を書いた時代は、現在にもまして障害がある人に対する差別偏見があった。その中で〝この子らに世の光を〟という考えは善意ある望ましいものとされていた。差別偏見に比べ、この言葉が望ましいことは、当時は当たり前（自明）のことであった。しかし、糸賀は自らの福祉実践の中で、この当たり前となっていた思い込みから、「この子らが自ら輝く素材そのものである」という真実に気づく。そして、この学び直しを〝この子らを世の光に〟という言葉で言い表したのである。ここには、福祉実践の中で行われた福祉哲学の結果として得られた、他者と共に生きるという世界についての学び直しが端的に示されている。

④軸となる構成要素

ここまでの考察をまとめると、福祉哲学の枠組みとプロセスの中で、一般の哲学と異なる福祉哲学固有な観点として次のものが抽出出来る。一つめは、福祉を根本から問い直す「福祉哲学」を始めるためには、その前提として、まず〝視るべきものを視る〟ことから始めなければならないということである。二つめは、〝呻き・声なき声、呼びかけに応える〟中から立ち上がる問いと思考ということである。三つめは、〝この子らを世の光に〟という言葉が示すように、福祉哲学には他者と共に生きるという世界についての学び直しがあるということである。

歴史と社会という全体的な文脈の中に、一人ひとりの社会福祉の経験がある。その経験を起点として、そしてその経験を巡って、①まず〝視るべきものを視る〟ことから始まり、②次いで、〝呻き・声なき声、呼びかけに応える〟中から立ち上がる問いと思考があり、③その結果として、〝この子らを世の光に〟という言葉が示すように、他者と共に生きるという世界についての学び直しがある。このようにして、福祉哲学の仮説は、基盤となる構成要素の上に、軸となる構成要素が重ね合わされていく中で形成される。これが、福祉哲学の枠組みとプロセスの骨格を形成する。

これらを骨格としつつも、福祉を根本から問い直す「福祉哲学」をするためには、先覚者（福祉哲学者）たちからの継承、他の領域からの学び、そして対話が不可欠である。以下では、その理由について説明する。

(三) 必要性の観点に基づく抽出

①継　承

ソクラテス（Sōkratēs）は、「善く生きる（自らの魂に配慮する）上で大切なことは知らない」という不知の自覚のもと、人々との対話を通して生を吟味した。そこで対話の相手に求められることは、一般に流布する考えを答えることではなく、その人の生の基盤となっているような考えを言葉にして答えることであった（納富 2002：34）。この対話による生の吟味により「哲学者」というこれまでにない生が示され、人々を魅了した。そして、自らの魂に配慮するという生を全うする形でその生涯を閉じた。ソクラテスの死、言い換えれば、死をもって鮮明に示されたソクラテスの生（哲学者の生）は一人ひとりに「哲学者」の想い出を遺す（納富 2005：28）。そして、ソクラテスの死を記憶に留め、それを想起する中で自ら哲学者として生きたのがプラトンであった（納富 2005：43）。プラトンによって、魂（心）を本質的なものを見出すことが出来る視点へと向き変え、そこから世界を学び直すという哲学の在り方が示されることとなる。

ソクラテスとプラトンのように、ある人の生が別の人の生をその根底から変える出会いがある。その出会いは新たな生を誕生させる。哲学はそのような出会いから生じた。福祉哲学の典型的な例も同様の出会い（邂逅）から生じている。それは、トインビー（Toynbee, Arnold : 歴史家の Toynbee, Arnold Joseph の叔父）および井深八重と阿部志郎の出会いである。アルコール中毒・貧困・犯罪が蔓延し絶望の中にいる人々と共に生きたトインビーと、ハンセン病を患って社会から隔離された人々と共に生きた井深八重には、「善く生きることを対話により吟味する哲学者の生」ではなく「他者と共に生きる福祉実践者の生」があり、その生に出会うことで阿部はトインビーと同じ地域福祉の実践に身を投じ、以後五〇年以上にわたり地域福祉の実践を続けてきた。ここに、他者と共に生きたトインビーや井深が求めたものを記憶に留め、そしてそれを基盤に、福祉における根本を問い考えながら実践を行う福祉哲学者が生まれた。

筆者は主として知的障害をもつ人たちに対する支援を（職業として）する中で、社会福祉とは何か、人間とは何か、何故支援をするのかといったことについて考えていた（中村 2009 : 1）。思えば、そこには阿部志郎や小倉襄二、あるいは糸賀一雄の実践や研究が記憶の片隅にあり、それらをしばしば想起しながら直面している問いについて考えていた。本書を執筆しているいまも同じである。福祉哲学には、生涯を通して福祉とは何かを問い考えてきた福祉哲学者の生の記憶と、それを想起しながらいま自分が直面している問いについて考えるといった意味での「継承」が不可欠である。

②他の領域からの学び

（ⅰ）社会科学からの学び

加藤の証言によれば、小倉は監獄の囚人、売春婦、スラムに暮らす人たちなど社会の最底辺を「社会的矛盾が集約された局面」（加藤 2008 : 5）であると指摘している。それ故、社会福祉について理解するためには、そのような矛盾を生み出す社会の仕組みを分析する社会科学の知見が必要となる。阿部の魂を揺さぶったトインビーも「スラムにあらわれる不正義に挑み、生活に破れた人びとの『人生への可能性を開く手段』として経済学を位置づけ、貧困を個人の責任に帰する救貧法を歴史的に問うた科学的態度」（阿部 1997 : 32）をもっていた。そして阿部自身経済学者マーシャル（Marshall, Alfred）の「心は温かく、されど頭は冷やかに（Warm heart but Cool head）」を人生のモットーにしている（阿部 1999 : 28）。小倉や阿部が言うように、社会福祉について根本から問い考えるためには、その前提として、福祉の諸問題を生み出している社会の仕組みを分析する社会科学の知見が必要不可欠である。

（ii）社会哲学からの学び

実証的な社会科学は、物事から距離を取り観察するという態度と仕方で社会を認識しようとする。しかし、このようなアプローチ自体の妥当性を疑い、社会をより根源的な地点から理解しようとする営みが社会哲学である。この社会哲学の営みにおいて、「承認」という観点から社会に対する根源的な理解を試みているのがホネット（Honneth, Axel）である。ホネットの物象化論に依拠するならば、視るべきものの中で観られる〝人を人とも思わぬ状況〟とは、まさに物象化という現象であることが分かる。そして、そのような現象が生起する根源的な原因には、承認の基本的形態である存在そのものの取り消し（拒絶）があることを学ぶことが出来る。社会福祉について根本から問い考えるためには、社会の在り方を根源から問い考察する社会哲学からの学びが不可欠である。

（iii）実践哲学からの学び

社会科学や社会哲学は、社会に働いている力やそこにある仕組みを解明する。しかし、そこで明らかにされた事実に対して、「どうするのか」という問いは価値の次元に属する。この「価値」についてどのように考えればいいのか。この点については、実践哲学の中で検討されている正義論や人権論に関する知見から学ぶ必要がある。嶋田啓一郎（1999 : 10–14）や秋山智久（1999 : 22–25）らが一貫して主張してきたように、社会福祉という営みの根底には

「価値」があり、それが故に、福祉哲学の問いも価値に関することが重要なテーマとなる。

（iv）文学からの学び

阿部は「人間観というものが、やはり福祉の原点なのでしょうね」（大内 2006：38）と言い、秋山（1982：17）も「『人間』とは何か、『人間』をいかに見るかは、社会福祉の生命線である」と言っている。このことに異論はないであろう。問題は、現実の人間をどうすれば言葉で表現し理解出来るかである。例えば、人間を主語にして「人間とは～である」と並べ立てても、記述されることは人間の属性（性質）に過ぎず、そこに人間そのものが立ち現れることはない。「人間とは～である」という表現方法は、人間の一つの属性（性質）を記述したに過ぎない。このような人間理解に対して、現実に近い人間を描き出しているのが文学である。「『人間』とは何か。『人間』を如何に見るかは、社会福祉の生命線である」であるが故に、福祉哲学には人間を描き表現している文学からの学びが不可欠なのである。

③対　話

本書で提示する福祉哲学の枠組みとプロセスに関する仮説は、一人ひとりの社会福祉の経験を起点としている。自分の社会福祉の経験は、どこまで行っても自分の経験である。この限界を超えることは出来ない。だからこそ、対話が必要なのである。何故か。納富（2002：40）が述べているように「自己の完結した世界にひきこもることこそが、思いこみという最大の無知をひきおこす」のであり、「異質な他人と出会い、外からの問いかけによりこの思いこみを打破する『対話』こそが、哲学者の生を成立させる」（納富 2002：40）からである。それが故に、福祉哲学をするためには対話が必要なのである。

では、誰と対話するのか。この問いには、社会福祉の経験に基づいた区別と領域に基づいた区別とに分けることが出来る。社会福祉の経験には、大別すれば次の三つの立場がある。一つめは支援を必要としている人の経験である。二つめは支援をする人の経験である。三つめはその双方ではなく、支援という関係に直接は関わっていない人の経験である。それぞれの立場があり、そこにいる人に立ち現れ経験されている世界がある。対話には、同じ立場の人との対話もあれば、異なる立場の人との対話もある。一方、領域に基づく区別で言えば、社会福祉という営みや研究に携わっている人同士の対話もあれば、その他の領域——例えば、哲学、宗教学、社会学、経済学など——の人たちとの間で交わされる対話もある。

いずれにせよ、自分自身がした経験に囚われることなく、社会福祉の経験に対する理解を深めていくためには対話が必要である。

④不可欠な構成要素

ここまでの考察をまとめると、福祉哲学の枠組みとプロセスに必要なものとして次のものが抽出出来る。一つは、福祉哲学者の生を記憶に留め、それを想起しながら、いま自分が直面している福祉における根本的な問いについて考えるという意味の「継承」である。二つめは、社会科学、社会哲学、哲学／実践哲学、文学などの他の領域からの学びである。そして三つめは対話である。

福祉哲学の仮説を構成する上で基盤となる要素と軸となる要素に、ここで確認した構成要素を加えることで、福祉哲学の枠組みとプロセスに関する仮説を提示することが出来る。

第二節　仮説の提示

これまでに述べてきたことを要約する形で、福祉哲学の枠組みとプロセスに関する仮説を提示する。

まず、福祉哲学の中心に位置し、且つ、起点となるのは、一人ひとりの社会福祉の経験である。福祉哲学は、経験が被っている様々な思い込みや誤りに対して、社会福祉の経験をしている当事者に立ち現れる世界という最もリアリティ（現実味）を感じる地点まで視点を引き戻し、そこから福祉を根源から問い考えるところに生じる。そしてそれは、歴史・社会という大きな文脈の中で経験される。これが福祉哲学の基盤にある。

視るべきものを視ることは福祉哲学が成り立つために前提条件であり、始まりである。人は、視るべきものを視た時、そこに、心を痛める、何とかできないかと思う（無関心ではいられない）、不正義を感じる、憤るなど、様々なことを感じる。また、場合によっては、視るべきものを視た人とその状況にいる人たちとの間で、あるいは、視るべきものを視た人たちとの間で、その状況を巡って対話が行われるかもしれない。対話の中で、そこにある呻きや声なき声、あるいは呼びかけが聴かれるかもしれない。そのような対話の場がなくとも、視るべきものを視て、そこに身を置くことで、そこにある呻き、声なき声、呼びかけを聴く人もいるであろう。いずれにせよ、そこにある呻き、声なき声、呼びかけに応える中から立ち上がる問いと思考、それが福祉哲学となる。

福祉哲学はあくまで自分の社会福祉の経験を基盤として、自分自身で考えることである。しかし、そのように考えている自分の中には既に、これまで出会い学んできた福祉哲学や福祉思想があり、人によっては、強烈な印象を受けた福祉哲学者の記憶もある。福祉哲学として問いを考えていくためには、これら自分の中にある福祉哲学や福祉思想、そして福祉哲学者の記憶を想起しながら、いま自分が直面している福祉における根本的な問いについて考えるという意味の「継承」が必要である。また、直面している根源的な問いを考え抜くためには、社会科学、社会哲学、哲学／実践哲学、文学などの他の領域からの学びも必要である。更に、限られた私の経験から脱し、他者の社会福祉の経験へと開かれていくためには対話が必要である。

これら継承、他領域からの学び、そして対話をしながら、福祉をその根本から考え、その結果として、社会福祉の原理、目的、本質といった根本的なことに対する学び直しが可能となる。そして、それを体系化し言葉にしたも

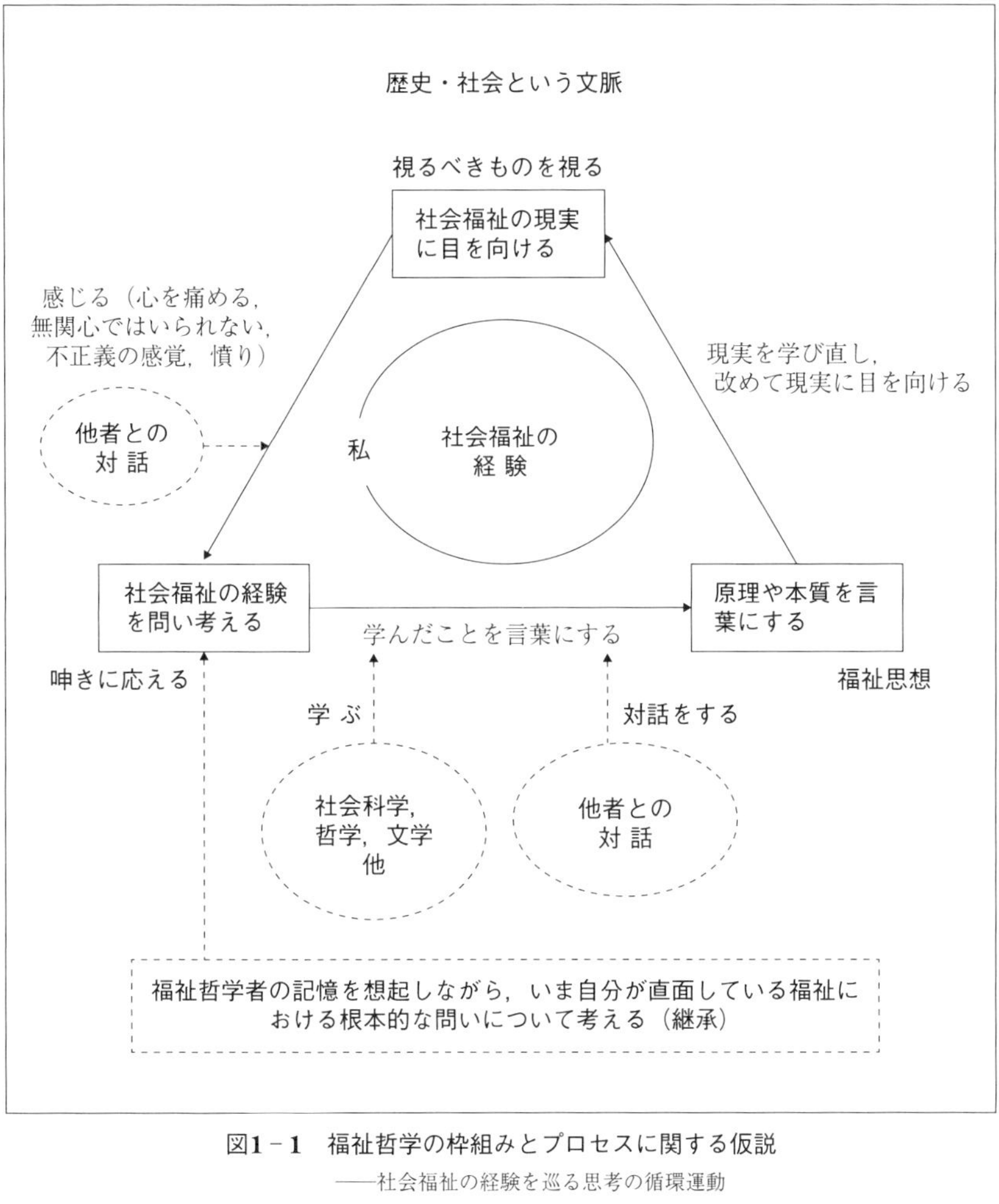

図1－1　福祉哲学の枠組みとプロセスに関する仮説
——社会福祉の経験を巡る思考の循環運動

のが福祉思想となる。

勿論、そこで学び直されたことが必ずしも社会福祉に対する真なる理解であるとは限らない。原理、目的、本質などに関して、まだ気づかず言葉にできていないこともきっとある。また、私たちがまだ気づいていない社会福祉の現実（視るべきもの）も、必ずある。それ故、新たに、その視るべきものを視たとき、また、新たな福祉哲学が立ち上がる。そして、そこで直面した問いについて考えるためには継承、他領域からの学び、対話が必要であり……と、福祉哲学という思考は社会福祉の経験を巡って循環し、学び直しは繰り返される。

以上において確認してきたことをまとめると、「福祉哲学の枠組みとプロセスは、社会福祉の経験を巡って、社会福祉の現実に目を向ける（視るべきものを視る）→その現実の中で声なき声を聴き、その声に応える形で問い考える（呻きに応える）→原理や本質など社会福祉において大切なことを言葉にする（一例として、〝この子らを世の光に〟）→社会福祉の経験……という思考の循環運動の中で、社会福祉の経験を学び直すことである」という仮説を提示することが出来る。それを図で表すと、図１－１「福祉哲学の枠組みとプロセスに関する仮説——社会福祉の経験を巡る思考の循環運動」となる。

第二章　視るべきものを視る
——そこで証言を聴く

「私はあらためて、太陽の下で行われる虐げのすべてを見た。見よ、虐げられる人の涙を。彼らを慰める者はいない。見よ、虐げる者の手にある力を」（「コヘレトの言葉」四章一節・Batstone＝2010：321より引用）

第一節では、視るべきものを視るとはどういうことであるのかを説明し、併せて、福祉哲学を行う際の倫理について言及する。そして、〝視るべきものを視る〟上での分析枠組みを提示する。第二節では、分析枠組みに基づき〝視るべきもの〟を分析する。ここでは、〝視るべきもの〟を、①歴史の中における〝視るべきもの〟、②いまこの時における〝視るべきもの〟（国内）、③いまこの時における〝視るべきもの〟（海外）に分ける。その後、本章における考察として、視るべきものを視た上で分かったこと、視るべきものを視ることの可能性について論じる。

第一節　〝視るべきものを視る〟とは何か——分析枠組みの提示

（一）小倉襄二からのメッセージ

学問は多様で複雑な現実を言葉や数字を使って理解しようとする。即ち、学問は抽象化することで現実を理解しようとする。しかし、抽象化は我々を現実から遠ざける作用を持つ。作家のなだいなだは次のように述べている。「私たちの思考には、想像力の再現によって現実に近づき、逆に抽象化によって、現実からとおざかろうとする性質があります。そして、この抽象化によって、現実からはなれればはなれるほど、残酷な面が現われてきます。たとえば、ナチスはユダヤ人を強制収容所に入れる時、名前をはぎとり、番号で呼ぶことにしました。あの番号で呼ぶという抽象化が残虐行為を楽に行わせるのをたすけたのでした」（なだ 1985 : 50-51）

社会福祉学も、社会福祉という現実を抽象化して把握しようとする。しかしながら、そのことにより、逆に現実から遠ざかり、あらぬ方向を見てしまうことがある。小倉（1996 : 35）は「私たちが福祉領域について視るべきものを視ず、視線をあらぬ方に注いでいて策定される福祉計画の空しさがある」と言う。この批判は福祉計画に限らず、社会福祉学にも言えることではないだろうか。

更に小倉（1996 : 34）は「計画以前に私たちが視るべきものをしかと視て、視たものの責任の分担として、それが〝計画の思想〞となる」という。福祉計画を策定する前に、私たちにはしっかりと視ておかなければならない状況や現実がある。そして、それを視たならばそこに責任が生じ、その責任を分担することが計画の思想を生み出すということである。

小倉には、社会福祉には視るべきものがあり、それを視たものの責任の分担として福祉思想が生まれるという福祉哲学がある。ここには、視るべきもの→視た者が感じる責任から生まれる問いや思考→福祉思想という、本書で提示した福祉哲学の原型がある。

（二）〝視るべきものを視る〞というメッセージの意味

福祉哲学の継承と再生のために、最初に学ぶべきは〝視るべきものを視る〞という小倉のメッセージである。何故なら、ここから福祉哲学が始まるからである。

では、このメッセージにはどのような意味があるのだろうか。そこには「メタノイヤ（視座を底辺に移し、そこから世界を見直す）」という意味を読み取ることが出来る。

① 〝視るべきもの〟とは何か

小倉は敢えて「みる」を「視る」と表現している。視るとは「注意して眼差しを注ぐ」ことであり、〝視るべきものを視る〟とは「注意して眼差しを注ぐべきものを、しっかりと視る」という意味である。この〝視るべきもの〟を小倉は〝福祉の深層〟と捉え、それを「視えにくく、よどみ、隠蔽されている昏い実質といったていどのイメージ」（小倉 1996：ii）と述べている。即ち、視るべきものは、注意して眼差しを注ぐべきものであるにも拘らず、よどみ、覆われ、視えにくくなっているのである。そのような深層が〝視るべきもの〟である理由は、そこを視なければ、社会福祉が社会福祉でなくなってしまうからである。

〝視るべきもの〟には、社会福祉が対応しなければならない諸問題やその諸問題を生み出す社会の仕組みなどがある。この中で小倉が特に注意を促すものが〝底辺〟と表現される状況である。それは「時代の激変のなかで、〝溢れ者〟と視られた複雑な構成をとる階層、その人びとの生きる場面（空間）」（小倉 1996：4）であり、そこを小倉は〝人を人とも思わぬ状況〟、〝無念をのみこむ無数の状況〟、〝最後の小さき虐げられし者〟などと表現する。「〝底辺〟は姿、かたちを異にして存在しつづける」（小倉 1996：15）。それ故、底辺は他者を支援するという社会福祉という営みが、絶対に視なければならないものであり、社会福祉の対象における最も核となるものである。これが、〝視るべき〟と言われる理由である。

② 〝視るべきもの〟における三つの次元

〝視るべきもの〟には次の三つの次元がある。

（ⅰ）状　況

〝視るべきもの〟とは、〝人としての尊厳が剥奪されているような状況〟を意味する。しかし、状況が意味することはそれだけではない。状況とは、その状況を生み出している不正の仕組みや力なども意味している。

（ⅱ）状況の中の人

状況の中の人とは、不正の仕組みや力などにより、人としての尊厳をはじめ必要不可欠なものが剥奪されている人である。聖書の言葉で言えば、〝最も小さき者の一人〟である（本田 1990：22–23）。本田は、最も小さき者とは〝一番小さくされた者〟であり、小さくされたとは〝貧しくされ抑圧された者〟であると捉えている（本田 2010：166–168）。即ち、状況の中の人とは、一番貧しくされ抑圧された人たちを意味する。そして、そのような人たちは「苦しみと痛みを訴えるすべもなく、ひたすら耐えている」（本田 1990：24）のである。

（ⅲ）その人の想い／そこにある声

一番貧しく抑圧された人たちの声、声にならない声は他者に届かないことが多い。しかし、そこには〝無念をのみ込む無数の状況〟と小倉が言うように無念があり、絶望、諦め、無力感、苦しみ、痛み、恐怖、悔しさがある。これらの想いを、その当事者と同じように感じることはできない。だからこそ、その想いを視る（聴く・感じる）ためには本田が言うように、「同じところに立てないのですから、教えてくださいっていう学ぶ姿勢を持つこと」（本田 2006：54）が必要となる。

③〝視る〟とはどういうことか

では、〝視る〟とはどういうことか。それを表しているのが、小倉の福祉哲学のキーワードである〝底辺に向かう志〟である。底辺とは〝視るべきもの〟である。そして、それを〝視る〟とは、底辺（視るべきもの）に向かい、そこにいる人たちの状況に身を置くことを志すことである。小倉の福祉思想を継承する加藤はこのことを「マイノリティを志向する」（加藤 2008：5）と表現している。

〝視るべきものを視る〟、〝底辺に向かう志〟、マイノリティを志向するといったことを、「メタノイヤ（視座を底辺に移し、そこから世界を見直す）」という言葉で語っているのが本田哲郎である。本田は大阪市西成区にある釜ヶ崎で釜ヶ崎反失業連絡会などの活動をしながら、日雇い労働者に学び、聖書の読み直しをしている神父である。本田は通常「悔い改める」と訳されるメタノイヤを「視点を、社会で最も弱い立場に置かれている人々の所へ移すこと」、「痛み、苦しみ、さびしさ、悔しさ、怒りを共感・共有できるところに視座をすえ直し、もう一度現実を見直すこと」（本田 2010：37）と捉えている。

このように〝視るべきものを視る〟とは、底辺（社会で最も弱い立場に置かれている人々のところ）に身を置き、そこに視点を据えて、そこから現実を見直せというメッセージなのである。

④視えにくくしているもの／気づきにくくしているもの

〝視るべきもの〟は、隠れ、視えにくくなっている。その理由を三点に分け述べる。

（ⅰ）それぞれの時代・社会に働く価値観や力・方向性

それぞれの時代・社会には、その時代・社会を象徴する主要な活動が観察される。明治維新以後の日本を観ると、第二次世界大戦前は経済と戦争であり、戦後は経済であった。そこには、それらの活動をもたらす価値観や力・方向性（戦争であれば戦争に勝って領土を拡げること、経済であれば経済成長による富の増大）がある。この価値観や力・方向性が「善いこと」として社会を照らし、照らされたものは人々の関心を集める。しかし、「善いことの反対に位置するもの」は、避けたいものとして人々の関心が向かず、向いたとしてもそれは改善すべきもの、善くないこととして認知される。そして、認知されるに至っていないものは人々の関心から外れ視えなくなっていく。

（ⅱ）視る主体の問題

人間は目の前の物事を知覚するだけではなく、俯瞰的な視点を設定することが出来る。社会についても俯瞰的な視点を設定し、そこから社会を見渡し理解しようとすることが出来る。とは言え、その視点は私が設定した視点から見た社会に過ぎない。そこには、私たちには見えない様々な場所や側面がある。さらに、一人ひとりは別の世界を生きている。そのため私たちは、他者に立ち現れている世界（他者が生きている世界）を視ることは出来ない。これらの理由から、社会には私たちに視えていない現実が数多く存在する。

(iii) 視なければならない対象が抱える問題

今日においても、〝人を人とも思わぬ状況で生きている／生きていた人たち〟、言い換えれば〝人としての尊厳が剥奪されているような状況で生きている／生きていた人たち〟が数多く存在している／存在していた。

障害があることが分かり中絶という形で失われた〝いのち〟、惨いいじめのため自らいのちを絶つことを考えているAさん、「普段、段ボール集めに使っていた台車の上に半身を乗せて、小さなミカンを半分口につっこんだまま亡くなっていた六〇歳前後の人」（本田 2010：39）、重い心身の障害があるため、生まれ育った家庭と地域から剥がされる形で施設入所をし、最初はパニックなどの行動で「ここは嫌だ」と訴えていたが、そこに慣れるしか生きることができないため、どうにか施設生活に適応させていった言葉のない三〇歳のBさんなど、これらはほんの一例である。

〝人としての尊厳が剥奪されているような状況で生きている／生きていた人たち〟の中には、もともと声を上げる力を有していない人や声を上げる力を失っている人がいる。また、自分ではどうにも出来ない状況であるが故に、その状況に何とか慣れようとする中で声を発することをしなくなった人もいる。このような理由により、視なければならない状況から発せられる声は沈黙し、その状況は隠れ分かり難くなっている。

以上見てきたように、様々な理由から視るべきものは視えにくい状況にある。そのため、まず、〝視るべきものを視る〟必要がある。

(三)　視るべきものの起点としてのアウシュヴィッツ

小倉は人権というコトバを捉える時に、必ず念頭によぎるエピソードがあるという(小倉 1970:37)。それは、チェコスロヴァキアの首都プラハの近くにあるテレージンという町で起こったことである。その町にはユダヤ人の強制収容所が作られた。収容された子どもの殆んどが病気、栄養失調、アウシュヴィッツのガス室で命を絶ったが、それらの子どもたちが描き遺した詩や絵が数千点、発見された。小倉は「テレージンの重さは、これらの作品に直面して、ここに、死んでいった幼い子たちの、未来に向かっての『遺言』であると感じたことにはじまる」と言う(小倉 1970:37-38)。そして、それは「戦禍の時代に、声もなくいのちを断たれ、肉親と引き裂かれていった、無数の幼い子たち、母のなげきの意味を凝縮したものであった」(小倉 1970:38)と捉える。その上で、「社会保障と人権のかかわりをとらえようとするときには、法的権利の正確な設定、制度論としてのアプローチの原点として、人権がまさに、体制と政治のローラによって、圧殺されていった歴史的な位置を徹底的にみきわめておく必要がある」(小倉 1970:38)と指摘する。

視るべきものは無数にある。それらは全て歴史の中で起こった事実である。そして、その中の一つに、アウシュヴィッツ絶滅収容所の経験がある。それは人類が経験した最底辺であり、それが故に、福祉哲学はどういう営みでなければならないのかという「福祉哲学の倫理」が確認される場所でもある。アウシュヴィッツとはどのような経験なのか。そこで確認される福祉哲学の倫理とは何か。ここではこの二点について記述する。

①最底辺としてのアウシュヴィッツ絶滅収容所

何年もゲットー(東欧諸国に侵攻したナチス・ドイツがユダヤ人絶滅を策して設けた強制収容所)で過ごし、恒常的な飢えと労苦の中、多くの者が死んでいく。その後、詰め込まれた列車に乗せられ降りると、鉄道のプラットホームで特別部隊の候補者が選ばれる。

特別部隊とは、絶滅収容所の囚人の中から最も過酷な作業を行う者たちである。その作業とは、ガス室から死体を運び出し、もつれ合った死体をほどき、消火ホースで死体を洗い、焼却炉に運ぶなどである（Levi＝2000：50, 57）。大量のアルコールが与えられるとは言え、生き残った者の一人が「この仕事をするには、初めの日に気が狂うか、それとも慣れるか」（Levi＝2000：55）と言うように、最も過酷な状態である。特殊部隊になったからといって生き延びられるわけではなく、数か月その作業をさせられた後は秘密保持のため皆殺されていく。

そして、特別部隊に選ばれなかった者の中には、回教徒（der Muselmann：ムーゼルマン）と呼ばれる状態になる者もいた。回教徒と表現された人々は次のような状態になった者のことである。

「自分を捨て、仲間からも捨てられた人々だった。彼らはもはや、善と悪、高貴さと卑しさ、精神と野蛮とが対峙するような意識の場をもっていなかった。よろよろと歩く死体であり、肉体機能の一束が最後の痙攣をしているにすぎなかった」（Améry＝1984：19–20）

アウシュヴィッツ絶滅収容所の生き残りとして証言し続けるレーヴィ（Levi, Primo）はこれらの者を「地獄の底まで降りたもの」（Levi＝2000：11）と表現する。ここには人間が想像し得るものをはるかに超えた最底辺、人間が経験し得る最底辺がある。

絶滅収容所で人間は特別部隊の経験と回教徒と呼ばれた状態を経験した。前者について、レーヴィは「灰色の領域」と指摘する。それは、「非抑圧者が抑圧者となり、次に処刑者が犠牲者となる」（Agamben＝2001：22）経験であり、加害者と被害者、あるいは悪人と善人という単純な二分法は通用しない経験である（Levi＝2000：33–51）。

およそ人間らしさのかけらでも持っていれば、とても特別部隊のような状態は耐えられないと思われる。しかし、特殊部隊の者でもガス室で奇跡的に亡くならなかった一六歳の娘を発見した時、「彼女を隠し、体を温め、肉のスープを運び、問いかけた」(Levi = 2000 : 57)。「慈悲と獣性は同じ人間の中で、同時に共存し得る」(Levi = 2000 : 58)のである。

一方、回教徒と呼ばれた状態は「感情の働きと人間性のいかなる痕跡をも消し去ってしまった者」(Agamben = 2001 : 72)であり、「人間と非—人間とのあいだの閾の存在」(Agamben = 2001 : 70)である。それは、およそ人間らしさや尊厳と言えるようなもの全てを剥奪された〝剥き出し生〟の状態である。人間は人間をそのような状態にしてしまったのである。そして、人間は剥き出しの生という状態を経験したのである。

②福祉哲学における二つの倫理

アウシュヴィッツ絶滅収容所の経験は、人類が経験した極めて特異な出来事である。その経験は、日常の営みである社会福祉の経験とあまりにもかけ離れている。にも拘らず、福祉哲学はアウシュヴィッツ絶滅収容所で起こってしまったことを〝視る〟ことから始めなければならない。何故なら、アウシュヴィッツ絶滅収容所は人類が経験した最底辺の一つであるが故に、底辺に身を置き、そこにおいて問い考えるという福祉哲学というものは、どのような営みでなければならないのかという倫理が端的に示されているからである。それが、抵抗の倫理と証言の倫理である。

(i)抵抗の倫理

抵抗の倫理とは、生物学的に人間でありながらも、一定の条件を設けることでなされる「これが人間である、あれは人間ではない」という線引き/排除に抵抗し、生物学的に人間である存在を護ることが善いとする考えや態度のことである。

アウシュヴィッツ絶滅収容所には回教徒(ムーゼルマン)と表現された状態の人々がいた。それは、「よろよろと歩く死体であり、肉体機能の一束が最後の痙攣をしている」（Améry＝1984：20）状態であり、人間の尊厳として考えられ得るもの全てを剥奪された状態の存在である。もし、人間とは尊厳と考えられるものを有している存在であるとした場合、回教徒と呼ばれる状態の存在はもはや人間ではなく非人間（人間とは異なる存在）と見做されてしまう。即ち、尊厳という概念は人間であるか人間でないのかを区別基準として機能し得る（小松 2012：270, 2013：12, 105）。そして、人間ではないとされた時点で、人間として接してもらう可能性は消失してしまう。

社会福祉における基底的な価値である尊厳も、その使用や理解を誤ると、ある状態の存在を排除する装置になりかねないのである。社会福祉とは何であるのかをその根底から問い考えるためには、歴史と社会の中に作動している根源的な排除の力に敏感になり、その力に抗するという倫理、即ち抵抗の倫理が必要である。

（ii）証言の倫理

抵抗の倫理を実践するために必要不可欠なものが証言の倫理である。これは、人間とは見做されず人間として対応されていない人が自らの体験を証言することと、その証言を聞くことは善いという考えや態度である。

アウシュヴィッツ絶滅収容所における経験は、証言することやその証言を聞くという証言の倫理が、不可能であることとの経験である。何故なら、アウシュヴィッツにおける回教徒の経験をしたものは皆死んでいき、仮に生き残って証言をしたとしても、想像を絶する悲惨さ故に誰も信じないからである。この証言することの不可能性を踏まえた上でアウシュヴィッツの生き残りとして証言し続けたのがレーヴィであり、レーヴィの証言をもとに証言の倫理を見出したのがアガンベン（Agamben, Giorgio）である。彼らのテクストはアウシュヴィッツ以降の倫理として、証言の倫理が立ち上がることを示している。

勿論、証言には言葉や声にならない声もある。むしろ、そちらの方が多いかもしれない。このような広い意味における証言をする、そしてその証言を聴き取ること、ここから福祉哲学は生まれる。

（iii）福祉哲学の倫理

福祉哲学という営みには、生物学的に人間である存在を人間と非人間を分ける様々な線（分割線＝排除の線）に抗し、あくまで〝かけがえのない人〟として接するという抵抗の倫理が必要である。そして、抵抗の倫理を実践する上でまず必要とされるのが証言の倫理である。福祉哲学は視るべきものを視て、そこにある排除の力を視ると共に、当事者の証言（ここには声なき声や呻きのようなものも含まれる）に耳を傾けることから始まる。

それ故第二節では、同じ人間であるにも拘らず人間として接しようとしない、あるいは排除しようとする力や仕組みや、当事者の証言に耳を傾ける形で、社会福祉における視るべきものを確認していく。

（iv）分析枠組み

社会の中には、社会福祉という営みが視なければならない様々な状況・現実がある。〝視るべきものを視る〟というメッセージは、①社会福祉という営みが視なければならない状況・現実とは何であるのか、②その状況・現実をどこから視るべきなのか、③そして何を視なければならないのか、これらを示す分析枠組みとなる。

枠組みの全体を形作るのは、〝人を人とも思わぬ状況〟（人としての尊厳が剥奪されているような状況）である。〝視るべきものを視る〟とは、このような状況を視ることを意味する。その状況の中には、人としての尊厳が剥奪された人たちがいる。社会福祉という営みはまず、これらの人を視なければならない。小倉はこれらの人を〝最後の小さき虐げられし者〟と呼んだ。それらの者は虐げられ、抑圧されることで小さくされた者である。そこには、虐げたり、奪ったり、蔑んだりする力や仕組みが存在する。社会福祉は次に、その力や仕組みを視なければならない。そこで、人としての尊厳を剥奪された人たちは、様々な理由から抵抗する言葉を失い沈黙している。それ故、社会福祉は、そこにある声なき声を、心の耳で聴かなければ（感じなければ）ならない。

声なき声を聴く（感じる）ためには、社会で最も弱い立場の人々の前に立つ必要がある。そこに向かう意思が

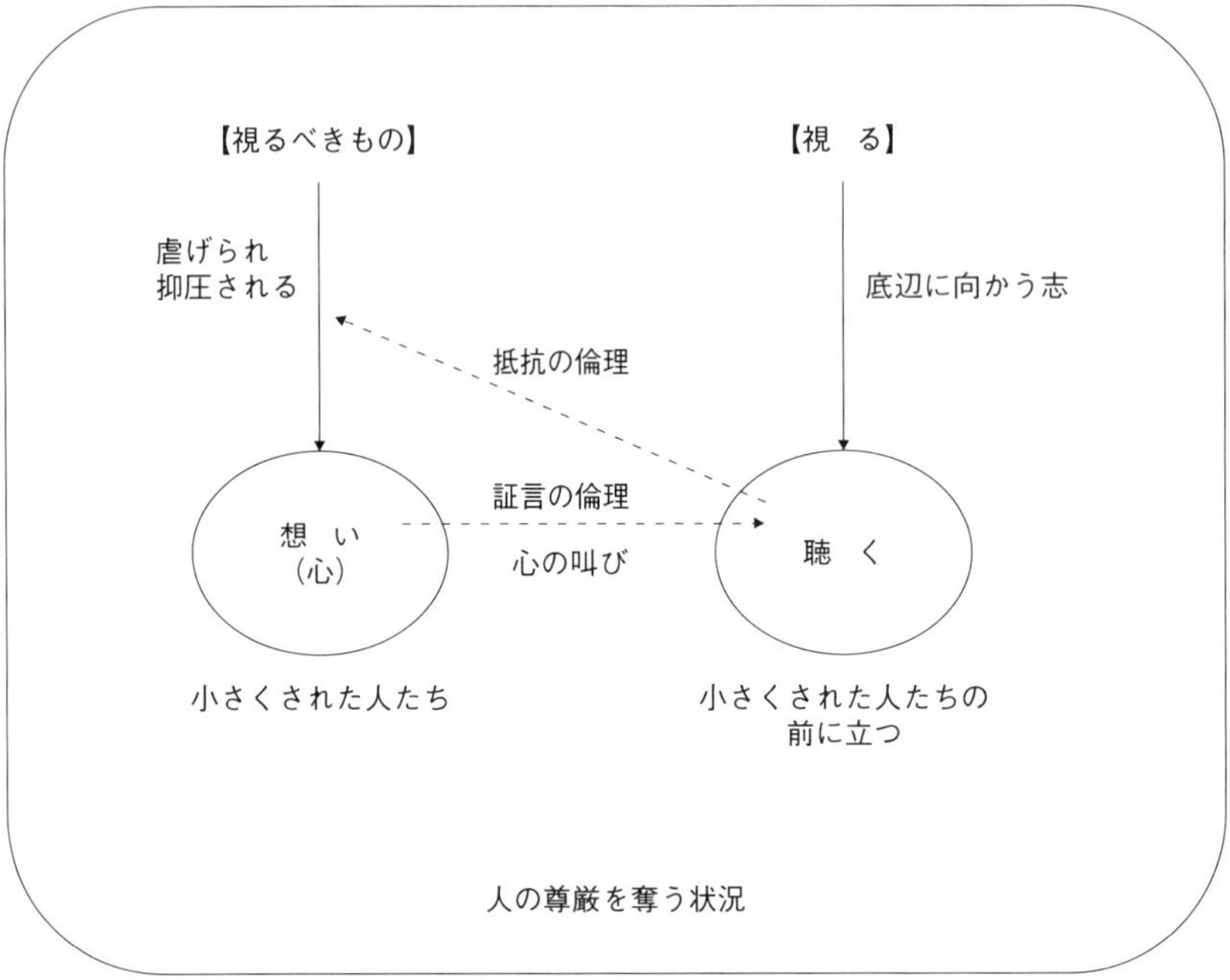

図2－1　“視るべきものを視る”という分析枠組み

〝底辺に向かう志〟であり、〝視るべきものを視る〟ということである。

〝視るべきものを視る〟というメッセージは自ずと、人類が経験した最底辺であるアウシュヴィッツ絶滅収容所の経験を視るように促す。もはや誰もその経験に身を置くことは出来ない。それでもその経験、そこにおける「記憶」に触れると、福祉哲学とはどういうものでなければならないのかという倫理（福祉哲学の倫理）が浮かび上がる。それが、抵抗の倫理と証言の倫理であった。

以上のことをまとめると、社会福祉が視るべきものを、どこから何を視ればいいのか、そして、そこにはどのような倫理があるのかを示す分析枠組みとして図2－1を提示出来る。

第二節　〝視るべきもの〟の具体例

視るべきものを視るとは、虐げられ、抑圧されている人たちの前に立ち、そこから現実を視ることである。ここでまず求められることは、実際に虐げられ、抑圧されている人たちの前に立つことである。そのため最初に、筆者自身の経験を述べる。しかし、筆者の経験は〝視るべきもの〟の一つの現実に過ぎない。歴史・社会の中には無数の〝視るべきもの〟がある。これら視るべきものの具体例を、歴史の中における〝視るべきもの〟、いまこの時における〝視るべきもの〟——国内、及び——海外、の三つに分けその一端を提示する。

（一）視るべきものを視る経験

①知的障害をもった人たちの暮らし

（i）入所施設で暮らすということ

私たちはいのちの誕生と共に一つの生を授かる。様々なことが出来る能力をもって生まれる人もいれば、知的な障害をもって生まれてくる人もいる。自分がどのような能力や環境に生まれてくるかは、本人の力ではどうすることも出来ない。そして、誰がどのような能力や環境に生まれるのかは全くの偶然である。にも拘らず、日本で重度の知的障害をもって生まれた人の多くは、生まれ育った家庭と地域から引き剥がされ、入所施設での暮らしを余儀なくされる。

そこでは、他人と同室（四人部屋や二人部屋）の場合が多く、三〇人以上、多い施設では百人以上の他人との共同生活となる。それは、同じ時間に起床・就床し、一斉に食事を取り、夕食前に数人単位で入浴をする生活である。

外出したくとも、一人で外出する能力がないため、せいぜい土日のどちらかに他人と一緒に外出することしかできない。

（ii）職員になる（視るべきものを視る）

先に、〝視るべきものを視る〟とは、「底辺（視るべきもの）に向かい、そこにいる人たちの状況に身を置くことを志すことである」と述べた。確かに、筆者は知的障害者入所更生施設での就職を希望し、その採用試験を受けた。しかしその動機は、社会福祉事業団という比較的安定した所で福祉の仕事が出来るから、というものであった。当時、筆者の中にはこれから勤務する環境が「底辺」という意識はなく、いまでも人によっては入所施設での暮らしを底辺と捉えるのは大袈裟である、と思う人もいるであろう。しかし、そこに職員として身を置き、長い間（合計一四年）支援という形で関わると、〝視るべきもの〟が視え、その状況は現代社会における底辺の一形態であることが分かった。以下にその内容を記述する。

②視るべきもの

（i）人としての尊厳と権利を剥奪するもの

▼不十分な制度

スウェーデンでは、重度の知的障害があっても地域でのその人の暮らしを支える制度がある。そのため、重度の知的障害があっても施設で暮らしていない（河東田 2012：208–222）。即ち、重度の知的障害があっても施設で暮らさなければならない必然性はない。日本で生まれた重度の知的障害をもつ人が入所施設で暮らしているのは、日本には重度の知的障害をもった人の暮らしを地域で支える仕組み（制度）がないだけなのである。

▼地域の人の眼差し

筆者が知的障害者入所施設（現在では障害者支援施設）に勤めていた時の話である。施設祭りに参加するため、筆者の妻と子どもがタクシーに乗った。妻が「そこ（施設）で夫が働いているんです」と運転手に伝えると、「職員ですか、それはよかった。入所者だと可哀想ですからね」と答えた。

また、次のようなこともあった。筆者が知的障害者通所授産施設（現在では就労支援事業所）に勤務していた時の経験である。その施設では、多摩川の河川敷の公園清掃を大田区から委託され仕事として行っていた。清掃の一環として、草むしりをしていた時、その場をジョギングで通りかかった高校生二人が、黙々と作業をしていた利用者の背中を蹴飛ばして走り去ろうとした。蹴られた利用者はただ草むしりをしていただけで、その高校生と目があった訳でもなく、全く何もしていない。にも拘らず、蹴飛ばされたのである。

不十分な社会福祉の仕組み（制度）に加え、障害をもった人を憐れみ、蔑む地域の眼差しがある。

▼職員による虐待

施設への入所は、様々な選択肢の中から選ばれたものではない。保護者は家庭での養育が困難となり、入所施設を利用するしかなかったのである。多くの保護者が、自分が養育できないことに対する自責の念があり、後ろ髪を引かれる思いで自分の子どもを施設に託す。そのような状況の中で入所したにも拘らず、そこで職員から虐待を受けることがある。施設内虐待と言われるものだが、これはマスコミで報道されるごく一部の話ではない。程度は様々であるが、施設内虐待はあちらこちらの施設で観られる現実なのである。そして、筆者がいた施設でも職員による利用者への虐待があった。利用者をひもで縛る、押し入れに閉じ込める、スリッパを取り上げて利用者を困らせる、食事を摂らせない、怒鳴りながら利用者を叩く・蹴る、といった行為である（中村 2004：85, 99‒100）。

利用者の尊厳と権利を護り保障すべき職員が、利用者の尊厳と権利を奪う行為が、障害者支援施設に限らず、児童養護施設、特別養護老人ホームなどの入所施設で、今日でも行われている。

（ⅱ）人としての尊厳と権利を剥奪されている生

▼通常の暮らしの喪失

施設に入所することで住居と食事、二四時間三六五日の介護や必要に応じた看護、及び日中活動（例えば、軽作業、散歩など）は保障される。これらは入所施設を利用することのメリットである。しかしその一方で、様々なデメリットがある。

一つめは、家族という大切な存在と暮らすことが出来ない点である。多くの入所施設では夏と冬に帰省を実施しているが、その時期になると「かあちゃん、いつ来るん」と繰り返し職員に尋ねる人がいる。コミュニケーション能力の問題もあり交流する相手が限られている重度の知的障害をもった人にとって家族、特に母親との絆は深い。にも拘らず、入所施設での暮らしは、その家族から引き剥がされた暮らしであり、多くの利用者にとって大変なデメリットとなる。二つめは、入所施設での暮らしは本人の意思や生活パターンに基づいて組み立てることが難しい点である。多くの施設には「日課」と言われるものがある。それは、起床、朝食、午前の作業、昼食、午後の作業、入浴、夕食、余暇、就床といった一日の流れを定めたものである。施設での暮らしは、この日課に基づき組み立てられる。三つめは、ユニット型の施設が増えているとは言え、未だに他人との相部屋（二人部屋や四人部屋）が多くある点である。地域で暮らす多くの人が家族と暮らすか一人で暮らしているのに対し、入所施設では他人と暮らさざるを得ないのである。

▼社会的重要性と生きる理由の分配

ブルデュー（Bourdieu, Pierre）は、社会は生命に意味を与え、人に存在する理由を与えると言う。そして、社会による配分の中で最も不平等で最も残酷なことは、「社会的に重要であるとされること」と「生きる理由」の分配であると指摘する（Bourdieu = 2009 : 408–409）。

社会は入所施設で暮らす重度の知的障害をもつ人たちの生存に必要な最小限度の財（住居、食事、介護等を提供する職員）を分配している。しかし、社会的に重要であるとされることや生きる理由は殆んど分配されていないのである。糸賀一雄のような一部の先覚者を除けば、重度の知的障害をもった人が社会の中で暮らしていることの重要性は、未だに気づかれていない。

生きる理由（意味）について筆者は次のような経験をした。知的障害者更生施設（現在では障害者支援施設）で生活指導員をしていた時の経験である。筆者はAさんのトイレ介助をしていた。現場の様子を見に来た施設長が筆者に向かって、「Aさんは、しゃべれず、目も見えず、歩くことも出来ないのに、生きていて楽しいんだろうか」と話しかけた。ここには、「この人に生きる理由はあるんだろうか」という気持ちが感じられた。

地域で家族と暮らすという普通のことが剥奪され、更には社会から「社会的に重要であるとされること」や「生きる理由」が殆んど分配されない生、それが入所施設で暮らす重度の知的障害をもつ人たちの生である。

▼声なき声

筆者は一四年間、知的障害者入所更生施設に生活指導員・支援員として勤務した。最重度と言われる知的障害をもつ人の支援に長く携わると、仕事だから（給料を貰っているから）という理由とは違った、何か責任のようなものを感じるようになる。それは、自分が携わっている状況の中で感じる、声なき声に応えなければといったものである。

声なき声は様々な形で感じられた。例えば、まだ幼い筆者の子どもを施設に連れて行った時のことである。Aさんは子どもを見て、普段は見られない満面の笑みを見せた。Aさんに結婚歴はなく子どもはいない。また、いまの暮らしで幼い子どもに会う機会も全くない。Aさんは話すことが出来ないため自らの気持ちを言葉で表現することが出来ず、作業能力も乏しいため、Aさんの能力と関心に合った日中活動もなかった。しかし、Aさんの満面の笑顔は「幼い子どもは可愛い。大好きだ」とハッキリ語っていた。この声なき声に促されて筆者は地域にある幼稚園に、定期的な交流をもてないか相談した。結果、幼稚園児との定期的な交流会（毎月、幼稚園の年中クラスを訪問し、一緒にレクリエーションを楽しむ会）を企画・実施することとなった。

他には次のような例もある。筆者が転職して勤めた施設には、利用者をひもで縛る、押し入れに閉じ込める、スリッパを取り上げて入居者を困らせる、食事を摂らせない、怒鳴りながら利用者を叩く・蹴る、といった虐待行為が観られた。また、年配の利用者を若い職員が「〜ちゃん」やあだ名で呼んだり、怒った口調で繰り返し注意・指示したりするといったことも観られていた（中村 2004：85, 99–100）。この状況に「私には生活の色々な面で支援が必要であるけれど、一人の大人として尊重してほしい」と訴える人は誰一人としていない。考えてみれば当たり前である。殆んどの入居者は入所前、地域での暮らしの中でも、知的障害やその障害に伴う行為を否定的に見られ、時に蔑まされてきた。そのため、自尊感情が育まれておらず、もっと尊重してほしいという気持ちを持てないでいるのである。

しかしである。筆者が関わっていた一人ひとりは、私たちがとても大切にしている〝いのち〟と、他の誰とも替わることができないが故にとても大切に感じる〝かけがえのなさ〟を宿している。それが故に、言葉として発せられなくとも、虐待行為や不適切な行為を受けている人からは「もっと大切に接してほしい。一人の大人として敬ってほしい」と声なき声を感じた。筆者はこの声なき声に促され、施設内に倫理綱領を設けると共に、虐待行為や不適切な行為をなくす取り組みを始めた（中村 2004：84–90）。

声なき声は、実際に音声（言葉）として耳で聴かれたものではない。あくまで、筆者がそのように「感じた」に過ぎず、それは筆者の思い込みかもしれない。しかしそれでも、筆者は確かに声なき声の呼びかけを感じ、それに責任感のようなものを触発された。そして、その責任感のようなものが自身の実践を支え、展開する原動力になっていた（中村 2004：i–ii）。

(二) 歴史の中における〝視るべきもの〟

①ハンセン病患者の隔離

(ⅰ) 〝人を人とも思わぬ状況〟をもたらしたハンセン病患者の隔離政策

ハンセン病はらい菌によって引き起こされる慢性の細菌感染症で、主に末梢神経と皮膚が侵される病気である。らい菌は極めて弱い感染力しかなく、菌に接触しても通常では感染・発病しない。また、感染しても在宅治療出来る病気である。にも拘らず、この病気を患った人びとの歴史は苛酷であった。その歴史を主として南日本放送ハンセン病取材班編（2002）『ハンセン病問題は終わっていない』に基づき記述する。（　）の数字は引用箇所である。

▼隔離政策前

ハンセン病を発症し病状が進行すると、顔や手足に大きな変形を起こすことがある。この外見的な変形が差別や偏見を生むこととなった。また、病気の原因や治療法が分からなかった時代は、仏教の因果応報の思想から来る「天刑罰」「業病」、遺伝病などと考えられていた。

この病気にかかるとその家族は村八分にされてしまうため、患者が出た家では、奥座敷か離れ小屋に隠すか、周囲の冷たい仕打ちや家から追われ、命が尽きるまで放浪するしかなかった（これらの人たちは「浮浪らい」と呼ばれた）。放浪を余儀なくされた人たちは、神社や寺の前で物乞いをすることで、かろうじて生きていた。

▼隔離政策の始まり（法律「癩予防ニ関スル件」制定）

日清、日露戦争に勝利し、文明国の仲間入りができた時期、外国人が訪れる神社や寺で物乞いをするハンセン病患者の姿は「文明国の不名誉であり、国の恥辱＝国辱である」という考えが生まれた。そのため、それらの者を隔離する目的で一九〇七（明治四〇）年に法律「癩予防ニ関スル件」が制定された。しかし、隔離するためにはその根拠（理由）が必要である。そこで根拠（理由）とされたことが「らい病は強い感染病である」という誤った考えである。そしてこの考えが誤っていることは、「癩予防ニ関スル件」という法律を立案した当時の政府の最高責任者が「ハンセン病の伝染力が弱いことはよく承知していたが、隔離する法律を作るためには、強烈な伝染病だと言わざるを得なかった」と述懐している（p.33）ことからも確認出来る。

この「らい病は強い感染病である」という誤った考えを意図的に打ち出したことにより、「その後の全面的な絶対的隔離絶滅政策につながる日本の隔離が始まると同時に、一九〇七年以前とは明らかに異なる、国家による新たな差別や偏見の助長」（p.8）が始まった。また、一九二九（昭和四）年に愛知県では、県内のハンセン病患者をゼロにすることを目的とする患者の強制収容運動である無癩県運動が一部の民間運動から始まった。

ここで確認しておくべきことは、ハンセン病患者隔離政策が、国の体面（国が恥をかかない）のために始まったということである（p.34）。

▼全患者隔離政策の確立（「癩予防法」制定）

一九三〇（昭和五）年、内務省衛生局は「癩の根絶策」を発表する。そこには「癩を根絶する方策は唯一つである。癩患者を悉《ことごと》く隔離して療養を加えればそれでよい。外に方法はない」と言い切り、さらに「患者を一人残らず隔離しなければ、この病の恐怖から逃れられない」という誤った認識を国民に植え付けた（p.9）。翌年一九三一（昭和六）年に「癩予防ニ関スル件」は全面的に変更され「癩予防法（いわゆる旧法）」が制定された。ここに、全患者隔離が法律に盛り込まれることになった。また、一九四〇（昭和一五）年には厚生省が「無癩県運動」の徹底を通知した。これは、それまで何の問題もなく地域で暮らしていた患者をあぶり出し、「県内の未収容患者をゼロにしよう」という運動であり、国や地方自治体が音頭をとり、国民一人ひとりに「患者狩り」への全面協力を求めるものであった（p.10）。

このような全患者隔離＝絶対隔離という考えは、「戦争に備えて強い国民を作る」という、いわゆる優生思想によって強化された（p.34）。

▼断種と人工妊娠中絶

さらに忘れてならないことは、患者に対して、隔離だけでなく断種も行われたという事実である。一九一五（大正四）年以降、法的根拠がないなか、結婚を希望する男性患者に対して避妊＝断種手術が行われてきた。そして戦後、断種手術は「優生保護法」のもと合法化された。また、女性患者に対しては強制的な人工妊娠中絶が行われた。ある女性は次のように証言している

「園内で結婚し、子どもを宿した。妊娠七カ月の時、医局に呼び出された。『処置します』。抑揚のない医師の言葉に『主人と相談させて』と訴えたが、医師は耳を貸そうともせず、堕胎手術に取りかかった。『あなたに似たかわいい女の子だよ』。看護婦は、まだ生きていた赤ん坊を見せながら、口をガーゼで覆って窒息させたという。

赤ちゃんは泣くことができず、手足をバタバタさせてもがき苦しみながら死んだ」（『中国新聞』二〇〇一年、五月一二日＝宮坂 2006：115）

▼隔離政策の徹底（「らい予防法」制定）

一九四三（昭和一八）年にはハンセン病の治療薬であるプロミンの有効性が確認され、一九四七（昭和二二）年には日本でもプロミンの使用が始まった。また、一九四七年に基本的人権を謳った日本国憲法が施行されると隔離されていた患者の人権意識が高まり「隔離政策」からの解放を求める運動が活性化した。それにも拘らず、長島愛生園（岡山県）の光田健輔、多磨全生園（東京都）の林芳信、菊池恵楓園（熊本県）の宮崎松記という三人の園長の証言により、全ての患者を隔離するという政策をそのまま受け継いだ形で一九五三（昭和二八）年に「らい予防法」が制定された。

国際的に見れば、一九五八（昭和三三）年の「第七回国際らい学会」では強制隔離政策の破棄が決議され、日本に強制隔離をやめるように勧告し、一九六〇（昭和三五）年にはＷＨＯの「らい専門委員会」が「一般外来での治療」を勧告した報告書を出していた。一九六〇年代に入ると多くの国で隔離政策は変更され、また、患者たちは何度も「らい予防法」の改正を厚生省に要請した。しかしながら応じられることはなく、患者やその家族たちの人権は奪われ続けた（伊波 2007：5）。

▼「らい予防法」の廃止と熊本地裁判決

一九九六（平成八）年一月、菅直人・厚生大臣は療養所で暮らす元患者たちの代表と面会し、らい予防法廃止が遅れたことや、隔離政策によってハンセン病患者とその家族に多大な損害を与えたことを正式に謝罪した。これを受けて同年四月にらい予防法が廃止された。一九〇七年に国が隔離を始めてから実に九〇年目のことであった。

らい予防法の廃止は、隔離政策によって引き起こされた様々な人権侵害の責任を明らかにし、償うものではなかった。そのため、一九九八（平成一〇）年七月、星塚敬愛園（鹿児島県）、菊池恵楓園（熊本県）の入所者一三人は、国に対して一人あたり一億一千五百万円の損害賠償を求める裁判を起こす。

二〇〇一（平成一三）年五月一一日、熊本地方裁判所は原告側全面勝訴の判決を言い渡す。その内容は以下のようなものであった（p.27）。

①遅くとも昭和三五（一九六〇）年以降には、ハンセン病は隔離政策を用いなければならないほどの特別な病気ではなくなっており、患者に対する隔離の必要性はなかった。
②厚生省は昭和三五年の時点で、隔離政策を変更する必要があったが、これを怠った厚生大臣には国家賠償法上の違憲性、過失がある。
③らい予防法は遅くとも昭和三五年には違憲性が明白になっていた。

④遅くとも昭和四十年以降にらい予防法の隔離規定を改廃しなかった国会議員にも国家賠償法上の違法性、過失がある。

この判決に対して、国は控訴しない方針を決定し判決が確定した。

▼ハンセン病問題は終わっていない

らい予防法が廃止され、強制隔離政策の誤りが裁判によって明らかにされた。これでハンセン病問題は終わったのだろうか。そうではない。阿部による次の文章を通し、現実を視ておきたい。

「多磨全生園《たまぜんしょうえん》の患者の会会長をし、資料館の語り部をしているHさんはこう言われた。『法律ができて私は方々小学校に呼ばれて講演に行きます。今は世界中、どこでも行けます。一つだけ行けないところがあります。故郷です』。そのHさんが、昨年の一二月、故郷に帰った。新聞、テレビでも報道されたが初めて故郷に帰った。そして故郷の人々に歓迎されている場面が出て、よかったなと思った。

ところが後でHさんが『いや、帰ったよ。だけど、親族は一人として顔を見せなかった。心が痛む。本山は寺に、墓にお参りさせよと通知をしてくれたにもかかわらず、檀家会議がそれを拒否した。とうとう墓に行けなかった。でも、一緒に行ったソーシャルワーカーが、墓の石を拾ってきてくれたので、机において、毎日眺めている』と静かに心情を吐露した。

私はソーシャルワーカーがいい役割を果たしてくれたと思ったが、しかし、これが故郷の現実でもある」（阿部 2011：11–12）

小林も次のように書き留めている。

「法廃止当時、故郷の家族からは、『帰って来られたら困る』という連絡が相次いだという。『家族からも嫌われるこんな病気は、私たちでもう沢山だ。私たちが死に絶えないと、この問題は終わらないの。この病気はそ

んなに簡単なことではないのよ』とある入所者は、今も自虐的に、後遺症に苦しみながら語る」（小林 2011：266）

家族だけではない。もとハンセン病患者の宿泊を拒否した「アイスターホテル宿泊拒否事件」が示すように、人々の差別・偏見は根深く残っている。

（ii）視るべきもの

▼ハンセン病者の隔離政策を生み出したもの

〔国の恥辱〕

何故、ハンセン病の隔離政策は始まったのか。それは先に確認した通り、外国人が訪れる神社や寺で物乞いをするハンセン病患者の姿は「文明国の不名誉であり、国の恥辱＝国辱である」という考えからである。国の体面（国が恥をかかない）ため、〝一人ひとりのかけがえのない人生そのもの〟（尊厳）は剥奪されたのである。

〔「根絶」の思想〕

熊本地裁の裁判記録において原告らは、人生の全ての剥奪をもたらしたハンセン病政策を「絶対隔離絶滅政策」と称し、「この絶対隔離絶滅政策とは、患者の人権・人格を無視してその存在そのものを根絶することを目的とし」（熊本地裁 2006：151）と記している。

長島愛生園で医師として働きながらも絶対隔離政策に疑問をもち退職した犀川一夫は、裁判所に提出した意見書の中で「一九〇七年『癩予防ニ関スル件』によってハンセン病対策が始まったときから、『根絶』という考え方がその対策の底流にあったということです」（犀川 2006：347）と証言している。

しかしながら、絶滅隔離収容政策を始めた頃の医師を代表する光田健輔は「ハンセン病を撲滅する唯一の正しい対策は、全患者の終生隔離であり、そのためには患者・家族の断種による子孫絶滅であると信じていた。この『妄信』はスルフォン剤の治療効果が確立し、すべてのハンセン病患者が治るようになった一九五一年になっても変更されることはなかった」（ハンセン病問題に関する検証会議 2005：291）。そして当時の医師は「絶対隔離政策を進めるために、ハンセン病は猛毒質の菌による強烈な『伝染病』で、文明国にはあってはならない病気であり、どんな犠牲を払っても撲滅しなければならない『極悪質の疾病』であると喧伝した。これによって国民は妄信を信じ込まされ、拭いがたいハンセン病に対する恐怖と差別意識を抱くようになった」（ハンセン病問題に関する検証会議 2005：296）。このような「一貫した隔離の主張を支えたものは、日本から、ハンセン病そのものを抹殺する、根絶する、そのために最も確実な最も徹底した方策をとる、という発想」（窪田 2008：52）だった。

社会福祉の経験を学び直す福祉哲学は、〝人を人とも思わぬ状況〟を視なければならないが、同時に、そのような状況をもたらした背景にあるものも視なければならない。そこを視た時に、福祉哲学が問わねばならない問い、――例えば、優生思想、個人より全体を優先する発想など――が見えてくる。

▼〝人を人と思わない状況〟の中で生きることを余儀なくされた人たちの生

〔いのち以外の全てを奪われた人たち〕

熊本地裁の裁判記録には「原告らの主張」として、ハンセン病患者の被害が記されている。そこにあるのは、いのち以外のすべてを奪われ、人としての尊厳を徹底的に踏みにじられた実態である。以下にその一部を引用する。

・苛烈なスティグマ

「原告らは、恐ろしい『らい病』の伝染源として、地域社会の差別・偏見の目にさらされ、厳しい迫害を受け、それまで暮らしていた地域のすべての人々から忌み嫌われ社会から排除された。患者は、あぶり出されるように、療養所へと収容されるか、あるいは逃亡者としての生活のいずれかを余儀なくされた。そして、家庭も、社会の差別・偏見の目にさらされ、このことが原告らをさらに傷つけ追い込んだ」（熊本地裁 2006：173）

・家庭を失う／築くことが出来ない

「既に結婚していた者の多くは、『らい患者』であるとの措置を受けることにより、収容により、離婚せざるを得なくなる。信頼していた夫あるいは妻から突然離別を言い渡されるその悲しみ痛みは例えようもない。……（中略）……これから結婚しようと考えていた者も、ハンセン病罹患事実の暴露により、結婚相手の両親などの反対にあい、結婚自体あきらめざるを得ない状況に追い込まれていった」（熊本地裁 2006：174）

・友人・知人を失う

「原告らは、……（中略）……それまで培ってきた友人・知人、その他地域のコミュニティとの関係は、切断される。誤った病観に基づく差別・偏見の中で、友人・知人との関係を発展させることは困難である。そのような絆の切断は収容により決定的となった」（熊本地裁 2006：175）

・社会全体の全人格の否定・排除

「原告らは療養所に強制的に収容させられたことそれ自体によって社会とのつながりを断ち切られ、普通の人間の社会に戻れない状態に置かれるのであり、これこそが原告らが共通に被っている被害である。『らい患者』はすべて死に絶えるべき存在と刻印する絶対隔離・絶滅政策において死に絶えるべき場である『療養所』に隔離収容されること、つまり、死に絶えるべき存在としての絶望、それ自体が原告らに精神的打撃を与え、その意識の奥底に深い傷を残すことになり、原告らは、大きく人間性を疎外された。原告らは、いずれもあからさまに社会から引き抜かれ療養所への収容を受け、人間としての尊厳性を踏みにじられ、人格全体に立ち直ることのできない精神的打撃を受け、心身を大きく蝕まれたのである」（熊本地裁 2006：175–176）

・職員の態度

「療養所の職員はしばしば患者に横柄な態度をとり、苦しめた。入所時の職員の態度により受けた屈辱を今も怒りをもって語る原告は多い。患者は自己の容量を超えた怒りや悲しみにさらされる」（熊本地裁　2006：176–177）。

・子どもを産み育てることが出来ない

「らい療養所においては、子供を産むことも育てることも許さない徹底した優生政策が採り続けられた。青松園では一人の子供も生まれ育てられたことはない。母の体内に宿った子供はすべて堕胎された。男たちは、連れ合いの子宮を傷つけないように自ら断種した」（熊本地裁　2006：179）

〈要約を許さないもの〉

『ハンセン病　重監房の記録』の著者である宮坂道夫は次のように言う。

「機会があって、ポーランドのアウシュヴィッツ強制収容所や、リトアニアに残るユダヤ人虐殺の現場など、よく知られた『負の遺産』を訪れることができた。そうした場所へ行って感じたのは、『数字になった記録』や『要約された記述』を眺めていても、そこで起こった出来事の悲惨さは到底理解できないということだった。『ヨーロッパ全体で六〇〇万人のユダヤ人が殺された』と聞いて、私たちは何を理解するのだろうか。殺された人たちが履いていた靴、メガネ、義足。家族に消息を伝える目的で連絡先が書かれた鞄、人の髪の毛で編まれた布、殺された子供たちの着ていた小さな服、かつて幸せだったころの家族の写真や手紙──。そこには安易な『要約』を許さない、一つ一つの生の物語がある。

　私がハンセン病問題を知らずに、草津の療養所へ向かうときに感じた圧迫感のようなものは、この『要約を許さず』という感覚だったかもしれない」（宮坂　2006：163–164）

先に、ハンセン病患者が被った非人間的な実態のほんの一部を「要約」した。しかし、そのような言葉による要約では語り得ないものが一人ひとりにある。それは、数量化や要約に抗する〝一人ひとりのかけがえのない生〟でない。

あり、〝安易な「要約」を許さない一つ一つの生〟である。社会福祉はその生から目を逸らすことがあってはならない。

▼〝人を人と思わぬ状況〟の中にあった声、あるいは声なき声

らい予防法が廃止され、強制隔離政策の誤りが裁判によって明らかにされた。しかし、仏教の因果応報の思想から来る「天刑罰」「業病」という偏見や、政府によって拡げられ強化された「らい病は強い感染病である」という誤った考えは、いまも人々の意識に根深く残っている。それが故に、患者だった人の口からは「私たちが死に絶えないと、この問題は終わらないの」という言葉が漏れる。

また、堕胎手術で取り上げられた赤ん坊は口にガーゼを当てられ、泣くことが出来ず、手足をバタバタさせてもがき苦しみながら死んでいった。そこには、「苦しい、生きたい」という声にならない声があった。

▼隔離とは別の可能性／隔離とは別の歴史

人生の全てを剥奪する強制隔離であるが、患者の中には、隔離収容されたことで生きることが出来たと証言する者もいる。

「『らい予防法』は悪法だと、現代社会人に決めつけられましたが、化学療法以前の患者は不治の病であったから、業病、天刑病等といって皆に嫌われ家を追われ、故郷からも追われました。私もその一人です。その果ては神社や仏閣にねぐらを求め、末は野垂れ死にだったのです。もし予防法が出来なかったら、何程の人が泣いたか分かりません。私もそうですが、戦前の患者は、『らい予防法』によって救われ生きることが出来たのです。みんな誰も恨むことなく、安んじて死んでいったかということです。……（中略）……。私はここで助けてもらったのです。国の保護の下に、衣食住の心配は無く、医療と看護は無論のこと全職員が懸命になって私どもの世話をしています」（小林 2011：144-146）

「末は野垂れ死にだった」と証言される状況があった。しかし、そのような状況があったからといって強制隔離が正当化される訳ではない。何故なら、隔離をせず、ハンセン病患者の人生の全てを奪うことなく、地域で暮らす可能性を切り拓くという選択肢、そのような歴史もあり得たからである。

隔離収容が示す「地域で暮らすことが困難だから隔離収容する」という発想は他にも、障害者を大規模な施設に収容保護するコロニー政策、そして、今日でも地域での暮らしが困難な人を施設に入所させるという形で続いている。「現実問題として、地域で暮らすことができないのだから入所は仕方がない」とされている。しかし、本当に仕方がない＝選択肢がないのだろうか。私たち人間は他の可能性を思い浮かべることが出来る。そして他の可能性に応答し、その可能性を切り拓くことで、歴史を創ることが出来る。社会福祉がすべきことは、仕方がないと諦めることではなく、他の可能性を思い浮かべ、一人ひとりの尊厳を護る歴史を創ることである。

②水俣病患者に対する対応

（i）〝人を人とも思わぬ状況〟をもたらした水俣病事件

▼水俣病と水俣病事件

水俣病とは、チッソ水俣工場（熊本県水俣市）がメチル水銀化合物を水俣湾に排水し、それが食物連鎖を経て湾内の魚介類に蓄積し、その魚介類を地域住民が食べることによって起こった中毒性中枢神経系疾患である。一九五六（昭和三一）年に発見され、熊本県水俣市で発生したので、地名から水俣病と名づけられた。一九六五（昭和四〇）年には、新潟県の阿賀野川流域で第二の水俣病が発見された。

水俣病が発生したこと、その原因の研究、水俣病を生み出したことに対する謝罪、責任、損害賠償、補償などを巡って争われた活動と裁判など、水俣病を巡って社会的に注目された出来事が水俣病事件である。

▼症　状

水俣病には後天性水俣病と胎児性水俣病がある。その症状について、新潟県福祉保健部生活衛生課編（2013：17）から引用する。

〔後天性水俣病〕

典型的な症例の神経症状は、四肢末梢優位の感覚障害（手足の先端にいくほど、強くしびれたり、痛覚などの感覚が低下したりする）、小脳性運動失調（秩序だった手足の運動が出来ない）、構音障害（言葉がうまく話せない）、求心性視野狭窄（筒を通して見るように視野の周りが見えない）、中枢性聴力障害、さらに中枢性眼球運動障害、中枢性平衡障害、振戦（ふるえ）などである。この内、感覚障害、運動失調、求心性視野狭窄、聴力障害の全ての症状を揃えた症例をハンターラッセル症候群と呼び、メチル水銀中毒の典型的症例とされている。重症者では、狂躁状態、意識障害を示し、死に至る場合（急性劇症型）もあった。

〔胎児性水俣病〕

メチル水銀化合物は血液胎盤関門を容易に通過するため、メチル水銀化合物を蓄積した魚介類を食した母親から胎盤を介して胎児の脳が障害を受け、その結果、生まれながらにして水俣病を発症することがある。これが胎児性水俣病である。胎児性水俣病患者には、知能障害、発育障害、言語障害、歩行障害、姿態変形など脳性麻痺様の症状が見られ、軽症例も報告されてはいるが、成人の場合と比して重症例が多くなっている。

▼水俣病事件の経過

水俣病事件の大まかな経緯を、東島大『なぜ水俣病は解決できないのか』に収録されている「基本用語と年表で読む水俣病事件史」（東島 2010：246–276）から、一部抜粋する形で引用する。

昭和三一（一九五六）年五月一日　水俣病公式確認

この日、四肢の激しいけいれん・麻痺症状で前月から治療を受けていた五歳と二歳の姉妹について、チッソ付属病院の医師が水俣市保健所に「奇病発生」として届け出た。これが水俣病の公式確認である。

昭和三二（一九五七）年九月一一日　食品衛生法適用されず

熊本大学研究班は、この年二月に開いた二回目の報告会で「水俣湾の漁獲の禁止措置が必要」と結論づけた。また、四月には水俣保健所長の伊藤蓮雄が水俣湾の魚介類をネコに投与した実験で発症を確認。こうしたことから熊本県は八月一六日、食品衛生法を適用して水俣湾の魚介類の販売を禁止すべきではないかと厚生省に打診した。しかし厚生省は九月、「水俣湾の魚介類すべてが有毒化したとする根拠はない」として適用はできないと回答。これは行政として湾内の漁獲禁止をしないことを意味した。

昭和三四（一九五九）年七月二二日　熊本大学　有機水銀説発表

熊本大学研究班は七月二二日の研究発表会で、「水俣病の原因物質は水銀化合物、特にある種の有機水銀であろうと考える」と報告した。

昭和三四（一九五九）年一一月一〇日　通産省、厚生省に「工場排水が原因と考えられない」

厚生省は一〇月三一日、有機水銀説を踏襲した上で通産省に対し、「工場排水に対する最も適切な処置を至急講ずる」よう要請した。しかし、一一月一〇日、通産省は「魚介類中の有毒物質を有機水銀化合物と考えるにはなお多くの疑点があり、水俣病の原因をチッソ水俣工場からの排水に帰せしめることはできないと考える」と回答した。

当時通産省から経済企画庁の水質調査課に課長補佐として出向し、最前線で実務にあたっていた汲田卓蔵は、この時のことについて後のＮＨＫの取材に次のように答えている。

「因果関係はもう明らかなんですよ。はっきりいって。」

「（農林省などからの排水停止の要望に、通産省官房に毎週のように呼び出され）『頑張れ』と言われるんです。『抵抗しろ』と。止めた方がいいんじゃないですかね、なんて言うと、『何言っているんだ。今止めてみろ。チッソが、これだけの産業が止まったら日本の高度成長はありえない。ストップなんてことにならんようにせい』と厳しくやられたもんね」（NHKスペシャル「戦後50年その時日本は3　チッソ・水俣～工場技術者の告白」）

昭和三四（一九五九）年一一月一二日　厚生省食中毒部会が有機水銀説発表し解散

通産省が厚生省の要求をはねつけた翌日の一一日、「水俣食中毒に関する各省連絡会議」が開かれた。ここで、熊本大学研究班を中核とした厚生省食品衛生調査会の水俣食中毒部会の代表を務めていた熊本大学学長の鰐淵健之は「水俣病の原因は有機水銀」と報告した。これに対し、通産省軽工業局長の秋山武夫は、東京工業大学教授の清浦雷作のレポートを出席者に配布。そこには「水俣湾の水銀濃度は他の工業地帯の海水と大差ない。有機水銀説の根拠も妥当ではない」とあった。

翌一二日、厚生省食品衛生調査会は、その発生源には一切触れないまま「水俣病の原因はある種の有機水銀」と答申し、水俣食中毒部会は突然解散した。

昭和三四（一九五九）年一二月三〇日「見舞金契約」締結

見舞金契約の内容は、

①チッソは工場排水が水俣病の原因とは考えない。

②将来的に原因が工場排水にあると分かった場合は、患者側はチッソに何も要求しない。

③その代わり、死亡患者三〇万円（葬祭料二万円）・生存患者一〇万円（未成年三万円）を見舞金として支給する。

というものだった。

いまから見ればおぞましいとしか言いようのない契約だが、公式確認から三年半以上が過ぎ、次々に家族が倒れていく中、困窮の極みにあった患者たちには印鑑を押すしか道はなかった。

昭和四三（一九六八）年九月二六日　水俣病を公害認定

水俣病について政府見解を出すとともに、公害認定を行った。政府見解は次の通り。

①水俣病の本態とその原因

水俣病は水俣湾産の魚介類を長期かつ大量に食べることによって起こった中毒性中枢神経系疾患である。その原因物質はメチル水銀化合物であり、新日本窒素水俣工場のアセトアルデヒド酢酸設備内で生成されたメチル水銀化合物が工場排水に含まれて排出され、水俣湾内の魚介類を汚染し、その体内で濃縮されたメチル水銀化合物を保有する魚介類を地域住民が食べることによって生じたものと認められる。

（以下省略）

昭和四四（一九六九）年六月一四日　水俣病第一次訴訟提訴

この第一次訴訟はチッソを相手にしたもので、国家賠償裁判ではない。しかし、公式確認から一三年、国の政策の中で虐待され続けた患者達には、チッソに提訴するというその向こうに「国家権力」というものが形をとって見えていたに違いない。

昭和四八（一九七三）年三月二〇日　水俣病第一次提訴判決

熊本地裁はこの日、原告患者一人あたり一六〇〇万円～一八〇〇万円を支払うようにチッソに命じた。「工場が事前に排水を十分に調査し、環境異変に適切に判断していれば、被害を最小限にくいとめることができた」「見舞金契約は公序良俗に反し、無効」。チッソは控訴せず、確定。

平成一六（二〇〇四）年一〇月一五日　最高裁判決

最高裁判所は、水俣病の拡大について行政の責任を認め、国の認定基準よりも幅広く水俣の被害を認めた関西訴訟大阪高裁判決を支持する判決を言い渡した。国と熊本県の責任が初めて問われた第三次訴訟の提訴から二四年、行政の責任について決着がついた瞬間だった。

（ⅱ）視るべきもの

▼水俣病患者への対応を生み出したもの

〔水俣病における三つの原因と責任〕

原田正純は水俣病の原因について、有機水銀は小なる原因、チッソが流したことは中なる原因、そして〝人を人と思わない状況〟、言い換えれば人間疎外、人権無視、差別が大なる原因であると言う（原田 1989：7）。更に、水俣病事件には三つの責任があると言う。第一の責任は水俣病を発生させた責任、第二の責任は被害を最小限にくいとめる責任、第三の責任は救済の責任である（原田 1989：8）。

原田は「これらの責任の放棄した姿勢にこそ、水俣病最大の原因がある。そして、それこそ〝人を人とも思わない人間疎外〟にほかならない」（原田 1989：8）と指摘する。

〔生産力ナショナリズムと国家権力が生み出す犠牲の構造〕

栗原彬は「水俣病の発生の基盤を用意したのは、『生産力ナショナリズムの政治』である」（栗原 2005：92）と指摘する。「生産力ナショナリズムとは、国家や企業などシステム全体の生産力の増大が国民を豊かにし、幸福にするという、近代に固有のイデオロギーであり、且つ政策でもある。明治期の『富国強兵』、戦中期の『生産増強』、そして戦後の『高度経済成長』と、生産力ナショナリズムは一貫して近代日本政治の基調低音だった」（栗原 2005：92）。

一九五九（昭和三四）年一一月一二日、厚生省の食品衛生調査会の水俣食中毒部会が有機水銀説を確認する答申を厚生大臣に提出する。しかし、翌日の閣議会議で、当時の通産大臣（翌年には首相として高度経済成長政策を推進する）池田勇人が、原因物質を有機水銀と特定するのは時期尚早と発言し了承される。何故、池田は有機水銀説を握りつぶし、垂れ流しが続いたのか。それは、通産省主導による石油化計画にはオクタノールの生産が不可欠であり、その生産をチッソが殆んど一手に引き受けていたからである（栗原 2005：18-19）。即ち、オクタノールの生産を停止すると高度経済成長に大きく影響がでるため、有機水銀の垂れ流しが続いたのである。

水俣病の背景には、「生産力ナショナリズム」というイデオロギーがあり、そのイデオロギーに基づき、「国全体の利益を推進するためには一部の人を犠牲にしてもやむを得ない」という犠牲の論理がある。

〔差別の構造〕

水俣という地域社会には、本社雇いで大卒・高卒の社員、地元採用の工員という差があり、更に工員は農民や漁民を差別していた（原田 1989：14）。また、水俣市民からは患者となった漁民は天草からたどり着いたよそ者と見られていた。メチル水銀化合物が含まれた工場排水により多くの魚が死に、死なかった魚介類を食べた人は水俣病を発症した。病気になる前から食うや食わずであった漁民の生活はたちまち困窮のどん底に陥り、船を売り、着物を売り、乏しい財物を売り尽くした後は、生活保護を受ける以外に生きていく道はなかった。しかし生活保護を受けている人間は、部落の中では仲間に入れてもらえなくなった（岡本 1978：30）。

差別、発病による痛みと苦しみ、そして貧困と更なる差別が続いた。最初水俣病は伝染病と思われたため、買物しても手でお金を受け取ってもらえないとか、隣家が垣根を作るといった、家族ぐるみの伝染病差別が行われた。次いで、水俣病が有機水銀中毒であることが明らかになっても漁業組合は「魚が売れなくなる」と言って水俣病を隠そうとし、そうしない漁師を排除した（栗原編 2000：9）。また、水俣にはチッソと関係が深いものが多いため、漁民がチッソに補償を求めるようになると市民から、「会社が水俣から出ていってもいいのか」、「会社をいじめて何になるのか」、「患者さん、会社を粉砕して水俣に何が残るというのですか」、「そんなに嫌なら水俣から出ていけ」（水俣病五〇年取材班編 2006：7, 27, 28）と言われた。

更に、チッソを擁護する市民の中の支配層は、水俣病に認定されてチッソから患者に補償金が支払われることになると、「ニセ患者、よだれ御殿（よだれを流すと補償金で御殿が建つという意味）、寝ていて御殿が建つ」（原田 2009：169）などの誹謗・中傷をするようになった。

水俣病には犠牲の構造だけでなく、差別の構造がある。それは、初めから差別を受け貧困状態にあった社会的に立場の弱い人たちを、更に差別し犠牲にするという仕組みになっていた。

〔水俣病事件を生み出したものの本質〕

水俣病は単なる身体の病気ではない。それは、日本の経済発展による国全体の利益のために、そしてチッソという企業の恩恵を守るために、国や市民が、もともと差別され貧しい暮らしにいた人々（患者）を犠牲にし、差別をすることで、人としての応答をしなかったという社会の問題である。即ち、何かがあればすぐに生活が困難になる状態の人たち（社会的に立場が弱い人たち）が国全体の利益や市民の利益の犠牲になり、人として扱われないという構造、これが水俣病事件の本質である。

▼〃人を人と思わない状況〃の中で生きた人たちの生

〔水俣病患者の被害の現場〕

原田は「私が気がついたのは、現場に行ったからです」（原田 2008：85）、「私はこの間、現場の当事者の発言がいかに真実を伝えていたかを多く経験した。また、専門家が現場を離れることで真実を見失っていく状況を、権威がひとり歩きして、権威を守るために仮説が妄想になっていく過程をいくつもみてきた」（原田 2007：124）という。原田が現場で視たものは次のような状況であった。

・貧　困

「一九六一年初夏、私は水俣病多発地区にはじめて足をふみいれた。……（中略）……。そこでみたものは大学の研究室にいては想像できない異様な光景であった。家は傾き、畳やふすま、障子はみるかげもなく、家のなかはがらんとして家具もなく、貧困の極地であった。そのなかに患者は雨戸を閉めて、ひっそり隠れるように、息をひそめるように生きていたのである」（原田 1989：18）

・隠れる／隠す

「みずから、あるいは他人や家族から、水俣病であることを隠し、隠された例はいくつもある。なぜ、それほどに患者になることを恐れたのか。水俣病問題が社会問題になるたびに、会社は縮小または撤退をほのめかした。それは〝チッソあっての水俣〟という神話を信ずるものにとって、会社の撤退や縮小をほのめかす理由をつくるものはすべて〝民衆の敵（イプセン）〟であった」（原田 1989：19-20）

原田は、現場に何度も足を運ぶことで、視るべきものに出会った。

〔激症型の症状と差別の実態〕

・佐々木清登さん

「昭和五一年（一九七七年）になって親父がやっと認定されて、これで病院代も出るし仕送りもせんでいい、私の負担も軽くなる、よかったと思った矢先、親父の症状が急に悪化して病院の中で狂い出したんです。手も足も宙につき上げて震えて、あの形相、とても言葉ではいい表せません。私は、あの苦しみの形相が目に焼きついて忘れることができません。……（中略）……。

一月のものすごく寒い大雪の日の晩でした。親父のベッドで仮眠しとったら、なにか変な臭いがしたようだったので起きて親父を見たら、右手が少し動きよったんですが、その手が左の肩を掻いとったんです。そこを見た瞬間、もう仰天しました。血で真っ赤に染まっとったんです。皮が破れ、肉が取れ、骨まで見えとったんです。それでも手を動かしよるんです。何時間掻いとったか知りません。本人はまったく痛さを感じていな

い。その惨状を見て、私は涙も出ませんでした」（栗原編 2000：118–119）

・杉本栄子さん

「裁判を始めて、親が亡くなってから第二のいじめが始まった。

この第二のいじめは、本当に私たちを紙くずとも虫けらとも思わないような、壮絶なものでした。今考えても、人を人とも思わない、もう強いもの、長いものに巻かれない者たちは殺してしまえくらいの態度だったと思うとですよ。口で悪口を言われるまではまだよかったんです。でももう、言葉ではない、暴力的ないじめを受けたときは本当に怖かったですね」（東島 2010：45）

「犠牲および差別の構造」の中で、実際に人々はどのような被害を被ったのか。水俣病は一種の病気である。病気になった人は患者と呼ばれる。しかし、ヴィクター・コッシュマンが「水俣病患者」を英訳した時、**Minamata disease sufferer** と訳した。**Sufferer** は社会総体の加害に対する「受苦者」を意味する（栗原編 2000：8）。水俣病の患者は医療の患者であると同時に、犠牲・差別を被った社会的な受苦者なのである。では、どのような受苦であったのか。そこをしっかりと視て、その事実に向き合わなければならない。

▼〝人を人と思わぬ状況〟の中にあった声、あるいは声なき声

水俣病患者の悲惨な状況、地域での差別を視た原田は「見てしまうと、そこになにか責任みたいな関係ができてしまう。見てしまった責任を果たすように、天の声は私に要請する。そして、なぜこのようなことになるのか、何が問題なのか、知りたいと思った」（原田 1989：2）と言う。視るべきものに関わった時、その関わりが深くなればなるほど、何か責任のような関係性、呼びかけられている声に応えなければと感じる。

また、先に紹介した杉本は次のように証言している。

「私が一番すまないと思うのは、娘の首に手をかけようとしたことです。そのとき、娘は殺されるんだなって

感じたみたいですね。耳も聞こえん、目も見えん子が、身体を震わせて、ひたむきにね。あぁ私は……恐ろしい！　っと自分で感じたですね。その罪の恐ろしさは一生、捨てることができません。なんていうことを私はしたんだろう。私は我にかえって、この子のために生きなきゃあかんという気持ちが湧きました。耳は聞こえなくっても、目は見えなくっても、その子にとっての幸せがあるのにっていうことを、私はつくづく感じました。私が首を絞めるのをやめたときには、とても嬉しかったんでしょう、ピタ〜ッと私の身体にくっついてきました」（栗原編 2000：150）

杉本の娘は「ピタ〜ッと母親の身体にくっつく」という行為を通して、生きられることの嬉しさを示した。これも〝人を人とも思わぬ状況〟にあった声なき声である。

（三）今この時における〝視るべきもの〟――国　内

①児童虐待

（ⅰ）人としての尊厳といのちを奪う児童虐待

▼児童虐待とは何か

『社会福祉用語辞典　第9版』（2013）で「児童虐待」を引くと次のようにある。

「狭義には、親または親に代わる保護者により児童に対して加えられた身体的、心理的、性的虐待及びネグレクト（保護の怠慢ないし拒否）等の行為をいう。一九九〇年度から厚生労働省により児童相談所を通じて全国集計が実施されているが、増加・顕在化の傾向が著しい。……（以下略）……」（柏女 2013：137）

▼児童養護（社会の問題）から児童虐待（心の問題）へ

一九九〇年代以前の日本における児童福祉関係者の間では、児童虐待問題の根源にあると言える「児童養護」の問題が中心に取り上げられていた。そこでは、家庭や子どもたちに起こっている問題は、不安定で低所得の仕事に従事している保護者や一人親家庭などの社会経済的な要因に焦点が向けられていた。そして、児童養護の問題は養育者の個人的な問題だけではなく、それら社会経済的な要因に対する行政的な施策が不十分であるという、社会的な問題として語られていた（山野 2006：58-59）。

ところが、一九九〇年代以降、社会経済的な影響を負ってきた児童養護の問題は、「児童虐待」の問題の影に隠れるように見えなくなる（山野 2006：60）。この児童虐待問題に対する必携として注目されたのが「児童虐待防止対策支援・治療研究会」による『子ども・家庭への支援・治療をするために――虐待を受けた子どもとその家族と向き合うあなたへ』である。この本では、保護者や家族の「こころ」の部分に焦点を当てた、カウンセリング等の心理療法や保護者の養育態度に対する教育的治療などが中心となっており、保護者や家族の社会的・経済的な生活の改善を目指した援助といったものは、ほとんど含まれていなかった（山野 2006：54）。

更に、精神科医師である斎藤学は、虐待の世代間伝達（連鎖）理論やアディクション（嗜癖）理論に基づき、保護者たちが自ら受けてきた被虐待体験を「こころ」の問題としてカウンセリング等によって解決していくことを志向した（山野 2006：56）。また、「児童虐待の防止等に関する専門委員会」の委員長である柏女霊峰は児童虐待について「過去の貧困などを背景とする人身売買、慣行的体罰やいわゆる間引き等の虐待と異なり、欧米と同様、子育て不安など多様な要因が複雑に絡みあう家族病理を内包した児童虐待の増加ないし顕在化である」（柏女 1995：198）と述べていた。

▼社会の問題という視点の欠落

一九九〇年代以降、「社会」の問題と捉えられていた児童養護の問題への関心が潜在化し、「こころ」の問題と捉えられる児童虐待が顕在化していった。しかし、児童相談所で実際に児童虐待に向き合ってきた山野良一は、児童虐待をこころの問題と捉え、カウンセリングなどにより対応することで解決しようとするアプローチに疑問をもつ。何故なら、「僕が、児童虐待があるとされた家族と出会い、彼らのこれまでの生活史を聞く度に、経済的なことを主とした生活上の苦労を経てきた家族が、あまりにも多いことに気づかされた」(山野 2006：69) からである。その苦労とは例えば、次のようなものである。

「おなかに胎児を抱えながら、寒い冬場にホームレスを経験した母親がいた。経済的な行き詰まりから生活保護を申請しても福祉事務所から拒否され、その絶望感から自家用車(自家用車の所持が生活保護申請が拒否された理由であった)に嫌がる子どもを乗せたまま、近くの港にあやうく飛び込む一歩手間だったという母子もいた」(山野 2006：69–70)

山野は子ども家庭総合研究事業平成一五年度「児童相談所が対応する虐待家族の特性分析――被虐待児及び家族背景に関する考察」をベースに、東京都福祉局平成一二年度「児童虐待の実態――東京都の児童相談所の事例に見る」、川崎市児童相談所平成一三年度「児童虐待に関する報告書――児童相談の窓口から見えたもの」などの調査結果を交えながら児童虐待について分析することで、社会経済的な状況と児童虐待との強い関連性があるという事実を確認する (山野 2006：62–85)。その上で次のように指摘する。

「第一に問われるべきなのは、児童虐待をしているとされる保護者個人の責任性や『こころ』の問題ではなく、ましてや人格的特性や心構えの問題などではない。社会福祉全体の欠陥や社会的な資源不足自体が、子どもたちを虐待状況においている可能性さえあることを僕らは問うことからはじめなければならない。それほどに、子どもや家族を巡る社会福祉の貧困さの問題は、児童虐待の発生に密接に関連している。

このように考えて来ると、これまでの児童虐待施策における保護者個人や責任性や『こころ』の問題への過度な焦点の当てかたは、こうした家族の社会経済的な困難さや社会的資源の不足の問題から、注意をそらす社会的装置にさえなりはじめていると僕には映ってくる。

つまり、『家族病理』に焦点を当て、家族や保護者の個人的な問題に原因を帰する傾向が強まることで、社会全体の目は明らかに社会福祉の基盤不備の問題ではなく、児童虐待＝『こころ』の問題へと流れていく」（山野 2006 : 92）

（ⅱ）視るべきもの

▼児童虐待を生み出すもの

二一世紀初頭における母子保健の国民運動計画「健やか親子21　検討会報告書――母子保健の2010年までの国民運動計画」では、児童虐待の原因として次の点を挙げている。

「児童虐待の研究から、虐待では、①多くの親は子ども時代に大人から愛情を受けていなかったこと、②生活にストレス（経済不安や夫婦不和や育児負担など）が積み重なって危機的状況にあること、③社会的に孤立化し、援助者がいないこと、④親にとって意に沿わない子（望まぬ妊娠・愛着形成阻害・育てにくい子など）であること、の4つの要素が揃っていることが指摘されている」（健やか親子21検討会 2001 : 18）

児童虐待を惹き起こす原因は、複数の要因が連鎖的に作用する構造的背景をもっている。よって、この構造的背景を理解する必要がある。そのことを踏まえつつも、特に着目すべき点が「経済的困難（貧困）」である。全国児童相談所長会による「児童相談所における児童虐待の悉皆調査」によると、「虐待につながるような家庭・家族の要因」として一九九六（平成八）年度の第二回調査では「経済的困難」が第一位（四四・六％）だったが、二〇〇八（平成二〇）年度の第三回調査でも「経済的困難」が第一位（三一・五％）であった（河津 2010 : 9）。

また、児童相談所に勤務しながら『児童虐待――現場からの提言』を記した川崎二三彦も次のように述べている。

「児童相談所が関与するあらゆる相談の背景には、広い意味での貧困問題が影を落としているといわざるを得ないのである。そう思って改めて児童虐待の問題を見ていくと、それらの相談にも増して深刻な状況が、つまり非常に厳しい貧困問題が奥深く存在していることに気づかされる。……（中略）……真の意味での児童虐待防止策とは、その背景にある社会の貧困や矛盾の解決を目指して積極的な取り組みをすることであり、まずもって、そこに思い切った『社会的なコスト』をかけることなのである」（川崎 2006：220–222）

こころの問題のみに焦点が当てられがちな児童虐待であるが、その背景にある貧困問題（経済的要因）をしっかりと視なければならない。

▼虐待により〝大人になる機会をもてなかった子どもたち〟

虐待は、子どもに辛く・苦しい思いやひどい痛みを負わせる。子どもが何よりも求めているものは親の愛情である。子どもは親から大切な存在として育てられることで、世界や他者に対する根源的な信頼感や安心感を獲得する。しかしながら虐待は、親から大切な存在であると思われている経験を子どもから奪い、そのことにより、生きていく上での基盤である「世界や他者に対する根源的な信頼感や安心感」を、中には命までも奪ってしまう。以下の文章は、そんな児童虐待の記述である。

「はじめて出会ったその女の子には左目がなかった。鋭いもので刺されたらしい目は治療の施しようもなく、眼科で摘出手術を受けたばかりだった。ちいさなベッドの隅に毛布に隠れるようにして、その子は怯えた様子で、残った右目で私を見詰めていた。母親は、家の近くの材木置き場でその子が自分で転んで何かで目を刺した、と言っていた。一歳半になるその女の子は、しかしまだ伝い歩きがやっとできる程度だった。病歴に不審を持った眼科医が、児童虐待を疑い、小児科医である私に診察の依頼をしてきたのである。

身長も体重も標準を大きく下回っていた。裸にしてすぐ目に飛び込んできたのは、体中に点々と見えるちいさな丸い褐色の瘢痕と、背中から腹部に巻き付くような何本かの帯状の傷痕だった。丸い瘢痕の方はタバコの火を押し付けたものであろうと推定できたのは、後になって児童虐待の文献に目を通した時になってからだった。発達も遅れていた。そしてなによりも私を驚かせたのは、診察の間中その子が泣かなかったばかりか、凍ったように無表情でじっとしていたことだった。

……（中略）……

この女の子は都立の乳児院に入り、半年もしないうちに神経芽細胞腫という癌で、辛くて短い人生を閉じた。乳児院でほんのしばらくの間楽しい生活を送っていたビデオを施設の方に見せていただいた。

彼女の人生は何と苦しく寂しいものだったのだろう。実の親に毎日のように傷つけられ、除け者にされ、ほんの一時期だけの幸せな生活を許されただけで、誰も面会者の居ない病室でたった一人で息をひきとったのだった。その後、私は多くの子どもの死に立ち会ったが、この女の子のことだけは決して忘れることはできない」（坂井 1998 : 93–94）

この女の子は、坂井聖二に〝決して忘れることのできない記憶〟を刻んだ。直接、会ったことがない筆者ですら、この女の子のことが忘れられない記憶となっている。視るべきものを視た時、そこで視たことは、しばしば〝決して忘れることのできない記憶〟として心に刻まれる。

忘れられない記憶であるため、筆者の講義でこの子のことを話したことがある。その講義の試験で、ある学生はこの子のことを取り上げ、「この子が亡くなっていく前に、世界はどのように映っていたのだろう」と書いた。学生が言うように、その子に立ち現れていた世界があったのである。

▼虐待の中にある激しい叫び

二〇一〇（平成二二）年七月三〇日午前一時二七分、大阪市西区のワンルームマンションで「三階の部屋から異臭がする」と一一〇番があった。現地に消防車や救急車計六台が到着。

「レスキュー隊員二人は三階の一室にはしごをかけてベランダに入った。カップ麺の容器、ジュースのパック、スナック菓子の袋……（中略）……。真っ暗な室内もゴミが山積みに。真ん中だけ、わずかに床が見えた。懐中電灯で照らすと、一部がミイラ化した全裸の幼児2人が寄り添うように倒れていた。玄関や窓は閉め切られ、エアコンも稼働していなかった」（朝日新聞　二〇一〇年八月二二日　一面）

児童相談所「大阪市こども相談センター」に虐待を疑う通報が三回寄せられていた。最初の通報は三月三〇日、「夜中にインターホンを使って『ママー、ママー』と長時間叫んでいる」というものだった。母親に置き去りにされた長女（三歳）と長男（一歳）がインターホンを通じて室外に助けを求めていたと見られる。警察にも通報はあった。五月一八日早朝、「激しく泣き叫ぶ子どもの声が聞こえる」と一一〇番があり、西署員が同日、二度にわたって聞き込みをしたという。

六月の下旬に母親が出ていってから亡くなるまで、三歳の長女と一歳の長男がどのような状況になったのか、その現実を知ることはできない。しかし、なだ（1985：50）が言うように「私たちの思考には、想像力の再現によって現実に近づき、逆に抽象化によって、現実からとおざかろうとする性質がある」。視なければならないが、視ることが出来ない現実は、想像によって、その現実に触れなければならない。即ち、〝視るべきものを視よ〟というメッセージは、必然的に〝視ることができないものについては想像せよ〟という命令が追加される。以下、二人の状況を想像してみる。

ゴミが山積みになった部屋の中、全裸で亡くなっていたのは、七月なのにエアコンも入らず閉め切った室内が暑かったからであろう。ゴミだらけの部屋に充満する悪臭、食べるものも飲むものもない飢えと渇き、母親のいない極度の不安の中に二人はいた。一歳の長男は、自分が被っている状況が全く分からないまま泣き叫び、三歳の長女は、どうしてお母さんは戻って来ないのかと思いながらも、戻って来てほしいと必死にインターホンを通じて助けを求めていたのであろう。長女は、最初は室内の食べられるものを、ゴミをかき分けて捜したのだろうか。しかし、食べられるもの、飲めるものはなく、暑く悪臭のする部屋で疲れて眠ったであろう。目が覚めると飢えと渇きの中、お母さんが現われることを願い、でもお母さんがいない不安、飢えと渇きから泣き叫んでいたのであろう。住民が聞いたのはそんな叫びだったに違いない。そんな日が繰り返されたのかもしれない。やがて長男は泣く力も無くなり衰弱の中、意識を失い亡くなったのだろうか。まだ一歳だった長男が見た最後の風景はどんなものだったのだろうか。長女は亡くなった弟を見て、自分も同じようになると思っただろうか。そこに体を寄せた時、まだ三歳だった長女には世界はどのように映っていたのだろうか。

幼い子どもは必死にインターホン越しに助けを求めていた。飢えと渇き、極度の不安と絶望が激しい叫びとなって発せられていた。その叫びが住民に届き、児童相談所という専門機関にも届いていた。それにも拘らず、二人の叫びに応えられなかった。

②学校におけるいじめ

（ⅰ）人としての尊厳といのちを奪ういじめ

いじめは子どもだけに見られる現象では決してない。しかし、ここでは学校におけるいじめに限定して述べる。

▼いじめに見られる共通要素

森田洋司は先行研究や行政の定義を見ると、いじめには「力関係のアンバランスとその乱用」「被害性の存在」「継続性ないし反復性」の三つが共通する要素として見出すことが出来ると言う（森田　2010：70）。ここで言われる力とは「他者に対する影響力」であり、それが乱用されると「他者への攻撃やハラスメント、虐待」へと転化する（森田 2010：71-72）。被害性の存在とは、いじめの被害という事実を「被害者の内面の主観性に置く」（森田 2010：84）ものである。これらの要素に対して、近年では「継続性ないし反復性」はいじめの本質から外される傾向にある。

何故なら、継続ないし反復とは見なされなくとも、「力関係のアンバランスとその乱用」と「被害性の存在」だけでも、いじめと捉えるのに十分な事例が存在するからである。

これらを踏まえ、文部科学省では二〇〇六（平成一八）年に、いじめの定義を次のように変更した。

「本調査において、個々の行為が『いじめ』に当たるか否かの判断は、表面的・形式的に行うことなく、いじめられた児童生徒の立場に立って行うものとする。『いじめ』とは、『当該児童生徒が、一定の人間関係のある者から、心理的、物理的な攻撃を受けたことにより、精神的な苦痛を感じているもの』とする。なお、起こった場所は学校の内外を問わない」

▼いじめの本質

いじめに見られる共通要素を「力関係のアンバランスとその乱用」と「被害性の存在」に絞り込んだ時、この二つの要素には、「力関係のアンバランスとその乱用」が原因として存在し、その結果として「被害性が存在する」という関係がある。よって、いじめの本質を理解するためには、まず、いじめという事象を生み出している「力関係のアンバランスとその乱用」について理解を深めることが必要である。ここでは先行研究を踏まえ、力関係のアンバランスとその乱用」についての理解を深めてみたい。

力関係が生じるためには、その前提としてそこに日常的に交流する集団が必要である。その集団の典型が学校や職場である。このような集団には保育園・幼稚園もある。しかし、保育園・幼稚園にはいじわる、物を隠す、暴力を振るうといったことは観られるが、それらは「力関係のアンバランスとその乱用」ではないため、いじめとは言えない。「力関係のアンバランスとその乱用」を行うためには、集団を操る力が必要である。その力は、小学校でも中高学年になって身につく（加野 2011：127）。よって、いじめは小学校に中高学年以上で、日常的に交流する集団の中で発生するのである。

では、何故集団を操る力が行使されるのだろうか。それは、集団の中で生きる人間には他者を支配（コントロール）したいという権力欲があるからである。この権力欲について中井久夫は次のように述べている。まず、「子どもの社会は権力社会であるという側面をもつ。子どもは家庭や社会の中で権力をもてないだけ、いっそう権力に飢えている」（中井 1997：4）と言う。次に、人間の欲望には睡眠欲、食欲、情欲などあるが、「権力欲はこれらとは比較にならないほど多くの人間、実際上無際限に多数の人間を巻き込んで上限がない」（中井 1997：6）と言う。そして「その快感は思いどおりにならないはずのものを思いどおりにするところにある」（中井 1997：6）とつけ加える。

加野芳正は、いじめられている子どもが、さらに自分より弱い子どもを見つけ出していじめる傾向があるのは、このような権力への欲求であると指摘する（加野 2011：126）。そして、他者を支配（コントロール）することで得られる全能感に、いじめの本質の一因を見出しているのが内藤である。内藤は、少年たちには存在していること自体が落ち着かないという不全感があり、それが「むかつく」といった言葉で言い表されているという。この不全感が反転した感覚が全能感である。全能感は暴力や他者をコントロールすることで得られる（内藤 2009：60-78）。「力関係のアンバランスとその乱用」における「乱用」は、全能感を求める欲望と集団を操る力によりなされる。そして、それがいじめとなる。このような欲望に基づくいじめについて内藤は次のように記述している。

「いじめの加害者は、いじめの対象にも、喜びや悲しみがあり、彼（彼女）自身の世界を生きているのだ、ということを承知しているからこそ、その他者の存在をまるごと踏みにじり抹消しようとする。いじめの加害者は、自己の手（コントロール）によって思いのままに壊されていく被害者の悲痛のなかから、（思いどおりにならないはずの）他者を思いどおりにする全能の自己を生きようとする」（内藤 2009：77-78）

この記述の中で、まず着目すべき点は「いじめの加害者は、いじめの対象にも、喜びや悲しみがあり、彼（彼女）自身の世界を生きているのだ、ということを承知している」という点である。いじめの加害者は、人間が物のように扱われているのではなく、あくまで〝喜びや悲しみがあり、彼（彼女）自身の世界を生きている人間〟であることを承知しているのである。更に着目すべき点は、そのような人間が苦しむことや壊れていくこと、そして死んでいくことに何ら痛みや苦しみを感じず、罪意識も感じないという点である。

▼いじめにおいて起きていること

いじめの被害者は逃げることが出来ない恐怖に苛まれる。そこでは執拗に被害者の苦しみや痛み、そしていのちまでもが弄ばれる。その現場ではどのようなことが起きているのかを示すために内藤朝雄『いじめの構造』（内藤 2009）から事例を二つ引用する。

【事例1・虫けら】

「二〇〇六年一〇月一一日、福岡県筑前《ちくぜん》町立三輪《みわ》中学校二年の男子生徒A君が、『いじめられてもう生きていけない』などと遺書を残し、自宅倉庫で首つり自殺した。

学校では、一年時の担任X教諭を含め、多くの生徒が辱《はずかし》めや加害行為に関わっていた。長年にわたる言葉によるいじめが続いていた。死の直前には、パンツを脱がすいじめがあった。

加害者たちは、A君の自殺を知らされた後でも、『死んでせいせいした』、『別にあいつがおらんでも、何も変わらんもんね』、『おれ、のろわれるかもしれん』などとふざけて話していた。

ある男子生徒は、『おれがAに「お前の貯金を全部学級に寄付しろ」って言ったけん、もしかしたら、あいつが死んだのは俺のせいかもしれん』といって、笑った。

ある生徒は、A君の通夜の席で、棺桶《かんおけ》の中を何度ものぞき込んで笑った。」（内藤 2009：19–20）

これはさして驚くべきケースではない。被害者が自殺して大騒ぎになった後ですら、加害グループの生徒たちが、屈託なく生き生きと学校の群れ生活をおくり、被害者を虫けら扱いするような言動をとったり、他の生徒をいじめたりするのは、よくあるケースである。

【事例2・葬式ごっこ　自殺の後】

なお、原文には「C君が自殺にいたるまでの経緯については第2章【事例9　葬式ごっこ　自殺まで】84ページを参照」とある。

「一九八六年、東京都中野区立富士見中学校二年生のC君は、たびかさなる暴力や言葉によるいじめを受け続けた後、首を吊って自殺した。そのいじめのひとつとして行われた葬式ごっこの『色紙』には、教員数名が寄せ書きをしていた。

C君の自殺直後、富士見中の校長と教頭が、C君の自宅にあがりこんで、葬式ごっこに使われた証拠の色紙を物色するが、見つけることができなかった。

C君の自殺後、加害生徒の一人Dは、Z教諭（葬式ごっこの『色紙』にサインをしたひとり）が見ている前で、同級生F君を『お前はC二世だ。Cのように自殺しろ』と約四〇回殴り続けた。それをZ教諭は無視した。怒ったF君がDに反撃したところ、Z教諭は、『やめなさい』と注意した。

この件でDが暴行容疑で警察に逮捕されると、Z教諭と校長は、『（Dが）殴ったのは一回』『つついた程度』『「C二世」とは言わなかった』と、虚偽の発表をした。後に事実関係の違いを指摘された校長は、『**教育の論理**と司法の論理がありますから』と言った。

マス・メディアの取材でも、裁判の証言でも、教員たちは全員、『いじめはなかった』と主張した。C君からいじめの相談を受けてケアを担当していた養護教諭も、裁判では手のひらを返したように『いじめはなかった』と証言した（ゴシック体は原文のまま）」（内藤 2009：22-23）

これらの事例に示されていることは、加害者が被害者の痛ましい死すら笑い、ターゲットを変えて同じ行為を繰り返していることと、事例によっては教員もいじめに加わり、更に、いじめという事実を認めない、というういじめの現実である。

（ii）視るべきもの

▼共感性、可傷性、罪意識が喪失している子どもたち

多くのいじめ事例に接してきた内藤は、ひどいいじめに遭って、阿鼻叫喚《あびきょうかん》の暴力の中で壊れていった生徒がいても、周囲には「かわいそう」と同情する感覚が、全く存在しなかった、と言う（内藤 2009：88）。共感どころか、先の事例1でも確認出来るが、自分たちが原因で身近な人間が亡くなっても「笑っている」のである。しかし、そのような子どもたちは、決して特異な性格を有するのではなく、どこにでもいる子どもたちなのである。

社会福祉という営みにおいては、誰もが共感性や可傷性（人の痛み・苦しみに自らも傷つく感受性）をもっていると考えがちである。おそらく、「かわいそう」と同情する感覚を失い、自分たちが原因で身近な人間が亡くなっても「笑っている」子どもたちも、潜在的には共感性や可傷性をもっているであろう。しかし、現実には学校という集団の中にいることで、他者をコントロールしようとする欲望や集団を操る力の行使により、それらを喪失しているかのような状態の子どもが少なからずいる。いじめについて考える場合、そして、社会福祉とは何であるのかを考える場合、この現実を視なければならない。

▼いじめを生み出すもの

〔人を怪物にするメカニズム〕

中井は少年時代にいじめられた体験を綴った文章の最後に「小権力者は社会が変わると別人のように卑屈な人間に生まれ変わった」（中井 1997：22）と書いている。この言葉は、惨いいじめをする人間も、社会（その人が属している社会の仕組み）が変われば別の人間になることを示唆するものである。ここにいじめ問題に対処する希望の論理

を見出しているのが内藤である。内藤（2009：252）は「大切なことは、群れた隣人たちが狼になるメカニズムを研究し、そのうえでこのメカニズムを阻害するような制度・政策的設計を行うことだ」と指摘している。

事実として、酷いいじめを受け痛み苦しんでいることを知りながらその痛み苦しみを何とも思わず、むしろそれを楽しんでいる子どもがいる。そして、自分たちのいじめによって自殺した人がいても、全く罪悪感をもつことなく、むしろ笑っているような子どもがいる。そこには「怪物」と表現したくなる状態に子どもたちを変えてしまうメカニズムがある。そのメカニズムを視て理解しなければならない。

〔他者を従わせ支配しようとする身近な権力〕

「怪物」と表現したくなる状態に子どもたちを変えてしまうメカニズムの中で発動されているのが「他者を従わせ支配しようとする身近な権力」である。ここで言う権力とは、ウェーバー（Weber, Max）が言うような「ある社会的関係の内部で抵抗を排してまで自己の意志を貫徹するすべての可能性」（Weber＝1972：86）である。

このような権力は国家権力だけでなく、私たちの暮らしという身近なところでも発動している。いじめは、いじめを受けた子どもの自由（選択肢）と自尊感情を奪い、そしていのちまで奪ってしまう身近な権力なのである。そのような権力作用をしっかりと視なければならない。

▼いじめにより〝大人になる機会をもてなかった子どもたち〟

青木悠君（一六歳）二〇〇一年三月三一日

青木君は中三の時、交通事故で頭を強く打ち、低体温治療法で奇跡的に命は取りとめたが半身不随になる。リハビリの成果でようやく歩けるようになるが、体の左半分は殆んど動かず、足を引きずって歩いていた（武田 2004：247）。

「悠くんは、『友達が初めてもらったアルバイトのお給料で僕の合格祝いしてくれると、携帯電話してきたんだ』と母親に告げて外出。……（中略）……。

悠くんが待ち合わせに指定された小学校に行くと、電話をかけてきたH（一五）とS（一七）がいた。午後三時頃から約一時間半にわたって暴行を加えた。

少年らは『青木、お前、何で全日制行くん？　定時制においや』、『生意気だ』などと言って、悠くんを校庭裏にある給食搬入口のコンクリート台に追いつめ暴行を加えた。全身を七〇回以上殴ったりけったりし、倒れている悠くんを立たせて足払いをかけ、『金で解決するか』と聞いた。K（一五）、O（一五）、A（一五）の三人の少年が後から来て、暴行を見ていた。HとSはプロレス技のバックドロップで、高さ六〇センチはあるコンクリート台から三回、悠くんを頭から叩きつけた。Hはプロレス技のパイルドライバーで、口から泡を吹いて失禁している悠くんを一メートルの高さから頭を下にして真っ逆さまにしてコンクリートに打ち付けた。

Sは、いびきをかいて体全体を痙攣させていた悠くんに『障害者やから助ける価値がない』、『こいつは、障害者だからすぐ狸寝入りする。小便までたれやがって』と言いながら、『狸寝入りや、起きろ』とけったり、仲間に水をかけるよう命じた。見張り役の一人が、「このままでは死んでしまう」と言って、救急車を呼ぼうとしたが、HとSは『そんなことをしたらパクられるだろうが』と怒鳴りつけ、悠くんを物陰に放り投げて、パチンコに行った」（武田 2004 : 246）

人が亡くなる要因には、寿命（人は必ず死ぬということ）や自然災害（人間には発生を防ぐことが出来ない災害）のように、人間の力ではどうすることもできないものと、虐待やいじめによる死のように、対応の仕方によっては防げるものとがある。一人ひとりに与えられているいのちの長さ（寿命）は異なり、このこと自体はどうすることも出来ない。せめて、対応の仕方によっては防ぐことが出来る死を防ぎ、この世界に生を受けた全ての人が与えられた寿命を全う出来るようにすることが、社会の責任であろう。

にも拘らず、青木君は、暴力を受けなければならない理由など全くないなかで、誰もが避けたいと思う酷い暴力を受け〝大人になる機会〟を、そしてその寿命を全うする可能性を奪われてしまったのである。

▼いじめにより〝大人になる機会をもてなかった子どもたち〟の声

鹿川裕史君（中二・一三歳）一九八六年二月一日

「家の人へそして友達へ。突然姿を消して申し訳ありません。くわしい事についてはAとかBとかにきけばわかると思う。僕だって、まだ死にたくない。だけど、このままじゃ『生きジゴク』になっちゃうよ。ただ僕が死んだからって他のヤツが犠牲になったんじゃいみないじゃないか。だからもう君たちもバカな事をするのはやめてくれ、最後のお願いだ。

昭和六一年二月一日　鹿川裕史」（武田 2004：20）

大河内清輝君（中二・一三歳）一九九四年一一月二七日

「いつも四人の人（名前を出せなくてスミマせん。）にお金をとられていました。そして、今日、もっていくお金がどうしても見つからなかったし、これから生きていても……。だから……。また、みんなといっしょに幸せにくらしたいです。しくしく。

小学校六年生くらいからすこしだけいじめられ始めて、中一になったらハードになって、お金を取られるようになった。中二になったら、もっとはげしくなって、休み前にはいつも多いときで六万、少ないときでも三万～四万、このごろでも四万。そして一七日にもまた四万ようきゅうされました。だから……。でも、僕がことわっていればこんなことには、ならなかったんだよね。スミマせん。もっと生きたかったけど……。家にいるときがいちばんたのしかった。いろいろな所に、旅行につれていってもらえたし、何一つ不満はなかった。けど……」（加野 2011：37-38）

「いつもいつも使いばしりにもされていた。それに、自分にははずかしくてできないことをやらされたときもあった。そして、強せい的に、髪をそめられたことも。でも、お父さんは僕が自分でやったと思っていたので、ちょっとつらかった、そして二〇日もまたお金をようきゅうされて、つらかった。あと、もっとつらかったのは僕が部屋にいるときに彼らがお母さんのネックレスなどを盗んでいることを知ったときは、とてもショックでした。あと、お金をとっていることも……（中略）……。

なぜ、もっと早く死ななかったかというと、家族の人が優しく接してくれたからです。学校のことなど、すぐ、忘れることができました。けれど、このごろになって、どんどんいじめがハードになり、しかも、お金がぜんぜんないのに、たくさんだせといわれます。もうたまりません。最後も、御迷惑をかけて、すみません」

（武田 2004 : 118–119）

鹿川君は「僕だって、まだ死にたくない。だけど、このままじゃ『生きジゴク』になっちゃうよ」と書き遺し、大河内君は「家にいるときがいちばんたのしかった。いろいろな所に、旅行につれていってもらえたし、何一つ不満はなかった。……みんなといっしょに幸せにくらしたいです。……もっと生きたかったけど」と書き遺しいのちを絶った。

「まだ死にたくない」、「もっと生きたかったけど」と書き遺された言葉には、この言葉が発せられた背景や状況を想起させ、同時に、二人が享受したであろう二〇代の鹿川君、三〇代の二人と、それぞれに時を刻んでいったであろう二人の人生を思い浮かべるように促す力が宿っている。そしてこれらの言葉には、二人の思いに応えることは出来ないが、でも、同じ状況や思いで自らいのちを絶つ子どもたちを無くすために、自分に何が出来るのだろう、という気持ちにさせる力を感じる。

なお、八六頁、九四頁および九六頁にある〝大人になる機会をもてなかった子どもたち〟という表現はノーベル文学賞作家シンガー（Singer, Isaac Bashevis）のものである。シンガーは『やぎと少年』の「まえがき」で次にように書いている。

「わたくしは、〈おとなになる機会を持てなかったおおぜいの子どもたち〉にこの本を献《ささ》げます。あの子たちが、大きくなれなかったのは、ばかげた戦争《せんそう》、ざんこくな迫害《はくがい》が、町を荒《あ》らして、罪《つみ》のない家庭をめちゃくちゃにしたせいでした。みなさん自身が、お父さん、お母さんになったとき、自分の子どもばかりではなしに、世界じゅうの良《よ》い子どもたちみんなを、かわいがってほしい、わたしは、そう願っています」（Singer＝1993：12）

（四）今この時における〝視るべきもの〟——海　外

①世界中にある飢餓

（ⅰ）人のいのちと尊厳を奪う飢餓

▼日常風景としての飢え

日本で暮らす私たちは遠い海外の飢餓をどのように理解しているのだろうか。ジグレール（Ziegler, Jean）は「飢えている人びとが存在することは知っているけれど、そういう状態を『ゆるせない！』と声を上げる気にはならない。たまに話題になったとしても、ときが過ぎれば、かれらの存在は頭から消え去ってしまう……。なんと表現したらいいのかな。ソマリアの人びとの苦しみが、富める者にとっては日常風景のひとつになっているとでもいったらいいのだろうか（強調は原文）」（Ziegler＝2003：12）と言う。残念ながら、ジグレールの言う通りではないだろうか。

▼映し出されない現実

ジグレールは続けて、テレビは現実を伝えていないことを指摘する。

「だいたい、テレビで流されるソマリアの飢えは、メディアにとって都合のいい部分だけなんだ。ソマリア南部のガルカスク、コルバ、ドゥギウマ、ジェリラあたりでは激しい飢饉がつづいて、文字どおり『死体の山』を築いている。もう長いことそんな状態なのに、この死体の山がテレビに映し出されることはけっしてない。スイスのＴＦＩやＲＡＩ、ドイツのＺＤＦ、イギリスのＢＢＣも、ほんとうに悲惨な現場へは取材にいこうとせずに、死体の山から何百キロも離れた難民キャンプ地、オガデンの近くにカメラを構えている。

　だから、テレビカメラが映し出す飢餓難民は、飢えている人びとの中でもまだ十分余力があって、歩きつづけて国境をこえ、キャンプ地にたどりつくことができた人びとだけなんだ（強調は原文）」（Ziegler = 2003 : 12）

視るべきものを視なければならない。しかし、私たちが視ることが出来るものは、ほんの一部に過ぎない。

（ii）視るべきもの

▼飢餓を生み出しているもの

〔グローバル化した資本主義システム（ジャングル資本主義）〕

ジグレールはグローバル化した資本主義システムを次のように分析する。


「一九九一年のソ連邦崩壊時点まで世界人口の三分の一にあたる人びとは、共産主義（じつは『国家資本主義』で『共産主義』ではなかった）と名づけられた体制のもとにあり、東と西という対立が世界を支配していた。

　資本主義的生産過程はそのはじめから多国籍性と独占性を兼ね備えていたのだが、この東西対立の枠組み構造が崩れ去ったのを契機に、各国が思うに任せて倫理や人間性を省みずに資本主義を発展させていった結果、国際金融資本が地球上を支配するにいたったのだ。

　もう一つの理論的転換はこうだ。グローバル化した資本主義経済においては、ほかのいかなる資本よりも金融資本が優位に立つということだ。金融資本の論理に基づいた利潤至上主義がすべてを決定するのが今日のシ

ステムだろう。つまり企業の自己資本比率が、戦略上最重要の課題になっている」(Ziegler＝2003：160)

グローバル化した資本主義システムは、金融資本の論理に基づいた利潤至上主義なのである。ジグレールはこのような資本主義を〝ジャングル資本主義〟と表現する。それは「不公正、弱肉強食を主体とする資本主義を揶揄した用語」(Ziegler＝2003：168) である。ジャングル資本主義とは、倫理や人間性が省みられない中で不公正が許され、その結果、ジャングルと同様に弱肉強食となった資本主義の姿を表現した言葉なのである。

このようなジャングル資本主義は必然的に、豊かな者はより豊かに、貧しい者は更に貧しく、そして、豊かな者は利潤獲得のため貧しい者を食い物にする。

〔構造的暴力〕

ガルトゥング (Galtung, Johan) は暴力を「ある人に対して影響力が行使された結果、彼が現実に肉体的、精神的に実現しえたものが、彼のもつ潜在的実現可能性を下まわった場合、そこには暴力が存在する」(Galtung＝1991：5) と定義する。言い換えれば、潜在的可能性が実現されていない状況を避けることが出来た、にも拘らず、避けることを阻害した影響力が暴力である。具体的には、餓死しない状況を避けることが出来た、にも拘らず、避けることを阻害した影響力が暴力なのである。更に、ガルトゥング (Galtung＝1991：11) は「暴力を行使する主体が存在する場合、その暴力を個人的または直接的暴力と呼び、このような行為主体が存在しない場合、それを構造的または間接的暴力と呼ぶ」と言い、暴力を個人的 (直接的) 暴力と構造的 (間接的) 暴力とに分けている。

グローバル化した資本主義システムは極端な格差 (不平等) をもたらす。その結果、多くの貧しい者は適度な住まい、必要最低限の食料 (栄養)、医療を受けることが出来ず亡くなっていく。しかし、グローバル化した資本主義が生み出す社会的生産物を正義に適った形で分配すれば (格差を是正すれば)、それらは避けることが出来る。即ち、現代のグローバル化した資本主義システムは、構造的暴力を生み出しているのである。

〔植民地支配〕

グローバル化した資本主義システム（ジャングル資本主義）のみが今日の極端な富の不平等をもたらした訳ではない。一六世紀に始まる大航海時代以降、ヨーロッパでは資源を得るために世界の様々な国を植民地にしていった。ポッゲ（Pogge, Thomas）は現在の国際的不平等は、その殆んどが植民地時代に生じたことを指摘している。

「生活水準に関する現在の国際的不平等は、そのほとんどが、今日の裕福な国々が今日の世界の貧しい地域を支配していた植民地時代に生じたものである。その時代、貧しい地域の人々は牛のように売買され、その政治制度と文化を破壊され、天然資源を奪われた。一九六〇年に植民者たちが最終的に引き揚げたとき、彼らは持ち帰れるものは持ち帰り、それ以上の多くのものを破壊した。その時代に、ヨーロッパとアフリカの一人当たりの収入の不平等は三〇対一になっており、教育や医療やインフラや法・政治組織においても大きな不平等が存在した。これらの不平等によって、アフリカ人たちは、豊かな国々の政府や企業とやりとりする際に圧倒的に不利な立場におかれた。なぜヨーロッパとアメリカの一人当たりの所得がそれ以降に四〇対一に広がったかは、このような不利な立場があったことによって説明がつく」（Pogge＝2007：105–106）

現在の不平等は植民地時代に生じたものであり、その上にジャングル資本主義が加わったことでその不平等が更に広がったのである。現在の世界を理解する上で、このような過去の出来事も見落としてはならない。

▼飢餓の中で生きる人たち

〔ほどなく死ぬ運命を背負わされてこの世にやってくる子どもたち〕

我が子が生まれることは、親にとって大きな喜びであり感動的である。そして親は、子どもが幸せになることを願う。しかしながら、「一分間に二五〇人の命がこの地球上に生まれるが、そのうち一九七人がいわゆる第三世界と呼ばれる一二二カ国で誕生する。そして、そのうちの多くが生後まもなく『名もなき小さな者たちの墓』に葬られていく運命をたどる。レジス・ドゥブレ〔Regis Debray フランスの哲学者。一九四〇～〕は、この幼き者たちを『ほどなく死ぬ運命を背負わされてこの世にやってくる子どもたち』と名づけている」（Ziegler = 2003 : 56）。

間違いなく私たちと同じ命であり、同じ人間である。にも拘らず、与えられえた世界（いのち）はあまりにも違い過ぎる。私たちとは違い〝ほどなく死ぬ運命を背負わされてこの世にやってくる子どもたち〟がいる。日本にいるどれだけの人がこの現実を視ているのだろうか。

▼飢餓の中にある声なき声

〔飢えによる障害・ひどい痛み・深い悲しみ〕

ＦＡＯ（国連食糧農業機関）推計では、二〇〇三―〇五年には世界の八億四八〇〇万人が慢性的飢餓にさらされていると言う。この状態にいる人たちの中には栄養不足が原因で視力を失う人も少なくない。ひどい痛みに、小さな身をよじらせ、弱い声で泣いている幼子もいる（Ziegler = 2003 : 39）。次の記述は父親が我が子を病院に連れて行った時のものである。

「まもなくその病院でたった一人の医者がやってくると、父親に向かって黙って首を左右にふったんだ。それから、『遅過ぎました。お子さんは死の扉を開けようとするところです』とつたえると、父親の体はワナワナと震えだし、目には涙があふれ出していた。……（中略）……。手の施しようがないのだ。父親はその場に泣き崩れ、それでもしばらくすると息子をそっと抱き上げて、病院から去っていった」（Ziegler = 2003 : 40）

ある幼児がひどい痛みのために、小さな身をよじらせながら発している弱い泣き声がある。飢餓のために我が子が助からないことを知った父親の悲嘆がある。ここには、この世に「いのち」を与えられたにも拘らず、その「いのち」を育むことが出来ない状況がもたらす痛み、悲しみ、嘆き、泣き声が、言葉にならない声として発せられている。そして、その殆んどの声が人に聴かれることなく消えていっている。

②人身売買あるいは拉致される子どもたち

（ⅰ）子どものいのちと尊厳を奪う人身売買／拉致

二〇〇〇（平成一二）年一二月に国連で採択された「人身売買防止議定書」（略称）の第三条では、人身売買（取引）を「搾取の目的で、暴力その他の形態の強制力による脅迫若しくはその行使、誘拐、詐欺、欺もう、権力の濫用若しくはぜい弱な立場に乗ずること又は他の者を支配下に置く者の同意を得る目的で行われる金銭若しくは利益の享受の手段を用いて、人を獲得し、輸送し、引き渡し、蔵匿し、又は収受することをいう。搾取には、少なくとも、他の者を売春させて搾取することその他の形態の性的搾取、強制的な労働若しくは役務の提供、奴隷化若しくはこれに類する行為、隷属又は臓器の摘出を含める」と定義している。

国連は、毎年約一二〇万人の子どもたちが人身売買の被害に遭っていると見ている（川本、福井、藤田 2008-a：20）。人身売買の具体的な内容の一例は、借金のかたにプランテーションなどで働かされる、政府軍、反政府軍の兵士にさせられたり荷物運びをさせられたりする、性奴隷として搾取される、売春やポルノ映画や写真の被写体として搾取される、臓器移植のために臓器を取り出される、などである。

（ⅱ）視るべきもの

▼人身売買を生み出しているもの

〔児童労働と子どもの商業的性搾取〕

何故、人身売買が起きるのか。それは、児童労働と子どもの商業的性搾取の需要があるからである（川本、福井、藤田 2008-a：24）。何故安い労働力が求められるのか。それは、一方では経済のグローバル化によって、より安い労働力を企業が求めるからであり、もう一方では貧困故に子どもも働かざるを得ないからである。何故、商業的セックスが求められるのか。それは、大人たちが性を買うという方法を用いてまでも、自らの性欲を満たそうとするからである。需要があるから供給として人身売買が行われるのである。

〔グローバリゼーションがもたらす貧困と戦争・紛争〕

経済のグローバリゼーション化は正義に適った分配や再分配が伴わない限り、豊かさと貧しさの二極化をもたらす。「貧窮にあえぐ親は自ら進んでわが子を売るか、あるいは奴隷商人の言葉に簡単に騙されて、息子や娘の命をその手に譲り渡してしまう」（Batstone＝2010：18）。また、子どもたち自身、家庭が貧しいが故に、家庭の補助的な収入をもたらすために、あるいは家族の生活費を削減するために都会で働きたいという気持ちがある（川本、福井、藤田　2008-a：24）。一方、戦争や紛争は家族を失った大勢の子どもを生み出し、それらの子どもが誘拐・拉致され性的搾取の被害に遭ってしまう（川本、福井、藤田　2008-b：46-47）。貧困や戦争・紛争という環境は人身売買を生み出す環境となっている。

〔奴隷取引（人身売買の市場）〕

アメリカ国務省の中には「人身売買監視対策室」がある。ここでは毎年『人身売買報告書』を発行している。報告書では人身売買と闘う努力をTier1：基準を満たす、Tier2：基準は満たさないが努力中、Tier2 WatchList：基準は満たさないが努力中で被害者数が顕著、かつ前年より改善が見られない、または次年以降の改善を約束しない、Tier3：基準を満たさず努力も不足、という段階で示している。

二〇〇九年版でアメリカ国務省が調査対象としたのは一七五か国であり、そのうち第2階層以下にランク分けされたのは一四五か国もある。「それらの国は、人身売買被害者の『送出国』、『経由国』、『受入国』のいずれかとして機能し、なかにはそのすべてにかかわっている国もある」（Batstone＝2010：12）。日本は、二〇一二（平成二四）年人身売買報告書では次のような評価を受けており、人身売買に関わっている。

「日本（第2階層）」

日本は、強制労働および性目的の人身売買の被害者である男女、および性目的の人身売買の被害者である子どもの目的国、供給国、通過国である。中国、インドネシア、フィリピン、ベトナム、その他のアジア諸国からの移住労働者は男女共に、時として強制労働の被害者になることがある。東アジア、東南アジア、南米、また過去には東ヨーロッパ、ロシア、中米から雇用あるいは偽装結婚のために日本にやって来た女性や子どもの中には、売春を強要される者もいた。本報告書の対象期間中、日本人、特に十代の少女や、外国で生まれ、後に日本国籍を取得した日本国民の子どももまた、性目的の人身売買の被害者となった。……（中略）……日本人男性は依然として、東南アジア、および程度は少ないものの、モンゴルにおける児童買春ツアーの需要の大きな源泉となっている」（http://japanese.japan.usembassy.gov/j/p/tpj-20120720-01.html）

このように世界中で人身売買・奴隷取引が今も行われている。そこにはそれらを求める需要があり、その需要に対する供給を行う人身売買の市場がある。そして、この市場で供給の立場に置かれている状態の人たちがいる。それが貧困や難民・避難民の人たちである。「貧しい人々は、のちのち自由を奪われるとも知らずに、奴隷商人から借金をしてしまう」（Batstone＝2010：18）。また「今日世界には、五〇〇〇万の難民・避難民が存在します。これら無国籍者の宝庫が、人身売買業者による搾取を可能にしている」（Batstone＝2010：18）のである。

〔債務労働〕

人身売買の市場とは別に、伝統的な奴隷習慣も残っている。それが「債務奴隷」である。

「『債務労働』は何世紀も前から存在するが、いまだに最もよく見られる奴隷形態だ。典型的なシナリオでは、ある個人が少額の借金をして、裕福な債権者の支配下に陥る。債権者が法外な率の利子と水増しした経費を元本に加えるため、労働者は返済ができなくなる。債務奴隷はひとりの奴隷保有者に仕えて一生を終えることもあり、さらにその〝負債〟が子どもの代まで引き継がれることもある」（Batstone＝2010：19）

〔人を物のように扱う〕

人を売り買いする。奴隷として扱う。これは人が人を物のように所有し、物のように扱うことである。奴隷制を含む人身売買の根幹には「人を物として所有し扱うこと」がある。『NOT for Sale』（邦題：告発・現代の人身売買）というタイトルの本がある。NOT for Saleとは（人間は）売り物ではないという意味である。この本が執筆された最大の目的は「私は売り物ではない、あなたも売り物ではない、誰一人として売り物にされてはならない」（Batstone＝2010：22）ことを訴えることである。言い換えれば、人身売買の根幹には「人間を売買可能な〝物〟に貶める恐ろしい力が働いている」（Batstone＝2010：22）のである。

〔子どもの奴隷と私たちの暮らしを結びつけている経済システム〕

グローバリゼーションが進展し、人身売買が行われる形で経済の仕組みが成り立っている。そこでは、私たちの暮らしに供給される様々な品物の中には、奴隷状態の子どもによって作られたものもある。下山晃は『世界商品と子供の奴隷』（2009）において「現代世界の最底辺に押し込まれている『子供の奴隷』の実情と、様々な基軸的商品（世界商品）の生産・流通を支配している巨大な富を独占的・寡占的に蓄積している世界企業（多国籍企業）の活動との関連」（下山 2009：60）を分析している。そこでは子どもの奴隷制が「石油やファストフードやTシャツやスポーツ用具、携帯電話、宝石など多くの世界商品を通して、私たち日本人の日々の生活とも密接に結びついている」（下山 2009：58）ことを示している。

子どもの奴隷を含む人身売買と私たちは、グローバル化した経済システムでつながっており、決して無関係ではないのである。

▼人身売買される子どもの生／死

アレント（Arendt, Hannah）は、当事者全てが主観的には罪を感じないようなやり方で数百万人の殺戮を組織し、その責任を負うことが出来ないことを、そして、我々の歴史の連続性と我々の政治的思考の概念および範疇とを粉砕してしまうという事実を、「こんなことがあってはならなかったのだ」、「こんなことが起こってはならなかったはずだ（強調は原文）」と表現した（Arendt＝1981：269-271）。このような表現を使わざるを得ない出来事が、歴史の中で繰り返し生じている。次の二つは〝起こってはならないこと〟、〝起こしてはならないこと〟である。

〔臓器売買〕

「人身売買では子供たちは身柄をそっくりそのまま売られるが、更に冷酷なのは臓器売買のケースである。臓器を盗られる子供たちの信じ難いような悲惨な実情の一端は、以下の通りである。……（中略）……。

子供は目的地に着くと手足を縛られ腹部をメスで切り裂かれ、全て内臓を取り出され、待ち構えていた病気の金持ち（ほとんどが多国籍企業の重役や経営者たち）に臓器を移植される。もちろん子供は、その場で苦しみながら死ぬ。必要な臓器を取り出すことと金儲けが目的であるから、麻酔がかけられるようなことはほとんどない」（下山 2009：230-231）

〔人を殺す機械〕

「子ども兵士の訓練では、まず子どもに銃をあたえます。少年は映画なんかでは銃を見たことがありますが、実物を見るのは初めてです。この銃をいきなりもたされて、目隠しをされて、自分の村に連れ戻されます。それから自分の家族、親戚、そういう人を殺すよう強要されるのです。家族殺し。これが子ども兵士をつくる訓練の第一歩です。子どもから子ども時代を奪い去り、人間としての感情も奪い去るわけです。人を殺すための機械にしてしまうのです」（カイラシュ 2008：41）

決して〝起こしてはならないこと〟が起こっている。

▼人身売買される状況にある声なき声

〔「これがあたしの運命、あたしのカルマなの」とは別の声なき声〕

売春宿に売られた少女たちは、強姦され、殴打され、脅されて奴隷となる。年端のゆかない少女たちは、自分に何が起こっているのか理解できず、心は深く傷つく（Bales＝2002：85–86）。「そのうち、混乱と不信が次第に消えていって恐怖とあきらめに代わり、心と身体をつなぐ意識の連環がプツンと切れる。こうなると少女は、苦痛を和らげるためならなんでもするようになる。一日一五人の客が自分の身体を使うという生活にも、心理的に適応するようになる。こうした虐待への反応はさまざまな形態を取る――無気力、攻撃性、自己嫌悪、自殺未遂、精神錯乱、自傷行為、鬱状態、本格的精神病、幻覚など」（Bales＝2002：86–87）である。このような状況の中にいる少女は呟く。「これがあたしの運命、あたしのカルマなの」と。

逃れられない暴力が支配するなか、そこにある〝いのち〟は何とか生き延びるため、その環境に〝こころ〟を適応させる。そこでは「これがあたしの運命、あたしのカルマなの」という声が聴かれる。しかし、私たちはその声を聴くと同時に、その少女が発していたであろう別の声を聴かなければならない。それは、〝その少女のいのち〟が宿していた潜在的可能性の発現を求める声である。私たちは「これがあたしの運命、あたしのカルマなの」という現実の声を聴くと同時に、その声に隠れてしまっている声なき声を聴かなければならない。

〔もう傷つけるのはやめたいんです〕

「神の抵抗軍（LRA）」という武装ゲリラは、一九八六年の結成以来、ウガンダ北部地域をテロの脅威に陥れてきた。一〇歳のチャールズはその組織に拉致される。チャールズら拉致された少年は最初、捕虜となった同じ村の男性の頭を棍棒で叩き割れと指示される。指示した男は、動けない少年たちの一人の背中を叩き、その少年は血の凍るような叫び声を上げ、地面に倒れ込む。チャールズを含む少年たちは捕虜となった男性を棍棒で叩き、三人の男性を殺戮した。チャールズは感覚が麻痺し、泣きたくても涙が出なかった。そして指示した男はこう言った。

「おまえたちはもはや、自分の村に帰れない。お前たちは人殺しだ。殺したこいつらの家族からは、復讐されるだろう。逃亡は許されない。だいたい逃げる場所なんぞありゃしないだろう?」(Batstone＝2010：146)。

チャールズの生活の中では、人殺しと略奪が読書や算数に取って代わった。銃を撃ち、軍事命令に従い、敵の動きを偵察し、民間人のターゲットを抹殺する方法を学び、情け容赦ない殺人鬼に成長していった(Batstone＝2010：162)。

しかし、一四歳のある日の午後、チャールズの中で何かがぷつんと切れた。自分が殺してきた人間たち、なかでも丸腰の民間人たちの顔という顔が、目の前にちらついたのである。かつての罪なき村の少年に戻りたくなった。かつての隣人たちに殺されるかもしれないことを覚悟した上で、戻る決意をする。そして、村に行き、そこで会った女性たちにこういった。「LRAから脱出してきて、降伏したいんです。……(中略)……もう傷つけるのはやめたいんです」(Batstone＝2010：169)と。

これまで自分が殺してきた人間たち、中でも丸腰の民間人たちの顔という顔が、殺人鬼となったチャールズの心の中にある本当の想いを触発した。そして、チャールズが願う嘘偽りのない言葉が発せられる。それが「もう傷つけるのはやめたいんです」である。殺人鬼にさせられた少年たちの心の底にある真の願い、そこから発せられる言葉・声を聴かなければならない。

この第二節で取り挙げたものは視るべきものの僅かな一部に過ぎない。病気や怪我などが原因で、「普通」と異なる容貌をもつ人たち(彼らの中には自らをユニークフェイス(固有の顔)と表現する人もいる)の中には「ぼくが人にツバをかけられたのは、実はこのときだけではありません。信《しん》じてもらえないかもしれませんが、たぶん一〇〇回ぐらいはあったと思います」(茅島：構成・文、高橋：撮影 2003：26)という人もいる。地域には、借金苦、介護疲れ、引きこもり、虐待などが複合して家族を蝕んでいる「多重困難家庭」と呼ばれる状態の人たちが見捨てられた状態でいる（毎日新聞　二〇〇八年一月九日　四面）。また、街には日常的な虐待と、母が連れてくる男たちの性的暴力に耐えきれず家出をし、先行きの見えない闇をさまよっている少女がいる（毎日新聞　二〇一三年一二月二四日　八面）。

第三節　考　察――〝視るべきものを視る〟ことの可能性

（一）〝視るべきものを視る〟ことで分かったこと

〝視るべきものを視る〟における〝視る〟とは、底辺（視るべきもの）に向かい、そこにいる人たちの状況に身を置くことを志向することである。言い換えれば、底辺（社会で最も弱い立場に置かれている人々のところ）に身を置き、そこに視点を据えて現実を見直すことである。そこにはかつての留岡幸助や山室軍平あるいは石井十次のような〝底辺に向かう志〟がある。しかし、そのような志がなくとも、筆者のように〝視るべきもの〟の状況に身を置き、そこから視えたことや感じたことがあった。また、自ら〝視るべきもの〟の状況に身を置くことがなくとも、抵抗の倫理と証言の倫理を踏まえ、その状況を詳しく知ることで見えてくることや分かることがある。

以下では、〝視るべきもの〟の状況に身を置いた筆者の経験を踏まえつつ、この章で記述した〝視るべきもの〟を視た結果、何が分かったのかを明らかにする。

①声／声なき声を聴く（感じる）

（ⅰ）証言の倫理と声／声なき声

〝視るべきもの〟の状況に身を置き、そこで虐げられている人、抑圧されている人の前に立った時、そして、その人たちとの関わりを通して分かったことは、そこには声／声なき声が発せられている、ということである。筆者は、この声を、最重度と言われる知的障害をもった人たちとの関わりの中で、確かに聞いた。それは言葉で発せられた声ではない。そもそも最重度と言われる知的障害をもつ人の多くが言葉を話すことは出来なかった。しかし、Aさんの満面の笑顔は「幼い子どもは可愛い。大好きだ」とハッキリ語っていた。また、虐待行為や不適切な行為を受けている人からは「もっと大切に接してほしい。一人の大人として敬ってほしい」と声なき声を感じた。

この経験をもとに、〝視るべきもの〟を視た時、そこで聴かれた「証言」は、次のような声なき声であった。堕胎手術で取り上げられたハンセン病患者の赤ん坊は、口にガーゼを当てられ、泣くことができず、手足をバタバタさせてもがき苦しみながら死んでいった。そこには、「苦しい、生きたい」という声にならない声があった。水俣病患者の目が見えず耳が聞こえない娘の首を絞めるのを止めた時、「ピタ—ッと母親の身体にくっつく」という行為を通して、生きられることの嬉しさを示した。このようにして示される声なき声もあった。

母親に置き去りにされた一歳の長男は、自分が被っている状況が全く分からないまま、泣き叫び、三歳の長女は、お母さんに戻って来てほしいと必死にインターホンを通じて、泣き叫びながら助けを求めていた。「このままじゃ『生きジゴク』になっちゃうよ。ただ僕が死んだからって他のヤツが犠牲になったんじゃいみないじゃないか。だからもう君たちもバカな事をするのはやめてくれ、最後のお願いだ」と書き残しいのちを絶った鹿川君の願いも聴かれた。

ひどい痛みのために小さな身をよじらせながら発している幼児の弱い泣き声もあった。「これがあたしの運命、あたしのカルマなの」という少女が発していたはずの別の声、即ち「その少女のいのち」が宿していた潜在的可能性の発現を求める声もあった。そして、殺人鬼にさせられた少年たちの心の底にある真の願いである「もう、傷つけるのはやめたいんです」という声もあった。

歴史と社会の中にある声なき声に耳を傾けた時に気づいたことは、声／声なき声には〝現実に聴かれる声／声なき声〟と〝可能性として聴かれる声／声なき声〟があるということである。ハンセン病、水俣病、虐待やいじめ、飢餓状態や人身売買の中で聴かれる声や声なき声があった。これらは〝現実に聴かれる声／声なき声〟である。しかし、それらの言葉が悲惨であればある程、その子にも、その人にも別の可能性（別の世界）があり得ただろうに、という思いに駆られる。言い換えれば、そのような思いが〝可能性として聴かれる声／声なき声（もう一つの声なき声）〟として聴かれる（感じられる）。

このような声／声なき声は、歴史と社会の至るところで発せられているのであろう。しかし、〝視るべきもの〟（底辺）を視ようとしなければ、それらの声が私たちに聞き届けられることはなく、歴史・社会の中にまるでなかったかのように埋もれてしまう。

本章における考察を通して分かったことは、福祉哲学における証言の倫理とは、歴史・社会の中にうずもれてしまった／うずもれてしまっている声／声なき声を証言として届けること、そして、その証言を聴いた上で問い考える、ということである。

（ii）「何とか出来ないか」という想いに駆られる

〝現実に聴かれる声／声なき声〟を聴いた時、私は心を痛める。その声が痛ましいものであればあるほど、〝はらわたをつき動かされる〟、〝胸が痛む〟といった身体的な痛みが体感される。と同時に、その人（その子）にも別の可能性（別の世界）があり得たという〝可能性として聴かれる声／声なき声（もう一つの声なき声）〟も聴かれる（感じられる）。

これら二つの声／声なき声を聴いた（感じた）時、私はいたたまれない気持ちになり、「何とかできないか」という想いに駆られる。このような想いに駆り立てる要因は二つある。一つは、悲惨な状況の中で発せられる〝現実に聴かれる声／声なき声〟を聴いた時、私は身体的な痛みを体感するという点である。私には他者の痛み苦しみに傷つく可傷性という感性がある。もう一つは、〝可能性として聴かれる声／声なき声（もう一つの声なき声）〟を聴いた時、私にはその可能性を希求するという点である。私には痛みや苦しみから他者が解放され、人として大切にされることを願う心性（人を大切にするという意味での愛や、抑圧からの解放という意味での正義の原型となる心の傾向）である。他者の痛み苦しみに傷つく可傷性と人として大切にされることを願う心性が、私たちを「何とか出来ないか」という想いに駆り立てるのである。

②そこには〝安易な「要約」を許さない、一つ一つの生〟がある

改めて、宮坂の言葉を引用したい。

「『ヨーロッパ全体で六〇〇万人のユダヤ人が殺された』と聞いて、私たちは何を理解するのだろうか。殺された人たちが履いていた靴、メガネ、義足。家族に消息を伝える目的で連絡先が書かれた鞄、人の髪の毛で編まれた布、殺された子供たちの着ていた小さな服、かつて幸せだったころの家族の写真や手紙――。そこには安易な『要約』を許さない、一つ一つの生の物語がある。

私がハンセン病問題を知らずに、草津の療養所へ向かうときに感じた圧迫感のようなものは、この『要約を許さず』という感覚だったかもしれない」（宮坂 2006：163-164）

宮坂は、実際にアウシュヴィッツ強制収容所やハンセン病患者の療養所を訪れ、そこに身を置くことで、〝安易な「要約」を許さない、一つ一つの生〟を感じた。視るべきものを視たとき、そこで視えてくるものは〝安易な「要約」を許さない、一つ一つの生〟である。それは、家庭と地域での暮らしから引き剥がされ入所施設での暮らしを余儀なくされた知的障害をもった人の生、たまたまハンセン病を患っただけでいのち以外の全てを剥奪されてしまった人の生、激しい痛みと差別の中で生涯を終えた水俣病患者の生、泣き叫び母親を求めながらも叶わない中短い生涯を閉じた幼い二人の生、中学三年の時、事故に遭い半身不随になるがリハビリの成果でようやく歩けるようになり、これから高校生活そして大人へと踏み出そうとした矢先に惨い暴行を受け、大人になる機会を奪われた

青木くんの生、金持ちに臓器移植をするために捕らえられ、麻酔をかけられることなくその場で苦しみながら臓器を取り出され亡くなっていった子どもの生、ほどなく死ぬ運命を背負わされてこの世にやってくる子どもたちの生などである。

〝視るべきもの〟の状況に身を置き、そこで虐げられている人、抑圧されている人の前に立った時、そして、その人たちとの何らかの関わりをもった時、そこにある〝声なき声〟を聴く。おそらく、そのような声が聞かれる(感じられる)のは、そこで〝安易な「要約」を許さない、かけがえのない生〟に出会っているからであろう。

③虐げる力と仕組み

(i)「抵抗の倫理」と虐げる力と仕組み

〝安易な「要約」を許さない、かけがえのない生〟と出会った者は、何故、この人は極端に虐げられ、抑圧され、多くを奪われているのかと思う。そして、そこには、虐げ、多くを奪い、そして蔑む力と仕組みがあることに気づく。それらを政治、経済、文化に分けると次のようになる。

▼政　治

社会は異なる世界を生きている人たちの集まりであり、そこにはそれぞれの立場の違いに応じた意見や利害がある。それらを強制的に、あるいは合意によって調整することで、社会で暮らす者が一定の秩序のもとに暮らしていけるようにする営みを、ここで言う「政治」と捉える。

政治には、大別すると二つの調整の仕方がある。一つは、一方が他方を何らかの方法(暴力を含めた力だけでなくマインドコントロールなども含む)によって支配(コントロール)するやり方である。このやり方によって発動されている作用をここでは「権力」と捉える。もう一つは、それぞれの立場の者が互いの意見に耳を傾け、その中で自分の意見や生き方が変容する可能性も含めて、意見や利益を調整するやり方である。そこには支配(コントロール)

ではなく、レヴィナス（Lévinas＝1997-c：188）とフーコー（Foucault＝2001：241, 255）の見解を参考に述べれば、他者に気を配る（ケアする）と同時に自己への配慮（ケア）をすることで、〝他者と共に生きる己の生を一つの芸術作品のように創造していく力〟が働いている。

このような整理に基づくならば、視るべきものを視た時に視えてきたものは、社会あるいは国という全体が一部の人を排除・犠牲にし、ある立場の人が違う立場の人を支配（コントロール）する権力という力であった。具体的に言えば、ハンセン病患者の姿は「文明国の不名誉であり、国の恥辱＝国辱である」という考えや、日本からハンセン病そのものを抹殺・根絶する、そのために最も確実で最も徹底した方策をとるという発想に基づく権力があった。水俣病事件に見られるように「国全体の利益を推進するためには一部の人を犠牲にしてもやむを得ない」という犠牲の論理に基づく権力があった。そして、いじめる立場の人間がいじめられる立場の人間をコントロールし、死に追いやる権力もあった。

▼経　済

人が生きていく上で必要な物、あるいは生きるためには必ずしも必要ではないが人が欲するものがある。それらを生産し、そこで生まれた付加価値（所得・利益）を分配し、その所得をもとに消費ないし投資し、さらに生産する人間の営みをここでは「経済」と捉える。

経済には生産力を高め、付加価値（所得・利益）を増大させたいという力（価値観や欲望）が働いている。付加価値（所得・利益）は人々の幸せと必ずしも同じではなく、あくまで人々に幸せをもたらす一つの手段に過ぎないが、その点を踏まえれば、付加価値の増大は、多くの人に幸せをもたらす可能性を高めるという意味において望ましいことである。しかし、一人ひとりに尊厳と権利を保障するという「正義」を忘却すると、水俣病事件のように、付加価値の増大は「多くの人の利益」という大義のもと、一部の人を犠牲にする論理を生み出してしまう。また、世界に目を向ければ，経済のグローバル化により世界中にもたらされる付加価値（所得・利益）は増大したが，そこにおける生産活動には人身売買により奴隷とされた人たち・子どもが携わっている。そして，そこで生まれる付加価値（所得・利益）の分配には著しい不平等がある。

▼社　会

ここでは，人間が何らかの関係のもと集団や組織そして階層を形成している状態を「社会」と捉える。社会は階層化され，そこに底辺が生まれる。そして，底辺層は忌み嫌われ差別される。底辺層は社会から排除され，〝人を人とも思わぬ状況〟が生まれる。その一つの例が水俣病事件であった。竹沢尚一郎は水俣病で苦しめられた人たちの状況を次のように記述している。

「チッソを頂点に階層化された水俣の地域社会から見れば，最底辺に位置づけられてきたひとびとであった。そのかれらのもとで病気があいついで発生したとき，以前から存在していたかれらに対する差別の視線は，容易に排除と隔離の壁に転じていったのである」（竹沢 2010：172）

水俣病事件に見られるような，初めから差別を受け貧困状態にあった最底辺層の人たちをさらに差別し排除・犠牲にする力と仕組みがあった。生産力がないために大切にされず，その結果，入所施設での暮らしを余儀なくされ，また，出来ないことがあるため周囲の人からは「自分はああはなりたくない」と蔑まれている心身に障害をもつ人もいる。ここには社会を階層化し，底辺に追いやられた人たちを蔑む力と仕組みがある。

底辺にいる人たちは，このような力や仕組みによって，社会からは排除され，虐げられ，あまりにも多くの大切なものを奪われ，そして蔑まれている。この章における考察を通して分かったことは，福祉哲学における抵抗の倫理とは，このような力や仕組みに抗し，福祉とは何であるのかをその根源から問い考える，ということである。このようにして生まれる福祉哲学は，権力とは異なる〝他者と共に生きる己の生を一つの芸術作品のように創造していく力〟（第八章では、この〝力〟が〝倫理＝社会性〟という言葉で語られることになる）へと思考を拓いていくことになる。

（ⅱ）「不正を正さなければ」という意思が芽生える

人々を虐げている／抑圧している力や仕組みを知れば知るほど、知った現実やその現実を生み出している力や仕組みに憤りを感じる。そして、「不正を正さなければ」という意思が芽生える。抵抗の倫理は、不正を正そうという意思を芽生えさせ、やがてその意思は、正義とは何であるのかという問いを生み出すことにつながっていく。

（ⅲ）僅かしか視えていない現実

筆者は知的障害者入所更生施設の支援員になったから、そこにある現実を視ることが出来、声なき声を聴く（感じる）ことが出来た。それらは社会福祉が視なければならないものであり、聴かなければ（感じなければ）ならないものである。しかし、歴史と社会の中には、視なければならないもの、そして聴かなければならない声は無数にある。この章で記述したものは、その中のほんの一部に過ぎない。

この章をまとめた後に思い感じることは、私には（そして私たちには）本当に僅かな現実しか視えていない、ということである。人間は全てを見通せるような存在ではなく、極めて限られた現実しか知ることができない。福祉哲学は、人間に備わっているこの限界を自覚する必要がある。

（二）〝視る〟ことの可能性

①福祉の実践と哲学を生み出す

〝視るべきもの〟を視た時、言い換えれば、人としての尊厳を奪われた状況で生きることを余儀なくされている人の前に立ち、何らかの関わりをもった時、人は心を痛める。その状況が酷く〝人を人とも思わぬ状況〟であればあるほど、接した者自体も〝肝（内臓）が痛む〟〝腸（はらわた）がつき動かされる〟といった身体的な痛みを感じる。釜ヶ崎反失業連絡会で活動する本田が言うように、身体的な痛みが人びとを行動（実践）へと駆り立てる（本田 1990：191, 1992：26, 2006：45, 201, 2010：169）。しかし、それだけではない。痛みや苦しみから他者が解放され、人として大切にされることを願う心性も人を行動へと駆り立てる。このように、視るべきものを視るということは、人を福祉実践へと導く。

更に、そこで生まれた福祉実践の中では、これまで自分が自明なことと考えていたことの問い直しが迫られ、実践している者の思考を触発する。また、実践の中で聴かれる声／声なき声も実践者の思考を触発する。このようにして生じる問いと思考が福祉哲学の原型である。即ち、視るべきものを視ることにより福祉哲学が生まれるのである。

②社会福祉を形成する主体を生み出す

〝視る〟という行為には幾つかの段階が考えられる。第一段階は、文章や映像を通して間接的に〝視るべきもの〟を視る段階である。第二段階は、〝視るべきもの〟に身を置き、その状況にいる人たちを視る段階である。第三段階は、一時であれ（短期間であれ）、その状況に置かれている人たちと関わりをもつ段階である。第四段階は、継続的な関わりをもつ段階である。そして、第五段階は、何故このような状況が生まれているのか、その原因の理解を踏まえ、その状況の改善に取り組む段階である。

この五つの段階は便宜的な区分であり、必ずしも第一段階の後は第二段階、第二段階の後は第三段階と移行するわけではない。第一段階の後、第五段階にある「何故このような状況が生まれているのか、その原因を理解したい」という人もいるであろう。にも拘らず、敢えてこのような段階を区別した理由は、視るべきものを視ることによって生まれる私たちと社会福祉との関わりには、多様な段階があることを示すためである。そして、それぞれの段階に応じた形で、社会福祉を形成する主体が生まれることを示すためである。

例えば、〝視るべきもの〟を文章や映像を通して視るだけでも、社会福祉に関心をもつ主体が生まれるかもしれない。一時であれ（短期間であれ）、〝人としての尊厳を剥奪されている状況〟に置かれている人たちと関わりをもてば、社会福祉を実践する主体が生まれるかもしれない。また、継続的な関わりをもてば筆者のように、これまで自分が自明と考えていたことを問い直す、福祉を哲学する主体が生まれるかもしれない。このように、〝視るべきものを視る〟ことは、その関わりの段階に応じて、様々な社会福祉を形成する主体を生み出す。

③現実を踏まえた社会福祉学を生み出す

一方で、〝人を人とも思わぬ状況〟や〝無念を飲み込む無数の状況〟を深層にもつ社会福祉の現実がある。もう一方で、その営みについての学知（社会福祉学）がある。学知は、人々の思い込みではない社会福祉という営みの真実（真である現実）を明らかにしようとするものである。そのため、現実と学知が乖離することはあり得ないように思われる。にも拘らず、〝視るべきもの〟をしっかりと視ていないと、現実（社会福祉の現実）と学知（社会福祉学）の間にはズレが生じ、結びつきが不安定となる。

視るべきものを視るとは、底辺に向かう志であり、それは「視点を、社会で最も弱い立場に置かれている人々の所へ移すこと」、「痛み、苦しみ、さびしさ、悔しさ、怒りを共感・共有出来るところに視座をすえ直し、もう一度現実を見直すこと」（本田 2010：37）を意味する。視るべきものを視た時、そこで私たちは「絶望、諦め、無力感、苦しみ、痛み、恐怖、悔しさ」といった声／声なき声を聴く（感じる）。その声に身体的な痛みを覚えるような共感共苦を感じた時、また、その痛み苦しみからの解放を願う心性によって、人は行動（実践）へと駆り立てられる。その福祉実践において、自分が自明としていたことを問い直す福祉哲学が生まれる。

福祉哲学は一つの哲学であるため、これまで私たちが社会福祉について自明としていたことや、社会福祉学で自明とされていたこと、あるいは問われていなかったことを、あくまで、〝視るべきもの〟という現実から問い直す。この問い直しの中で、社会福祉の原理、目的（目指すこと）、そして本質などが明らかにされる。そして、そこで明らかにされた原理、目的（目指すこと）、本質に基づいた社会福祉学が構築される。

このようにして〝視るべきものを視る〟ことが、現実としっかりと結びついた社会福祉学の構築を可能にする。

第三章　呻きに応える

――苦痛を被る中から立ち上がる思考

視るべきものを視て、そこに身を置いた時、そこには、「問い」として定式化される以前の、呻き、体で表現される拒否、諦めかけている願いなどがあることに気づく。これらは言語以前の情念のようなものである。そこでは、「何で私が」、「どうしてこんなひどい目に」といった思いや「何でこんな状況が生ずるのか」という疑問が生まれる。しかし、それらが「問い」として定式化され、その問いを考えたり、テーマとして話し合われたりすることは殆んどない。理由は様々である。幼い子や知的障害や認知症があるため、福祉現場の日々の忙しさ故、また、自分が置かれている状況に対する諦めなどは一例に過ぎない。いずれの理由にせよ、現実としては、視るべきものの中で生じている思いや疑問は、「問い」として設定されず、あたかもなかったかのように消えていく。

阿部（1997：9）は〝呻きへの応答〟に福祉哲学の特徴を見出している。本書はその見解を継承する。それは、①呻き、体で表現される拒否、諦めかけている願いに潜んでいる「何で」、「どうして」という疑問を「問い」として見出し（設定し）、②その問いを自分で考える、様々なことから学びながら考える、あるいは他者と対話しながら考える、③「問い」に対する「答え」を見出すことで社会福祉の経験を学び直す、ことである。

これら、「問い」を見出す（設定する）→考える→社会福祉の経験を学び直す、この流れが福祉哲学という営みの中核である。この章ではこの中核となる箇所を説明する。

第一節　福祉哲学の問い

（一）問いの重要性

福祉の現場は解決しなければならない課題や日々やらなければならない業務に追われる。そこで求められることは、「まずは、すること（実践）」であり、課題を解決するための「答え」である。悠長に「問うことが大切だ」なんて言うのは、古代ギリシアのようにスコレー（暇）がある人、そして現実・現場が分かっていない人だ、という批判もあるだろう。しかし、このような批判をする人は、現場に身を置き確かに実践をしているがそこにある様々な思いや願いが感じられていない人、声なき声が聴こえていない人、故に、真に現場を理解していない人ではないだろうか。

福祉の現場では、意欲や希望を失っている、あるいは言葉がないため、そこにいる人たちの願いや疑問は表出されにくい。加えて、スタッフ（支援者）は日々忙しく、また、課題解決の思考に囚われているため、支援を必要としている人たちの願いや疑問は聴き取られることがなく沈黙し忘れ去られている。

しかしながら、沈黙し忘れ去られている願いや疑問こそ、社会福祉の現実そのものであり、社会福祉という営みを生み出し展開していく上での原点（原理）である。願いや疑問を聴き（感じ）、それを「問い」として設定することで、私たちが視るべき現実、そして考えるべき現実を、より多くの人に開くことが可能となる。「問い」の設定は視るべき（考えるべき）社会福祉の現実と多くの人を結びつけ、その上で、社会福祉とは何であるのか、どのような方向へ進めばいいのかを考える起点となる。そのため、「問い」を設定することは重要なのである。

（二）問いを分析する

福祉哲学の問いについて理解を深めるに当たり、①問いを生み出す構造、②問い自体の構造に分け、それぞれについての理解を深める。

①問いを生み出す構造

（i）状　況

〔スコレーと視るべきもの〕

哲学はスコレーと言われる特権的な状況から生まれた。スコレー（あるいはスコラ的状況）とは、「世界の緊急事と世界とに対する自由な、解き放たれた関係を可能にしてくれるところの、世界の緊急事から解き放たれた自由な時間」（Bourdieu＝2009：8）、「日常生活の実践的問題にひたすら従事し専念している真面目な人々には無縁の問題を真剣に考えることができる場所と時間」（Bourdieu＝2009：30）のことである。そこは、奴隷たちが働いていることにより自らは働かずに自由な場所と時間をもてる特権的な状況である。ソクラテス、プラトン、アリストテレスらによる「哲学」はそのような状況の中で生まれ、現代でも哲学（研究）の多くはスコラを語源とするスクール（大学という学校）で行われている。この世界に生を受けた人の何割が大学に行けるのかを考えれば、大学で学べることも特権的な状況と言えるであろう。特権的な状況にいる人は高等教育を受け、言葉を闊達に使い問い考え、話し、表現することが出来る。

このようなスコレーという特権的な状況とは対極にあるところがある。それが、〝視るべきもの（底辺）〟である。そこでは、

・寒さや飢餓状態のため、考える気力がない、
・まだ幼いため、あるいは重度の知的障害があるため言葉を習得していない、
・奴隷状態のように忙しさに追われ、体が疲れ切っているため考えることができない、
・教育を十分に受ける環境がなかったため、問いを設定してそれを考えるという営みが身についていない、

といった住居・食料、能力、時間（自由）、教育など、多くの人が享受しているものが享受されていない。そこが、福祉哲学の問いが生まれる状況である。

〔沈黙――言葉の不在／諦め・馴染む〕

哲学者の殆んどがスコレーという特権的な状況に身を置いている。これに対して僅か九か月しかも断続的ではあるが、視るべきものの一つである工場労働の現実を、工場労働者として観察し、それを言葉にしたのが哲学者のヴェイユ（Weil, Simone）である。工場労働の経験を通してヴェイユは次のように言う。

「たまたま不幸の攻撃におそわれ、半分つぶされた虫のように、地面の上でもがき苦しんでいるよりほかに仕方のない人々にとっては、自分たちの身に起こった事柄を言い表わすに足る言葉はありえない」（Weil＝1967：105）

「不幸な人びとは、自分たちに自己を表現する言葉があたえられることを黙って懇願している」（Weil＝1969：26）

これらの言葉は、視るべき状況にいる不幸な人たちには、苦しみや願いを表す言葉が与えられていないことを示している。

「舌を切りとられた人間が、時としてそのことを忘れて喋ろうとするような状態に、不幸な人びとはおかれている。かれらは舌を動かす。けれどもなんの音も人びとの耳を打ちにやってこないのである。人びとの耳には

とどかないのだという思いこみ、言葉を使っても無駄だという無力感に、かれらはやばやととりつかれてしまうのである」(Weil＝1969：36)

「不幸のもう一つの結果は、だんだんとたましいがそれに慣れてしまい、無気力の毒素になじんで行くことである」(Weil＝1967：109)

これらの言葉には、視るべき状況にいる不幸な人たちは、喋っても相手に言葉が届かないが故に諦め、徐々にその環境(不幸)に馴染んでいくことが示されている。

このようにして、視るべき状況にいる不幸な人たちの叫びや思いは他者に聴き取られることなく沈黙している。これらのことが、工場労働の現場に限定されたことではなく、視るべき状況を端的に示していることは、そこに身を置いた者であるならば実感して分かっていることである。そのことを簡単に説明する。

まず、言葉の不在についてである。言葉が不在である理由は大別すると二つある。一つは能力の問題であり、もう一つは状況の問題である。能力の問題とは次のことを意味する。多くの人は成長すると言葉を覚え、言葉を話したり書いたりすると考えているであろう。しかし、知的障害があるが故に言葉が話せない人も沢山いる。それらの人たちは、時に、多くの人がしているコミュニケーションや日常生活、社会生活が出来ないために、相手の人や周囲から蔑まれたり、虐げられたりする。そして、嫌な思いや不快な思いをする。にも拘らず、それを言葉で訴えたり、ましてや説明したりすることは難しい。

一方、状況の問題とは次のことを意味する。いじめで苦しみ自ら命を絶つ人が後を絶たない。その時、教師から「何にも相談はなかった」、あるいは親から「何も本人からいじめのことは聞いていなかった」という発言を聞く。しかし、いじめを受けている自分を恥ずかしく思い、その状態を親や教師に言えないのは、むしろ当たり前のことだろう。中には、親に心配をかけたくないと思い話さない児童もいる。いじめに限らず、貧困、多重債務、虐待など困難な状況は、積極的に話したい内容ではなく、むしろ隠したいことの方が多い。そのため、その状況が言葉として語られないで沈黙していることが多いのである。

次に、諦め・馴染むについてである。セン（Sen, Amarutya Kumar）（Sen＝2011：406）は「功利主義的な幸福や欲望充足の計算は、長く貧困状態に置かれた人々に対して非常に不公平になりうる。なぜなら、我々、特に逆境にある人は暮らしを耐えうるようにするために、精神構造や願望を環境に合わせようとしてしまうからである」と言う。このように、人は困難な状況の中でも生き延びられるよう、精神構造や願望をその環境に合わせようとする。そのため、売春宿に売られた少女たちは逃れられない暴力に支配される中、何とか生き延びるために〝こころ〟を環境に適応させる。そして、そこでは「これがあたしの運命、あたしのカルマなの」という声が聴かれる。

このようにして、視るべきものの中にある困難な状況、そしてそこにある不幸は沈黙しているのである。

〔沈黙の中の〝ざわめき〟〕

一見沈黙しているようであっても、その沈黙の中に身を置けば、呻きや眼差しを通して、様々な思いや願いあるいは抵抗が〝ざわめき〟のように聴こえる。だから、ヴェイユは次のように言うのである。

「奴隷のようにあまり打撃を受けすぎた人びとにあっては、蒙った害が驚きの叫び声を発せしめるあの心の部分は、死んでいるようにみえる。しかし、それは決して死に切ってはいない。ただ、もはや叫ぶことができないだけである。鈍い、不断の呻き声の状態の中に、心のあの部分はすえられているのである」（Weil＝1969：7）

視るべき状況の中にいる人が発する「何故、自分はこんな目に遭わなければならないのか」、「何故、人はわたしを虐げるのか」といった驚きや戸惑いの叫びは、決して無くなってしまったのではない。視るべきものに身を置きその人たちと関わるならば、沈黙の中にある呻きや眼差しを通して、〝ざわめき〟として感じられる。それは、〝ざわめき〟であり、ハッキリと聴き取れるわけでない。しかし、感じとられるのである。

（ii）問う主体を規定している条件

福祉哲学の問いが生じる状況で問い考えるのが福祉哲学の主体である。その主体には身体があり（身体性）、そこで生じる問いは他ならぬ自分にとって切実な問い（実存性）である場合が多い。また、問い考える状況には、自分とは違った世界を生きている他者がおり（他者性）、そこには、困難な状況に向き合い自ら生活をしていく可能性や他者を支援する可能性（実践性）がある。福祉哲学の主体は、ここで挙げたような身体性、実存性、他者性、そして実践性という条件に規定された中で問い考える。

▼身体性

身体性とは、問い考える主体は身も凍るような寒さを感じ、暴力や暴言あるいは飢餓状態により心身の痛みを感じる身体（肉体）をもっているということである。スコレーの状態における哲学とは違い、視るべきもの（底辺）において問い考える福祉哲学は、この身体性を、直接あるいは目の前でその状態にいる人に接し間接的に感じる中で問い考える。

例えば、放火経験のある児童には、ネグレクトのため寒い冬の中、凍え死にそうになったので、家の中で火をつけて体を温めていた過去があった。慢性的飢餓の中で、「ひどい痛みに、小さな身をよじらせ、弱い声で泣いている幼子」（Ziegler＝2003：39）もいた。激しい痛みと差別の中で生涯を終えた水俣病患者もいた。青木悠くん（第二章参照）は惨い暴行を受け、激しい痛みの中で亡くなった。

凍えるような寒さ、飢え、激しい痛みを被った身体があり、その身体が悲鳴のようにあげる「何で」という訴え／問いの区別以前の叫びがある。そして、この叫びを聴いた者は、肝が痛み、はらわたを突き動かされるような思いに駆られる。

他には「疲労」もある。例えば、障害者支援施設の夜勤の午前三時、寝ないで他の入居者が寝ている居室のドアを開け閉めし大きな音をたてたり、談話室のテレビを倒そうとしたりする行為を繰り返す利用者に対して、身体的疲労のあまり苛立っている自分（筆者）がいた。そこで筆者は入居者に虐待こそしなかったが、虐待をする人の心理が理解できた。福祉哲学は、このような身体性をもった主体によって問いが見出される。

▼実存性

実存性とは、問い考える主体は「何で、この私が」、「何で、他の子ではなくこの子が」といった思いや感覚のことである。福祉哲学の問いは、自分自身の生からかけ離れた抽象的な問いではなく、他ならぬこの私の問いであり、私が生きていく上での切実な問いである。

例えば、「真面目に、一生懸命仕事をしてきたのに、何で自分がリストラされなければならないのか」、「なぜ、他の子ではなくこの子が小児がんにならなければならないのか」といった問いがある。福祉哲学の問いは、このような実存性をもった主体によって問いが発せられる。

▼他者性

誰もが病気、事故、失業その他の要因により、人間らしい暮らしが困難になる可能性がある。しかしながら、その可能性が現実になっている人と現実になっていない人とがおり、この両者の間には、その経験を共有することが不可能な断絶がある。他者性とは、問い考える主体には、他者とは経験の共有が不可能な断絶があるということである。

人は他者の痛みを感じる。これは比喩ではなく、脳の中に生じていることであり、科学によって証明されていることである（串崎 2013：55）。しかし同時に、私が感じている痛みと他者が被っている痛みは同じではない。自分はその他者とは同じ世界を生きていないが故に、他者が被っている痛みや苦しみを他者と同じように感じることは出来ない。これが他者性であり、他者性があるが故に申し訳なさを覚える。

例えば、親から見棄てられた子どもの気持ちや、いじめで自殺した子どもの親の気持ちのように、当事者でなければ決して分かりようのない気持ちと経験がある。誰もがその経験をする可能性はある。しかし、その可能性が現実となっている人となっていない人との間には、決して共有できない経験上の断絶がある。福祉哲学の問いを発する主体には、経験において他者との断絶（他者性）がある。

▼実践性

視るべきもの（底辺）を視た時（そこに身を置き、虐げられ抑圧されている人たちに関わった時）、そこではらわたを突き動かされるような思いに駆られ、同時に申し訳なさを覚える。これらの思いと感覚は自ずと人を行動（実践）へと駆り立てる。実践性とは、問い考える主体は、虐げられ抑圧されている人たちの状況の改善を目指した実践を伴っているということである。

実践の中で試行錯誤しながら、福祉哲学の問いは発せられる。例えば、全く働く意欲がないので就労に向けての助言をすると、「自分が働けないのは社会が悪い」と社会のせいにし、その一方で、何とかごまかして生活保護を受給しようとする人たちに長年関わると、「なんで、このような人まで支援しなければならないのだろうか」と、ふと疑問が浮かぶ。福祉哲学の多くの問いが、このような実践の中から生じるのである。

（iii）問いを生み出す要因

ある事柄について、分からない（知らない）、ハッキリしない、何か違うという感覚や思いをもった時、そこに「問い」が生じる。では、福祉哲学においてそのような感覚や思いをもたらすものは何であるのか。その主な要因は以下の点である。

▼自明と思われた普通の暮らしが崩れる

自明と思われた普通の暮らしが、病気や災害あるいは失業など何らかの出来事により維持できなくなった時、

「何で、他の子ではなくこの子が癌にならなければならないのか（分からない）」、「何で、私がこんな惨いいじめに遭わなければならないのか（分からない）」といった感覚や思いをもつ。

▼呻きを聴く

言葉を失い、問いの不在と思われる沈黙の中で、自らの生の意味を希求する人間の最も原初的な願いや叫びが発せられている。それは呻きや声なき声として聴かれる（感じられる）。岩下壮一が「わたくしはこの呻吟こそは最も深い哲学を要求するさけびだということを知るにいたった」（岩下 1991-b : 277）と言うように、人としての尊厳を剥奪された人たちが漏らす〝呻き〟あるいは声／声なき声を聴いた時（感じた時）、「何故、私でなくあなたなのか（分からない）」、「何で、この人たちはこのような虐げられた生活を余儀なくされなければならないのか（分からない）。この人たちにも他の可能性（他の生活／人生）はあっただろうに」、「この人たちは社会の余計者（お荷物）のように扱われているけれど、何かそれは違う」、「福祉とは何なのか（分かっていない）」といった感覚をもつ。

▼不平等を感じる

社会福祉が視るべきものの多くには、対応や扱われ方に対する著しい不平等がある。人は、著しい不平等な扱いを受けると、あるいは、不平等な扱いを目にすると、「何故、この人たちはこのような扱いを強いられるのか（分からない）」、「何がこのような事態をもたらすのか」、「色々理由はあるのかもしれないが、どんな理由にせよ、このような状態はおかしい」といった感覚や思いをもつ。

（iv）問いの基盤にある情動性

自明と思われた普通の暮らしが崩れる、呻きを聴く、不平等を感じるといった要因により、福祉哲学の問いが生じる。この時、そこには様々な情動性が伴っている。自明と思われた普通の暮らしが崩れた時、不安、恐怖、悔しさなどを感じ、呻きを聴いた時には、痛みや苦しみ、あるいはその状態が自分であったかもしれないのに、そうでなくこの人が被っていることから生じる申し訳なさ（負い目）を覚えることもある。また、不平等を感じる時はしばしば怒り・憤りを感じる。

このように、福祉哲学の問いは、単なる知識として分からないというだけでなく、情動性を伴った形で生じるのである。

（v）問いが生まれる構造

問いが生まれる構造について分析考察してきたことをまとめる。誰もが人間らしい暮らしが困難な状況に生まれてきたかもしれないし、そのような状況になる可能性もある。しかしこれは可能性に過ぎず、現実には一方で人間らしい暮らしが困難な状況の人がおり、もう一方ではそうでない人がいる。この現実に対して、何らかの理由で自明と思われた暮らしが崩れるところから、あるいは、人間らしい暮らしが困難な状況（視るべきもの）に身を置き、困難な暮らしを強いられている人の前に立つところから福祉哲学は始まる。

そこでは、福祉について様々な言葉が飛び交い、対話や議論がなされている訳ではない。逆に、自らの経験を言い表わす言葉の不在、諦めや慣れの中、そこにある困難（不幸）は沈黙している。しかし、視るべきものを視た時（そこに身を置いて、そこで困難な状況を強いられている人と関わった時）、沈黙の中にある〝ざわめき〟を聴く。それは、何を言っているのかハッキリと聴き取れるものでないが故に〝ざわめき〟として感じられる。その〝ざわめき〟が呻きとして聴かれ、あるいは、眼差しとして感じられる。それらは〝声なき声〟として感じられるのである。

〝ざわめき〟を発している人もそれを感じる人も、共に身体をもち痛みや苦しみを感じる（身体性）。しかし、私とこの他者が被っている痛みや苦しみは同じではないことに負い目を感じる（他者性）。また、そこで経験していることは自らの生活からかけ離れたところにある現実ではなく、いま、ここで、他ならぬこの私が、この人が経験していることである（実存性）。これら身体性、他者性、実存性をもった主体が「支援」という営みの中で関わりをも

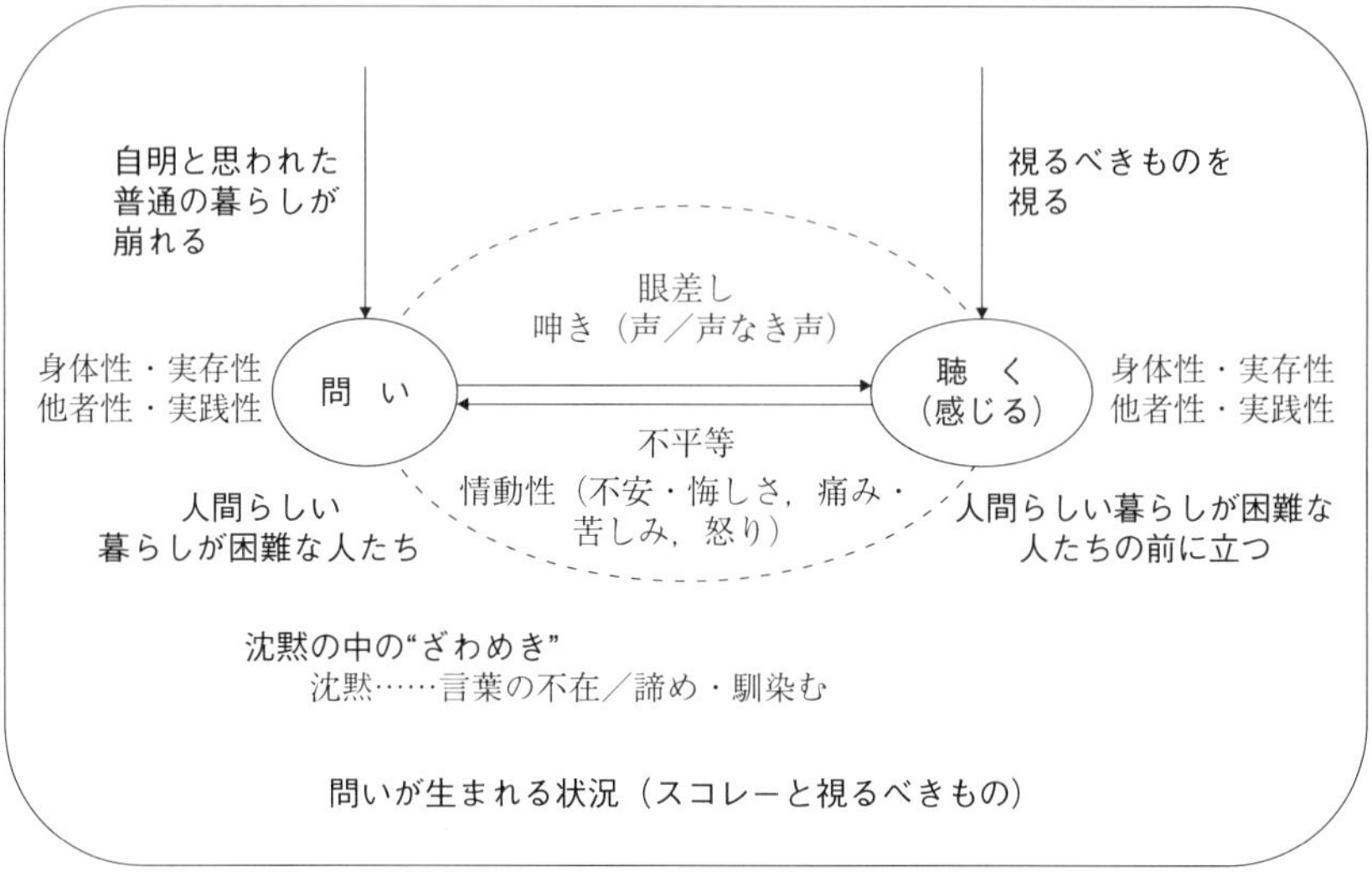

図3－1　福祉哲学の問いが生まれる構造

つ（実践性）。

これらの属性をもつ主体と主体の間で生じる他者の眼差し、呻き（声なき声）、あるいは不平等といった感覚が、情動性（不安、悔しさ、痛みや苦しみ、負い目、怒り）を伴いながら「何故」、「どうして」という問いを生み出す。これが福祉哲学の問いが生まれる構造であり、図にすると図3－1となる。

②問い自体の構造

（i）問いが求めているもの（根拠）と問いによって得られるもの（意味）

何故、問うのか。それは「分からないこと」があるからである。では、具体的にはどのように問うのか。問いは、

（a）「何故、どうして」、

（b）「どうなっているの」、

（c）「それは何」

という形で発せられる。（a）は理由や原因を、（b）は仕組みや構造を、（c）は本質を、それぞれ求めている。問いは、理由や原因、仕組みや構造、本質といったものについて分からないから発せられるのである。

斎藤（2007：38）は、これら（a）〜（c）を一括して根拠と捉える。即ち問いは、根拠が分からないから発せられるのであり、分からない根拠を答えとして求めているのである。更に斎藤は、問い考えて分かった（理解した）ことを「意味」と一括出来ると言う（斎藤 2007：38）。

問いが求めている答えは、問いに対する根拠である。そして、根拠を与えられることにより私たちは問いに対して「分かった」という形で「意味」を得るのである。この見解を福祉哲学の問いに適応すれば次のようになる。

▼理由・原因

問いには「何故」、「どうして」という形で問われるものがある。これは、ある状態や物事を生み出している理由・原因を明らかにしたいと思っている問いである。例えば、「何故、この子が癌に」とか「何故、支援するのか」といった問いである。

▼仕組み・構造

問いには「どうなっているのか」という形で問われるものがある。これは、ある状態や物事の仕組みや構造を明らかにしたいと思っている問いである。例えば、「福祉哲学という営みはどのような仕組み（構造）をもっているのか」とか「社会福祉という営みはどのような仕組み（構造）をもっているのか」といった問いである。

▼本　質

問いには「これは何であるのか」という形で問われるものがある。これは、ある状態や物事の本質を明らかにしたいと思っている問いである。例えば、「尊厳とは何か」とか「社会福祉とは何か」といった問いである。

▼価値（善や正義）

問いには「何が善いことなのか」、「何が正しいことなのか」という形で問われるものがある。これは主として、実践する上での根拠となる価値を明らかにしたいと思っている問いである。例えば、「生まれながらの著しい貧富や才能の差から生じる生活の格差をそのままにしておくことは善くない」という判断に対して、「何で善くないのか。何が善いことなのか」といった問いである。

これら求められる問いの答えによって、原因や理由に関する問い、仕組みや構造に関する問い、本質に関する問い、価値に関する問いに分けることが出来る。

（ⅱ）形而上の次元における問い

問いには「事実」として答えが得られるものや、「価値」として答えが得られるものもある。しかし、そのような私たちの経験の範囲内では理解することが困難な問いがある。

例えば、筋萎縮性側索硬化症（ＡＬＳ）という病気がある。手足・のど・舌の筋肉や呼吸に必要な筋肉が段々やせて力がなくなっていき、やがては全身の筋肉が侵されていく。最後は呼吸の筋肉（呼吸筋）も働かなくなり大多数の人は呼吸不全で亡くなる。現時点（二〇一三年）では原因は不明である。しかし、医学（科学）が発達し原因が分かったとしても、治癒する可能性がなければ、病気になった当事者からは「何故、こんなにたくさんの人がいる中で、私がこのような病気にならなければならなかったのか」という問いが聴かれるであろう。

この問いは、「何故、私が」という問いであり、どんなに医学（科学）が発達しても答えることが出来ない問いである。この問いは、私たちの経験の範囲内では答えようがない形而上の（経験を超えた）問いである。福祉哲学にはこのような次元の問いもある。

（ⅲ）根拠への遡行／了解し合える（納得出来る）根拠を求める

問いは根拠という答えを求める。しかし、一旦与えられた根拠も「本当にそうなのか」という疑問と共に更なる根拠が求められる。この根拠を求める思考の中で、最も根源にある根拠、それ以上遡ることが出来ない根拠を探究する営みが哲学である。

福祉哲学とは、社会福祉という営みを理解する上で発せられる問いをきっかけにして、その問いについて考えることで、それ以上遡ることが出来ない根拠を見出し、その次元から社会福祉について理解する（即ち社会福祉の意味を理解する）営みである。

ただし、あらかじめ確認しておけば、根拠の根拠を求めて遡行していっても、そこに私たちの認識や理解を基礎づける確固たる基盤があるとは限らない。むしろ、哲学が示したことは、そのような基盤がないこと（基礎づけ主義の破綻）であった（野家 1993 : i, 257, 308, 322）。それ故、互いに異なる生活の中で異なる根拠や価値観をもっている者同士が、対話あるいは会話という社会的実践を重ねる中で、互いが納得出来る根拠が求められる（野家 1993 : 307–310）。

(ⅳ) 問いの具体例

社会福祉という営みにも、社会福祉学という学問にも様々な問いがある。これらと区別される福祉哲学の問いとはどのような問いだろうか。抽象的に言えば、福祉哲学の問いとは、社会福祉や社会福祉学を成り立たせている原理やそれらの本質を問うものである。

ではどのような場面で、このような原理や本質についての問いが発せられるのだろうか。それは、原理や本質を問わずにはいられない状況であり、それが〝視るべきもの〟（底辺）である。〝視るべきもの〟に身を置いたならば、隔離されたハンセン病者を前にした神谷美恵子のように、何故、いのち以外の全てを奪われる苛酷な世界が与えられたのが私ではなくこの人だったのか、という問いが漏れる。また、人としての尊厳を奪われた苛酷な状況が悲惨であればあるほど、そのような状況の改善に無力な社会福祉に対して、社会福祉とは何なのか、とその本質を問わずにはいられなくなる。

これらのことを踏まえるならば、福祉哲学の問いは次の三つに分けることが出来る。

▼この私や他者あるいはこの世界や人間に関する問い

自明に思われた日常が崩れ暮らしていくことが困難になった状況や、虐げられ口を閉ざしている人を前にした時、一例であるが次のような問いが発せられる。

「会社が倒産して膨大な借金が残った。前からあった痛風の痛みも改善されない。真面目に生きてきた。なのに、何故、自分はこんな苦しみを背負わなければならないのか。なぜ、私にはこのような世界が与えられているのだろう？」

「本当に、『私は私、他者は他者』なのだろうか？　もしそうであるならば、なぜ、この私は目の前のこの他者の痛みを感じ、『何とかできないか』と思うのだろうか？」

「ふと気づくと、ある人は様々な才能と豊かな家庭環境で生まれ育ち、ある人は能力が乏しく親から日々虐待されている家庭環境にいる。どのような才能をもち、どのような環境の中に生まれてくるのかは本人の力ではどうにもならない。自分の力ではどうにもならないことが、それぞれの人の人生に多大な影響を与え、著しい生活上の格差を生み出している。これは、私たちに与えられている疑い得ない根源的事実である。このような自分の力ではどうにもならないことがもたらす著しい生活上の格差は道徳的に許容されるのか」

「心身に障害のある人を『可哀そう』と思うのは失礼だし、自分が人から『可哀そう』と思われたら嫌だ。また、出生前診断で障害があると分かると中絶をするという考えは、心身の障害がある人にとっては存在の否定にもなる。そのため、障害それ自体を肯定する考えが必要である。しかし、本当に先天性の難病・認知症・最重度の知的障害などを心底肯定できるか」

これらは、この私と他者あるいはこの世界や人間に関する問いである。視るべきものに身を置いた人間には身体性・他者性・実存性・実践性といった属性があるが故に、このような問いが発せられる。

▼社会福祉の原理・目指す状態・本質に関する問い

視るべき状況に身を置き、そこで支援という営みを続けていると、次のような問いが発せられる。「この私を支援へと駆り立てる力のようなものがある。それは、権利保障のためとか、給料を貰っているからでは説明できない。しかし、その力こそが福祉の原理だと強く感じる。少なくとも筆者はそうであった。では、その力とは何であるのか」（ミクロレベルにおける福祉原理の問い）

「視るべきものに身を置くと、人としての尊厳が剥奪されている人、福祉サービスが届かず後回しにされている人がいることに気づく。また、福祉サービスを利用していても、生産活動に従事することが困難な障害がある人や寝たきりの高齢者は、生存に必要なサービスしか受けていないことも分かる。これらどの状態においても、社会福祉法第3条に掲げられている『尊厳の保持』という理念には程遠い。では、真に一人ひとりの『尊厳の保持』を可能にする社会福祉の仕組みは何によって生み出すことが出来るのか」（マクロレベルにおける福祉原理の問い）

「社会福祉法第3条では、福祉サービスの基本的理念として『尊厳の保持』と『自立支援』が掲げられている。しかし、例えば、最重度と言われる知的障害がある人の『自立』とは、具体的にはどのようなことをいうのだろうか。また、路上生活をしているこの人にとっての『尊厳の保持』とは、どのようなことを意味するのだろうか。福祉サービスを必要としている人一人ひとりの状況は異なる。その現実を踏まえて、その意味内容を具体的に示す必要がある」（社会福祉の目指す状態に関する問い）

「福祉は恩恵ではなく、生存権や幸福追求権といった人権の保障であると言われている。権利は法という規範（外的なもの）によって結ばれる関係性の中で保障される。しかし、その関係性では、イグナティエフ（Ignatieff, Michael）が言うように、自発的な意思（内的なもの）によって結ばれる関係性の中で充足される友愛、愛情、帰属感、尊厳、そして尊敬の念といったニーズを充足することは難しい。これらのニーズは人が人として生きていく上では欠かせないものである。そうであるならば、権利保障は社会福祉という仕組みを生み支える重要な思想ではあるが、社会福祉の本質と言えるほどの内容は有していない。では、社会福祉の本質とは何であるのか」（社会福祉の本質の問い）

「一人ひとりの人間が社会福祉という営みを経験する。言い換えれば、一人ひとりの人に様々な形で理解された形で、その人に立ち現れている社会福祉がある。しかし、それは社会福祉という事象の一面に過ぎない。では、様々な形で立ち現れている社会福祉という事象そのものはどのような構造と本質をもっているのか」（社会福祉の構造と本質に関する問い）

社会福祉の経験の中で様々な問いが発せられる。それらすべてが福祉哲学の問いという訳ではない。福祉哲学の問いは上記のように、社会福祉の原理、目指す状態（目的）、本質、構造といった、社会福祉にとって根源的な問いである。

▼福祉哲学あるいは社会福祉学に関する問い

人を人とも思わない状況や人としての尊厳を剥奪されている状況に身を置くと、福祉の原理や本質を問わずにはいられない。そして、そのような問いを考える福祉哲学とはどのようなものであるのかが問われる。また、視るべきものの現実から乖離している社会福祉学に対しては、その在り方や正当性などについても問わずにはいられない。これらの動機のもと、福祉哲学の問いとして次のようなものが提出される。

「福祉の原理や本質を問うことを可能にする福祉哲学とはどのようなものなのか」（福祉哲学自体の問い。本書の問い）

「社会福祉理論と福祉思想はどのような関係にあり、社会福祉学はどのような体系を有しているのか」（社会福

祉学の体系に関する問い）

「『福祉とは何か』という問いに対して、『福祉とは～である』という答えがあり、その答えに基づく福祉に対する理解がある。しかし、その答え（理解）が、福祉に対する関心を喚起せず、行動を生み出さないような単なる知識であれば、それは本当に福祉を理解したことになるのだろうか。福祉を真に理解するということはどういうことか」（福祉思想及び社会福祉学の実質に関する問い）

「社会福祉という営みは科学という方法だけで理解されるものだろうか。社会福祉という営みに対する真なる理解はどうすれば可能なのか。そもそも真なる理解（認識）とは何を意味するのか。そして、どうすれば、ある理解（認識）が真なる理解（認識）であると正当化出来るのか」（社会福祉学における超越論的な問い、及び正当化の問い）

ここにおける問いは、この私や他者あるいはこの世界や人間、社会福祉の原理・目指す状態・本質といった「対象に関する問い」ではなく、そのような対象について、どうすれば根源から問い考えることが出来るのか、あるいはそのような対象を理解（認識）出来るのかといった「対象の理解・認識の仕方に関する問い」、即ち超越論的な問いである。福祉哲学にはこのような問いもある。

（v）福祉哲学の問い

沈黙の中にある〝ざわめき〟を聴き取り、そこにある「何で」という思いや、〝声なき声〟に触発されることで生まれる「問い」がある。その「問い」の中で、自分自身が納得いくまで何年も、場合によっては何十年も考え抜いた時に見出されるのが福祉哲学の問いである。

筆者にとって、このような意味における福祉哲学の問いは次のようなものである。

問１：愛してほしいママやパパに虐待され、その理由や意味がまったく分からないまま「何で」、「やだ」、「ママ」と思いながら亡くなる子どもたちがいる。この声や思いに応えられない現実がある。社会福祉って何なのか。
問2：最重度と言われる知的障害がある人たちの支援に長く携わっていると、その人たちが発する声なき声を聴き（感じ）、その声に応えるように促す力を感じることがあった。そして、これこそが社会福祉の根源にあるものではないかと感じるようになった。この、自分が視るべきものの一つである福祉現場で感じた〝声なき声〟や〝それに応えるように促す力〟とは何であるのか。
問3：社会福祉法第3条には、福祉サービスの基本的理念として「尊厳の保持」と「自立支援」が掲げられている。しかし、入所施設の暮らしでは、他人との相部屋（二人部屋や四人部屋）、他人と一緒で、しかも、ゆっくりできない入浴、極めて限られた人との交流や外出の機会、人によっては日中にすることがなく無為に過ごす日々がある。もっと外出したい、家族と会いたい、ゆっくりとお風呂に入りたいなど、当たり前の要求も、「いまの日本では無理」で片づけられてしまう。こんな現実の中にいると、「尊厳の保持」と「自立支援」とはどのような意味なのか、そして、社会福祉は人と社会がどのようになることを目指しているのか、改めて問わずにはいられない。
問1は社会福祉の本質に関する問い、問2は社会福祉の原理に関する問い、そして問3は社会福祉の目的に関する問いである。この三つの問いが本書における最も基本的な問いである。これらの問いについては第8章で考察する。

第二節　福祉哲学の思考

（一）思考を生み出す構造

①思考を生み出すもの

斎藤は「思考は、つねに『偏差（ずれ）』とともにある」（斎藤 2007：13）、「思考は偏差から生まれる」（斎藤 2007：

16）と言う。福祉哲学の思考も偏差（ずれ）から生まれる。それは、一つには視るべきものと私たちの普段の暮らしとの「ずれ」であり、もう一つは、意見や価値観（根拠）の「ずれ」である。

（ⅰ）視るべきものと普段の暮らしの「ずれ」

視るべきものを視た時、私たちは「どうして、こんなことが」と思う。それは、私たちの暮らしや普段経験していることと視るべきものとが著しく「ずれている」からである。もし、私たちが視るべきもののような状態しか経験できなければ、「どうして、こんなことが」という思いや問いは生じないであろう。福祉哲学の思考は、視るべきものと私たちが普段経験している現実との間に「ずれ」があることから生じる。

（ⅱ）意見や価値観（根拠）の「ずれ」

もう一つの「ずれ」がある。それは、社会福祉という営みに対する意見や価値観の違い（ずれ）である。例えば、「社会福祉を充実させるべきか否か」という問いに対して、「自分のことは自分でする生活自己責任の原則こそが近現代社会の根底にある規範である」という考えを強くもつ人は、それを根拠に「社会福祉という営みは極力減らした方がいい」と主張するかもしれない。一方、「一人ひとりに与えられている能力や状況はあまりに違い過ぎる」と考える人は、それを根拠に「社会福祉は充実させるべきである」と主張するかもしれない。

社会福祉に対して異なる見解や価値観をもった人と出会った時、自分の意見やその根拠を改めて問わざるを得ない。そこに根源に遡って根拠を見出そうとする哲学の思考が生まれる。

②思考を促すもの

思考が生じたとしても、思考が問いとなり、その問いについて考える思考となるわけではない。ましてや、根拠を求めて徹底的に考える哲学の思考となるわけではない。では、生じた思考を福祉哲学の思考へと促すものは何なのか。それは次のような要因である。

（ⅰ）知りたい／共有したい

哲学（philosophy）という言葉は philos（愛）と sophia（知）の結合から成るギリシア語に由来し、知を愛することを原義とする（渡邊 1998：1119）。その内、「愛する」ということについて渡邊二郎は「自分が『無知であることを知り』、おのれの欠乏と不完全を自覚して、果てしなく、充実した完全な知へと、探究の活動を振り向けて、その『愛知』の運動のなかに身を置くこと」（渡邊 2005：31）と述べている。更に求められる「知」については「『哲学的な知』は、『自己』の『人生』の『意義・価値・目的』について深く考え抜き、その『良く生きよう』とする心根に対して、最終の根拠を与えようとする『人生観』的な『知』として現れ出てくるのである。……（中略）……『愛知』としての『哲学』が究極的に求めているのは、『人生観・世界観』の『知』であり、しかもそれの最も『根本知』なのである」（渡邊 2005：44）と述べている。

福祉哲学の問いに対して、その根拠を求めて徹底的に考えるよう駆り立てるものは、その根拠（真理／充実した完全な知）を「知りたい」という欲求である。分からないから、しかもその分からないこと（問い）は人生観・世界観に関する根本的な知であり、問う主体が生きていく上で切実なものであるため、知りたいのである。その欲求には、例えば、「なぜ私が癌になったのか」という問いに対して考える時のように、問いの答えを自分が知りたいと思う問いもある。しかし、「社会福祉とは何か」という問いのように、その答えを自分だけではなく、他の人と共有したい（共有しなければならない）と思う問いもある。即ち、福祉哲学の問いに対して、その根拠を求めて徹底的に考えるよう駆り立てるものは、その根拠を「知りたい」という欲求だけでなく、異なる立場、様々な価値観やものの見方をしている人たちと、福祉哲学の問いについて「共有の理解を得たい」という欲求もある。

（ⅱ）解放と幸せを願う

福祉哲学の思考を促すものは「知りたい」、「共有の理解を得たい」という知的欲求だけではない。むしろ、最も根底にある動機は、自分や他者が被っている虐げ・剥奪・蔑みからの解放、そして幸せを心底願う気持ちである。この解放と幸せを願う気持ちは、被っている状態への抵抗と他の可能性（解放・幸せ）を希求することから生じる。

▼被っている状態への抵抗

福祉哲学の問いを考えるように促す要因は、自らや他者が被っている現実に対する拒否であり抵抗である。「こんな扱いは間違っている」、「このような考えはおかしい」という拒否であり、虐げ・剥奪・蔑む現実に対する抵抗である。

人を物のように売買する「人身売買」や奴隷制度は間違っている。グローバル化した資本主義が生み出す社会的生産物を正義に適った形で分配すれば（格差を是正すれば）、多くの貧しい者が適度な住まい、必要最低限の食料（栄養）、医療を受けることが出来る。にも拘らず、〝ほどなく死ぬ運命を背負わされてこの世にやってくる子どもたち〟がいるのは絶対におかしい。戦争の犠牲者や水俣病の犠牲者のように、国全体のために個人や立場の弱い一部の人が犠牲になるのはおかしい。

このように、人を虐げ・犠牲にするような現実に対する拒否・抵抗が、福祉哲学の問いを考えるよう促す。

▼他の可能性（解放・幸せ）を希求する

人を虐げ・犠牲にするような現実に対する拒否・抵抗と表裏一体となり、福祉哲学の問いを考えるように促すものが、他の可能性（解放・幸せ）の希求である。人を虐げ・犠牲にするような現実を拒否し、これに抵抗するということは、裏を返せば、そうでない現実を望むことである。そして、福祉哲学の問いを考えるように促す最大の要因は、「いま自分は、あるいはこの人たちは虐げ・奪われ・蔑まれているけれど、そうでない状況もあり得る」という他の可能性（解放・幸せ）への希求である。

堕胎手術で取り上げられ、口にガーゼを当てられ、泣くことができず、手足をバタバタさせてもがき苦しみながら死んでいったハンセン病患者の赤ん坊にも、生きてこの世界を享受する可能性があった。どうしてお母さんは戻って来ないのかと思いながらも、必死にインターホンを通じて、泣き叫びながら助けを求めて亡くなった二人の幼い子にも、生きて成人し、結婚してといった人生があり得た。売春宿に身を売られ「これがあたしの運命、あたしのカルマなの」という少女にも、別の人生があり得た。

状況が悲惨であればあるほど、その状況から解放され幸せになって欲しいという思いに駆られる。この思いが、福祉哲学の問いを考えるよう私たちを強く促す。

（iii）実践を支える根拠・意味を求める

阿部（1997：16）が言うように、社会福祉の実践は自らが実践する理由、根拠、即ち意味を問わずにはいられない厳しさがある。故に、単に知りたいという問題ではなく、筆者のように、実践を支えるために自ら実践をする理由や根拠、即ち意味を求めるところにも、福祉哲学の思考を促す要因がある。

（二）思考の構造

①思考とは何か

問いは答えを求める。哲学の問いにおいて求められるのは原理、構造、本質、価値（善や正義）といったものであり、先にこれらを一括して根拠と捉えた。即ち、哲学の問いは根拠を求める。そして、問いから始まり根拠に至るまでに思いめぐらされる様々な考え、これが思考である。具体的には、経験の背後で働いている構造や力を分析する、構成要素に分けその関係性（因果関係、相関関係など）を考える、共通点を抽出する、仮説を提示する、新たな可能性に気づき言葉にする、観察事実や論理をもとに論証する、といった精神の営みである。

思考は、どのような根拠を求めているのかという「思考の方向性」と、どのように行うのかという「思考の仕方」とに分けることが出来る。

②思考の方向性

科学の思考、哲学の思考、倫理の思考は、求めているものが異なるため思考の方向性が異なる。これらの思考の対比から、福祉哲学の思考の特徴を明らかにする。

（i）科学の思考と哲学の思考の間

野家啓一は哲学を科学と対比させた形で「科学が新たな『発見』を目指す未知の探究であり、水平方向に知を拡張する活動であるのに対し、哲学は自明性の『再発見』を目指す既知の探究であり、垂直方向に知を深化させる活動である」（野家 2010：10-11）と述べている。

野家が指摘するように、科学の思考は未知のものを探究する方向性（ベクトル）をもっている。これは、まだ分かっていないもの（未知のもの）を明らかにしていこうとするベクトルである。ここでは分からなかったものが徐々に分かるようになり知識が拡大する。これに対して、哲学の思考は既知のものに対する理解を深めていく方向性をもっている。これは、時間や存在のように、既に知られている自明なものを改めて問い直し、納得がいくまで（腑に落ちるまで）考えていくベクトルである。ここでは、人が生きていく上で根源的なものに対する理解が徐々に深まり、知識が深化する。

この二つの方向性に対して、福祉哲学における思考はどのような位置づけにあるのだろうか。福祉哲学における一つの問いを例に考えてみよう。

「会社をリストラされ離婚し家を出た。再就職ができないため生活保護の申請に行ったが断られた。いまは路上で生活している。誰も自分を必要としていない。生きている意味が分からない。」

この問いでは、会社、家庭、社会制度（生活保護）、そして自分自身という四重の排除が語られている。それが故

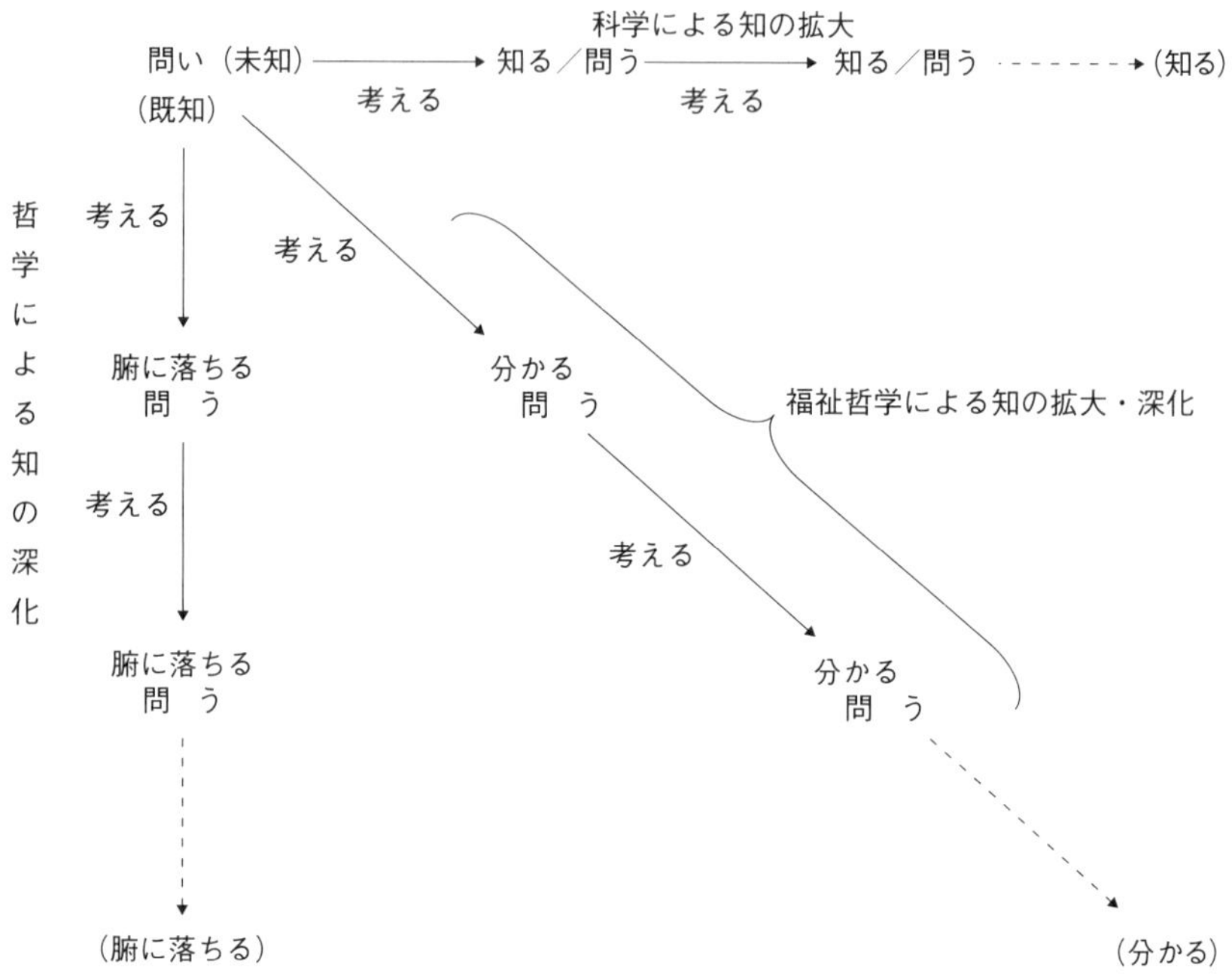

図3－2　福祉哲学の思考の方向性①

にこの問いについて考えるためには、このような排除を生み出す社会の仕組みについての知識が必要である。ここでは未知のものを知るという水平方向における知の拡大が必要とされる。加えてこの問いには、四重の排除の中で生きる意味が問われている。会社に勤め家庭にいた時は日常生活の忙しさに紛れ、多くの人が生きる意味など考えないかもしれない。また考えたとしても、そこには家族のためとか会社での役割が生きる意味を与えていたかもしれない。しかし、そのようなものが失われた時、「生きる意味は何なのか」という、これまで問うこともなかった問い、あるいは自明であるが故に意識しなかった問いが顕在化する。そして、改めて問い直すことが求められる。

このように歴史・社会の中で生きるこの私、あるいはこの他人が発する福祉哲学の問いを考えるためには、未知のものを探究するベクトルと既知のものを問い直すベクトルの双方の要素が必要となる。即ち、知の探究（知を求めること）は「図3－2福祉哲学の思考の方向性①」のように、水平と垂直という二つのベクトルが九〇度の角度をもって拡がり深まっていくものであると考えるならば、福祉哲学の思考は右下四五度のベクトルに進んでいく。

（ii）学知（普遍）と個別の生（かけがえのなさ）の間

科学と哲学は水平と垂直の違いがあっても、共に「知を求める」という点では同じ方向性をもっている。そして知は、誰においても同じく認識される普遍性が求められる。これに対して倫理の思考は「善き生を求める」という方向性（ベクトル）をもっている。そして、善き生は、誰に対しても当てはまるという普遍性より他ならぬこの私はどう生きるのかという個別性が要件とされる（鬼界 2011 : 15–16, 209–211）。前者は「知（知ること）」に関する方向性であり、後者は「生（生きること）」に関する方向性である。

この二つの方向性の間にあるのが、ソクラテスによって自覚的に行われ、プラトンに引き継がれた「人間の善い生き方を問い、それを吟味する」という哲学的思考であり、その後、アリストテレスによって倫理学という名を与えられた思考である。

では、倫理学と福祉哲学はどのような関係にあるのだろうか。倫理学は人の行為あるいは生きる上での根拠（例えば、善や正義）を探究する。福祉哲学も福祉という人の行為や営み（制度も含む）の根拠を探究する。そのため福祉哲学は、認識論や存在論あるいは言語哲学（分析哲学）として語られる哲学ではなく、ソクラテスによって自覚されアリストテレスによって倫理学とされた哲学（問いと思考）を一つの起源にもつ。なお、第七章で考察するが、福祉哲学のもう一つの起源は聖書読解にあると考える。

（iii）福祉哲学の思考の方向性——知（根拠）と生（幸せ）の間

以上の考察を踏まえると、福祉哲学の思考の方向性を次のようにまとめることが出来る。

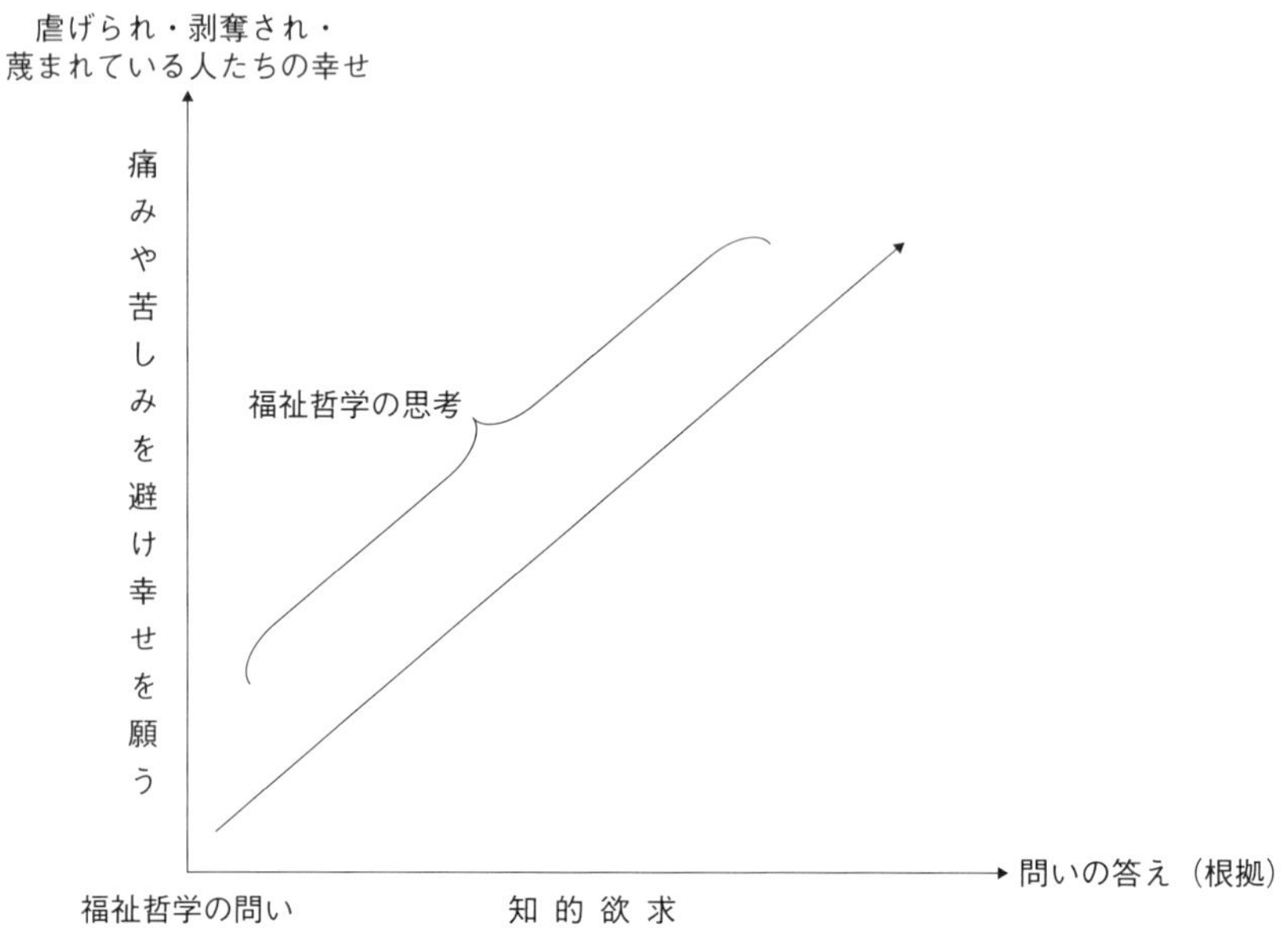

図3－3　福祉哲学の思考の方向性②

福祉哲学の思考には二つの方向性がある。一つは、問いの答え（根拠）を求める方向性である。この方向性へと衝き動かす力は「根源を知りたい」という知的欲求であり、これは「知（知ること）」に関する方向性である。もう一つは、虐げられ・剥奪され・蔑まれている人たち（場合によっては自分も含まれる）の幸せを求める方向である。この方向性へと衝き動かす力は「痛みや苦しみを避け、幸せを願う」という人間の本源的欲求である。これは「生（生きること）」に関する方向性である。

この二つは水平と垂直に設定するならば、福祉哲学の思考は双方の方向性を持っているが故に、「図3－3　福祉哲学の思考の方向性②」のように示すことが出来る。

(三) 思考の方法として現象学と対話を導入する理由

「図3－3　福祉哲学の思考の方向性②」が示すように、福祉哲学の思考は知と生の間でなされる。

この方向性が思考の仕方を規定する。即ち、福祉哲学における思考の仕方は、知と生の統合あるいは知と生が一体となっているような思考の仕方が求められる。この要件を満たしているのが現象学と対話という方法である。

①現象学を導入する理由

福祉哲学は第一章の仮説で示したように、自らの社会福祉の経験が基盤にあり、この経験の学び直しを巡るプロセスが福祉哲学という営みである。即ち、福祉哲学の問いは「経験」に基づき発せられ、その問いに対する思考も「経験」を踏まえ行われる。この経験を基盤にしているという前提が、思考の仕方を規定する。

経験とは、日常的な用法としては「実際に見たり、聞いたり、行ったりすること」を意味する。しかし、これは経験の表層的理解に過ぎない。ここで少し長くなるが、フッサールの言葉を引用する。

「日常の実践的な生活は素朴であり、すでに与えられている世界のなかに入り込んだまま経験し、思考し、価値づけをし、行為している。その際、経験することがもつ志向的な働きすべては、それによって初めて事実が端的にそこに存在することになるものであるにもかかわらず、匿名的に行われている。経験している者自身は、それについて何も知らない。そこで働いている思考についても、同様に何も知らない。例えば、数、述定的な事態、価値、目的、作品といったものは、この隠れた働きのおかげで、一つ一つ積み上げられて現れるが、経験している者には、これら現れてくるもののみが視野に入る」(Husserl＝2001：272–273)

私たちは自分が経験していること／経験したことを十分に理解しているとは限らない。それどころか、経験を成り立たせている働き(先の引用で言えば「志向的な働き」)は自覚されることなく隠れている。この隠れた働きの次元を超越論的領野(次元)と考え、その領野(次元)の分析を通して隠れた働きを露わにすることで、経験を学び直す試みが現象学である。

福祉哲学における思考は、現象学の方法を用いることで、自らの経験を成り立たせている超越論的領野(次元)

の分析記述をする。そして、そこにある仕組みや働きを露わにし、それらを踏まえて問いを考える。

②対話を導入する理由

福祉哲学における思考の方法として対話を導入する理由は二つある。一つめは、福祉哲学という思考の原型が対話であることを自覚し、自らの思考の原型に基づいて問い考えるためである。福祉哲学は、視るべきものの中にある声／声なき声（呼びかけ）に気づき、その声を聴くところに生じる。そして、その声によって気づかされる「問い」を考えるためには、他者と共に（複数で）考えるという対話が必要である。即ち、先に確認した二つの対話に基づいて思考は展開する。故に、福祉哲学における思考の方法として対話を導入する理由は、福祉哲学という思考の原型が対話であることを自覚し、自らの思考の原型に基づいて問い考えるためである。

二つめは、福祉哲学における思考の方法は、対話を基盤としながらも現象学が必要であることを理解するためである。対話は私と他者との「間」において行われる。「間」あるいは「間の場」はブーバー（Buber, Martin）の概念であり、ブーバーは「間の場」について次のように言う。

「人間的実存の基本的事実は、人間と共存しつつある人間である。何ものにもまさって、人間世界の固有性を特徴づけているのは、実在者と実在者との間に、自然の中には類例が見出されないような、或事実が生じているということである。……（中略）……。この人間固有の事実は、一個の実在者が他の実在者を、他者と、この特定の他なる実在と見なし、両者に固有の領域を超える領域において、彼とコムニカツィオンを交わすことの中に基礎づけられている。人間としての人間の実在と共に措定され、しかも、概念的にはいまだ把握されていないこの領域を、私は『間』の領域と名づける。この領域こそ、たとえ、その実現される度合いは千差万別であるにしても、人間的現実の原―範疇である。……（中略）……。

『間』は、個人の魂や周世界《ウム・ヴェルト》とは違って、単純な連続性を示さず、人間的出会いの程度に応じて、その都度

新たに構成されるために、従来、独自の対象としては顧みられなかった」（Buber＝1961：174–175）

「人間の間柄の領域とは相互―相向するもの（das Einander-gegenüber）の領域のことであり、その発展をわれわれは対話的なもの（das Dialogische）と呼ぶのである（強調は原文）」（Buber＝1968：92）

また、吉田敦彦は「間の場」について次のように述べている。

「二人の間に磁力（引力／斥力）がはたらく磁場のようなものがあり、それを掴み取る道具として、ブーバーは『間の場』という概念をつくる。その『間の場』の方が根源的な現実であり、可視的な二人（一人と一人）はいわば、この磁場の両極に、二次的に派生してくる極性のごときものである」（吉田 2007：180–181）

思考の方法として対話を導入することで、福祉哲学の思考の方法は、私と他者の「間」で行われることが自覚される。斎藤が、ブーバーにおける我と汝の「間」（関係）の先行性への着眼は、その後の間主観性理論の展開の先駆けになっていると言うように（斎藤 1998：1026）、この「間」を超越論的間主観性として見出し、その解明を試みたのが現象学である。即ち、ブーバーの言う対話を思考の方法として導入する場合、現象学という思考の方法も必要になるのである。福祉哲学の思考の方法として対話を導入することで、福祉哲学における思考の方法は、対話を基盤としながらも現象学が必要であることが理解されるのである。

さて、いま福祉哲学における思考の仕方として現象学と対話の二つの方法が必要となる理由を述べた。この内、現象学とはどのようなものであり、その方法を福祉哲学に用いて問いを考えるとどのようになるかについては、第六章で考察する。以下では、思考の方法としての対話について説明し、その方法を福祉哲学に用いて問いを考えるとどのようになるかについては、第七章で考察する。

（四）思考の方法としての対話

①対話とは何か

（ⅰ）対話における二つの系譜

対話（英語の dialogue）の語源はギリシア語の dialogos である。これは dia（〜を横切る、〜を通じて）と logos（言葉、論理）から成る語である。この内 logos（λόγος：言葉）は λέγω（語る）から由来し、語根 λεγ の根本的意味は「集める」である。これらのことから logos は「集める・秩序づける—話す・計算する・思惟する—言葉—理性」を意味する（Boman＝2003：105–107）。このような語源から dialogos とは、「言葉や理性を用いて話すことを通して」といった意味をもつ。この対話には二つのタイプがある。一つはソクラテスの対話であり、もう一つは言語の本質としての対話およびブーバーの対話である。

ソクラテスの対話とは、言葉を通して、自らの生を吟味する営みである。ソクラテスの対話における言葉は、対話者の生を成り立たせている基盤（納富 2002：34）であった。言葉そのものが生を形作るのであり（納富 2002：107）、その意味で対話における言葉は生きた言葉、生の言葉（納富 2002：109）であった。

ソクラテスの対話は、対話者の生を成り立たせている基盤としての言葉を露わにし（納富 2002：34）、その言葉がどのような意味をもつのか、本当にそうであるのかを問い吟味する。そうすることで（対話することで）、本当は知らないのに知っていると思い込んでいたことに気づかせ、生そのものを反省にさらす（納富 2002：36）。

一方、言語の本質としての対話およびブーバーの対話とは、呼びかけを聴き、それに応える営みである。呼びかけと応答に言語の本質を見出したのがフンボルト（Humboldt, Wilhelm von）である。フンボルトは「すべての言語活動は呼びかけと応答にもとづいている」（Humboldt＝2006：141）、「すべての言語活動は対話にもとづいており、対話においては、語るひとは、たとえ語られるひとが何人いようと、つねに彼らを単一なものとみなして、彼らと向かいあう」(Humboldt＝2006：30) と述べている。また、ブーバーは「対話の生活に生きる者は、普通の時間の経過の中で、なにかが語りかけられ、応答を引き受けさせられるのを感ずる」(Buber＝1979：206) と述べている。

このような対話が成り立つためには、私とは別の世界を生きている他者、私とは別のことを考えている存在としての他者が発見されなければならない。ブーバーが「なぜなら真に異なる他者であり、別のことを考える存在者としての他者があるがゆえに、この〈なんじ〉となるのである」(Buber＝1979：219) と言うように、他者が発見されるところに対話の相手としての他者（汝）が生まれる。そして、他者との間に「私に応答を求める一つの言葉が生じ(る)」(Buber＝1979：188)。対話とは、私と他者の間で生じる「呼びかけを聴き、その呼びかけに応答する言葉」によって営まれるのである。

(ii) 対話の意味

ソクラテスの対話は、本当は知らないのに知っていると思い込んでいたことに気づかせ、生そのものを反省にさらすものであり、言語の本質としての対話およびブーバーの対話は、他者の呼びかけを聴きそれに応えるものである。一見、異なる営みに見えるが、共通した点をもつ。それは、それぞれの対話は、私は世界について様々な思い込みをしていることに気づかせてくれる点である。納富はソクラテスの対話について、自己の完結した世界に引きこもることこそが、思い込み《ドクサ》という最大の無知を引き起こすのであり、異質な他人と出会い、外からの問いかけによりこの思い込みを打破する「対話」こそが、哲学者の生を成立させると言う (納富 2002：40)。また、吉田はブーバーの対話について、他者との出会いは、自分と世界を意味づける物語が隠蔽していた「現存する世界」を開示し、生き生きとした輝きを硬直した生に呼び戻すと言う (吉田 2007：58-59)。

この点を踏まえると、次のように対話を理解することが出来る。まず、対話 (dialogos) の logos (言葉) は、「対話者の生を成り立たせている基盤としての言葉」、あるいは「呼びかけを聴き、その呼びかけに応答する言葉」である。そして、対話（dialogos）の dia（～を通して）は「それぞれ別の世界を生きている私と他者の『間』を通して」という意味である。即ち対話（dialogos）とは、自己の完結した世界に囚われている私が、私とは異なる世界を生きている他者との出会い（発見）を契機に、その私と他者の「間」で生起する言葉（「対話者の生を成り立たせている基盤としての言葉」、あるいは「呼びかけを聴き、その呼びかけに応答する言葉」）を通して、〟他者と共に生きる世界〟（善く生きること）を学び直す営みである。

②福祉哲学における二つの対話

福祉哲学という思考のプロセスには、二つの段階の対話がある。最初の段階は、視るべきものに身を置き、そこで発せられている声／声なき声（呼びかけ）を聴き、その呼びかけに応えようとする対話である。この段階において福祉哲学の問いが見出される。次の段階の対話は、見出された問いについて他者と共に（複数で）考えるために行われる対話である。

最初の段階の対話は、視るべきものの中にいる人と、その状況に身を置き、そこで発せられている声／声なき声（呼びかけ）を聴いた人との「間」で交わされる対話である。これに対して次の段階の対話は、最初の対話で見出された問いを考えるために必要な人たちとの「間」で交わされる対話である。この人たちには、視るべきものの中で声／声なき声を発している人、共に支援している人、福祉哲学者の先覚者たち、社会科学や実践哲学の研究者たち、あるいは文学者や宗教者たちなど、様々である。

③対話の構造

対話においては、話す者と聴く者が対等な立場で対峙し、互いに聴き互いに話すという対等性／互換性が求められる。これは私たちの生活世界において行われる対話のイメージである。しかしながら、浜渦辰二は次のように指摘する。

「フッサールは、対話哲学が中心に据えている『私と他者の互換性』という観点を生活世界の次元において認めながらも、超越論的な次元においては、あくまで『根源的我』を原点とすることによって、『私と他者との非対称性』を中心に据えることになった」（浜渦 2002：44）

私の視点を離れて、私（我）と対話者（汝）を対等な関係で捉えられる第三者的な視点（上空飛行的な視点）に立った時、対話は、話す者と聴く者が対等な立場で対峙し、互いに聴き互いに話すという対等性／互換性をもったものと捉えられる。しかし、第三者的な視点（上空飛行的な視点）から対話をしているこの私に視点を引き戻せば、私と他者の間には、私は「私が死ねば私が生きている世界は消滅する」という意味において世界そのものであるが、他者はその世界の登場人物に過ぎないという非対称性があることに気づく。

実際の対話は、時に話の流れを整理し全体を把握するために第三者の視点に立ち、その視点から発言したり、私の視点に戻り、その視点から発言したり他者の話を聴いたりする。このように、それぞれの対話者が視点の移動を行いながら対話は行われる。浜渦（2002：44）が言うように「『私と他者の互換性』と『私と他者の非対称性』は、一見矛盾するように見えるが、実は、真の対話が成立するためには、両方の要素がなければならない」のである。

④対話が成り立つための諸条件

（ⅰ）他者と向き合い（出会い）対話の場をもつ

対話を通して考えるためには、まず、他者に向き合い（出会い）対話の場をもつことが必要となる。ここで言う他者とは名前と顔をもった他者であり、その他者との出会いは個別具体的な状況の中で生じる。しかし、他者と向き合った（出会った）からといって、必ずしも対話が生まれる訳ではない。

〝視るべきもの（底辺）〟にいる人の中には、生活困難や疲れから話す気力を失っている人がいる。幼いため、あるいは重度の知的障害があるため言葉を習得していない人もいる。中には、話をしても状況は変わらないと諦めている人もいる。そのため、このような状況にいる人と向きあっても、対話が生まれるとは限らない。

また、福祉の現場では、福祉サービスの利用者や同僚、あるいは連携して支援を行う人たちと日々向き合い支援という営みを行っている。しかしその場は、日々やらなければならない業務に追われている。会議や打ち合わせ（ミーティング）も、様々な課題に対する対策に限定され、先に確認した意味での対話が行われる機会は殆んどない。

このような状況であるが故に、対話により問い考えるためには、まず、他者と向き合い（出会い）対話の場をもとうとすることが必要なのである。

（ⅱ）言葉が交わされる関係を作る

対話のために他者と向き合っても、それぞれの思いや考えが言葉で交わされるとは限らない。例えば、いじめを受けている子どもや多重債務に陥っている人の中には、いまの自分の状況を恥ずかしく思っているため、話をしたがらない人もいる。また、最重度の知的障害故に言葉がない人もいる。

前者の場合、その人を無条件に受け入れ（受容）、その人が思い感じていることを、その人の立場に立って理解し（共感）、そして、相手に関心を示し気持ちや話を聴く（傾聴）ことが必要となる。また後者の場合、共に暮らすことでその人に自分を認知してもらい、生活を共有する中で、言葉のないその人が、生活のそれぞれの場面でどんなふうに感じ考えているのかを理解することが必要となる。

受容・共感・傾聴や生活を共にすることは一例だが、対話を実現するためには、思っていることを話せる関係形成が必要である。

⑤対話における思考の仕方

（ⅰ）他者の言葉を聴くことで学ぶ

対話と言っても、相手の意見に耳を貸すことなく、互いに自分の主張を言い合う場合もある。しかし、これは対話を装った独白である。これに対して対話は、自分が語るのを一旦止めて、耳を澄ますことから生じる。その時、私たちはいつも既に、語りかけられていることに気づく。それが故に、吉田（2007：63）が言うように「語りかけられているその言葉を『聴くこと』が、『語ること』に優先する。『対話』はいつも、聴くことからはじまる」のである。

他者の言葉や話を聴くことで、自分が知らなかった経験や新たな知見を得ることが出来る。例えば、〝人を人とも思わぬ状況〟にいる人の言葉を聴くことで、その人が置かれている状況やその経験を学ぶことが出来る。社会学者や経済学者の言葉を聴くことで、〝人を人とも思わぬ状況〟を生み出している社会の仕組みを学ぶことが出来る。あるいは、哲学者、文学者、宗教者の言葉を聴くことで人間について学ぶことが出来る。

この時に気をつけなければならないことは、言葉や情報の選択や解釈である。私たちは、自分の考えや関心に合わない言葉や情報を排除しようとする。また、仮に自分の考えや関心に合わない言葉や情報を耳にしても、自分の考えや意見に都合のよいように解釈してしまいかねない。それ故対話においては、そのような傾向を自覚し、他者が発する言葉を、そのまま受け入れることが必要となる。

（ii）気づく

▼思い込みや自明としていたことの不確かさに気づく

他者が発した言葉を受け入れその意味を共有した時、あるテーマや事象に対して、私と他者の理解が同じであることが確認される。しかしその一方で、あるテーマや事象の理解に対して、私と他者の理解が違うことが浮き彫りになることもある。

例えば、私は「世界という全体があり、その中に私や他者が存在する」と思っていた。しかし、他者Aは「私によって認識され経験される世界という全体、私の死によって消滅してしまう世界があり、その中に私や他者がいる」と言う。私には「世界という全体があり、その中に私や他者が存在する」ということは自明なことであり、これまで疑うことはなかった。しかし、他者Aの言葉（意見）を聴いて、「なるほど」と思い、「自分の世界に対する理解は一種の思い込みではないか」と疑うようになる。

このように、あるテーマや事象に対する理解のズレは、これまで自分が自明と思っていたことを吟味するきっかけとなる。

▼自らが生きている世界に対する理解（物語）が相対化される

私たちは、自分が生きている世界を解釈する枠組みを持っている。そして、その枠組みに基づき世界に意味を付与し、また解釈をすることで、それぞれの物語を創出しその物語を生きている。ここで言う「物語」とは、「世界や人生の成り立ちや展開を時間軸にしたがって分節し、様々な出来事を筋立てて一貫した意味のまとまりを与えたもの」（吉田 2007：51）である。一人ひとりの人は、それぞれの人の物語を生きているのである。

対話はこれまで自分が自明と思っていたことを吟味するきっかけとなるが、対話がもたらすことはそれだけではない。対話は自らが生きている世界（物語）が絶対的なものではなく、人によって世界や物事に対する理解や見方は異なることを気づかせてくれる。

▼他者の他者性に気づく

私たちは他者も私と同様の世界を生き、その世界を同じように理解していると思いがちである。しかし対話は、あるテーマや事象に対する理解のズレや、人によって世界や物事に対する理解や見方は異なるということを通して、この私と他者は違った世界を生きていることにも気づかせてくれる。

この根源的事実に気づいたとしても、私たちは他者に対して同化や排除という態度や関わりをしてしまう場合がある。同化とは、私が生きている世界（物語）を変えることなく、他者の意見を自分に都合がいいように解釈することである。ここでは、他者が本来もっていた意見（他者の他者性）は見失われる。一方排除とは、他者の意見が私の理解や考えとは異なるため受け入れられないことである。ここでも、他者が本来もっていた意見（他者の他者性）は見失われる。

他者の他者性が見失われたところでは対話は成立しない。言い換えれば、対話をするためには、他者の他者性に気づくことが必要なのである。

（iii）他者と関わる

ブーバーは、私たちが目の前の人間を知覚する方法には、観察、観照、会得といった三つがあると言う（Buber＝1979：184-188）。この内、観察されたり観照されたりする人間は、観察したり観照したりする人間から分離した対象であり、何かを要求されたり、運命を背負うこともない（Buber＝1979：186）。これに対して、ブーバーは会得について次のように述べている。

「語りかけられるという働きは、観察や観照の働きとは、全く異なっている。その人間から何事かが、またその人間をとおして、わたしに語りかけられたが、わたしはその人間のことを描写することも、話すことも、記述することもできない。もしわたしがそれを試みるならば、語りかけは止まってしまうだろう。この人間は、わたしの対象とはなり得ない。わたしは、彼と関わりをもつ。おそらく、わたしは彼との関わりをとおして何かを実現しなければならぬ。だが、わたしは何かを学ぶだけかもしれぬが、それはただわたしが〈受け入れる〉ことによってのみ、起こるのである。……（中略）……。そして今、わたしが応答をおこなうことだけが重要なのである。いずれにせよ、わたしに応答を求める一つの言葉が生じたのである。

このような種類の知覚を〈会得〉と名づけてもよい」（Buber＝1979：187-189）

会得において、私は「語りかける言葉」を聴く。それは「わたしに応答を求める言葉」であり、聴いた者に応答するように促す力を宿しているのである。目の前の人を対象化して観察したり観照したりするのではなく、目の前の人と関わる中で、私を応答へと駆り立てる「語られた言葉」を聴くのである。

（iv）私と他者の「間」に湧きでる「語られる言葉」

私が生きている世界と他者が生きている世界の間には、決して替わって生きたり経験したりすることが出来ないという意味での深淵がある。この深淵が「間」である。ブーバーが「『語られる言葉』は、むしろ、個人と個人との間の振動する範域において、即ち私が『間』と名づけ、我々が決して両参与者に還元することのできない範域において、生起流通する（sich begeben）」（Buber＝1969：60）と言うように、この「間」において「語られる言葉」が生起するのである。そして、この言葉を聴くところから対話は生まれる。

（v）「間」において語る主体

「間」において生起する言葉とは、誰が語っている言葉なのだろうか。そもそも「間」とは何なのか。

「間」とは、私とは異なる世界を生きている他者と私が、「呼びかけに対して応える」「大切な存在として呼びかける」といった人格的な（二人称的な）関係をもつ中で、そして、互いに顔を見て関わる中で、「間主観的／相互主観的」に形成される時空間であり領域である。では、「語られる言葉」は誰が語るのだろうか。それは、間という場（領域）であり、間を形成する人たちである。事例を示そう。

原田は水俣の現場に足を運び、悲惨な状況にいる人たちと関わることで、そこに「間」が形成された。そこで原田は次のように言う。

「見てしまうと、そこになにか責任みたいな関係ができてしまう。見てしまった責任を果たすように、天の声は私に要請する」（原田 1989：2）

原田が水俣という地と状況の中で苦しんでいる人たちと関わることで形成された「間」では、「見てしまった責任を果たすように」という天の声が聴かれるのである。まさに、「間」という場（領域）が語るということがあるのである。

無論、「間」という場（領域）だけが「語られる言葉」を語るのではない。私と共に「間」を形成する他者も語る。ここで語られる言葉は、他者が言葉を操作して語るのではない。眼差し、呻き、身体で表す拒否、「もうやめてくれ」といった叫びなど、他者の存在そのものを通して、まさに全身で語られるのである。

(vi)「語られる言葉」が発する問いを「対話の中で共に考える（複数で考える）」

「語られる言葉」は問いを発しており、その言葉を聴いた者に「考え応えるよう」促している。そこで発せられている問いは、対話の中で考えられる。例えば、先覚者や先覚者の哲学・思想に「この問いはどのように考えればいいのだろうか」と問いかけ、先覚者や先覚者の哲学・思想から「それはこのように考えられるのではないか」といった形での対話もある。また、社会科学、社会哲学、実践哲学、文学、あるいは宗教に「この問いはどのように考えればいいのだろうか」と問いかけ、それらの領域から「それはこのように考えられるのではないか」といった形で行われる対話もある。

いずれにしても、「語られる言葉」が発する福祉哲学の問いの多くは、「対話の中で共に考える（複数で考える）」という形態を取る。

(vii) 心（関心や思考）を「他者と共にある世界」へと向け変える

私たちは自らが生きている世界に様々な意味を付与し、また解釈することで、それぞれの物語を創出しその物語を生きている。しかし多くの人は、それは自分が創出した物語ではなく、客観的な世界であるかのように思いがちである。このような思い込みを打破するのが対話である。

対話は、あるテーマや事象あるいは世界に対する理解や見方は、人によって異なることを気づかせてくれる。そして、他者は私の世界（物語）の中で登場人物ではなく、この私と他者は違った世界を生きていることにも気づかせてくれる。誰もその他者の視点に立って物事やその人の人生を経験できないという意味で、私と他者との「間」には深淵が横たわっている。しかしながら、この「間」（間主観性／相互主観性）こそが第八章第一節で示すように、私や他者に立ち現れている世界を構成しているものなのである。

「間」（間主観性／相互主観性）や他者が発する言葉、「語られた言葉」を聴くことで、私の心（関心や思考）は、「私が創りだす物語」から「私とは異なる世界を生きている他者と共にある世界」へと心（関心や思考）が向け変えられる。対話がもたらすことは、この心（関心や思考）の向け変えである。

（五）思考する上で必要なもの――継承と他領域からの学び

①継承及び他の領域から学ぶ理由

現象学と対話が、福祉哲学における問いを考える上で中核となる「思考の仕方」である。しかし、福祉哲学の問いを考えるためにはそれに加え、「継承及び他領域からの学び」が必要である。

ここで言う継承とは、福祉哲学の問いに対する思考の仕方（福祉哲学）や、思考した結果得られた福祉観・価値観・人間観（福祉思想）を、福祉哲学の問いを考えるために、また、社会福祉を維持・発展させるために引き継ぐということである。そこには、福祉哲学の問いに対するこれまでの成果と課題が示されている。継承が、福祉哲学の問いを考える上での出発点となる。

次に、他領域から学ぶ必要性を説明する。福祉哲学の問いは、社会の中で「共に生きること」に関連した問いであるために、人間や世界に対する知識、政治・経済・社会に関する知識、また、倫理や正義に関する知識がなければ考えることが難しい。そのため、福祉哲学の問いについて考えるためには基礎知識として、哲学、文学、宗教

（学）の知見、政治学・経済学・社会学などの社会科学の知見、また倫理学や法哲学などの知見が必要なのである。

②先覚者からの学び

（ⅰ）これまでの成果（継承すべき遺産）

福祉哲学が継承し後世へと引き継ぐべき福祉の遺産には何があるだろうか。最も重要であると筆者が考えるものを整理して示したい。一つめは、小倉襄二によって提示された〝視るべきものを視よ〟（底辺に向かう志）という視点と態度である。この視点と態度がなければ福祉哲学という営み自体が成り立たない。その意味で、これは福祉哲学の前提である。二つめは、岩下壮一や阿部志郎によって提示された〝呻きに応える〟という哲学の在り方である。阿部（1997：9）は「福祉の哲学は、机上の理屈や観念ではなく、ニードに直面する人の苦しみを共有し、悩みを分ちあいながら、その人びとのもつ『呻き』への応答として深い思索を生みだす努力であるところに特徴があるのではなかろうか」と述べている。これが福祉哲学の本質を言い当てていることは本書によって示されることになるであろう。三つめは、糸賀一雄や嶋田啓一郎・秋山智久によって提示された人間観・価値観である。糸賀が言った〝この子らを世の光に〟という言葉は、多くの人が保護の対象と考えていた知的障害をもった人は、実は一人ひとりが自ら〝光〟を放っていること、そして、その光を光として輝かそうと人々を駆り立てる力をもっていることに気づかせた。また、嶋田啓一郎と秋山智久はティリッヒ（Tillich, Paul）の The feeling of being necessary という言葉を社会福祉実践における最高原理及び人間理解であると指摘してきた。この言葉は、「自分が存在していることが必要であると自分も思っているし、周りも思っている。そして、自分は大切な存在なんだ。あなたは大切な人ですよ」という人間理解を表す言葉である。

これらがいまに活かし後世に引き継いでいかなければならない福祉の哲学・思想であり、先覚者から継承すべき福祉の遺産の中で筆者がその中核にあると考えているものである。そして、この遺産を軸に組み立てられたのが第一章で提示した「福祉哲学の枠組みとプロセスの関する仮説」である。即ち、継承すべき遺産を「福祉哲学の枠組みとプロセスに関する仮説」という形で整理し、これから福祉哲学の問いについて考える上での出発点に据えたのである。

(ii) 踏まえるべき課題

継承すべき遺産を確定する作業は、同時に、これまでの取り組みでは十分に行えなかった課題の確認作業にもなる。福祉哲学における課題は大別すれば二つある。

一つは、引き継ぐべき遺産が未だに限られた人にしか継承されていない点である。視るべきものを視た人たちによって福祉哲学という問いと思考が現に行われてきた。そして、その中から生まれた思考や人間観や価値観が確実に継承されている。例えば、石井十次・山室軍平・留岡幸助らの福祉哲学は小倉襄二に、岩下壮一の福祉哲学は阿部志郎に、嶋田啓一郎の福祉哲学は秋山智久に、そして糸賀一雄や小倉襄二の福祉哲学は加藤博史に引き継がれている。

残念ながら、そこで行われている継承は、福祉哲学の問いを自ら考え、そこで共に生きるために大切なことに気づくことが出来る優れた感性と知性をもった人たちに限定されている。社会福祉は決して一部の人たちによってなされるものではなく、社会で暮らす多くの人によって営まれるものである。であるならば、福祉哲学の継承はもっと多くの人に開かれた形で行われなければならない。

もう一つは体系的な継承がなされていないという点である。〝視るべきものを視る〟といった視点や態度は石井十次・山室軍平・留岡幸助から小倉襄二、加藤博史に、〝呻きに応える〟という福祉哲学は岩下壮一から阿部志郎に、そして福祉における価値の重要性は嶋田啓一郎から秋山智久や加藤博史に継承されている。それぞれのテーマに対する継承はされているものの、それらを福祉哲学として体系的に整理した形での継承は行えていない。

継承すべき福祉哲学の遺産を体系的に整理することで、より多くの人に開かれたものにすることが可能となる。そして、より多くの人が共有することで、自らが直面している福祉哲学の問いを考えることが出来る。

③他領域からの学び

福祉哲学の問いを考えるために必要とされる他領域については、思考の方向性に照らして言えば三つの領域に区分することが出来る。

一つめは、知の拡大を図る科学（経済学、政治学、社会学）という領域である。福祉哲学の問いについて考えるためには、例えば、障害や認知症に関する知識、経済や政治の仕組みに関する知識、現代社会の分析・理解に関する知識など、科学によって明らかにされてきた知識を踏まえなければ考えることが困難な問いも少なくない。二つめは、知の深化を図る哲学や文学という領域である。福祉哲学の問いについて考えるためには、哲学・文学・宗教（学）によって深められた人間理解や、それぞれの人間に立ち現れている世界に関する理解が不可欠である。そして三つめは、価値に対する理解を深める倫理学や法哲学という領域である。福祉哲学には、倫理や正義といった価値につながる問いが中核にある。私たちは何を優先すべき価値（善）と考えるのか、多様な価値（善）を調整するためにはどのような正義の構想が必要であるのかなど、倫理学や法哲学によって明らかにされた知見を踏まえなければ考えることが困難な問いも少なくない。

これら思考の方向性を異にする領域の中から、自分あるいは自分たちが直面している問いを考える上で必要となる領域の研究成果（知見）を学んだ上で、問いを考えるのが福祉哲学である。

第三節　福祉哲学によってもたらされるもの

科学が答え（成果・結果）を重視するのに対して哲学は問い考えることを重視する。福祉哲学も哲学の一つであり、沈黙（言語の不在）の中にある〝ざわめき〟を「問い」として定式化し、それについて考える／共に考えることを重視する。しかし福祉哲学は、「共に生きる」という課題に直結した具体的かつ切実な問いについて考えるため、問い考えた結果得られたものも大切となる。

問い考えた結果、もたらされるものは問いに対する根拠である。また、私たちは根拠を与えられることにより、問いに対して「分かった」という形で「意味」を得る。即ち、福祉哲学の問いについて考えた結果得られるものは、問いに対する根拠に基づく理解（意味＝答え）である。そして、問いに対する根拠ある理解を得ることで、私たちは自らの社会福祉の経験を学び直すことが出来る。それ故、福祉哲学の問いを考えた結果、問い考えた人の社会福祉の経験の学び直しがもたらされるのである。

社会福祉の経験の学び直しは、さらに、理論的なものと実践的なもの、その双方をもたらす可能性を秘めている。理論的なものとは福祉思想であり、その思想に基礎づけられた社会福祉学である。社会福祉の経験の学び直しの中で気づいた人間観や価値観が体系化されたものが福祉思想である。そして、この福祉思想を基盤として社会福祉学を構想することが可能となる。ここで構想される社会福祉学は、視るべきものを視る→呻きに応える中で問い考える→そこから生まれる福祉思想→福祉思想を基盤とした社会福祉学、といった形で、視るべき現実と社会福祉学が密接に結びついている。

一方、実践的なものとは、社会福祉の諸問題について問い考える主体の形成であり、そのような主体によって形成される福祉コミュニティ創りや福祉国家／福祉社会の構築である。社会福祉は決して福祉を仕事とする人たちだけで行っているのではない。福祉サービスを必要としている人、地域で暮らす人、企業や政治に携わる人をはじめ、この社会で暮らす人皆が協働して創り上げていくものである。即ち、福祉の問題を共有し共に考える中から「支え合い」の行動が生まれ、共に生きる福祉コミュニティ創りや福祉国家／福祉社会の構築がなされるのである。その原点にある「福祉の問題を共有し、共に考える主体」を生みだすのが福祉哲学である。

福祉哲学は、問い考える者の社会福祉の経験の学び直しをもたらす。その学び直しは、一方で福祉思想やその思想を基盤とした社会福祉学の構想を、もう一方では「福祉の問題を共有し、共に考える主体」を生みだす。福祉哲学の可能性がこのように明らかにされてくると、福祉哲学がもたらすものの中核にあるものが見えてくる。それは「希望」である。

阿部は『福祉の哲学』の中で次のように述べている。

「絶望と思われる状況に置かれても、希望に生き、それを捨てない哲学を自らのものとし、希望に生かされて歩むことができるかが一人ひとりの人生の宿題であろう。

……（中略）……

『望』は、人が立って満月を仰ぎみるという象形文字である。なにもできなくとも、悲しみを分かち合うのが福祉で働く者の必須の条件であるが、そこに一筋の明るい光を見出すことが『望』だろう。

岩下が絶望感を乗り越えて希望に生きたように、私たちも同じ道を歩み続けたいと、切に願う。『病いがまた一つの世界を開いてくれた桃咲く』（坂村真民）。

病いの苦痛のなかに、桃が咲く世界が開かれることを信じ、希望を抱くことなくして、福祉の哲学は成立しない」（阿部 1997 : 16–17）

視るべきものには絶望や諦めが日常化している。そこにおいて「一筋の希望の光」を見出すことにより生まれる福祉哲学もあれば、本能的に「何故」という思いを発し、その思いを「問い」として考え、社会福祉の経験を学び直す中で徐々に感じられる「希望」もあるであろう。いずれにしても、福祉哲学と「希望」は不可分な関係にあり、福祉哲学によって希望が見出される／希望がもたらされるということがある。

第四節　考　察

この章では福祉哲学の中核となる箇所を、「問い」を見出す（設定する）→考える→社会福祉の経験を学び直す、という流れの中で説明してきた。その説明を基に福祉哲学の構造と本質を考察する。

(一)　福祉哲学の構造

福祉哲学の出発点にあるのは「問い」である。福祉哲学の問いを生みだす状況には、一見沈黙しているように思われる状況があった。しかしそこには、呻きや眼差しのように、言葉としてははっきりしている訳ではないが故に〝ざわめき〟として聴かれる訴えがあった。そのような状況に身を置く者は、身体性・他者性・実存性・実践性をもった人間（問い考える主体）であるが故に、様々な情動性（不安、悔しさ、痛みや苦しみ、負い目、怒り）を伴いながら、「何故」、「どうして」という形で「問い」をもつようになる。これが福祉哲学の問いが生まれる構造であった。そこで生まれた問いは、根拠へと遡行することで、問う者が了解し合える（納得出来る）根拠を求めていた。

思考は「ずれ」によって生じ、その思考は、①知りたい／共有したいという知的欲求、②困難な状況からの解放と幸せを願う気持ち、③そして実践を支える根拠・意味を求める気持ちに促されることで福祉哲学の思考となる。

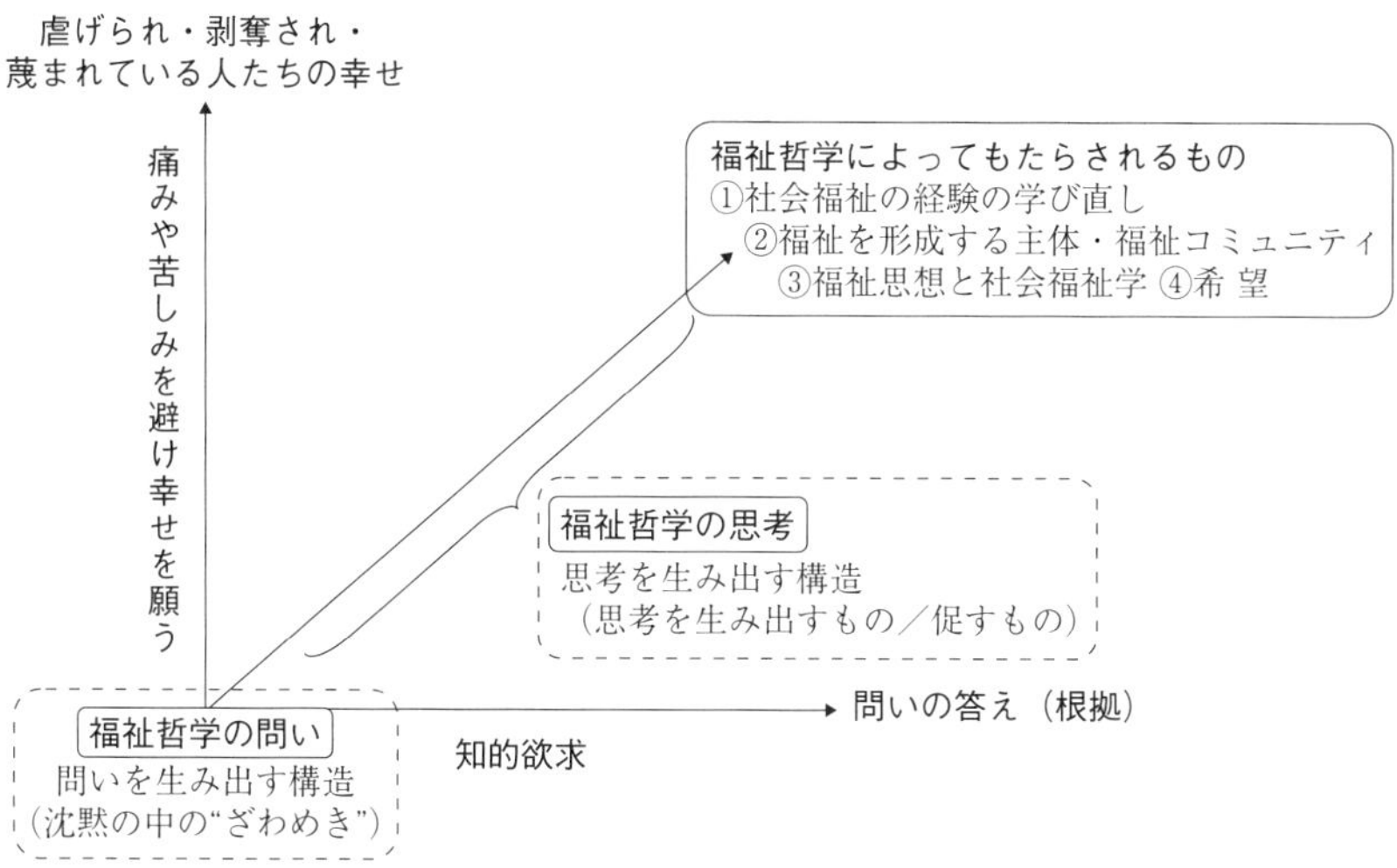

図3－4　福祉哲学の構造

このようにして生まれた福祉哲学の思考には、①「根源を知りたい」という方向性と、②虐げられ・剥奪され・蔑まれている人たち（場合によっては自分も含まれる）の幸せを求める方向性がある。この二つを水平と垂直に設定するならば、福祉哲学の思考は双方の方向性をもっているが故に、「図3－3　福祉哲学の思考」のように示すことが出来た。更に思考の仕方としては現象学と対話が導入され、また、福祉哲学の問いを考えるためには、福祉哲学の先覚者からの継承と他の領域からの学びが必要であった。

福祉哲学の問いについて考えた結果もたらされたもの（得られたもの）は、問いに対する根拠に基づく理解（意味＝答え）である。そして、問いに対する根拠ある理解を得ることで、私たちは自らの社会福祉の経験を学び直すことが出来る。この学び直しは、一方で福祉思想やその思想を基盤として社会福祉学の構想をもたらし、もう一方では、福祉の問題を共有し、共に考える主体や福祉コミュニティを生み出す。そして、福祉哲学によって希望が見出される。

以上、整理したことを図にまとめると、「図3－4　福祉哲学の構造」を提示出来る。

(二) 福祉哲学の本質

福祉哲学は哲学の一つの形態ではあるものの、そこにはある固有性がある。そのため、敢えて「福祉哲学」という言葉を用いている。第一章では、その福祉哲学の枠組みとプロセスに関する仮説を提示するために、一般に哲学と言われている営みと福祉哲学の違いを三点指摘した。それは、

①哲学は原理や本質を観る（精神的な眼差しで観る・洞察する）のに対して、福祉哲学は、まず視るべきものを視ることから始まる、

②哲学は他の可能性に応える中から思考が生じるが、福祉哲学は呻きに応える中から思考が生じる、

③哲学は人間と世界に対する学び直しをもたらすが、福祉哲学は他者と共に生きる世界に対する学び直しをもたらす、

というものであった。

ここには福祉哲学の固有性が示されているという意味で、福祉哲学の本質の萌芽を観て取ることが出来る。本章の記述は、それを具体化する作業である。

では、本章で具体化された福祉哲学の本質は何か。本質には「X（ここでは福祉哲学）のあらゆる事例について妥当しなければならないこと（普遍性）と、Xの事例にのみ妥当すること（固有性）」という二つに基準が要求される（山本 1998：1506-1507）。福祉哲学が有する普遍性と固有性と考えられるものは以下の点である。これは福祉哲学に対する暫定的な見解である。最終的に福祉哲学をどのように理解するかは、第Ⅱ部で実際に福祉哲学を実践した後の終章第二節にまとめる。

①福祉哲学とは、視るべきものの中で沈黙している気持ちや訴え（苦しい、虐待や暴力はもうやめて、馬鹿にしないで、自分を大切に思いたい、……）を、言葉以前の、呻き、眼差し、身体的な拒否・拒絶、心身の不調などから聴き

取る（感じ取る）。そして、それを「問い」として言葉で定式化することで、より多くの人が、そこで提示されている「問い」について考えられるようにする営みである。

②福祉哲学は、知りたい／共有したいという知的欲求と、虐げ・奪われ・蔑まれている人たち（抑圧されている人たち）の解放と幸せを願うという気持ち、この二つに動機づけられもたらされる思考である。

③福祉哲学は、視るべきものの中で声／声なき声を発している人と、その声／声なき声を聴き、その声に応えようとする人及び人たちの「間」に生起する対話を基盤とした思考である。

④福祉哲学は、社会福祉や社会福祉学の原理や本質に関する問いを、他者と対話し共に考えることで、それ以上遡ることが出来ない根拠（超越論的次元）を見出し、その次元から社会福祉について学び直す営みである。

⑤福祉哲学は、いまとは違った現実を思い描くことが出来なくなるくらい絶望している状況に対して、他の可能性があることを示すことで「希望」を感じられるようになる営みである。そしてその希望を核に、福祉を形成する主体を生みだすと共に、福祉思想と社会福祉学を生みだすものである。

第Ⅱ部　福祉哲学を実践する

第四章　先覚者からの学び

――福祉の哲学と思想の継承

「社会福祉とは何か」という問いは、社会福祉の上位概念（類概念）である社会政策の中にあって他の社会政策との違いを明らかにする形で、言い換えれば、社会福祉における固有な性質を明らかにする形で探究されてきた。孝橋正一、岡村重夫、古川孝順らの議論がその典型である。しかし、このようなアプローチとは異なり、巷で生きる人との関わりの視点から「社会福祉とは何か」を問い、その本質を福祉思想として言葉にしてきたのが、小倉襄二であり阿部志郎である。筆者は小倉と阿部の福祉哲学と福祉思想に出会うことで、「これが社会福祉なのだ」と心底納得する経験をした。それ以来、福祉哲学の問いについて考える時は、常に二人の福祉哲学と福祉思想が意識の底にあり、問いの内容によっては、二人の著書を読み直し考えていた。そのため、第一章で提示した仮説も、小倉の〝視るべきものを視る〟と阿部の〝呻きに応える〟を軸に提示されている。

本章では、今後本書において福祉哲学の問いを考えていく上で、筆者が常に参照することとなる小倉襄二と阿部志郎の福祉哲学と福祉思想を整理する。

第一節　小倉襄二――底辺に向かう／底辺からの市民福祉

（一）哲学・思想の背景

①同志社派

小倉の略年譜・業績目録は社会事業史学会編（二〇〇九）『社会事業史研究』三六号、一七四～一八四頁に掲載されている。以下のものは略年譜の抜粋である。小倉は同志社大学で学び、卒業と同時に母校で研究・教育に携わり、他大学に移ることなく定年まで同志社大学で研究・教育に従事してきた。

一九二六（大正一五）年　京都市に生まれる
一九五〇年　三月　同志社大学文学部社会学科卒業
一九五〇年　四月　同志社大学文学部助手
一九五三年　四月　同志社大学文学部専任講師
一九五六年　四月　同志社大学文学部助教授
一九五九年一二月　ロンドン大学（L・S・E）在学研究（～一九六〇年一〇月）
一九六一年　四月　同志社大学文学部教授
一九六五年　四月　同志社大学大学院（修士課程）教授（社会福祉学専攻設置）
一九七七年　五月　関西社会事業思想史研究会設立（主宰）
一九八四年　四月　同志社大学文学部長兼文学研究科長（～一九八六年三月）
一九八六年　四月　同志社大学大学院（博士後期課程）教授

（社会福祉学専攻後期課程設置）

一九九七年　四月　　同志社大学名誉教授、新島学園女子短期大学学長（〜二〇〇〇年三月）

大学の講義では、竹中勝男教授から引き継いだ「社会問題」をはじめ、社会保障論、社会福祉体系論、公的扶助論などの講義を担当した。この内社会問題の講義では、自ら乱暴なまとめ方であるがと断りつつ、早稲田＝大隈重信―政治、慶応＝福沢諭吉―経済、同志社＝新島襄―社会問題と設定する（小倉 1996：2）。そして、近代化が生み出す社会問題に生涯をかけて関わり続けた新島襄の門下生（近代の福祉史を彩る先導者）を〝底辺に向かう志〟に結ばれた群像として説明し、このような底辺に向かう志を軸にした系譜とネットワークを「同志社派」と呼んだ（小倉 1996：4–7）。

小倉の哲学・思想の背景にあるのは同志社大学である。そして、小倉は底辺に向かう志で結ばれた「同志社派」の思想的な後継者なのである。

②底　辺

小倉は社会問題を〝底辺〟という言葉で表現する。では、底辺とは何を意味するのだろうか。小倉は「ここにいう底辺とは当時の社会構造に規定された領域である。時代の激変のなかで、〝溢れ者〟と視られた複雑な構成をとる階層、その人びとの生きる場面（空間）をも意味する」（小倉 1996：4）、「近代化の底辺には、孤立無援の下層社会状況――惨苦がとめどもなく拡延することになった」（小倉 1996：5）と述べている。そして、「〝底辺〟は姿、かたちを異にして存在しつづける」（小倉 1996：15）とも述べている。また、小倉の志を継ぐ加藤の記述によれば「小倉における底辺は、『アウトロウ』であり、『最後の小さき虐げられし者』であり、『一番社会的矛盾が集約された局面』をいう。つまり小倉は、今日の『ホームレス』、『多重債務者』、『精神障碍者』などの窮状を生きている人たち、総じてマイノリティを社会福祉の関与対象として、明瞭に焦点化している」（加藤 2008：5–6）のである。

このような底辺は、社会構造に規定された領域であり、それはマイノリティの立場として、姿やかたちを異にして存在しつづけている。

③底辺に向かう志

小倉（1996：4）は「新島襄の門下生として近代の福祉史を彩る先導者たちには、〝底辺に向かう志〟にむすばれた群像というイメージがある」と言う。ここで言う先導者とは、留岡幸助、石井十次、山室軍平などである。近代化の中で拡延した孤立無援の下層社会状況には、福祉の先導者の〝底辺に向かう志〟を強く触発した領域があった。それは「監獄」と「廓《くるわ》」という二大暗黒であり、それらは近・現代史の底辺としての社会問題の集中する領域であった（小倉 1996：5）。

では、留岡幸助、石井十次、山室軍平などがもつ〝底辺に向かう志〟とは何か。それは「もっとも小さき、さいごの者への愛」（小倉 2007：150, 152）である。社会の中で暮らす最後の一人への愛、これが、キリスト教社会事業家がもつ〝底辺に向かう志〟の根底にある。

(二) 福祉哲学

①〝視るべきものを視よ〟という要請

小倉は底辺に向かう志を継承している。それが故にその思考は、まず、〝視るべきものを視る〟ことを要請する。例えば、福祉計画にしても、「計画以前に私たちが視るべきものをしかと視て、視たものの責任の分担として、それが、〝計画の思想〟となる」（小倉 1996：34）と言う。

では、〝視るべきもの〟とはどのような現実であろうか。小倉はその例を、〝人を人とも思わぬ状況〟、〝無念をのみこむ無数の状況〟といった言葉で表現する。それは以下のような現実である。

（ⅰ）人を人とも思わぬ状況

小倉は原田正純の『水俣が映す世界』を採り上げ，そこには「〝人を人とも思わぬ〟というコトバが随処に語られている」（小倉 1996：31）と指摘する。

原田は『水俣が映す世界』の中で「私にとって，水俣病をつうじてみた世界は，人間の社会のなかに巣くっている抜きさしならぬ亀裂，差別の構造であった。そして私自身，その人を人と思わない状況の存在に慣れ，その差別の構造のなかで，みずからがどこに身を置いているのかもみえた。結論として，水俣病をおこした真の原因は，その人を人と思わない状況（差別）であり，被害を拡大し，いまだにその救済を怠っているのも，人を人と思わない人間差別にあることがみえてきた」（原田 1989：3-4）と言う。そして原田はこの文章の前に，水俣は鏡であると言い次のように述べている。「この鏡は，みる人によって深くも，浅くも，平板にも立体的にもみえる。そこに，社会のしくみや政治のありよう，そして，みずからの生きざままで，あらゆるものが残酷なまでに映しだされてしまう。そのことは，それを見た人たちにとっては痛烈な衝撃となり，忘れ得ないものとなる」（原田 1989：3）。

小倉は「水俣が映す世界は福祉の現況に通底する」（小倉 1996：32）と述べ，「福祉領域についてもいぜんとして根づよく在る貧困にしろ，誰もが口にする高齢化の担い手の辛苦，障害をもつ人びとの結局の閉塞状況にしても，原田氏の視た人を人と思わぬ状況の拡延，深化としてとらえる外ない」（小倉 1996：35）と言う。

（ⅱ）無念をのみこむ無数の状況

小倉はこの言葉について次のように述べている。

「島尾敏雄は『琉球弧の視点』のなかで，〝無念をのみこむ無数の状況〟とよんだが，わが国の近・現代史，地域史，底辺民衆史，〝棄民史〟と，その視座を据えてみると，市民のくらしは，貧しさや障害，老人，傷病者などの累々たる無念をのみこむ，無数の状況，差別と偏見による抑圧と疎外にさらされてきた」（小倉 1981：

92）

そして小倉（1996：36）は、「いま、福祉計画の策定の意味、あるいは無意味さはこの人びとの〝無念をのみこむ無数の状況〟というとらえ方でとりくまれたか、否かに基準があるように思う。なにが無念であったか、それぞれに人を人とも思わぬ事態のなかで耐え、諦め、挫折していった人びとの歴史がみえてくる」と言う。

また、〝無念をのみこむ無数の状況〟のモデルとして次のような例を紹介している。

「私の大学で福祉を学んだ卒業生が神戸市で幾人か福祉事務所に働いている。最近、機を得て現場を見ることができた。川崎というスラム地区であった。JRのガード下に簡易宿泊所があった。暗く湿り採光・通風もほとんどない。生活保護を受給する老人に会った。もと筑豊から出て四十年余、日稼ぎを主に神戸に住み暮らしてきた。紆余曲折の生を姿態に刻んでいた。老人の室はベニヤ版を扉とする間口一メートルほど、奥行一畳ほどのすえた空間の箱部屋であった。この空間が二段になってその下段の箱へ這いこんで寝ることになる。一泊は六〇〇円とのことである。食事は外食である。しっかりした物腰だがもはや老残。働けぬくやしさを話してくれた。こうしたことは都市の現業員が常に出逢うケースの一例にすぎない。しかし、ここに一人のかけがえのない人生と晩年、老いに直面する〝無念をのみこむ無数の状況〟のモデルがある」（小倉 1996：36）

ここには、〝一人ひとりの想い〟、〝無念という想い〟への眼差しがあり、この眼差しによって見えてくる現実がある。

②歴史―社会及び制度という文脈を分析する視点（社会科学の視点）

小倉は〝人を人とも思わぬ状況〟、〝無念をのみこむ無数の状況〟といった〝視るべきもの〟を視た上で、それらが歴史―社会の中でどのような要因により生起したのかを、法制度（フォーマル）と道徳（インフォーマル）の双方から分析する。

（ⅰ）社会事業／社会福祉といった法制度

日本の近代化は富国強兵、殖産興業政策のもと資本主義経済を発展させていった。その過程の中、生活の格差が拡大し「支配―被支配、抑圧―被抑圧、収奪―被収奪、差別―被差別の構図のなかで、底面、底辺に沈殿、落層した溢者（あぶれもの）の暗黒の生存があった」（小倉 1983：38）。しかしながら、政府による対応は「『棄民』―切り捨てが主軸であり、権力の側から『市民』のそれぞれのくらしの重さからの訴えや嘆きに対してほとんどみるべき施策はなかった。人権とか生存権といった権利の視座からみてもこの『市民』と『福祉』に相関する政策決定の歴史的な構造は、切り捨てと政策不在として集約される」（小倉 1983：2）といったものであった。

第二次世界大戦後に日本国憲法が制定され、そこに生存権が規定された。この生存権を保障するため社会福祉に関連する法制度が整えられていった。にも拘らず、「市民」のそれぞれのくらしの重さからの訴えや嘆きに対しては相変わらず「切り捨てと政策不在」といった状況が見られる。この事実を小倉は端的に次のように指摘している。

「今日、老後、傷病、障害、貧困……（中略）……どの局面をとっても壮大な行政・制度システムの中身はつきつめれば依然として棄民的状況を脱しきれていない。

障害児の母親の集いが結局は、私たちに万一のことがあったらこの子は……（中略）……という嘆きに終わることが一つの象徴である」（小倉 1983：65）

（ⅱ）通俗道徳

小倉は、安丸良夫が『日本の近代化と民衆思想』（1999）の中で指摘している通俗道徳の思想メカニズムが、自らが提示する市民福祉の形成とその内実にとって決定的な意味をもってくると述べている（小倉 1983：43-44）。通俗道徳とは、勤勉・倹約・謙譲、孝行、忍従、正直・献身といった徳目であり、近代日本社会における広汎な人々の最も日常的な生活規範である。これらの通俗道徳は、近代日本の様々な困難や矛盾、特に貧困などを処理するもっとも重要な仕組みだった（小倉 1983：43, 安丸 1999:12–13）。具体的には、私が貧乏だとすれば、この通俗道徳は、私が勤勉ではないからだと教え、私の家庭に不和があれば、私が不孝者であるからなどと教え続けて、その結果、様々な生活上の困難や矛盾は、全て私の生活態度＝実践倫理に根拠をもっているかのような幻想を生み出し、その幻想の虚偽性を見抜くことが難しくなる（小倉 1983：43–44, 安丸 1999:13）。通俗道徳にはこのような側面があった。

小倉は「罪囚、心身の障害者、被差別部落の人びと、都市下層市民、娼婦、失業者、これらの人びとへの通俗道徳の規制力の側からふるわれた抑圧と非難の鞭は極めて熾烈なものがあった」と述べた上で、「これらの重合した通俗道徳、とくに、その『自助主義』は、よそよそしく、外からの抑圧―抑制力として働き続けている」、「この史的な経過は決して過去のことではなくて、私たちが市民福祉の現実の力動的な関係や、当事者と市民の連帯の現況のなかによそおいを変えてなまなましく生きつづけている」（小倉 1983：44–45）と指摘している。

③福祉を希求する一人ひとりの立場から福祉を問う（福祉哲学の視点）

小倉は、まず〝視るべきものを視る〟ことを要請する。そして、何故そのような状況が生じているのかを歴史―社会という文脈の分析を通して理解しようとする。その上で、あくまで〝人を人とも思わぬ状況〟、〝無念をのみこむ無数の状況〟に立ち、そこにある「人間らしく生きたいという叫びやねがい」（小倉 1983：45）に応える中から、「私たちにとって福祉とはなにか」（小倉 1981：3）を問い考えてきた。これが小倉の福祉哲学である。

それ故小倉は「できるだけ、たんねんに、〝草の根〟に息づく現実を視、考え、そのことがらの重さをはかりうるような作業のつみあげを試みることが必要とされる。ことがらの本質は平凡な事実のなかに発現する」（小倉 1983：94–95）、あるいは「福祉とはなにかが先行するのではなくて、くらしのなかで考え模索する福祉への問い、その意味関連についての生活者の考え方が根底になる」（小倉 1983：123）と述べている。

（三）福祉思想

小倉は福祉を哲学する中で「市民福祉」という、福祉に対するまとまった考え・態度を提示する。以下ではその内容を確認する。

①市民福祉の必然性

憲法で生存権保障が掲げられているにも拘らず、「今日、老後、傷病、障害、貧困……どの局面をとっても壮大な行政・制度システムの中身はつきつめれば依然として棄民的状況を脱しきれていない」（小倉 1983：65）。更に小倉は「高齢化社会を例にとっても、その『福祉』は、もはや『老人福祉（法）サービス』では市民福祉の保障は不可能である。労働、環境（地域計画）、保健、医療、教育、住宅、消費、余暇、強いて分野をあげれば、こうした諸側面を限定し、関係づける総体のキー・ワードが『福祉』～『市民福祉』ということになる」（小倉 1983：26）とも述べている。

ここに示されているように、社会福祉は国が法制度を作りながらも、国という全体にとって重要ではないと見做されたものを見棄てていく仕組みであり、福祉サービスが届いたとしても、市民一人ひとりの生活を総合的に保障出来る仕組みにはなっていない。そのため、一人ひとりの市民の思いや願いから、理不尽な仕組みによって困難な生活を強いる制度に抵抗し、併せて、一人ひとりの生活を総合的に支える仕組みを創っていく必要がある。これが、市民福祉が提唱される必然性である。

②歴史の中で生きている／生きた「人」

チェコスロヴァキアの首都プラハの近くにあるテレージンという町にユダヤ人の強制収容所が作られた。収容された子どもの殆んどが病気、栄養失調、アウシュヴィッツのガス室で命を絶たれたが、それらの子どもたちが描き遺した詩や絵が数千点、発見された。その作品を小倉は、「戦禍の時代に、声もなくいのちを断たれ、肉親と引き裂かれていった、無数の幼い子たち、母のなげきの意味を凝縮したもの」（小倉 1970 : 38）と捉える。そして次のように述べる。

「私が執拗にテレージンの表徴するものにこだわるのは、人権のゆるがぬ定立とはたんに、行政――技術的にみられた権利の保障とそのワクぐみで自己完結するものとは考えにくいからである。このレベルでは、つねに他律的要因によって、人権は侵され、その侵害が合理化され、正当化されたりする。テレージンはたしかに一つの極限状況である。人権の正（プラス）位置からみれば、絶対の負――対極に歴史的な重みとして存在している。この回復――復権の侵害はいかなる他律的要因をもってしても合理化しえないし、まして正当化できるものではない。この重み――事実のなかに原点があり、なぜ、社会保障制度によって、一般民衆の幸福、最低生活保障を人権の名において達成するのかというトータルな問いの根拠となるのである」（小倉 1970 : 40）

小倉はここでハッキリと、歴史の中で生きた一人ひとりの生の重み――事実が、市民福祉（社会）の原点であり、人権保障の根拠であると述べている。その一人ひとりには、その人なりの「思想」があるのである。

③根底にある「思想」

小倉は次のように言う。

「思想というのは壮大な体系のみを意味しない。むしろ、人それぞれがその生の営みのなかで必死の工夫をもって紡ぎだしていくもの（坂口安吾の言葉）というのが生活史のなかの人びとの思想であろう。

市民福祉の根底にはこのような日常性の人それぞれのねがいをこめた一生懸命の生の思想がある」（小倉 1983 : 62）

「上からの『社会福祉』というのではなく、それは制度的という意味が強いです。『市民福祉』というのは、市民の日常性からそのねがいと対応を、その視角から福祉問題を再点検し、再討議しようということです。……

（中略）……。制度論も大切ですが、本当のところ、福祉にかかわる物の見方、考え方・価値観というものが大切です。むつかしくいえば、思想性というものでしょうか」（小倉 1983 : 84）

市民福祉の根底にあるのは制度ではなく、一人ひとりの人であり、その人それぞれが生の営みの中で必死の工夫をもって紡ぎだしていく思想である。ここで言う一人ひとりの人とは決して抽象的な人ではなく、次のような人である。

「人は誰しも歴史をもっている。どんな町の片隅の陋港に住む『庶民』といわれる者でも、その人なりの歴史をもっている。それはささやかなものであるかもしれない。誰にも顧みられず、ただ時の流れに消え去るものであるかもしれない。しかし、その人なりの歴史、個人史は、当人にとってはかけがえのない生きた証しであり、無限の想い出を秘めた喜怒哀歓の足跡なのである。――この足跡を軽んじる資格をもつ人間など、誰ひとり存在しない」（色川大吉『ある昭和史』三八頁：小倉 1983 : 57で引用されている）

市民福祉とは、そのような思想を根底におくことで、見棄てられ、忘却されていく巷で生きる庶民の「無念の想い」や「暮らしに込めた願い」を見出し、そこを根拠に組み立てられていく福祉の在り方を意味する。

④文学からのアプローチ

小倉は、巷で生きる一人ひとりの庶民の生、そこにある〝無念の想い〟や〝暮らしに込めた願い〟に対する理解を深めるために、「情報」とは次元を異にする〝記憶〟に着目する。その記憶とは「一人ひとりの生活、自分史のようなもの、日常性を含めてそれぞれの内奥に刻みこまれ、つみかさねられたもの、情念の働き」（小倉 2006 : 18）といった類のものである。そして小倉はこのような記憶や想像力を触発し、ある内奥からの様々の記憶への共感を可能にするものとして文学作品を捉える（小倉 2006 : 18）。

小倉は「文学作品には〝虚実皮膜の間〟ということがある。そこを読みとっている。実は、福祉の現場はこの虚と実の間を視ていると思う」（小倉 2006 : 25）、「記憶とか、人間的な想像力が働いてこそはじめて福祉の意味が測れるはずである」（2006 : 25–26）という考えに基づき、文学作品を通して、巷で生きる一人ひとりの庶民の生に対する理解を深めることを試みる。その一例が、『黄落』（佐江衆一）を通して「老い」の経験を理解する試みである。

小倉は『黄落』にある次のような記述を引用する。

「市の公報をたよりに老人のための入浴サービスをたのむことになるが対象外と断られる。『老人いきがい課』のある自治体だが、この市では入浴サービスは介護者のいない独りぐらしのお年寄りか、家族に介護者がいても寝たきりのお年寄りで入浴介護が困難と認められた場合だという。〝私〟は現に困っているんですと声を荒げ、自分の親を介護した経験がないだろうこんな若造に、六〇にもなろうという男が高齢の両親と妻の間を右往左往している気持ちなどわかるはずがないのだ、と。結局、当面、デイサービスを受けられることがわかるが、それもひと月は待つ必要があり、〝私〟は怒鳴りたいのを抑える。……（中略）……。〝私〟はしきりにデイサービスに二人で行くことをすすめる。配食は受けるが、ホームヘルパーは他人に家のなかに入られるから厭だというので〝私〟は引き下がった」（小倉 2006 : 23）

「『黄落』のなかで、『「おばあちゃん……」』私は母の白髪の髪に口を埋め、耳もとで呼び続けながら、こわばった躯の芯から伝わってくる母の狂気を押さえ込もうとした。長過ぎるほどの父との人生で、父を恨みつづけてきただろう不幸な母の、血の塊を私は感じた。朦朧とした老いの頭の中が、その女の血で血ぶくれしているのだ』これらのことも人間終末ののっぴきならぬ業のようなものである」（小倉 2006 : 27）

新聞やテレビ、雑誌や本などを通し、実に多くの高齢社会や老人福祉に関する情報が伝えられている。しかしながら、高齢社会の中で実際に老いを経験して生きている人が、どのような思いで生きているのか。福祉サービスを利用しようとしても断られたり、待たされたり、あるいは、福祉サービスのことを知らなかったり、と様々な状況の中で、どんな思いを抱き生きているのか。多量の情報に反し、なかなかこれらの現実が視えていない。小倉は『黄落』という作品の分析を通して、文学作品には視え難くなっている現実を露わにする力があることを示している。

⑤「ろばこん」という方法

生存権を保障する仕組みとして社会福祉があり、その情報が市民に提供される。しかし、市民の立場からすれば、生存権の保障という形で福祉に接近することはむしろ例外的である。実際のところは「くらしのとまどいや悩みそのものであって、本当は頭がいっぱいで、右往左往というところ」（小倉 1983：122）から福祉に接近することになる。このような現実を踏まえ、一方通行的に与えられる情報としての福祉ではなく、生活の中で戸惑い、右往左往しながら、何とかこの状況に対処したいといった市民の想いや願いを伝え合う・話し合う中で福祉を考える場として「ろばた懇談会」という実践があった。この実践の中で、情報とは異なる記憶の次元におけるリアリティが立ち現れる。その一例は以下のようなものである。

「尊敬（敬老）という倫理がある。敬老とそれへの喪失感が老人には苦い滓となっている。とても、敬老行事などでなぐさむものではない。農山村では、精農家、篤農家という評価があって、生活史のなかで、そのいとなみの伝承と工夫についての地域の人びとの想いが敬老という倫理の大切な支柱の一つであった。その喪失は役割喪失という地域のくらしの変貌にかかわるものであろう」（小倉 1983：126）

「都市のやや開かれた障害（児）者の当事者運動、そのラディカルな動きなど殆んど、郡部の場面には波及してこない。じっと耐えていることの手ひどい重さがあることが一つの事実であった。沈黙していることの優しさと残酷さが同居している部分がある。ある『ろばこん』では、因果応報、筋（すじ）といったコトバもでてきた。この偏見や差別を抽象し原則的に批判することは可能である。しかし、『ろばこん』の場面では、偏見だ、差別はいけない式の話ではとうていすみそうもない、執拗なものがわだかまっていて、それが、現場としての地域をくみたてている仕組みの一環になっている」（小倉 1983 : 128）

「近郊、農・山村部で、寝たきり老人、孤独の日々のほとんどは、老人福祉サービスの手の及ばぬところにひっそりとその生をいとなんでいる。そして、うとまれたり、呆けのなかでしーんと生きていたり、失禁を叱られての日常にある。制度があるということと、地域の人びとの、このようなニーズに一定の効果が及んでいるという事実とは全く別のことである」（小倉 1983 : 129）

「ろばこん」の中では福祉の情報ではなく、その地域で生きている一人ひとりの記憶とともに語られる思いや願いがある。その中では〝人を人とも思わぬ状況〟や〝無念をのみこむ無数の状況〟あるいは〝諦めの中、生きる意欲を喪失した状況〟の一部が可視化され、地域の人々に共有される。即ち、「ろばこん」は視るべきものを可視化する機会と場なのである。

⑥市民福祉

これまで述べてきたことをまとめる形で、思想としての市民福祉の内容を提示する。

（ⅰ）視るべきものを視る

社会福祉の制度やサービスが気づいていない人たち、気づいているのに、そして事実生活に困っているのに利用要件に合致しないと制度やサービスから拒否される人たちが、地域には無数に存在する。中には居場所を失い、病院や施設をたらい回しにさせられる高齢者もいる。『老人漂流社会』（2013）が伝えているのは、そんな現実の一端である。そこには、「迷惑をかけたくない」という思い（NHKスペシャル取材班編 2013 : 11-31）や「生きたい」という強い意志（NHKスペシャル取材班編 2013 : 82）がある。市民福祉は、まずそれらの人たち、その思い、その人たちが置かれている状況を視て、そこにある思い・願い・諦めの声を聴くことを要請する。

(ⅱ) 文学や「ろばこん」といった方法

視るべきものを視る・聴くための方法としてあるのが文学や「ろばこん」といった話し合いである。これらの方法は、福祉の情報とは次元の異なる、一人ひとりの記憶を伴った思いや願いあるいは諦めが表現(可視化)されることで、部分的ではあるが、それらを他者と共有する可能性を拓く。

(ⅲ) 歴史の中の「人」と「思想」を根拠とする

文学や「ろばこん」などの方法を通して、視るべきものを視る、そして聴いた時、そこには、「歴史の中で生き、その中で、その人なりの必死の工夫をもって紡ぎだした生の思想」とでも言うべきものが視えてくる。そこには、必死で生きていこうとしたが上手くいかず無念をのみ込んだ痕跡や、人間らしく生きたいという願いや叫びの痕跡が観て取れる。そして、一人ひとりの偽りのない生が露呈している。それが、市民福祉を要求し組み立てていく必要性の根拠となる。

(ⅳ) 歴史―社会及び制度という文脈を分析する

何故、地域で生きるこの人の、当たり前の願いが叶わないのか。何故諦められることを余儀なくされるのか。市民福祉はこのような状況を生み出す原因・仕組みを、歴史―社会および制度という文脈の中に位置づける。そしてそれらの文脈を社会科学の方法を用いて分析することで、当たり前の願いを叶わなくしている原因や仕組み、願いを諦めさせる原因や仕組みを明らかにする。

(ⅴ) 抵抗する

小倉は次のように述べている。

「市民福祉の思想は、その意味では、社会福祉(行政―官庁的コントロール―管理)への市民的抵抗という指向をもつものである。それが、現実だと説明されて、なっとくさせられたり、切実な願望を遮断されてしまうという福祉現況の正当化はつねにこの管理化、とくに、専門性の名による管理やシステムによって市民のねがいを分断したり、頓挫させることに外ならない。

私のいう市民福祉における抵抗という思想は、この管理や分断としてなっとくさせようとするものへの執拗な市民―当事者の抵抗や要請のかたちとして重視しているものである」（小倉 1983：33）

市民福祉は、一人ひとりが語る言葉の中に見出すことの出来る「必死で生きていこうとしたが上手くいかず無念をのみ込んだ想いや、人間らしく生きたいというねがいや叫び」を根拠に、様々な理由をつけることで人々の当たり前の要求を拒否したり諦めさせたりすることに抵抗する。このような市民福祉の根底には「虐げられし最後の一人を大切にする」という価値観がある。

第二節　阿部志郎――地域における民間の社会福祉実践

(一) 哲学・思想的背景

①キリスト教

（ⅰ）メソジストと社会事業

阿部はキリスト教の家庭で生まれ、クリスチャンとして育つ。キリスト教の中で親はメソジスト派であり、阿部自身、宗教的立場として「ウェスレアン」（阿部 1989：595）と述べている。このメソジスト派を作ったのがジョン・ウェスレーという宗教家である。

阿部（2001：12）はウェスレーの精神について「それは『福音』にほかならない。神の御言へ聴従する信仰である。あらゆるウェスレーの思想と行動は信仰に徹することによって導き出されたものであった」と述べた上で、

「このウェスレーの信仰に育てられた人々が正義と愛への烈しい情熱を以て、夫々が召された場所の現実的、具体的問題の中に飛び込んで行った」と記している。このような〝正義と愛への烈しい情熱〟をもって、現実的、具体的問題の中に飛び込んで行った活動の一つがセツルメントである。メソジストとセツルメントの関係について、阿部は次のように述べている。

「横須賀のような社会館は、広島、長崎、伊勢湾台風でできた名古屋社会館、それに横須賀。これ、みんなメソジストなのです。東京で昔、メソジストが四つのセツルメントをつくったのです。セツルメントは、ほとんどメソジストがやったのです。……（中略）……メソジストは、日本でも社会事業には大変力を入れたのです」（大内 2006：97）

セツルメントとして始まった横須賀キリスト教社会館で五〇年に及ぶ福祉実践を行ってきた阿部の福祉の哲学・思想の背景には、社会事業（社会福祉）を生み出すメソジスト派の宗教思想がある。『福祉の伝道者　阿部志郎』の著者である大内和彦も、阿部の根はメソジストにある、という見解を示している（大内 2006：182）。

（ii）罪と福祉

阿部（2001：27）は「社会事業に面するキリスト者の態度は、贖罪信仰であると思う。キリスト者の社会事業は、人間的感傷や同情的気分で行われるのではなく、……（中略）……それは、罪意識から出発して、キリストの贖いにより、他者と自己が一つにされたとの信仰に立ち、我々の罪がキリストの贖いによって赦され救われたという深い感謝と喜びを、恵まれない隣人に分かち与えずにはおれないという想いが社会事業として社会的に表現される。……（中略）……その隣人の人格が社会にあって破れ崩されることに対する我々の憤りと抵抗が社会事業となるのではないだろうか」と言う。そして、「福祉は人のために何かをすることですが、それは同時に、自分のうちにある弱さ、醜さ、罪をいかに克服していくかというプロセスでもある。キリスト教の立場から見たら、福祉とはそういうものです」（阿部、土肥、河 2001：113）と語っている。

阿部は現場に入って間もない頃、バスの中でいたずらをする我が子を戒めるために「そんなオイタ（イタズラ）すると、おまえはああいう子になるよ」と障害児を指差した母親と同様の障害児を見下す意識が自分にもあることに気づき、それを、自分の醜さ・弱さ・自己中心性としての罪と自覚する体験をする。そして、この体験を「心の原点」あるいは「実践の原点」としてしばしば語っている。また、「〝ちむぐりさ〟――それは罪意識だと思います。……（中略）……人が病気をしていて自分が健康であることに申し訳なさを抱く、それが〝ちむぐりさ〟です。……（中略）……私は沖縄でいう〝ちむぐりさ〟が福祉の根源の思想であると思っております」（阿部 1999：27）とも述べている。

このように、阿部の福祉の哲学・思想の根幹には罪意識があり、その背景にはキリスト教の思想がある。

（iii）社会福祉の思想的基盤としての愛とボランタリズム

阿部（2001：27）は「社会事業のよってもって立つ根底は愛である」と言い、続けて、愛について次のように述べている。

「愛ということは主体的契機であって、客観的現象そのものをさすのではない。愛は、最善の行為を打ち出さずには止まない心的態度の問題である。愛について、アウグスティヌスは、『愛とは、各人の持てるものを全ての人の共有にすることである』といっている。愛こそは、『各人がその分を得る』という正義の原則を生み出さしめるものに外ならない。愛は『義』となって現れる……（中略）……愛は客体の福祉を第一義とする」（阿部 2001：27–28）

更に、次の文章にあるように、この愛に迫られて支援を必要とする人の呼びかけに主体的に応答することがボランタリズムの思想として語られる。

「愛に迫られて福祉対象に人格的に対応する姿勢が福祉社会を生み出すのである。自己をささげても守るだけの価値を対象者に見いだすゆえに、主体的に応答する自由と自主を確保しようとする〈ボランタリズム〉の思想こそ、キリスト教が血を流してかちとったのではないか」(阿部 2001：116)

キリスト教の思想と自らの福祉実践の中から、阿部の福祉の哲学・思想の根幹にある愛とボランタリズムの思想が生まれている。

②邂　逅

阿部は自らの哲学・思想を語る時、邂逅(自己の存在の根源をゆすぶられるような巡り合い)とも呼べる出会いをした人物に言及する(阿部 1997：22-23)。それは、井深八重、アーノルド・トインビー、そしてトムソン父子である。これらの人たちが社会福祉の実践家である阿部志郎とその哲学と思想を生み支えた。

(ⅰ)井深八重

井深八重はナイチンゲール賞、朝日福祉賞を受け、アメリカのタイム紙では、マザー・テレサに続く「日本の天使」と紹介された人物である。しかし、阿部が出会ったのは、このような有名な井深八重ではなく、一人の無名の看護婦である井深八重である。

阿部は大学を卒業する前の夏休みに静岡県御殿場にあるハンセン病療養所である神山復生病院を訪れる。院長をしていた岩下壮一が命を終えた場所を見たいためである。荒廃した建物の中で、患者の吐き気を催す臭気があり、聖書に現れる患者の悲哀と苦悩の世界が、そのまま眼前に生々しく展開されていた。阿部は逃げ出したい衝動を辛うじて抑えながら、こじんまりとした治療室に入った。そこでは、一人の患者と看護婦が向かい合って包帯の交換をしていた。当時はハンセン病の治療薬がないため、症状が進行すると肉が腐って膿が出て悪臭を放つ。そのため、看護婦は患者の膿がついた包帯を、冬の凍えた日でも自らの手で洗っていた。

阿部は、耳も鼻も削げ落ちていた患者の包帯の交換を、微笑みを浮かべながらテキパキとしている井深に出会う。阿部を見て井深と患者は丁寧に目礼し、阿部も黙って頭を下げてこれに応える。言葉すら交わしていないほんの一五〜二〇秒の出会いである。しかしこの時、「これらのいと小さき者の一人になしたるは、我になしたるなり」（「マタイによる福音書」25:40）という聖書の言葉が頭に浮かんだ。そして、そこには次のような気づきがあった。

> 「終戦直後のことですから、社会は非常に混乱しています。『社会のシステムを変えなければ、社会を変革しなければ人間に幸福はこない』と、筆者は思っていました。しかし、その看護婦さんの姿を見たときに、『いと小さき者の一人の幸せが確保されることなくして、社会の幸福はあり得ない』と思いました。このときの気づきが、いまでも筆者が抱く〝福祉の哲学〟の根底をなしています。一人の看護婦さんから教わりました。身をもって教わったのです。それは、いと小さき者の一人に対して、自分のすべてを注ぎ込んでいる姿です」（阿部、河 2008:11）

この時まで阿部は、一人ということを考えたことがなかった（阿部、土肥、河 2001:91）。しかしこの時「『はっきり言っておく。わたしの兄弟であるこの最も小さい者のひとりにしたのは、わたしにしてくれたことなのである』（マタイによる福音書25・40）。何気なく読み過ごしてきた聖書のこの一節、特に『ひとり』という言葉が、ずっしりとした重みをもって、しかも全く新しい意味をもって、心の奥底にしみとおった（強調は原文）」（阿部 1997:25）。この「一人」の大切さへの気づきは阿部にとって、「部屋を出たとき、私の内面が一変していた」（阿部、土肥、河 2001:92）、「復生園での看護婦との出会いは、目からうろこのようなものが落ちる内的体験であった」（阿部 1997:25）。

この体験は阿部に、この看護婦さんの後をついていこうという決心をもたらし、福祉の世界に入る動機となった（阿部、土肥、河 2001:92）。

（ii）アーノルド・トインビー

阿部は書物を通してA・トインビーと出会う。トインビーの死後、夫人によって出版された『英国産業革命史論』である。この書に収録された学友ミルナー卿の追憶を読み進む内に、阿部の心はトインビーに魅かれていく。「ひたむきに、学問と社会理想に生きた英才の清廉な人格、実践性に満ちた思想、直情的な行動」（阿部 1997：30）が阿部の魂を揺さぶる。阿部は三一歳の時、勤めていた明治学院大学（当時、助教授）を退職し、横須賀キリスト教社会館というセツルメント活動に身を投じる。その動機の一つを「トインビーが三一歳で亡くなっていたからです。非常に単純な動機ですが、トインビーの後を継ごうという考えもあって、思い切って現場に出ました」（阿部、河 2008：7）と語っている。

では、阿部の魂を揺さぶったトインビーの思想と実践とはどのようなものなのか。それは、人間一人ひとりは知識階級や労働者に関わりなく、同じ人格存在として、積極的かつ人間的に一つであらねばならないという連帯感と内面的理解、にも拘らず、知識階級は労働者階級を無視し、愛情の代りに施しと無益な忠告しか与えようとしなかったことに対する罪意識、そして、その贖いとしてのセツルメント運動という点である。

（iii）トムソン父子（エベレット・トムソンとラリー・トムソン）

宣教師であるエベレット・トムソン（Thompson, Everett William）は一九四六年、後に阿部が館長を務める横須賀基督教社会館を創設する。阿部はエベレット・トムソンとその子息であるラリー・トムソン（Thompson, Lawrance Herbert）に、一九五一年アメリカで開かれた宣教師会議で知り合う。その後五年にも亘り、エベレット・トムソンは阿部に横須賀基督教社会館で働くことを誘い続けた。彼から阿部は「ニードに対応するのを神からの召命と受け取る。それとニードへの即応性を学びました」（阿部、土肥、河 2001：104）と言う。

一方、息子の「ラリー・トムソンは、私を真実な生へと導いてくれる心の友であった」（阿部 1997：33）と言う。

そして次のように述べている。

「ローカルなところに自分の足を据えながら、やはりグローバルな世界へ出ていった。そういう人でした。それは、彼の信仰的実践でした。信仰的に、ラリーから多くのものを学ぶことができて感謝しています」（阿部、土肥、河 2001 : 107）

阿部は、日本の横須賀市田浦地区に移り住み、そこで五〇年に亘り地域福祉の推進に携わる一方で、アメリカ留学、イギリス、ドイツ、北欧、アジア諸国など、常に海外に行き、海外に目を向けていた。そして、それらの経験をもとに「異文化と接触し、自己変革と相互変革―acculturationを体験する中でアイデンティティを確立する努力が日本の社会福祉を世界へと進展させるのであろう」（阿部 2011 : 153）と言う。このような〝日本から世界を、世界から日本の社会福祉を見る〟ことを、阿部はラリー・トムソンから学んだのであろう。

③召命とアイデンティティ

阿部は大学の学長時代は学長室に、そして自宅にも四人の先人たちの写真を置き、「チラッ、チラッ」と毎日見ているという。それは「心のなかで四人との出会いを確認しているのです。確認することによって、……（中略）……、そのときの出会いによって自分自身が育てられた、その思いを日々、新たにしたい」（阿部、河 2008 : 19）ためである。

キリスト教の思想を背景に、先に述べたような出会いを得た阿部は、「召命」という考えをもつ。この召命の意味について阿部は次のように述べている。

「ここで言う召命とは、自分自身を超えた世界からの内なるものに対するささやきを聞きとる感性の大切さを表わしています。ささやかれるのです。そのささやきに応答する。応答は、主体的な行為です。……（中略）……召命とは、そういったことを意味しているのです」（阿部、河 2008 : 19）

召命とはささやき（呼びかけ）に応えることであるが、阿部は、この呼びかけに主体的に応える態度の中でアイデンティティが確立されると考えている。以下の文章はこのことを語っている。

「『呻き』を、全体的＝全人格的に受けとめ、いかに主体的な自己の存在をあげて対応するかが問われるので、知識や技術をどう活用し生かすかの『態度』と『精神』の問題となる。呻きは、局部の痛みというより魂の痛みだからである。この主体的態度の確立をアイデンティティとよぶ」（阿部 1997：10）

自分自身を超えた世界からの内なるものに対するささやきを聞きそれに応える、あるいは、他者の呻きに応える、これらの応答の中でアイデンティティが確立すると阿部は考えている。

（二）福祉の実践

①地域に移り住む

（ⅰ）千葉県市川市から神奈川県横須賀市田浦へ

阿部は一九五七年（三一歳）から五〇年間、神奈川県横須賀市田浦で、その地域の福祉向上（コミュニティの形成）を目指し福祉実践をしてきた。しかし、阿部は田浦や神奈川の出身ではない。東京で生まれ育ち、横須賀市田浦に来る前は千葉県市川市に住んでいた。横須賀基督教社会館の館長になるために田浦に移り住んだ時、阿部はよそ者であった。そのため、田浦に馴染み、顔を知ってもらうために、毎年一月二日の午前、雨でも雪でも五〇年間欠かさず、三〇数軒の方々のところに年詣に廻り（阿部 2008：まえがき）、保護司をはじめ家庭裁判所の調停委員、人権擁護委員ほか、いろいろな役割を意識的に引き受けてきた（阿部 2011：168）。

ただし、阿部は単に地域に馴染んで行こうと努力しただけではない。「地域に適応していくことと、飲み込まれていくことは紙一重なのです。この場合に、主体性はどうするのか、この葛藤が地域社会に携わる者のジレンマだと今でも思えますね」（阿部 2011：167）というように、地域に馴染みつつ、主体性は失わないという姿勢を崩さなかった。

（ⅱ）研究から実践へ

阿部は横須賀市田浦に来る前から地域の福祉向上の実践をしていた訳ではない。明治学院大学助教授として研究をしていた。その阿部にエベレット・トムソンは、自分の後任として横須賀基督教社会館の館長になるよう依頼する。本人の弁によれば、大学での勉強は好きではなかった（阿部、一番ケ瀬 2001：48）とは言うものの、大学の居心地は悪くなく、施設の経験がないので抵抗感や不安もあった（阿部、土肥、河 2001：101）。

しかし、井深との出会いによりソーシャルワーカーになりたいと思っていたこと、セツルメント活動の志半ばで亡くなったトインビーの思想を継承しようと決心したこと、そして妻が「行きましょう」と言ってくれたことにより、地域における民間の社会福祉実践に身を投じるようになる。

②実践の思想的基盤

（ⅰ）横須賀基督教社会館における社会福祉実践

横須賀基督教社会館は一九四六年に、一つの精神と使命をもって、コミュニティセンターとして開設された。「その精神は、神から遣わされて地域に奉仕するという信仰であり、地域のニードに応えつつ地域住民の福祉を高めるという使命である」（阿部、一番ケ瀬 2001：132）。地域のニーズに気づき、それに応え、また、地域住民同士の支え合いの仕組みが出来るよう、地域住民と共に考え実践するコミュニティセンターが横須賀基督教社会館である。

（ⅱ）思想的基盤

阿部は横須賀基督教社会館における五〇年の実践において、次の四点にこだわってきた（思想的基盤としてきた）と回顧している（阿部 2011：183–187）。

▼地域福祉

地域社会には老若男女がおり、心身に障害のある人もない人も暮らしている。しかし、そこでは様々な理由から生活することが困難な場合がある。福祉問題は地域で生まれるのである。この問題に対して、それは行政の問題だからと他人事にして、その結果として地域から離れた施設で対応する（地域から離す）のではなく、地域住民が自分たちの問題として協働して解決に取り組むことが地域福祉である。

▼コミュニティセンター

横須賀基督教社会館は地域福祉を実現するためのコミュニティセンターである。「横須賀基督教社会館はこういうことをする施設です」と規定することで、それ以外のニーズを排除するではなく、住民のニーズに合わせて横須賀基督教社会館の活動を変えていくセンターであることを心がけてきた。

▼民間性

戦後、憲法第89条の規定によって民間社会事業に対する公金の支出は禁止され、民間社会事業の経営が事実上出来なくなった状態に対する窮余の策として委託制度が生まれた。これは、国が公的責任の一部を民間に委託し、それに伴う費用を支払う制度である。この制度により民間の社会事業は経営的には安定するが、公的社会事業の下請事業化し、民間の自主性が喪失していく。

このような制度的背景の中、「民間がやるということは、そのいちばんの中心的生命となるのがエトス（思想、倫理）で、エトスがなくなったら民間の価値はない」（大内 2006 : 55）という信念のもとに行われてきたのが阿部の福祉実践である。民間の使命として考えられていたのが、公の仕事の先駆的な役割を果たすことと、行政に対する批判勢力を培っていくことである（大内 2006 : 57）。

とは言え、民間の自主性を守るため、社会館の予算の中で公費の占める割合を四九％以下に抑える努力をしてきており、長いこと財政に不安を覚え脅かされながらの実践であった。言い換えれば、そのような状況であるが故に、常に自らが拠って立つ根拠を求める哲学が必要とされ、その哲学が生み出す思想を基盤として実践を展開していったのである。

▼キリスト教

民間の社会福祉実践としての思想的基盤となっているものがキリスト教の思想である。それは布教伝道をするということではなく、「地域社会という共通の基盤で宗教の違いを越え、誰であれニードがあれば対応する。そして言葉を通してではなく行動、実践をもって生きる喜びと希望を伝える」という思想である（阿部 2011 : 186）。

③地域における民間の社会福祉実践――コミュニティセンターとしての横須賀基督教社会館

阿部の「地域における民間の社会福祉実践」は次の三つの時期に区別することが出来る。

（ⅰ）先駆的かつ専門的な支援（昭和三二年から昭和四二年まで）

▼肢体不自由児の保育事業

阿部は『地域の福祉を築く人びと』の中で、昭和三二年から昭和四二年までを開拓的役割と専門処遇の期間と表現している（阿部 1978 : 160）。この期間は、開拓的ということよりむしろ先駆的でありたいと願い、潜在しているニードを掘起こし、水先案内として水路を開拓しながら、且つ併行的に、それをより大きな潮流の内に導入する準備的・実験的な努力をしてきた（阿部、一番ケ瀬 2001 : 134）。

この時期における代表的事業の一つが昭和三三年から昭和四一年まで行われた肢体不自由児を対象とした保育事業（名称は愛育園）である。この頃、肢体不自由児の保育園は全国に一つもなかった。近所に友だちもなく、戸外に出る機会の少ない不自由児こそ最も保育を必要としている「保育に欠ける」子どもであり、普通児以上に情緒的にも訓練が必要であるというのが開設の動機である（阿部 1978 : 161）。

しかし、この事業には公費援助はなく、家庭負担にも限界があり横須賀基督教社会館としては赤字に悩まされる。それ以上に大きな問題は就学の問題であり、学校教育との有機的関係の必要が自覚された。このことから、横須賀に肢体不自由児親の会が組織化され、親の会と協力して、関係官庁に公的責任による不自由児対策を訴え続けた。その結果、横須賀市が通園センターの設置に踏み切ったので、肢体不自由児事業（愛育園）を横須賀基督教社会館から横須賀市に移管した。こうして一五名が限界であった肢体不自由児事業（愛育園）の保育から三五名へと拡張された上に、養護学校が併設されたので、就学問題も解決されることとなった（阿部 1978：163–164）。

この肢体不自由児保育は、ニードを掘り起こし、事業を実験的に開拓し、方向づけを試み、より適切な社会資源に移すという社会館の実践化であった（阿部 1978：164–165）。

▼学童保育

この時期を代表するもう一つの事業が学童保育である。昭和三七年頃、横須賀基督教社会館の児童クラブの職員が、特定の子どもだけが、五時を過ぎても帰宅しないことに気づいた。子どもたちに事情を聞いてみると、母親が就労していることが分かった。早速、学校と連絡をとり、留守家庭児調査を行ったところ、約五〇名の児童が該当すること、そして、特別にケアする必要があることなどが報告された（阿部 1978：170）。

この時期は、高度経済成長のなか婦人雇用が増大し、働く婦人が激増していた。田浦地区も例外ではなく、「鍵っ子」が増えていた。そのため、小学校の一、二年生を対象にして学童保育を開始した。そこはグループワークの場として児童クラブが位置づけられ、グループワーカー、ケースワーカー、コミュニティ・オーガナイザー、そして保母らの専門職が配置され、専門的処遇が行われた（阿部 1978：170–171）。

（ii）地域における支え合いの組織化（昭和四四年から平成六年まで）

昭和四三年、社会館本館が新築された際に発表された資料に「社会館の理念　本館竣工に際して」（阿部、一番ケ瀬 2001：131–136）がある。そこで、「二十年の歴史が、社会館という主体を中心として展開され、地域社会は客体として存在していたことに、われわれの深い反省がある」（阿部、一番ケ瀬 2001：135）と振り返り、「民間事業としての特色を発揮しながら閉鎖的にならず、独善を排し、絶えず開かれた施設として進む途は、運動体としての性格を地域組織化へと方向づけることなのではあるまいか（強調は原文）」（阿部、一番ケ瀬 2001：135）と指摘している。そして、その後、地域における支え合いの組織化（地域組織化）に向かって事業が展開する。

▼老人給食の開始

社会館では昭和二〇年代からバザーを実施してきた。しかし昭和四三年には、これまでと違った形でのバザーが提案され実施された。それは、社会館の収益や事業の拡大のためではなく、住民の意識と行動を地域全体の福祉を向上させるために結集するバザー、即ち、コミュニティ・オーガニゼーションの方法としてのバザーという方向性である。ここでは社会館職員が主体ではなく、地域住民が主体となってバザーを企画運営し、社会館は事務局の役割をすることでその活動の支援をするという形をとった（阿部 1978：45–46）。

バザーの盛り上がり→ボランティアの拡大→ボランティアの中から生まれた民生委員→民生委員の学習→田浦の福祉に欠ける状況把握→ひとりぐらし老人を巡る生活の中からのニードの発見→自主調査→討議、このようなプロセスを通して、日本で最初の老人給食サービスの構想が生まれ実施された（阿部 1978：86, 阿部、一番ケ瀬 2001：79）。老人給食の目的は、ひとりぐらし老人の仲間づくり、民生委員とひとりぐらし老人の信頼関係の確立、地域住民を福祉活動へ巻き込むデモンストレーション・プログラムという点であった（阿部 1978：87–89）。

この老人給食をきっかけとして、住民が老人問題への関心を高めた。例えば、老人給食を始めて数か月後に「私、田浦〇〇町に住むものですが、老人給食の手伝いをしたいんです。以前、調理の経験もありますし……」という電話がかかってくるようになった（阿部 1978：119）。具体的な行動は住民の意識を変える。地域の誰が見ても、老人給食は「良いこと」であり、福祉活動に対して関心のない人、また、何か社会的活動をしたいと願っている人に対して、ボランティア活動の必要性を訴える力をもっている。老人給食の目的の一つである「住民自身が福祉向上への意欲を拡げるデモンストレーション」は、まさにこの点にあった（阿部 1978 : 119）。

（iii）地域におけるヒューマンサービスの統合化（平成七年から平成二五年現在）

平成七年、社会館が全面改築された際に発表された資料に「全面改築に向けての基本理念――モデル事業の意味と方向」（阿部、一番ケ瀬 2001 : 137-141）がある。そこで、今後の方向性として、サービスの統合化が打ち出される。ここで統合されるものは、医療・保健・福祉という分野、児童・成人・高齢という年齢、予防からリハビリ、施設と在宅、フォーマルサービス（制度）とインフォーマルサービス、更には理論と実践、小地域と世界である。

更に、ヒューマンサービスという概念が提唱される。ヒューマンサービスは「人間が直面する諸問題に全人的に対応し、社会環境を整え新しい文化の創造を目指す」（阿部 2011 : 28）。その実践は、新しい社会の形成に向けた価値創造の働きであり、それを保健・医療・福祉の領域、更には教育・労働をも包み込む形で促進するものである（阿部 2011 : 28）。

このような考えのもと、今日（平成二五年一〇月現在）において横須賀基督教社会館で行われている事業には次頁表4－1のものがある（ホームページより引用）。

④実践事例

（i）社会館における肢体不自由児保育

▼肢体不自由児保育を始めるきっかけ

「『先生、泣かせて下さい！』」。部屋に入ってくるなりこらえきれなくなったのか、私にひとことも口をひらかせることもなく、せきを切ったように部屋の隅で泣きだした。五歳の脳性マヒ児を背負った母親である。泣き

表4－1　横須賀基督教社会館で行われている事業

領　域	名　　称	根 拠 法（事　業　名）
児　童	善隣園保育センター	児童福祉法（保育所）
	学童保育・きりんグループ	児童福祉法（放課後児童健全育成事業）
高　齢	田浦・逸見地域包括支援センター	介護保険法（地域包括支援・介護予防支援）
	田浦介護保険サービスセンター	介護保険法（居宅介護支援）
	喜望の園デイサービスセンター	介護保険法（通常規模型通所介護，介護予防通所介護）
	田浦高齢者デイサービスセンター	介護保険法（単独型認知症対応型通所介護・介護予防認知症対応型通所介護）
障　害	田浦障害者相談サポートセンター	障害者の日常生活及び社会生活を総合的に支援するための法律（指定障害児相談支援事業，指定一般相談支援事業〔地域定着支援〕，指定一般相談支援事業〔地域移行支援〕）
	田浦障害者デイサービスセンター	障害者の日常生活及び社会生活を総合的に支援するための法律（生活介護事業）
	田浦障害者活動センター	障害者の日常生活及び社会生活を総合的に支援するための法律（就労継続支援B型事業）
	田浦障害者地域リハビリセンター	障害者の日常生活及び社会生活を総合的に支援するための法律（自立訓練・機能訓練事業）
地　域	田浦地域福祉センター	隣保事業・「地域福祉センター設置運営要綱」

終わった母親は、目に涙をためたまま、『先生！聞いて下さい』と、来る道すがら起こった出来事を訴えるように語るのだった。

『先生のところに相談にくるためにバスに乗り、この子を背中から降ろして隣に座らせました。次のバス停から、同じ年頃の男の子をつれた母親が乗り込み、向かいの側に席を占めたのです。もちろん、健康な子です。その子は、この子をめずらしそうに見ていましたが、間もなく足をブラブラさせて隣の奥さんの靴下を汚したり、座席の上に靴のままのぼろうとしたり、そうかと思うと、クルッと後ろを向いて窓枠をガチャガチャ動かしたり、いたずらがひどいのです。そのたびに母親は叱るのですが、権威がないのか、しつけが悪いのか、ワルサを止めようとしません。乗客の非難を込めたまなざしがありますからこまったのでしょう、叱るに窮したあげく、〝そんなにおいたをすると、あんな子になりますよ！〟と、この子を指したのです。この子を！』

母親いわく『たいていのことはこの子のために耐

えているのですが、今朝は泣かずにはいられなかったんです』。話しているうちに興奮も幾分おさまったのか、『でも、もういいんです』ときっぱり言い切って、相談の主訴に移っていった。

母親にとって、それほど驚くような経験ではなかったかもしれない。しかし、私にはショックだった。私の胸は熱くなり、この子の力になろう、とひそかに心のなかで決意を固めた。さっそく、学齢前の脳性小児マヒ児を対象とした保育園を開設する準備にとりかかった」（阿部 1997：68–69）

▼呻きに応える（福祉哲学）

「子どもたちの姿をみるたびに、なぜ保育園を開く決心をさせられたのだろうかと、そのときの私の心情に思いをはせ、自分なりに動機の分析を試みたことがあった。

なぜだろうか。言うまでもなく、母親と子どもが可哀想で、私ももらい泣きさせられたからであろう。しかし、センチメンタルな同情以上に、私の心に鋭く突き刺さったことがあった。それは『そんなおいたをすると、こんな子になりますよ』と、不用意に、いやおそらくは本心を正直に吐露した母親の姿を、私自身のなかに見出さざるをえなかったからにほかならない。

私の心のなかにある、脳性小児マヒ児への偏見、それは拭うことのできない現実なのだ。気の毒だという感情をもつこと自体、自分を一歩高いところに置き、距離をおいて子どもをみていたといえよう」（阿部 1997：69）

阿部は、脳性マヒ児の母親の悲痛な叫びに応え、法律や補助金がない中、先駆的事業として一九五八年に肢体不自由児保育事業を開始する。その後、子どもたちの姿を見るたびに、何故自分は保育事業を始めたのかを問い考える。まさに、福祉哲学である。

▼大切なことに気づく（福祉思想）

問い考えた結果として次のことに気づく。

「私自身が身につまされたことは、わが子はかわいい、他人の子をさしおいてもわが子をよくしたい、いわば親として普通の態度でしょうが、それは、自己中心的であって自分の罪だと思いました。福祉は、確かに人のために何かをする、働きかけることですが、自分自身の中にある弱さ、醜さ、その罪を克服するプロセスでもある、と私は思ったのです」（阿部、一番ケ瀬 2001：54–55）

社会福祉とは、権利保障である、支え合いであるなどと語られる。確かに、その通りである。しかし阿部は、自らの経験を振り返り考える中で（福祉哲学を行う中で）、社会福祉の本質に「自分自身の中にある弱さ、醜さ、その罪を克服するプロセスでもある」という側面があることに気づくのである。

（ii）民生委員等を中心にした老人給食サービス

▼老人給食サービスを始めるきっかけ

「七八歳のひとり暮らしのおばあさんが、すこし弱ってきたようである。生活保護で細々と暮らしている。老人給食に元気な姿をみせていたが、腰がだんだんと曲がり、最近は階段の昇り降りに、途中で二回ほど休んでいる。目も悪くなってきたとのこと。

民生委員を中心に近隣の主婦たちが、なにくれと心を使ってくれるので、おばあさんはなんの不満もなく日々を過ごしている。しかし、体の不自由さが目立ってくると、みんないささか心配になってきた。『体が急に悪くなって家のなかで倒れたら』『ぼけて火を出したら』と悪いほうへ悪いほうへと想像は発展する。おばあさんの身を案じて配慮しているのだから、恵まれた近隣の社会関係だと言ってよいだろう。近所の人びとの立ち話の噂にもときどきのぼるようになった。

『おばあさん、ほんとうに大丈夫かしら』『放っておいたら気の毒よねえ』。民生委員は内心、気が気でない。

どうしたらよいのだろうか。

ケースワーカーと打ち合わせ、民生委員は思いきって、おばあさんにそれとなく『老人ホーム』に入ることを切り出してみた。案の定、反応は思わしくない。諦めずに二度三度と訪ね、自宅にお茶に招いたりして、現在の老人ホームは昔の養老院とは違うこと、生活は保障され介護も行き届いていること、お金の心配は一切いらないことなど、一生懸命説明して老人ホームに入ることを勧めてみる。物わかりのよいおばあさんなのに、この件については心を開こうとしない。

『この家で死なせてほしい』の一点ばり。研究会の席上、民生委員からこのことが語られるのを聞きながら、私はおばあさんのイメージを描きその生活歴を思い浮かべ、何回か交わした会話を記憶によみがえらせる」（阿部 1997：60–61）

▼呻きに応える（福祉哲学）

「『老人ホームに行きたくない』のは、見知らぬ土地に移る不安、集団生活に適応できぬのではという恐れ、これ以上はお上のお世話になりたくない気持ちだろうか。いや、おばあさんの拒否感には、もっと深い心情がかくされているのではないか。それは何か。心のなかでひそかに考えてみる。

『この家で主人は死に、ひとり息子も死にました』『先日、寺に墓も立ててもらい、毎月命日にお詣りしています』『家の仏壇を毎朝拝んでいます。お先祖様の位牌がありますので』――どうしてこの家を離れることができようか。老人ホームには行きたくない。お先祖様に顔向けができない。主人が死んだ家のあるところ、それが老人にとって地域社会なのではないか。

『この家で死なせてほしい』というおばあさんの言葉には、執念というより魂の叫びとして耳を傾けるべきものではないか。まさに『呻き』なのに違いない。先祖から流れてきた『血』を大事に守り、『縁』を尊び、

嫁としての義務を最後まで果たさねばとの悲痛な呻きである」（阿部 1997 : 61–62）

呻きは必ずしも顕在化している訳ではない。地域の中で、あるいは目の前にあるにも関わらず潜在しているものが少なくない。問い考える中で呻きを顕在化させ、それを感じ取る。そして、その呻きに応えるために社会福祉はどうしなければならないのかを考える。これが福祉哲学である。

▼大切なことに気づく（福祉思想）

阿部はここで次の二点に気づく。一つは、社会福祉は誰もが必要なときに必要なサービスを利用出来る普遍性が必要だが、同時に、一人ひとりの個別性に配慮した対応が求められるという点である。次の言葉からこの点が確認出来る。

「おばあさんの心の奥に秘められた想いを、近代社会福祉は無視してきたのではないか。自省が私の心をよぎる。福祉制度の拡充に腐心し、その枠に当てはめようと対象者をとらえてきた。困れば老人ホームへ。そのほうが、不自由で孤独な地域生活より幸せなはずだという前提で。

制度は人間を無差別平等に取り扱う。そこには、個性豊かな生活者、特色ある地域性を考慮する余地はない。一人ひとりの人間が根づいた風土の上にこそ、新しい福祉の体系は築かれなければならない。これが日本の社会福祉が直面する課題であり、私の地域実践の反省でもある」（阿部 1997 : 62）

もう一つは、サービスの統合化である。阿部はこの事例を採り上げた後「日常性の継続という生活の全体性を考えねばと気づき、ようやく重い腰を上げ、一九八九（平成元）年虚弱老人を対象に『喜望の園』というデイサービスを始めることになりました」（阿部、一番ケ瀬 2001 : 82）と言う。そして、その後、サービスの統合化（阿部、一番ケ瀬 2001 : 99, 139）、ヒューマンサービス（阿部編著 2006, 阿部、前川編著 2010）という概念を提唱することとなる。

（三）福祉の哲学

①福祉の哲学の特徴

（ⅰ）経験を基盤にした哲学

阿部には『福祉の哲学』（1997）という著書がある。そこにおいて「長い実践のなかで、学んだこと、見聞きしたこと、涙したこと、微笑みを誘われたこと、感動したことは数えきれない。これらの体験を整理し、思索を跡づける、それが私の哲学である」（p.ⅱ）とした上で「人間性に対する深い洞察を養い、福祉の意味をたずね、それによって人間への愛情と社会を見る目が育てられる。それが哲学であってよいのではないか」（p.ⅲ）と述べている。そして、このような哲学観のもと次のような見解が示される。

「私がなぜ福祉の世界に加わるようになったのか、現業でなにを目標とし、福祉をどう理解しているのかを、率直に告白することが、福祉の哲学にふさわしいに違いないと考えた。すなわち、実践を支える思想的根拠を問い、自分と他者の関係が、ふれあいを通してともに変えられ、共存を方向づけるところに哲学の意義があるということである」（阿部 1997：p.ⅲ）

阿部の福祉哲学は哲学者の研究でもなければ、哲学者の言葉を引用して語られる哲学でもない。あくまで、自らの経験と実践に基づき語られる哲学である。

（ⅱ）対話を基盤とした哲学

阿部は福祉哲学の特徴について次のように語る。

「福祉の哲学は、机上の理屈や観念ではなく、ニードに直面する人の苦しみを共有し、悩みを分かちあいながら、その人びとのもつ『呻き』への応答として深い思索を生みだす努力であるところに特徴があるのではなかろうか」（阿部 1997：9）

「福祉の哲学とは、福祉とはなにか、福祉はなにを目的とするか、さらには人間の生きる意味はなにかを、その生の営みにとって福祉の果たすべき役割はなにかを、根源的かつ総体的に理解することであるが、それには、福祉が投げかける問いを学び、考えることである」（阿部 1997 : 9）

「主体的にニードの呻きを聴き、それを全体的に理解し、それのもつ意味を考えることが、福祉の哲学ということになろうか」（阿部 1997 : 11）

ここに端的に示されている通り、阿部の福祉哲学は「呻きや福祉が投げかける問いに応える」という対話を基盤にした哲学なのである。

（iii）思考と生が統合された哲学

更に阿部は、福祉哲学について次のようにも語る。

「〝福祉の哲学〟とは、思索と実践の統合を模索する努力の過程と表現してもよいかもしれません」（阿部、河 2008 : 192）

「上着を脱いで、病んで苦しんでいる人の上にかける。そうすれば、病んでいる人は寒さを防ぐことができます。しかし、上着を脱いだ人は寒くなるのです。寒くなることを承知の上で、あえて苦しんでいる人に上着をかける。それも自らの選択に拠ってです。その行為がサクリファイスなのです。上着をかけることによって、かけられた人とかけた自分自身がともに心を温められ豊かになる。これが〝福祉の哲学〟です。犠牲を負う。しかし、そのことによって、共に生きることが可能になるのです」（阿部、河 2008 : 55–56）

「〝社会〟福祉の哲学とは、〝自己〟の主体性を確立する哲学でもあります」（阿部、河 2008 : iii）

阿部の福祉哲学は思索（問いと思考）と生（共に生きること）が一体となっており、その中で、自らの主体性を確立していく営みである。経験と対話に基づき、そして、あくまで哲学することと生きることが一体となっている哲学、それが阿部の福祉哲学である。

②福祉哲学の問い

何故、呻きに応える中で問い考えるのか。先に引用した「自分と他者の関係が、ふれあいを通してともに変えられ、共存を方向づけるところに哲学の意義がある」、「犠牲を負う。しかし、そのことによって、共に生きることが可能になる」という言葉が示すように、共に生きるためである。阿部自身、福祉哲学について糸賀の言葉を引用し「彼らにたいして、また、彼らのために何をしてやったかということが問われるのではなく、彼らとともにどういう生きかたをしたかが問われてくるような世界である（強調は原文）」（阿部 1997：9）と述べている。

阿部の福祉哲学における問いは、この「共に生きる」という生き方を、その根源から問うているのである。

（四）福祉の思想

福祉の思想と言えば、社会権である生存権保障とその権利を保障する公的責任を軸に語られてきた。これは主として法律による社会福祉を支える福祉思想である。今日の社会福祉において法律により社会福祉の比重は極めて高い。そのため、近年に見られるように、権利保障と公的責任に関する思想を、正義という観点から研究することは福祉思想における重要なテーマである。正義に適った形で社会福祉の法制度をより良いものにしていかなければならない。

しかしながら、岡村重夫が言うように「法律による社会福祉が社会福祉の全部ではない。いな全部であってはならない。法律によらない民間の自発的な社会福祉（voluntary social service）による社会福祉的活動の存在こそ、社会福祉全体の自己改造の原動力として評価されなければならない」（岡村 1983：3）であろう。そして、ここで言う「民間」という立場から社会福祉実践を行い、その実践に基づく福祉哲学の中から福祉思想を語ってきたのが阿部志郎である。そこには権利保障や正義とは異なる側面の福祉思想が語られている。その内容を原理、理念、本質という観点から整理する。

①福祉の原理

（ⅰ）人格存在

阿部は「人間観というものが、やはり福祉の原点なのでしょうね」（大内 2006：38）、「いまの福祉が直面しなければならない最大の難関は、人間観にあると思っています」（大内 2006：49）と言う。そして阿部には、生涯ぶれることのない人間観がある。それが、「人間は人格存在である」という人間観である。

阿部は「これは神話です」と断った上で、人間には以下のような二つの側面があると言う。

「ひとつは〝インディビジュアリティ〟（individuality：個性）、〝インディビジュウム〟（individuum）を語源とする言葉です。人間は皆、個性をもっています。一人、二人、三人と数えられる人間の存在そのものがインディビジュアリティなのです。

もうひとつは、神は人間を神にかたどらせました。これを〝ペルソナ〟（persona：人格）と言います。すなわち、〝パーソナリティ〟（personality）、〝神の形〟という意味です。神の形を宿すかけがえのない存在が人間なのです。『全世界をもってしても、なお、人間の命をはかることができるか』（「マタイによる福音書」16：26）と聖書は強調しています。それゆえ、一人の人間の命は地球より重いのです。地球全体をもってしても、人間の価値を測ることはできません。これを〝人権〟という言葉で表してきました」（阿部、河 2008：70–71）

即ち、「人間は一人、二人と数えられる個別的存在であるが、同時に何をもっても代えることのできない人格存在なのだ」（阿部 1997：25）。これが、阿部の福祉の思想の根底にある人間観である。

（ⅱ）罪と愛

人間一人ひとりはかけがえのない大切な人格存在である。しかし、人間は自己中心的で人を責め憎み、その上で、他者がいるべき場所を奪っているかもしれない存在である。このような人間の特性や在り方が人間の罪である。しかしながら、人間は神、親、そして他者から無条件で肯定される愛を注がれているが故に、他者が被っている非人間的な状況に無関心ではいられず、申し訳ない、何とか出来ないかと思う。その気持ちが内側から湧き上がる。その気持ちは自己中心性を克服し、他者の赦し（和解）につながる。これが愛である（阿部 2011：1-4）。

（iii）ボランタリズムとコミュニティ

自分自身の内側から湧き出る愛は、

・人格存在（他者）の呼びかけに主体的に応え（主体性）
・重荷を共に担い合い（連帯性）
・見返りを期待しない（無償性）

というボランタリズムという思想と行為を生み出す（阿部 2011：104-106）。そして、その思想と行為（実践）に基づき、

・人々の生存の基盤である社会福祉制度をより良いものへ創り変え（運動）
・地域の人が互いの実存（承認や触れ合いなどの精神的な側面）を支え合う

ことがコミュニティの形成である（阿部 2011：92）。

②福祉の理念

愛とボランタリズムにより、人々の生存が支えられ、互いの実存を支え合うコミュニティを形成すること、もって、「一人の福祉」を実現すること、これが阿部の福祉の理念であろう。

③福祉の本質

愛をもって人間がもつ自己中心的な側面を克服し、例え犠牲を払ってでも大切な「この人」が抱えている困難に関わり他者と共生すること、そして、そのような主体性を形成することで、「人間を真実に人間たらしめる」(阿部 2011：1-28)、これが阿部の考える福祉の本質ではないだろうか。

阿部は聖書の「愛は不義を喜ばず」(「コリントの信徒への手紙1」13：6)という言葉を引用した上で、「正義とは愛が生み出します。愛は正義を生み出す、だから不義を喜ばないのです」(阿部・河 2008：55)と言う。阿部の福祉思想は、権利保障の根拠となる正義に先行する思想であり、社会福祉全体の自己改造の原動力となるものなのである。

第五章　社会科学・社会哲学・実践哲学・文学からの学び

――経験的次元における思考

社会福祉とは何であるのかを、その根源から問い考えるためには、視るべきものを視なければならない。第二章では、〝視るべきもの〟には、①歴史・社会の中に常に存在し続ける〝人を人とも思わぬ状況〟とその状況を生み出している力、規範、仕組み、②その状況の中で、人としての尊厳が剥奪された人たち、③その一人ひとりの絶望、諦め、無力感、苦しみ、痛み、恐怖、悔しさなど様々な思い、といった三つの次元があることを確認した。また、〝視る〟とは、その状況に置かれている人たちの痛み、苦しみ、さびしさ、悔しさ、怒りを共感・共有出来るところに視点を移し、そこから目の前の現実を見る／見直すことを意味した。

視るべきものの中に身を置いた時、様々な問いが発せられる。例えば、「何で、こんな仕打ちを受けなければならないのか」、「就職がなく収入・貯蓄がない人は怠け者か、あるいは努力が足りないのであり、その状態は自己責任である、という人がいるけれど、目の前のこの人の話を聴くと、そうは思えない」、「この人たちの暮らしに接すると、とても人としての尊厳が保持されているとは思えない。尊厳って何。人間って何」といった問いである。これら福祉哲学の問いについて考えるためには、視るべきものに関する諸事実の理解、その状況に対して何を大切と考えるのかといった価値に対する理解、そして人間そのものに対する理解が欠かせない。そのために求められることが社会科学、社会哲学・実践哲学、文学といった社会福祉学以外の学問からの学びである。

まず、必要とされることが、歴史・社会の中に常に存在し続ける〝人を人とも思わぬ状況〟を事実として明らかにすることと、その状況を生み出している力、規範、仕組みを社会科学の知見に基づき理解することである。問いを考えるためには、問いに関する諸事実を理解しておかなければならない。しかしながら、社会の仕組みを分析し理解する実証的な社会科学自体が一つのイデオロギーであった場合、そこからは見えてこない社会を抑圧する仕組みや歪みがある。社会の見え難くなっている側面を理解するためには、批判的な視点と理性をもって社会について考察する社会哲学が必要である。

次に、明らかにされた力、規範、仕組み、社会の在り方に対してどうすればいいのか。その根拠となる考え方や規範・価値を実践哲学の中で検討されている正義論や人権論に関する知見から学ぶ必要がある。なぜなら、福祉哲学の問いの根底には価値（正義や善）に関することが多いからである。

そして何よりも、福祉哲学の問いを考える上で不可欠なテーマが人間理解である。人間をどのように理解するのかは社会福祉の生命線であり、福祉哲学において絶えず問い考え、理解を深めていかなければならない。そのためには医学、心理学、文学、哲学、宗教（学）など幅広い学問や営みからの学びが必要である。ここでは、社会福祉における人間理解において重要でありながら、医学や心理学（これらは社会福祉士の資格取得のために受験科目となっている）ほどは重要視されていない文学を取り上げる。なお、福祉哲学という営みをするためには哲学と宗教からの学びは特に重要である。そのため、第六章（哲学）、第七章（宗教）とそれぞれ独立した章を設け、福祉哲学の問いを考えるという実践を通して学ぶべき点を確認する。

以上の考えに基づき、福祉哲学の問いを考える上で必要不可欠な知見を他の領域から学び、その内容を整理するのがこの章の目的である。

第一節　社会科学からの学び

ここで言う社会科学とは自然科学、人文科学と並んで現存する科学の三大領域を形成するものであり、経済学、社会学、政治学、法学、経営学などがその範疇に入る。その意味は「人間関係あるいは社会行動によって生み出される社会現象を記述し説明する経験科学を総称する概念」（今田 2012：569）である。

（一）全体社会という観点

社会福祉理論の先行研究においては、全体社会の下位領域である経済、政治、文化との関係性の中で社会福祉の本質が考察されてきた。そこに欠けているのがグローバル化した全体社会を踏まえた考察である。現代社会における社会福祉の本質を理解するために、①経済・政治・文化が社会福祉に及ぼす影響（そして、社会福祉が経済・政治・文化に及ぼす影響）に加え、②全体社会が経済・政治・文化といった下位領域に及ぼす影響、③全体社会が家族・地域社会・学校や職場といった中間集団に及ぼす影響を理解しなければならない。社会福祉の本質や〝人を人とも思わぬ状況〟を生み出す仕組みなど、福祉哲学の問いについて考えるためには、これら①〜③に関する諸事実を社会科学における研究成果から学ぶ必要がある。

では、最も重要なテーマとなる全体社会をどのように理解すればいいだろうか。現代社会（全体社会）をポストモダンと語る言説が見られた。そして、現代社会はモダンか、それともポストモダンかと論じられた。しかし、ベック（Beck, Ulrich）、ギデンズ（Giddens, Anthony）、ラッシュ（Lash, Scott）は「モダニティか、ポスト・モダニティかをめぐって延々とつづく議論には三人とももううんざりしており、こうした論争の多くがそうであるように、これらの議論からは、結局はほとんど何も生まれないような気がする」（Beck, Giddens, Lash＝1997：3）と言う。その上で、現代社会を捉える概念として「再帰的近代化」を提示している。また、ポストモダンは現代社会の特質を記述するキーワードとして一九七〇年代後半から八〇年代に用いられていたが、「九〇年代以降は『グローバリゼーション論』がそれに取って代わった」（厚東 2011：44）。

これらのことから、ここでは全体社会の変動をウルリッヒ・ベックやアンソニー・ギデンズらの見解をもとに近代化の進展・徹底と理解する。そして、その結果としてグローバリゼーション論が議論されるようになったと捉える。

（二）二段階の近代化――単純な近代化と再帰的近代化

まず、ベックの見解に依拠した形で、再帰的近代化の概略をまとめる。ベックは近代化を二つの段階に区別する（Beck＝1998：8-10）。最初の近代化は、階級秩序や伝統的束縛に基づく「農業社会（伝統的社会）」から、階級秩序や伝統的束縛から解放され、自然に働きかけて富を生産する「産業社会」へと社会が変動することである。これは、人々の欲望に基づき単純に制度の発展と富の拡大を図り、富の分配が議論される「単純な近代化」（産業的近代化）である。産業社会では自然を破壊し様々な有害な物質を生み出すが、これらの産業化が生み出す負の効果は無視される。

第二の近代化は、「産業社会」から、富の生産の源である科学技術（例えば、原子力や遺伝工学など）によって生み出される様々なリスク（産業化における負の側面）を反省したり議論したりすることが必要となる「リスク社会」へと社会が変動することである。これは、近代化によってもたらされた様々なリスクを社会の中に取り込んで近代化を図ることであり、その意味で「再帰的近代化」（再帰的とは自分に再び降りかかってくるという意味）と呼ばれる。再帰的近代化により現代社会はリスク社会へと変容しており、そこで議論されることは産業社会のような富の生産と分配ではなく、リスクの生産と分配になる。

さて、友枝（2007：29）が言うように「再帰的近代化が進行する第二の近代において注目されるのは、やはり個人化の進行ということとグローバリゼーションの進行ということである」。この点を踏まえ、以下で全体社会の分析として、グローバリゼーション、リスク化と個人化について整理する。

(三) グローバリゼーション

①グローバリゼーションとは何か

(i) 意　味

グローバリゼーションを経済に限定すると、「それは一般にはモノ、カネ、人の国境を越えた移動がより大規模に、頻繁になることを意味する」（石見 2007：8）。モノの世界的な流れを創り出してきたのが世界貿易であり、国際金融市場を通じてカネの世界的な流れが生み出されてきた。また、国境を越えた人の移動には移民、難民、そして奴隷貿易によってアフリカ大陸からアメリカ大陸に連れてこられた黒人のようなケースも含まれる（正村 2009：5）。

しかしグローバリゼーションは経済だけでなく、政治、文化など様々な領域にも見られる現象である。このことを踏まえトムリンソン（Tomlinson, John）は、グローバリゼーションの特徴を複合的結合性という言葉で言い表している（Tomlinson＝2000：15）。結合性とは、増大するグローバルな空間的近接性を意味する（Tomlinson＝2000：17）。一方複合性とは「経済、政治、社会、対人関係、テクノロジー、環境、文化などといった範疇に振り分けてきた諸現象に及んでいる」（Tomlinson＝2000：33）ことを意味する。即ち、「グローバリゼーションとは近代の社会生活を特徴づける相互結合性と相互依存性のネットワークの急速な展開と果てしない稠密化を意味する」（Tomlinson＝

2000：15)。

グローバリゼーションとは確かに、モノ、カネ、人の国境を越えた移動がより大規模に、頻繁になることであり、その特徴は複合的結合性である。しかしここで、グローバリゼーションの影響の中で生きている人々に立ち現れている世界へと視点を移して考えてみよう。世界を駆け回るコスモポリタンといわれる人々にとってグローバリゼーションは移動の自由と映るだろうが、刑務所に入れられた底辺層の人にとってグローバリゼーションは、排除と空間の閉じ込めと映るであろう。このように、グローバリゼーションはグローバル化した世界の人々に同じように現れるわけではないのである。

(ii) 展 開

一九九〇年代以降、グローバリゼーションは時代を表すキーワードとして語られている。ただし、この現象は決して新しいものではない。スティーガー（Steger, Manfred B.）はグローバリゼーションが長期に亘る現象であることを五つの時代に分け記述している（Steger＝2010：25–43）。また、センも「グローバリゼーションは過去数千年にわたって、旅行、交易、民族移動、文化的影響力の拡散、科学技術に関する知識と理解の普及などを通じて、世界文明の進歩に貢献」（Sen 2009：18）してきたことを指摘している。

しかしながら、一九七〇年代以降のグローバリゼーションは新たな姿を示している。この新たな姿が今日言われるグローバリゼーションである。それらは、①新自由主義政策（その根幹をなすのは「民営化」と「規制緩和」）、②金融の自由化と国際化、③情報化（コンピュータ・ネットワーク化）などによって推進された（正村 2009：82–89）。これらの要因により世界における複合的結合性が強まった。

さらに、一九九〇年代初頭にはソ連が崩壊し、一九八〇年代から九〇年代にかけて多くの社会主義政権が資本主義化した（正村 2009：96）。そして、一九九〇年代にはワシントン・コンセンサスと言われる経済政策原則が発展途上国への政策の中に導入された。ワシントン・コンセンサスは、「新古典派の経済理論を共通の基盤として市場原理を重視するところに特徴があり、貿易、投資の自由化、公的部門の民営化、政府介入を極小化すること、通貨危機に対しては財政緊縮、金融引き締め政策で対処すべきことを提言する」（石見 2007：100–101）ものである。

このような展開により今日のグローバリゼーションという現象がもたらされた。

（iii）原　因

正村（2009：82）は、今日のグローバリゼーションを推進する上では、新自由主義政策、金融の自由化と国際化、情報化が関与していたと言う。しかし、その根底には資本主義を突き動かす欲望の解放がある。以下では、それぞれの要因について簡単に説明する。

【欲望の解放】

ソ連、東欧の諸国が社会主義の経済体制を放棄し、本格的に市場経済を導入せざるを得なかったのは、西側の消費生活を享受出来なかったことが市民の不満として累積したからであった（石見 2007：22–23）。言い換えれば、社会主義の経済体制が崩壊し、資本主義が生命力を保ち生き残った根本的な原因は「資本主義が欲望を解放したことにあり、それに対応して人々の生活が物質的に豊かになったことにある」（石見 2007：3）。

物質的な豊かさを求める欲望がグローバリゼーションをもたらす根本的な原因にある。

【新自由主義政策】

一九七〇年代以降のグローバリゼーションは、新自由主義を基礎にした資本主義の世界的拡大のプロセスである（正村 2009：98）。新自由主義政策とは、政府の市場経済への介入を縮小し、政府が担っていた機能を民間企業に委ね（民営化）、民営化するためには市場メカニズムを活性化させなければならないので規制緩和する政策を意味する。

このような新自由主義を基礎にした資本主義の世界的拡大は、人為的にもたらされた側面がある。その象徴が新自由主義に基づく経済政策を要求するＩＭＦ（国際通貨基金）と世界銀行の働きである。ＩＭＦと世界銀行が、一九八〇年代から一九九〇年代にかけて発展途上諸国に求めた新自由主義的経済原則は「ワシントン・コンセンサス」と呼ばれる。

この新自由主義的政策は、発展途上の債務諸国の国内経済メカニズムを改革することで、債務返済を可能にする、より良い状況を創り出すことであった。しかし、そのような結果を生み出すことは出来ず、大多数の人々の貧困拡大を引き起こした。そして、これらの政策は新しい形での植民地主義であることは明らかだった（Steger＝2010 : 61–64）。

【金融の自由化と国際化】

戦後の国際金融体制を定めたものがブレトンウッズ体制である。ここでは、金と唯一兌換（引き換えること）が出来る通貨を米ドルとし、他国の通貨は米ドルと固定相場で変換するという固定相場制が採用された。この体制により、「ドルを基軸通貨とした固定相場制によって為替取引の自由と安定を図ろうとした」（正村 2009 : 70）。ブレトンウッズ体制では、福祉国家の理念のもとに各国が自律的な経済政策を取れるようにするために、資本の移動が制限されていた（正村 2009 : 74）。

しかしながら、ブレトンウッズ体制やそれに続くスミソニアン体制のような固定相場制が崩れ、資本移動を規制する必要性がなくなり、更に、本国の資本規制から免れられるユーロ・ダラー市場の発展に伴い金融の自由化が進んだ。これにより、資本（カネ）が国境を越えて自由に移動出来るようになり金融の国際化が進んだ。

金融の自由化（市場の規制緩和）は生産様式だけでなく利潤獲得様式も変化させた。即ち「企業は、長期的視野の下で生産効率を高めるより、金融資産の投機的運用によって短期的収益を上げるようになった」（正村 2009 : 93）。

【情報の高度化・高速化・広域化】

「今日のグローバリゼーションにおいて決定的な要因となったのが情報化である」（正村 2009：88）。新しい衛星システムと光ファイバーケーブルがインターネットを基盤とするテクノロジーの神経系として機能し、金融取引の自由化が更に加速した（Steger＝2010：52）。

②グローバリゼーションがもたらす恩恵

スティグリッツ（Stiglitz, Joseph E.）は一九九七年から二〇〇〇年一月に職を辞するまでの間、世界銀行のチーフ・エコノミスト兼上級副総裁を務め、二〇〇一年にはノーベル経済学賞を受賞した経済学者である。スティグリッツは徹底的な現場主義のもと、エチオピアからボツワナ、コートジボワールなど世界のあらゆる場所を自分の足で見てきた（クー 2002：376-377）。その経験を踏まえ、世界経済のグローバリゼーションがもたらす様々な不平不満／問題点を『Globalization and its discontents』（邦題は『世界を不幸にしたグローバリズムの正体』となっているが、Discontents は不平、不満足といった意味）において指摘している。そのスティグリッツ（Stiglitz＝2002：7-8）も「私はグローバリゼーション——すなわち自由貿易の障壁を取り払い、世界各国の経済を緊密に統合すること——が、かならずよい結果をもたらしうると確信するし、グローバリゼーションには世界中の人びと、とりわけ貧しい人びとを豊かにする可能性が秘められていると確信している」と言う。また、一九九八年にノーベル経済学賞を受賞しているセン（Sen 2009：33）も「経済のグローバル化が、地上のさまざまな地域に繁栄をもたらしたことを証明する証拠はたくさんあります。数世紀前には、貧困が地球を広く支配しており、豊かさはごく限られた地域に例外的に見られるだけでした。世界のこうした貧困状態を克服していくのに、広範な経済交流活動が、近代技術とともにきわめて大きな影響力を発揮してきました。貧困克服における経済活動国際化の重要性は、今日でも変わりません」と言う。

具体的な数字を見てみよう。一九八一年に世界が生み出したＧＤＰは約一二兆ドルだったが二〇〇〇年には約三一兆ドルと三倍弱増加した。この間に人口も増えているので、一人当たりのＧＤＰを見ると一九八一年には二六八一ドルだったが、二〇〇〇年には五一七八ドルと二倍弱増加している。このように、グローバリゼーションによって私たちにもたらされる富は増加しているのである（西川 2004 : 19-20）。しかし、グローバリゼーションは様々な批判に晒され、実際は以下に述べるような問題をもたらしている。

③グローバリゼーションがもたらす様々な影響

（ｉ）歴史的側面——植民地支配と格差

グローバリゼーションは決して新しい現象ではない。グローバリゼーションを五つの時代に分け記述しているスティーガー（Steger = 2010 : 35）は、初期近代（一五〇〇～一七五〇年）の中で「大西洋奴隷貿易やアメリカ大陸内での強制移住は、数百万の非ヨーロッパ人たちの苦難や死をもたらしたが、その一方で、白人植民者や彼らの本国には莫大な利益をもたらす結果となった」と記述している。グローバリゼーションは植民地支配をもたらし、その影響は今日の地球上の格差にまで影響を及ぼしている。このことを指摘しているのがトマス・ポッゲである。ポッゲは次のように述べている。

「生活水準に関する現存の国際的不平等は、そのほとんどが、今日の裕福な国々が今日の世界の貧しい地域を支配していた植民地時代に生じたものである。その時代、貧しい地域の人々は牛のように売買され、その政治制度と文化を破壊され、天然資源を奪われた。一九六〇年に植民者たちが最終的に引き揚げたとき、彼らは持ち帰れるものは持ち帰り、それ以上に多くのものを破壊した。その時代に、ヨーロッパとアフリカの一人当たりの収入の不平等は三〇対一になっており、教育や医療やインフラや法・政治組織においても大きな不平等が存在した。これらの不平等によって、アフリカの人たちは、豊かな国々の政府や企業とやりとりするさいに圧倒的に不利な立場におかれた。なぜヨーロッパとアフリカの一人当たりの所得の不平等がそれ以降に四〇対一

に広がったのかは、このような不利な立場があったことによって説明が付く」（Pogge＝2007：105–106）

（ii）経済的側面——世界における格差

世界において生産される富の分配において格差が拡大しているのか否かを評価するには二つの基準がある。それは相対値で見るか絶対値で見るかである。例えば、「一〇〇ドルと一〇〇〇ドルの所得をもつ家計AとBがあり、各々所得が二倍になって二〇〇ドルと二〇〇〇ドルになったとしよう。言葉を換えると、所得の成長率が互いに等しい、ということになる。この時、Bは相変わらずAの所得の一〇倍であるという意味で相対的格差は変わらないが、格差の絶対額は九〇〇ドルから一八〇〇ドルへと拡大した」（石見 2007：39）のである。

この二つの基準により世界における格差を見てみよう。まず、相対的格差であるが、World Bank の『世界開発報告２００６』によると、一八二〇年の各国間の格差は比較的小さかったが、そこから一九八〇年にかけて格差はほぼ一貫して拡大し、一九八〇年から一九九二年の間は僅かに低下している（World Bank＝2006：7, 68）。これに対して、絶対額はどうか。先進国では一九八一年における一人当たりのＧＤＰは九七九七ドルであったが二〇〇〇年には二六八三八ドルと約二・七倍強に増加した。これに対して発展途上国では一九八一年における一人当たりのＧＤＰは一〇〇三ドルであったが二〇〇〇年には一三四二ドルと増加は一・三倍に留まっている。さらに、発展途上国の中でもサハラ以南アフリカの場合、一九八一年における一人当たりのＧＤＰは五五〇ドルであったが二〇〇〇年には三三四ドルと三九％も減少している。その結果、北と南の間の所得格差は一九八一年の約一〇対一から、二〇対一へと開いた。即ち、一九八一年から二〇〇〇年の間、貧しい国にとっては、ますます貧困化が強まったのである（西川 2004：19–20）。

（iii）政治的側面——国家の自立性の制約

私たちは日本という国に暮らしている。そこには自国と他国を仕切る国境が存在し、自国の統治は憲法に基づき国民によってなされている。これを主権国家（近代国家）と言う。このような国家は近代になって生まれたものであり、以前から存在していた訳ではない。中世国家には、自国と他国を仕切る明確な国境が存在せず、国内の統治も、一方では地方の領主権力に依存し、一方ではヨーロッパ全域を支配するローマ・カトリック教会の権威にも服していた（正村 2009 : 14–15）。

このような中で近代国家誕生の決定的な出来事となったのが、宗教改革後に続いた宗教戦争である。中でも最後にして最大の戦争となった三〇年戦争が近代国家を誕生させる直接の契機となった。三〇年戦争は、プロテスタント側の勝利、カトリック側の敗北に終わり、一六四八年にウェストファリア条約が締結された（正村 2009 : 17）。この締結以降、国内と国外を厳密に分離した上で、国内を自律的に統治する近代国家（主権国家）が誕生する。このような近代国家を単位に形成される国家間システムをウェストファリア体制と言う。

グローバリゼーションはウェストファリア体制に対して拡大と変容をもたらした。ウェストファリア体制はヨーロッパの内部で成立した国家間システムであり、その外部にはウェストファリア体制とは異なる仕組みをもった様々な社会が存在していた。しかし、一六世紀から一九世紀前半にかけて、ポルトガル、オランダ、イギリスが世界貿易の覇権を握るようになり、ウェストファリア体制が世界中に拡がっていった（正村 2009 : 37）。更に、ヒト（人口移動）・モノ（世界貿易）・カネ（資本輸出）のグローバルな流れが本格化する一九世紀後半から第一次世界大戦が始まる二〇世紀初頭にかけ、ウェストファリア体制は帝国主義的な運動を通じて膨張していくのである（正村 2009 : 50）。

第二次世界大戦後、拡大されたウェストファリア体制では福祉国家の理念の下に、各国が自律的な経済政策を取るために、貿易の自由化に関する一定の適用除外措置が設けられ、資本の移動も制限された（正村 2009 : 74）。即ち、資本取引を規制することによって「各国ごとに金融市場が分断され、福祉国家政策が可能になった」（櫻井 2006 :

251）。そして「戦後の福祉国家は、社会保障や社会福祉に力を注ぐことによって国家の主権者としての国民の地位を実質的に保証した」（正村 2009：77）のである。

ところが一九八〇年代以降、世界各国で資本の移動が自由化されることによって、国家は外部から様々な影響を受けることになる。例えば、「一九六〇年代には、企業に対して高い税金を課し、高い水準の福祉を実現する国家が多数存在したが、八〇年代以降、その数は激変している〔神野 2002：この文献は引用文の中に表記されているものである〕。企業に高い税金を課せば、企業は海外に流出してしまう以上、企業に高い税金を課すことは容易ではない。そのため全部ではないが、多くの福祉国家が高負担＝高福祉という理念を放棄」（正村 2009：160-161）するという事態が生じた。「福祉国家の『縮減』への傾向は、より深化した形で継続されている」（齋藤、宮本、近藤 2011：vi）にあり、その中で福祉国家をどのように再編成していくかが課題となっている。

また、ウェストファリア体制では主権国家を唯一の構成要素としていた。しかしながら、現代社会は、「国家だけでなく、多国籍企業、国際政府間組織（ＩＧＯ）、国際非政府組織（ＩＮＧＯ）、グローバルな運動組織といった多様な主体によって世界が構成されるようになった」（正村 2009：120）。これにより、多国籍企業は、自身を規制する国家の営みをコントロールし、自らに有利になるように国家に働きかけるようになっており（正村 2009：118）、国家の自律性は外部から制約されるようになっている。

（iv）社会的側面

▼格差を生み出す構造とその構造がもたらすもの

グローバリゼーションには様々な格差を生み出す構造がある。それは次のようなものである。

「現在、豊かな国と貧しい国が過去の暴力によって結びつき、その結果として一つのグローバルな経済世界をつくっているのであり、その経済世界の中で、富裕国と貧困国が構造的につながっているのである。さらにはこの構造の中で『搾取工場』に代表される数々の不正義が発生している。……（中略）……工場で働く彼女ら／彼らには他の選択肢がなく、そこで働かざるをえないのである。格差構造が彼女ら／彼らを強制しているのだ。そして十分な賃金だけでなく適切な労働環境も与えられないことによって、労働者たちはますます無力化されていく。このような構造の中では、さらに悲劇な事態も起こっていることも知られている。人身売買、臓器売買、性の商品化、麻薬の拡大、少年兵……。……（中略）……格差構造は数々の暴力的搾取の温床として機能しているのだ。

……この構造の中で富裕国は豊かな生活を享受しているのである。つまり、貧困国の彼女ら／彼らと私たちは構造的に結びついているのである。私たちが手にする外国産の安価な衣類、外国産の安価な食品について、それらの生産現場に私たちはもっと思いを馳せるべきだろう」（伊藤 2010：109–110）

格差構造によって、私たちの手に外国産の安価な衣類や食料がもたらされる。着目すべきは、そうした衣類や食料を媒介にして貧困国の彼女や／彼らと私たちは構造的に結びついている点である。私たちの暮らしはこのような格差構造に中に組み込まれているのである。

▼様々な不公平

グローバリゼーションには様々な不公平がある。グローバリゼーションがもたらす富の不公平な分配は先の「世界における格差」で述べたので、ここでは、グローバリゼーションにおけるルール設定に関する不公平とルール自体の不公平に絞り記述する。

今日のグローバリゼーションは「少数の機関――世界銀行、ＩＭＦ、ＷＴＯ――と少数の人間――特定の商業的、金融的利害と密接に結びついた金融や通商や貿易の担当省――が全体を支配して、その決定に影響される多くの人びとはほとんど発言権のないまま取り残されている」（Stiglitz＝2002：43–44）。経済のグローバリゼーションをもたらすルールがある。しかし、このルールの決定は一部の少数の機関が行い、貧しい人々は自分たちに多大な影響（生死に関わる影響）を及ぼすルールの決定に発言権をもっていないのである。

次に設定されるルールについてである。スティグリッツ（Stiglitz＝2002：24）は「欧米諸国は貿易障壁をなくすよう貧しい国にせまりながら、自らの障壁は保ってきた」と指摘する。例えば「織物から砂糖にいたる多くの産品に割当量を設定するなどして発展途上国の製品にたいする市場開放を拒む一方で、相手には自分たち裕福な国の製品を受け入れるよう市場開放を要求した」（Stiglitz＝2002：24）。そうすることで「欧米はグローバリゼーションのお題目を唱えながら、その恩恵を自分たちばかりにゆきわたらせ、発展途上国を犠牲にするようにした」（Stiglitz＝2002：24）のである。即ち、設定されたルール自体が不公平なのである。

このようにグローバリゼーションにおいては様々な不公平がある。それ故センが言うように「最も必要なのは、経済と科学のグローバリゼーションがもたらしてくれる巨大な潜在機会を、より公平に配分すること」（Sen 2009：40–41）なのである。

▼社会的価値（道徳的価値・規範の崩壊／自尊心の喪失）

経済のグローバリゼーションにおいては公平性と効率性の関係が議論される。この二つの価値とは違った点に注意を促しているのが佐伯啓思である。佐伯は投資家として世界経済に大きな影響を及ぼしたジョージ・ソロスの指摘に注目し「重要なことは、ソロスがグローバルな金融市場においてもっぱら追求され、実現される『貨幣的価値』と、社会の土台を構成している『社会的価値』の間に大きな乖離が生じ、市場原理主義は『社会的価値』を尊重しないがゆえに危険なものだと見ている点にほかならない」（佐伯 2002：16）と述べている。ここで言う社会的価値とは他人への思いやり、コミュニティへの配慮や帰属意識、道徳や規範などである（佐伯 2002：17）。そして佐伯（2002：17）は「ソロスのグローバル市場経済批判がここでわれわれの興味を引くのは、その中心点が、所得の不平等化や、あるいは金融市場の不安定化といった点にあるのではなく、それがコミュニティを形成している社会的価値を掘り崩す点に向けられているからだ」（佐伯 2002：17）と指摘している。

▼不平等（格差）が社会にもたらすもの

ウィルキンソン（Wilkinson, Richard G.）は、不平等が社会を分断し不和をもたらすことは、これまでもずっと認識されており、かつては直観的に明らかだったと言う（Wilkinson＝2009：286）。しかし、「かつては直観的に明らかであった真実が我々には見えなくなってしまっている」（Wilkinson＝2009：287）と指摘した上で、「直観的理解の多くを我々は失ってしまったが、我々はそれに代わるものとして、人間社会の主要なダイナミクスの科学的概要を得始めている。実際に、我々の個人的直観から得られたものが、データや事実や数字や図によって、誰にでももっと客観的に見えるような形で示されるようになってきている」（Wilkinson＝2009：288）と言う。

不平等（格差）が広がると、それに対して平等（格差是正）が主張される。そこでは、不平等（格差）がもたらす弊害や平等がもたらす善さが、多くの人が納得できる理由が十分に示されることなく、「平等は善、不平等は悪」といった価値観の主張に終わりがちである。

これに対してウィルキンソンは、不平等（格差）がもたらす弊害と平等がもたらす善さを、科学を用いて実証的に示している。それによれば、経済のグローバリゼーションによって所得における絶対値の格差が拡がり、社会が不平等になると、社会関係は敵対的になり信頼関係は希薄になる（Wilkinson＝2009：33, 62）。そして、社会の下層の人たちは軽蔑され見下されていると感じ、自尊心が傷つくため、それが原因となって暴力が引き起こされる（Wilkinson＝2009：35–36）。

▼居場所の剥奪／余計者（お荷物）・余剰／犯罪化／閉じ込め、そして連帯の困難さ

西川潤は「国境を越えて大企業が競争し合い、合理化、効率化を最優先する限り、雇用は減少する。電子化、ロ

ボット化、ＩＴ化、機械化は便利で、生産性を上げるが、同時に雇用と必ずしも両立しない」（西川 2011：124）と言う。即ち、グローバリゼーションは雇用なき成長を可能とする。

このようなグローバリゼーションは一方で人間の潜在的可能性を開花させる。例えば、ある人は海外留学をし、いくつかの言語を身につけ、ＩＴを使いこなす。そして、世界各国を仕事や余暇で移動し、巨万の富を手に入れ、なりたいと思う自分を実現する。しかしもう一方で、ある人は人として保障されるべき尊厳や権利を剥奪される。例えば、仕事を失うことで家族関係が壊れ、離婚し家を出る。住むところを見つけられず公園で寝泊まりするが、その場所も追い出される。バウマン（Bauman, Zygmunt）が言うように「上層」の人は生涯を通して心の欲するままに旅行出来るが、「下層」の人は、ある場所にいたくとも、その場所を足元から引き剥がされ、自分が行きたくない場所（その典型が後述する刑務所である）へと追いやられ、閉じ込められる（Bauman＝2010：121-122）。

更にバウマン（Bauman＝2008：132-134）は、「失業」が「余剰」という言葉に置き換えられるような経験が蓄積されているという。失業（unemployment）という言葉は、接頭辞の「un」が示すように、変則的で一時的な現象であることを示している。そのため、それは修正すべく働きかける必要がある状態と理解することが出来る。しかし、グローバリゼーションにより合理化・機械化で限られた仕事しかなく、あなたの力は必要としていないとされる人は「余剰」（余計者／お荷物）とされる。それが故に、そのような人は社会の富を増やすことが出来ず、逆に社会の負担を増やす存在と見做される。

働く機会がなければ必然的に貧困に陥る。貧困故に、あるいは社会に居場所がないが故に、犯罪を起こす人も多い。そして「やがて貧困は、社会政策のテーマから刑罰学や刑法の問題へと変わっていく。貧しい人々はもはや、全面的な競争に敗れた消費社会の否定者ではなく、消費社会の完全なる敵対者」（Bauman＝2008：158）と見做されるようになる。このような中、今日では刑務所に服役している人々や、禁固刑の宣言を待っている人々の数は、ほぼ全ての国々で急速に増加し、至るところで刑務所の建設ブームが続いている（Bauman＝2010：160）。即ち、グローバリゼーションは、一方では自由に世界を駆け回る人々を生み出すと同時に、刑務所に閉じ込められそこでしか生きることの出来ない人を生み出しているのである。

更にバウマンは、次のような指摘をしている。この指摘は今日において福祉思想を考える上で決定的に重要である。

「道徳の核をなすものは、弱くて不運で苦しんでいる人々の統合や福利に対する責任の衝動であるが、貧困の犯罪化によって、こうした衝動は失われ、取り除かれる。貧しい人々は本当の犯罪者や潜在的な犯罪者として倫理的な関心の対象とはならなくなる。私たちは、彼らに対する道徳的な責任を免れるのである」（Bauman＝2008：158–159）

グローバリゼーションが展開する現代社会では、仕事という社会的役割から排除され、結果、貧困状態に陥る人がいる。その状態の人の中には犯罪を起こす人もいる。これらの人々は、社会的な富を生み出さず社会的な負担のみを増やす「社会の余剰（余計者／お荷物）」あるいは「憎むべき犯罪者」と見做される。

このような中、ホームレス（路上生活者）に対する眼差しのように、私たちは「社会の余剰（余計者／お荷物）」と見做される人々に対して共感ではなく警戒あるいは敵意をもつようになる。そして、犯罪者に対しては、犯罪の厳罰化を求める動きに見られるように、より厳しく処罰するように求めるようになる。こうして、社会から排除された人々との連帯（社会的包摂）は困難となる。

④グローバリゼーションにおける福祉国家

ここでは、グローバリゼーションが福祉国家に及ぼす影響について、武川正吾（2007：75–94）の見解をもとに要約する。

（ⅰ）グローバリゼーションと福祉国家

武川はグローバリゼーション（グローバル化）を「国境を越えたヒト・モノ・カネの移動の増加とこれに伴う各国民社会の相互依存の増大」（武川 2007 : 75）と捉え、この内、ヒト（労働移動）とカネ（資本移動）の増加が、福祉国家と社会政策にどのように影響を及ぼすか考察している。そこでは、福祉国家への影響について次の三点が指摘されている（武川 2007 : 80–81）。

第一にケインズ主義的な経済政策の効力が奪われることである。伝統的な福祉国家は、リフレーション（景気循環の過程で、デフレーションからは脱したが、インフレーションにはなっていない状態。また、そうした状態になるように財政・金融を調節していくこと）による経済成長を通じた完全雇用の達成を企図していた。そのためには、各国家は国民経済を管理出来ていなければならない。これはブレトンウッズ体制下における為替管理によって可能となっていた。しかし、グローバリゼーションによってこの前提は突き崩され、福祉国家が成立するための重要な条件の一つが奪われた。

第二に国内政治への影響に対する資本の強化と労働の弱体化である。グローバリゼーションによって企業は、より有利な投資先を求めて国外への脱出を図ろうとする。この「資本の海外逃避」は資本の国内政治への影響力（発言権）を強める。その一方で、完全雇用が困難となった状況の中で、労働の発言力は低下する。福祉国家の推進には労働運動がその一翼を担っていたが、労働の弱体化は福祉国家の支持的基盤を突き崩すことに繋がる。

第三に社会政策への影響である。上記で述べたように、経済政策という観点からも、政治という観点からも、従来の福祉国家における社会政策が困難になってくる。このことについては次に確認する。

（ⅱ）グローバリゼーションと社会政策

社会政策は自らがもつ目的を達成するために給付と規制という方法を用いる。グローバリゼーションは社会政策の方法である給付と規制に影響を及ぼす。

まず給付であるが、社会政策は自らがもつ目的を達成するために税収が必要である。しかし、「資本の海外逃避」および資本の権力の強化により、資本は政府に対して法人税や所得税の引き下げ、企業が負担している社会保障費（社会保障特別税や社会保険料の事業主分など）の削減要求をするようになる（武川 2007 : 82–83）。こうなると政府は十分な税収を得ることが出来ず、必要な社会政策を実施することが出来なくなる。

次に規制であるが、移動の自由を獲得した資本は「国外逃避への可能性」を背景に、政府に対して様々な圧力をかけ、規制緩和・規制撤廃を要求する。労働市場における規制も例外ではなく、最低賃金や解雇に関する規制にも資本の発言力は影響を及ぼす（武川 2007 : 84–86）。社会政策における規制は、給付と同様、人々の生活を護るために行われるものである。しかし、最低賃金や解雇に関する規制緩和は、人々の「健康で文化的な最低限度の生活」を脅かすこととなる。

（四）個人化とリスク化

①個人化

（i）個人化とは何か

近代化の進展と共に個人化も進展する。個人化とは、家族・地域・職場・階級といった中間集団の影響が弱まり、これら中間集団から個人が解放される過程を言う。ベック（Beck = 1998 : 253–254）は個人化には三つの次元が存在すると言う。それは、伝統的支配関係や扶助関係という社会形態及び社会的結びつきからの解放（解放の次元＝解放）、行動に関する知識・信仰や行為を導く規範について伝統がもっていた確実性の喪失（呪術からの解放の次元＝安定性喪失）、更に概念の意味が社会の中に全く新しいやり方で組み込まれる（統制ないし再統合の次元＝再統合）、この

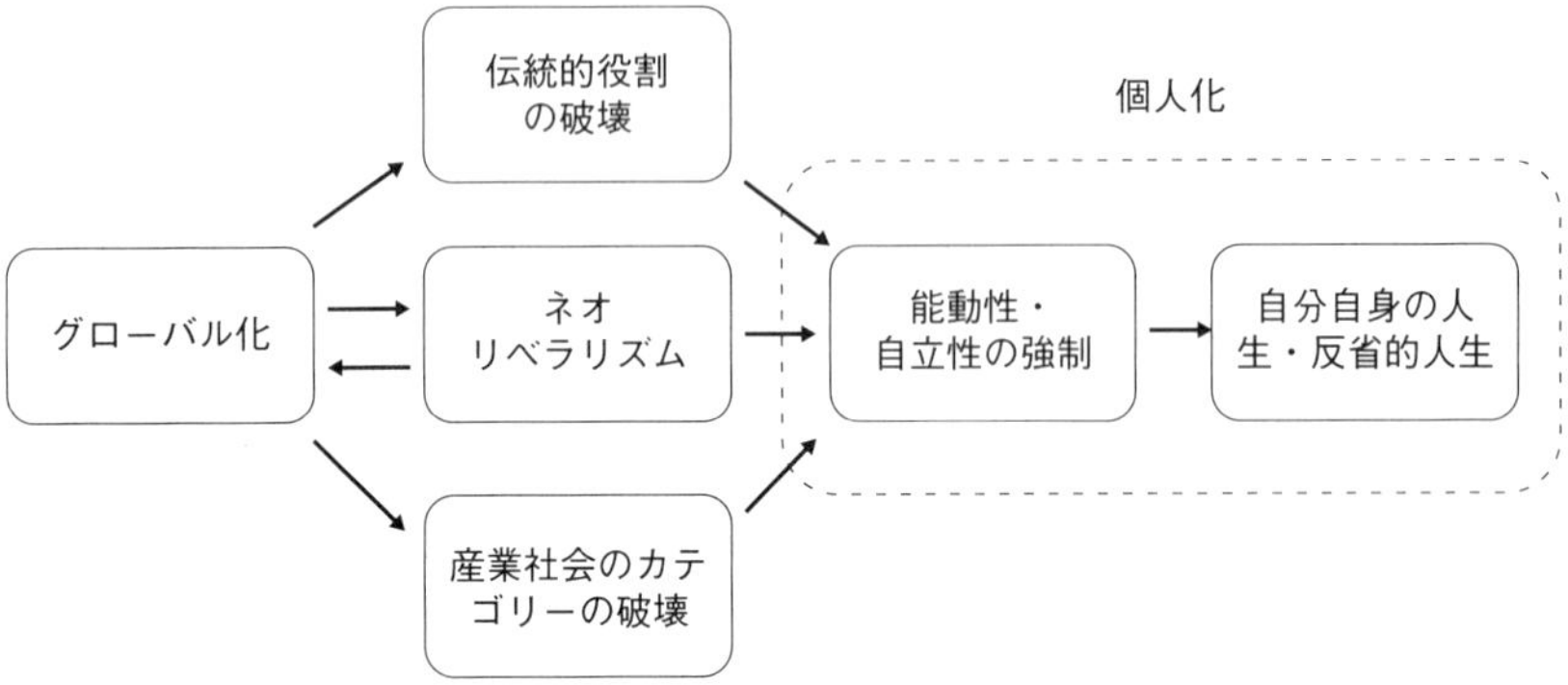

図5－1　個人のライフスタイルに焦点を置いたグローバル化と個人化
出典：武川（2011：137）。

三つである。ベックはこの三つの次元を更に、生活状況（客観的）とアイデンティティ・意識（主観的）とに分け、個人化を六つの項目によって捉える。このような個人化を、先に述べた二つの近代化の中で整理すると次のようになる。

産業的近代化において個人は、家共同体、地域共同体、同業組合、身分などの伝統的な共同体から解放されていく。解放された個人は、産業社会では近代家族、地域、企業、階級など新たに形成された集団に再編成されていくと共に、雇用政策・教育政策・社会保障政策などの社会制度に組み込まれた形で社会統合される。個人はこれらの中間集団に所属し制度を利用する中で、行為規範や、自分自身が何者であるのか、如何に生きていくかといった意味を確認することが出来ていた。

しかし、再帰的近代化においては、核家族化の進行や離婚などにより家族が縮小ないし解体する。また、雇用の流動化により一つの会社に長く勤めることが少なくなる、あるいは、転勤などの人口の移動により地域におけるつながりも弱まる。そこでは、自らの行動規範を何に依拠すればいいのか分からなくなり、自分自身が何者であるのか、如何に生きていくかといった「意味」を確認することが困難になってくる。即ち、個人化はこれまで個々人に行為や生きることの「意味」

を供給してきた中間集団とのつながりの喪失を生み出し、その結果、個人自らがそれらの「意味」を創造することが求められることになる。個人化がもたらすことはこれだけではない。中間集団の衰退や様々なリスクの縮減を担っていた社会制度の機能不全が見られる中、自立や自己責任が個人に強要されるようになる。

以上確認したように、個人化とは、家族・地域・企業などの中間集団が衰退することでそこから放り出された個人が、社会制度との結びつきで社会の中に組み込まれていく過程である。しかし、社会制度の機能不全が見られる中、自立や自己責任が個人に強要され、そのような中で、個人は自らの行為規範や生きる「意味」を自ら見出すことが求められるようになる。

(ⅱ) グローバル化の中の個人化

個人化はグローバリゼーション（グローバル化）によってもたらされる。武川（2011：136-138）はベック夫妻の議論を踏まえ、やや単純化した形ではあるが、グローバル化の中の個人化を次のように説明している。

グローバル化は伝統的な役割や産業社会のカテゴリーを破壊する。また、ネオリベラリズムのイデオロギーもグローバル化と結びついている。これらの要因が、人々に能動性や自律性を強制すると共に、自分自身の人生を生きることを強いる。これらのことを図で表すと図5－1となる。

②リスク化

(ⅰ) リスクの特徴

ベックによれば、リスク社会と一九世紀や二〇世紀初頭の産業社会の危険は、三重の「ない」（Nicht）によって区別される。第一には、空間的、時間的、社会的に危険が及ぼす影響を区分出来ない（Nicht Eingrenzbar）、第二には、危険の因果関係や責任をどこかに帰属させることが出来ない（Nicht Zurechenbar）、第三には、危険による被害を補償出来ない（Nicht Kompensierbar）ということである（Beck 1988：120）。

この他リスクには、放射能や化学物質による汚染のように、リスクは直接に知覚することができない（Beck＝1998：28, 35）といった点や、そのようなリスクを理解するためには専門的な知識が必要であり、リスクに対しては専門家の判断に身を委ねるしかない（Beck＝1998：35-36）、といった特徴がある。

（ii）リスク社会の諸問題

リスク社会には様々な問題があるが、ここでは、リスクは国際間において不平等にもたらされるという点を説明する（Beck＝1998：61-62）。

リスク（危険な産業）は労働力の安価な国々へと疎開しており、極度の貧困と極度の危険との間には構造的な「引力」が働いている。貧困と闘う発展途上国では、化学物質のお陰で自国の食料の蓄えを増やすことが出来る。このことにより、貧困を克服出来るだけでなく、工業諸国の支配から脱して自立の道への一歩を踏み出せるのである。貧困の克服と自立、この二つの理由が化学物質の乱用を非難する国際世論に対する盾となっている。そして、ここでは知覚出来ないリスクは取るに足らない問題として片づけられてしまう（Beck＝1998：60）。

（iii）『危険社会』におけるリスク

『危険社会』の原著は Risikogesellschaft である。ここで危険と訳されているのはドイツ語の Risiko（英語では Risk に当たる）である。同書には回数は少ないが Gefahr（英語では Danger）も使われているが、Risiko も Gefahr も共に危険と訳されている（東 1998：462）。しかしながら、この二つの言葉は異なる意味をもつ。翻訳者の東廉は、社会の発展と無関係に外から襲う危険が Gefahr であるのに対して、人間の営み自身が不可欠なものとして造り出した危険が Risiko であり、『危険社会』が問題にしている危険は Risiko であると言う（東 1998：463）。

（iv）危険／リスクと決定者／被影響者

ベックは必ずしもリスク（Risiko）と危険（Gefahr）を区別して用いている訳ではない（東 1998：463）。これに対して、「決定（Entscheidung）」（複数の選択肢がある状況下で一つの選択をすること）を基準にリスクと危険を区別して用いるのがルーマン（Luhmann, Niklas）である。ルーマン（Luhmann 1991 : 30-31）は、将来において起こり得る損害が自己の決定の結果と見做される場合、その損害をリスクと捉える。これに対して、自己の決定が関与しない外部のきっかけ、即ち環境の要因にもたらされる場合、その損害を危険と捉える。

例えば、放射能漏れの被害をもたらす可能性がある原子力発電を用いるか否かということに対して、その決定に関与する決定者にとって原子力発電はリスクであるが、その決定に関与することが出来ないにも拘らず放射能漏れの被害を受ける可能性がある被影響者にとって、原子力発電は危険となる。即ち、同じ被害をもたらす原子力発電も、その使用に関して決定に参加した人たちにとってはリスクとなり、参加していない人にとっては危険となるのである。

ただし、ある決定（例えば、原子力発電や生殖技術の開発）に対して、誰（どこ）までが決定に関与しているのか／いないのか、明確に線引きすることは難しい。しかしながら、様々な選択肢がある中で自ら決定する機会があった上で被る損害（リスク）と、そのような機会がない中で被る損害（危険）を、分けて考えることは出来るであろう。

（v）リスクの個人化（自己責任）

決定によってもたらされる被害がリスクである。それ故、「意思決定が何らかの被害や損害をもたらした場合には、決定者もまたそれを自己に責任のあるリスクとして認めざるを得ない」（山口 2002 : 187）。現代社会では様々な側面で自己決定が尊重されている。そのことの帰結として、これまで危険と見做されていた出来事はリスクとなり、そのリスクによって被った被害や損害は自己責任とされる。

現代社会は、様々なリスクの縮減を担っていた中間集団や社会制度の衰退／機能不全が見られるようになり、その結果、リスクが個人を直撃するようになる（リスクの個人化）。今日において見られる「貧困は自己責任である」

という理解は、リスク社会の一つの側面を言い表している言葉として理解することが出来る。

（vi）リスクがもたらす連帯の困難さ

人々が陥る生活困難の原因を考えた場合、大別すれば、次の二つのケースが考えられる。一つは、生活困難に至るまでの間に、その困難を回避し得る選択肢がないため、本人に選択の機会が全くなかった場合（即ち、本人にはどうすることも出来なかった場合）である。もう一つは、本人がその選択肢を回避し得る選択肢と選択の機会があった場合である。前者の生活困難は先の分類に従えば「危険」である。これに対して、後者の生活困難は「リスク」である。

リスクの場合、本人には生活困難を回避する選択肢があったにも拘らず、そこで適切な決定をしなかったから生活困難になったのであり、それは自己責任である、とされてしまう可能性がある。このようにして「リスクとしての生活困難」に対して、如何なる根拠によって、私たちは連帯・支援することが出来るのかが、リスク社会では問われる。

（五）中間集団の変容と個人への影響

現代の全体社会の特質をグローバリゼーション及び個人化とリスク化という観点から記述してきた。この全体社会というマクロレベルの動きは、私たちの具体的な暮らしが営まれている家族、地域社会、学校、職場というメゾレベルの中間集団に、そして個人というミクロレベルに直接的な影響を及ぼす。その影響について確認する。

①中間集団の種類

社会学は社会集団を二つに区別してきた。一つは自然発生的にできた集団であり、ゲマインシャフト、コミュニティ、第一次集団と呼ばれる集団である。もう一つはある特定の機能を果たすために人為的に作られた集団であり、ゲゼルシャフト、アソシエーション、第二次集団と呼ばれる集団である。

ここでは社会学者の片桐新自にならい前者を基礎的集団、後者を機能的集団と呼びたい（片桐 2006 : 50）。基礎的集団は大別すると血縁的集団と地縁的集団とに分けられる。血縁的集団の例としては、家族、親族、人種があり、地縁的集団の例としては近隣集団、村落、全体社会などがある。一方、機能的集団の例としては、政治的機能を果たす政党や国家、経済的機能を果たす企業や組合、文化的機能を果たす学校や宗教団体がある。

これら二種類の社会集団の中で、社会全体や国家という全体と個人の間にある集団を本書では中間集団と捉える。具体的に言えば、基礎的中間集団とは、家族や地域社会であり、機能的中間集団とは学校、職場、ボランティア団体、サークルなどである。

②中間集団の機能

阿部彩は会社、地域、町内会、家族、様々な私的なグループやクラブといった中間集団を「小さな社会」と呼んだ上で、そのような社会は単に生活を保障したり、いざという時のセーフティネットになったりするだけではなく、人が他者とつながり、お互いの存在価値を認め、そこにいるのが当然であると認められる場所であると言う（阿部 2011 : 94-95）。即ち、「小さな社会」（中間集団）は、個人と他者とのつながり、役割と承認、帰属意識と安心を供給する極めて重要な機能をもっている。

しかしながら、グローバリゼーション、リスク社会と個人化という観点から見えてきたことは、現代社会では「小さな社会」（中間集団）が衰退あるいは変容することにより、個人がこれまで中間集団から供給されていたものを得ることが出来ない事態であり、また、個人がそこ（中間集団）から排除されるという事態である。社会を理解するためには、全体社会というマクロレベルだけでなく、中間集団というメゾレベルの分析・理解が必要である。

この中間集団の機能は、中間集団がその集団に属する個人にもたらす機能（個人的機能）と、その中間集団が属する全体社会に及ぼす機能（社会的機能）に区別することが出来る。先に、「小さな社会」（中間集団）は、「個人と他者とのつながり、役割と承認、帰属意識と安心を供給する極めて重要な機能をもっている」と書いたが、これは中間集団がもつ個人的機能である。

③基礎的中間集団の変容と個人への影響

（ⅰ）家族の変容と個人への影響

〔家族とは何か〕

家族の背後には親族ネットワークがある。それは、親子関係を上世代と下世代に辿る「血族」と、夫婦関係を通じて配偶者の親族と結ばれる「姻族」の二種類によって構成されている。この親族ネットワークは時代・社会に関わらず存在しているが、このネットワークの中から、それぞれの時代・社会によってある規定が与えられることで「家族」の範囲・内容が決まる（藤村 2007：352-353）。即ち、家族が何であるのかは、それぞれの時代・社会によって異なるのである。

そのような中にあって、最も基礎的な概念が定位家族と生殖家族である。定位家族とは自分が生まれ、教育を受け、成長していく家族のことであり、自分には選択性がなく、親子関係が中心に展開する家族である。他方、生殖家族は夫婦が子どもを生み育てていく家族のことであり、結婚相手、子どもの有無や数など選択性に満ち、夫婦関係が中心に展開する家族である。

これら家族が個人に果たしている役割を個人的機能と呼ぶことが出来る。山田昌弘は、家族の個人的機能に本質的なものはないであろうと言う。しかし近代社会においては、家族に対する個人的期待には二つのレベルがあり、それを区別することが重要であると指摘する。一つは、家族という存在が欲しいという期待であり、もう一つは、家族に「何か」（例えば、養育、家事、情緒的安らぎ）を期待するものである。山田は、近代の個人に深刻な影響を与えているのは前者の「家族を求める欲求」であり、その理由は、この欲求が「アイデンティティ」に関わる問題だからであると指摘する（山田 2005：29–30）。

家族という存在が欲しいとは、自分にとってかけがえのない存在が欲しいということであり、自分を認めてもらいたい（他人を認めたい）という「アイデンティティ」の欲求、社会や世界と「つながり」をもちたいということである（山田 2005：30–31）。即ち、近現代の家族は「アイデンティティ」や「つながり」といった実存的な欲求に応えることで、個人に人生の意味を供給している。そのため、家族は個人にとって「かけがえのない存在（集団）」となったのである。

〔家族の変容〕

戦後の日本において、個人にとってかけがえのない集団となった家族モデルが「夫は仕事、妻は家事・育児を行って、豊かな家族生活を目指す」というものであった（山田 2005：90）。山田はこの家族モデルを「戦後家族モデル」と呼ぶ（山田 2005：91）。戦後の日本では、多くの人がこのような戦後家族モデルを求めた。

この家族モデルの基本的特徴が「成長性」と「生きがい」である。「成長性」とは、家族は経済的に豊かになっていき、自分より子どもの方がより豊かになるだろうと期待出来ることである。これに対して「生きがい」とは、人々の意味世界の中心に家族が位置づけられ、家族が自分の生きがいになることである。この二つの基本的特徴からもたらされる戦後の家族モデルが、個人に対して果たす機能には次のようなものがあった（山田 2005：118–124）。

一つめは、生きがい、及びアイデンティティ供給機能である。二つめは、経済生活を向上（住宅や電化製品などの供給）させることであり、三つめが豊かな感情生活（家族内での愛情）の供給である（山田 2005：126–130）。

戦後家族モデルは経済的には高度経済成長が支えていた。そのため一九七三年のオイルショック後の経済の低成長により戦後家族モデルは微修正が必要となった。その微修正が一九七五年から始まる妻のパート労働者化と結婚の先送りであり、これにより豊かさを目指すことであった（山田 2005 : 166–167, 204）。

しかし一九九八年以降、グローバリゼーションと新自由主義政策が雇用の不安定化をもたらし、戦後家族モデルを支えていた家族の経済的基盤が不安定になった。また、個人化によってもたらされた自己実現イデオロギー（好きな相手と結婚し、好きな仕事をして、豊かに生活する）が現実的な家族モデルへの疑いをかきたて、非現実的な理想的家族モデルへの憧れを生み出し、人々の家族形成を困難にした。現代日本の家族状況はこの二つのプロセスが同時進行していると見ることが出来る（山田 2005 : 227）。その結果、戦後家族モデルを実現出来る人と出来ない人の二極化（山田 2005 : 219）が進み、もはや戦後家族モデルがモデルになることが困難となった。

〔個人への影響〕

現在では戦後家族モデルは機能不全を起こしている。その結果、個人に対しては次のような影響が表れている。

一つめは、家族と暮らしていない人の増加による個人への影響である。現在では、結婚したいが結婚出来ない人、結婚を望まない人、離婚、子どもとは別居し配偶者に死別され一人で暮らしている高齢者など、一人で暮らしている人が増加している。ここにおいては、家族が個人に与えていた人生に意味を与える、情緒の安定、そして、何かあった時には支えるといった機能が供給されない。

二つめは、扶養機能の低下による個人への影響である。この扶養機能は大別すれば子どもの養育と高齢者の介護がある。子どもの養育の中で個人への影響として問題となっていることが児童虐待である。山田（2005 : 220–221）は「今でも、裕福な専業主婦の間の育児不安による虐待が減っているということはないだろう。しかし、それ以上に、生活破綻型の虐待が増加し子どもの生命に危険が及ぶほど深刻化しているところに一九九八年以降の特徴がある」と指摘している。また、高齢社会の進展により家族が高齢者を介護することが困難になってきており、その中で高齢者虐待や高齢者が高齢者を介護する老々介護という事態も見られるようになっている。

（ii）地域社会の変容と個人への影響

〔地域社会とは何か〕

地域社会とは、広義には、居住地を中心に拡がる一定範域の空間——社会システムを意味し、より具体的には、基礎自治体の範域を最大の空間範域とし、その空間の内に居住することを契機に発生する種々の共同問題を処理するシステムを主要な構成要素として成立する社会である（森岡 2008 : 35）。この定義をもう少し詳しく見てみる。まず、「居住を中心にして拡がる」とは、そこには住む場所（土地）があり、それぞれの土地の風景（自然）や街並みがある。また、住居を拠点に人々の暮らしが営まれる。次に、地域社会は一定範囲の空間であるが故に、そこには地域社会の内部と外部が存在する。そして、一定の空間で生活を営む人々が、地域に起こる様々な問題を共同して対処していこうとするところが地域社会である。

このような基礎的な理解に対して、より広い観点から地域社会（コミュニティ）を捉え分析しているのがデランティ（Delanty, Gerard）である。デランティ（Delanty＝2006 : 13）は、国家が人々の生活とはかけ離れた、客観的でよそよそしい実体であるのとは対照的に、コミュニティは人々にとって最も直接的な意味や帰属や日常生活の世界を指すものであり、それは生活世界という社会的領域、日常世界の生きられた世界を指していたと言う。古典的な社会学者はコミュニティの消滅を確信していた。しかし事態は逆であるとデランティは言う。即ち、グローバリゼーションによって人々の連帯や帰属が悪化しているが故に、今日ではアイデンティティの探求、帰属に対する欲求への対応としてコミュニティは復活していると見る（Delanty＝2006 : 3-4）。

さて、このような地域社会（コミュニティ）がもつ個人的機能は何であろうか。先の定義やデランティの見解から、安心出来る場所／帰属意識（故郷）、支え合い／分かち合い、つながり（絆）の三つが抽出出来る。

安心出来る場所／帰属意識（故郷）という機能は、地域社会が、人が居住している場所（そこには自然や街並みといった風景がある)、自分が帰る場所といったことから帰結するものである。この機能は、自分はどこどこの出身であるといったアイデンティティの形成にも影響を与える。次に支え合い／分かち合いという機能は、地域社会が、「地域に起こる様々な問題を共同して対処していこうとするところ」という特性から帰結するものである。地域社会は、個人に対して、支え合おう／分かち合おうという意識や規範を育成する。そしてつながり(地縁)という機能についてデランティ(Delanty＝2006：269)は、「労働、家族、消費、国家、教育などの面において、伝統的な社会関係のくびきから解き放たれた個人は、よりいっそう自由になると同時に、よりいっそうオルタナティヴな社会的絆に期待を寄せるようになっているのである」と言う。即ち今日では、地域社会は人(個人)と人(個人)との絆を生み出すことが期待されている。

〔地域社会の変容〕

前近代社会(農業社会)では、人々は生まれ育った地域社会(土地)に住み、そこで農業をはじめとする生産活動に従事し、地域の祭りを楽しむといった暮らしをしていた。しかし、近代化によって産業社会へと変動すると住むところと働くところの分離(職住分離)が生まれる。更に交通の発達やレジャー施設の建設・観光地の開発により、余暇を地域社会の外で楽しむ人が増えた。このように地域社会が担っていた「住む・働く・遊ぶ」といった機能の中で働く・遊ぶといった機能は徐々に弱まり、地域社会の機能は主として住むところとなって来ている。

次に人の動きを見ると、核家族化に伴い生まれ育った地域社会とは違ったところにマイホームを造る家族が増え、地域社会には昔から住んでいる家族と新しく引越してきた家族という二種類の家族が存在するようになった。また、転勤が多い家族は、ある地域社会に短い期間暮らしては他に引越しをするようになっている。更に、グローバリゼーションの影響により、地域によっては外国人の住民も多くなっている。

このように、今日の地域社会は機能的には住むことが中心となり、多様な住民がいるようになってきている。加えて、近代化とそれが惹き起こすグローバリゼーション、そして高齢社会により、今日の地域社会は次のような様相を呈している。

一つめは都市部、地方都市、過疎地域という地域社会の三層化である。過疎地域は限界集落（過疎などによって六五歳以上の高齢者の割合が五〇％を超えるようになったため、社会的共同生活の維持が困難となった集落）といった状態が見られるようになってきている。地方都市にしても、一九九〇年代以降になるとグローバリゼーションと新自由主義の影響により、産業の空洞化と土建国家の解体が進み、雇用の場が少なくなり、税収も減少することで、地域社会としての機能が衰退するところも見られる（樋口 2010：28–42）。

二つめは、子どもや高齢者が地域社会の中心になってきているという点である。多くの世帯が共働きになり、昼夜を通して地域社会にいるのは高齢者や子どもとなっている。そのため、今日における地域社会では、子どもが安心して暮らせる街づくり、高齢者の見守りや介護が大きな課題となっている。

三つめはコミュニティの形成を求めているという点である。森岡清志は、地域社会という概念は過去から現在に至る地域社会の状態を実証的に捉えるために必要とされる分析概念であるのに対して、コミュニティは未来において実現されることが望まれる地域社会を論じるために必要とされる期待概念であるとしている（森岡 2008：30）。この区別に示されるように、今日では新しいコミュニティの形成が求められている。新しいコミュニティとは、かつての村落共同体のような相互扶助でも、戦後の中央集権国家のもとで発達した行政主導の地域社会でもなく、地域住民、行政、地元の企業、ＮＰＯなどの組織が協働して地域にある問題に対処していく〝新たな公共〟といったものである。そのため近年では、様々な行政の福祉計画に住民が参加する機会が多くなっている。

〔個人への影響〕

地域社会の変容・衰退は、地域社会における人々の関わり（絆）や、地域への愛情や帰属意識に影響を及ぼす。

『国土交通白書2006 平成一七年度年次報告』の第Ⅰ部第2章第2節の1「都市部・地方部における地域コミュニティの衰退」には、「図表Ⅰ-2-2-1　地域の人々との付き合い」が記載されている。そこには一五大都市、それ以外の市、町村のそれぞれについて、地域の人々との付き合いがどのようになっているのかが表されている。その表によると、一五大都市では、「ほとんど、もしくは全く付き合っていない」が四五・一%にも達している。それ以外の市、町村と規模が小さくなれば地域の人々との付き合いは増えるが、町村でも、「ほとんど、もしくは全く付き合っていない」と「付き合いはあるがそれほど親しくない」を合わせると六八・八%に及ぶ（国土交通省編 2006：35）。

同白書では、地域の人々との付き合いが疎遠な理由も調査している。その結果によると、「昼間に地域にいないことによる関わりの希薄化」、「コミュニティ活動のきっかけとなる子どもの減少」、「住民の頻繁な入れ替わりによる地域への愛着・帰属意識の低下」が理由の上位を占めている（国土交通省編 2006：35-36）。そして「都市部、地方部に関係なく、郊外化の進展等に伴い、居住地域と職場・学校等が分離し、主に昼間における地域とのかかわりが少なくなっている」と指摘している（国土交通省編 2006：36）。

これらの調査結果が示しているように、今日の地域社会は、地域社会における人々の関わり（絆）が弱まり、また、地域への愛情や帰属意識も低下していることが分かる。そして、このような関わり（絆）が低下した結果、無縁死（誰にも引き取られない遺体）が年間の自死者数に匹敵する三万二千人もいるようになっている（NHK「無縁社会プロジェクト」取材班 2010：16）。

④機能的中間集団の変容と個人への影響

〔仕事とは何か／職場とは何か〕

仕事には二つの意味がある。一つは「生活をするために必要な収入を得る」という意味である。しかし、仕事には、自分は社会の中で役に立っている（必要とされている）というアイデンティティ（社会の中で自分が存在してよい理由＝生き甲斐）の感覚を与えるものとしての意味もある（山田 2004：102）。仕事といっても様々な形態があるが、多くの人が雇用契約を結ぶことで仕事に従事する。日本における雇用システムの本質を雇用契約といった観点から説明しているのが濱口桂一郎である。ここでは濱口（2009：1–4）の説明に基づき、日本における雇用の本質を説明する。

民法において雇用契約は「当事者の一方が相手方に対して労働に従事することを約し、相手方がこれに対してその報酬を与えることを約することによって、その効力を生じる」（民法第六二三条）ものである。問題は「労働に従事する」という言葉の意味である。世界に目を向ければ、労働の種類である職務を明確にして雇用契約をするのが一般的である。これに対して日本型雇用システムの特徴は、職務という概念が希薄なところにある。

職場には様々な職務があり、その職務に対応する形で雇用契約をするのが日本以外の社会のやり方である。これに対して日本の場合、職場の中の仕事を職務ごとに切り出さずに、一括して雇用契約を結ぶ。そのため、雇われた者は職場にある全ての労働に従事する義務があり、また、雇った者はそれを要求する権利をもつ。即ち、日本の雇用契約は職務による契約ではなく、ある職場の一員としての地位・資格（メンバーシップ）による契約なのである。メンバーシップに基づく雇用契約であるが故に、その論理的帰結として日本型雇用システムの特徴と言われる長期雇用制度（終身雇用制度）、年功賃金制度（年功序列制度）、そして企業別組合が生まれたのである。

日本型雇用システムにおける職場が個人にもたらす機能には次のようなものがある。一つめは生活を保障する機能である。特に日本の場合「雇用保障の主な対象となる男性稼ぎ主の賃金は、妻と子の扶養のコストも含めた家族賃金として支払われ、妻と子の生活を支えた」（宮本 2009：42）。即ち、雇用契約を結んでいる個人だけでなく、その家族をも視野に入れた生活保障がなされていた。二つめは、個人と他者を結びつける機能である。長期雇用制度

（終身雇用制度）という安定した職場の中で、被雇用者は仕事だけでなく、社員寮に住み、家族ぐるみで会社の運動会に参加し、職場の人々とのつながり（社縁あるいは会社縁）を築いていった。三つめは帰属意識の提供とアイデンティティの形成である。社会経済生産性本部（1998：37）「日本的人事制度の変容に関する調査」によると、企業の考える長期雇用のメリットに対しては（複数回答）、「『雇用の安定が従業員に精神的安心感、モラール向上が期待できる』六六・八％、『従業員の会社に対する帰属意識・忠誠心が高まる』六五・五％」と回答する企業の割合が高くなっている。

ここに示されるように、長期雇用制度は従業員に精神的安心感や帰属意識を提供していた。また、山田（2004：102）が指摘するように「企業―正社員システムは、社員に、給料だけでなく、アイデンティティも供給していたのである」。

〔職場・雇用における変化〕

戦後日本における日本的雇用システムは「護送船団方式の行政指導に守られた大企業の長期的雇用慣行、土建業界を支える公共事業、零細な流通業や中小企業の保護政策など、所管官庁が直接、間接に企業や業界を保護することをとおして実現」（宮本 2009：42）していた。

このような日本的雇用システムは一九九〇年代になるとグローバリゼーションと新自由主義政策の影響により変質する。まず、必ずしも正社員体制を崩すことが目的ではなかった（濱口、湯浅、宮本 2011：68）が、一九九五年に当時の日経連がレポート「日本的経営」を発表した。そこでは、「従来の長期継続雇用という考え方に立って、企業としても働いてほしい、従業員としても働きたいという『長期蓄積能力活用型』と呼ばれるグループのほかに、必ずしも長期雇用を前提としない『高度専門能力活用型』グループ、そして長期雇用を前提としない『雇用柔軟型』グループという三つのタイプの雇用形態が提示されている」（前田 2010：47）。

次に雇用形態に多くの影響を与えることになる労働者派遣法を見てみる。一九八六年に制定されたこの法律は、正社員的な働き方を望まず、生活を優先したい労働者のニーズにマッチする形で生み出されたものであった（前田 2010 : 52–53）。また、この法律は「専門的な知識と経験を必要とする専門職に限って派遣を認める方式であり、それであれば派遣労働者自身も技術を引き換えに企業との交渉力を持ち得ると考えていたようである」（和田 2008 : 6）。しかしながら、その後、一九九九年の改正では労働者派遣が原則自由化され、二〇〇四年には製造業への派遣も認められた。この二〇〇四年の改正は、企業の需要に合わせて大量解雇を生み出すこととなり、非正規雇用の格差問題として大きくクローズアップされることになる。

実際の雇用形態別雇用者数の推移を見てみよう。一九八四年には役員を除く雇用者の内、正規職員・従業員は八四・七％、非正規（パート・派遣・契約社員等）は一五・三％だった。しかし、二〇一〇年には正規職員・従業員は六六・三％、非正規職員・従業員は三三・七％になっている（厚生労働省編 2011 : 21）。

変化は雇用形態だけではない。失業率も大きく変化している。総務省「労働力調査　長期時系列データ（完全失業率【年齢階級別】）」によると、一九八四年一月の失業率は二・七％だったが二〇一〇年一月には五・〇％と二倍弱と大幅に増加している。特に一五歳から二四歳の若年層の失業率は、一九八四年一月は五・五％だったが二〇一〇年一月には九・二％となり、高い数字を示している。

雇用形態の変化と失業率の上昇により、仕事に就きたくとも就けない人が増えている。雇用形態を見ても、いつ解雇されるか分からない非正規職員・従業員が増えている。

〔個人への影響〕

先に確認した職場環境の変化は、職場が個人に対して与える影響に対して次のような変化をもたらしている。まず、職を失った人や仕事に就くことが出来ない人たちについて見てみる。これらの人たちは、職場が個人にもたらす生活保障、会社を通した人と人との結びつき、そして帰属意識やアイデンティティの形成といった機会を享受することが出来ない。それに加えて、会社や社会に受け入れてもらえない・排除されているといった気持ちをもつことも少なからずある。そして、「自分は社会にいてもいなくてもよい存在」、「社会のお荷物」と思い、自ら命を絶つ人もいる。以下の文章は再就職を目指し、職業訓練校入学のために毎晩参考書を広げているある五六歳男性（未婚）の言葉である。

「人とのつながりがなくなるのは、生きている孤独死みたいなもんですよね。誰にも関心を持たれない、自分も何の役割も果たしていない。生きていても死んでも一緒でしょ。存在がなくなったのと変わらないじゃないですか。だから、人とのつながりは、自分の存在の確認だと思いますね」（ＮＨＫ「無縁社会プロジェクト」取材班 2010 : 138）

次に、非正規職員といった形で雇用されている人たちについて見てみる。最初に確認しておくべきことは、一九八〇年代までの非正規職員は主婦のパートや学生のアルバイトのように夫や親が働いていれば生活に困ることはない人たちであった。即ち、「家族に根ざした非正規」だった。しかし、一九九〇年代以降に増えている非正規職員は、「家族をもてない非正規」ということである（濱口、湯浅、宮本 2011 : 61–62, 67）。このことを念頭に置いて厚生労働省がまとめた「望ましい働き方ビジョン――非正規雇用問題に総合的に対応し、労働者が希望する社会全体にとって望ましい働き方を実現する」を見ると、職場が非正規雇用職員に及ぼす影響として次の点を指摘出来る。

一つは雇用調整の対象になり易く、セーフティネットの整備も不十分であるために、いつ解雇されるかという不安と生活に対する不安がある。二つめは低賃金であり、年齢・勤続による賃金上昇も少ないため、経済的自立が困難である。三つめは正規雇用と比べて能力開発機会が不足しているため、希望の職業や正規雇用へのステップアップが難しく、職業キャリアの展望ももちにくい。同報告書に指摘されている訳ではないが、これらのことから非正規雇用では仕事でアイデンティティを形成することは難しいと考えられる。また、「非正規雇用者ほどネットワークの孤立化傾向が顕著である。特に二十歳代のパート・アルバイトが最も『相談相手のいない』という割合が高く、非正規社員のコミュニケーションの『場』の獲得が困難である傾向がみられる」（前田 2010：64）という指摘もある。

最後に、企業とそこに雇われている人全体（正規職員と非正規職員）について見てみる。

まず、人とのつながりに対する人々の意識についてその変化を見ると、「職場の同僚との望ましい付き合い方について尋ねたところ、一九七三年時点では『全面的つき合い』と回答した割合が五九・四％と最も高く、『部分的つき合い』が二六・四％と続き、『形式的つき合い』は一一・三％にとどまっていた。しかし、二〇〇三年になると、『全面的つき合い』が望ましいと回答した割合は三七・八％に低下し、逆に『部分的つき合い』が望ましいとする割合は三七・五％に高まり、両者は拮抗するまでになった。また、『形式的つき合い』が望ましいとする割合も二一・七％に高まっている。つまり、かつては職場では親密な付き合いが求められていたが、現在ではより緩やかな付き合いが求められるようになっている」（内閣府編 2006：133‒134）。次に、会社に対する帰属意識の変化を見てみる。帰属意識が「『もともとない』とする回答が一九九五年は一八・四％であったが、二〇〇〇年には二三・七％に高まっている。またそのような意識が『薄れた』という回答について一九・四％から三二・二％に一〇％ポイント以上も高まっている」（内閣府編 2006：144）。

このように職場における〝つながり（付き合い）〟は形式的になり、会社に対する帰属意識も低下してきている。

（六）社会科学からの学び

①全体社会がもたらす影響

再帰的近代化が進行する第二の近代において、グローバリゼーション、リスク化と個人化が進展している。そしてこれらの動きは、政治・経済・文化という領域（マクロレベル）、家族・地域社会・学校・職場という中間集団（メゾレベル）、そして、自己責任が問われるように個々人（ミクロレベル）に多大な影響を及ぼしている。まず、社会科学から学ばなければならない点は、グローバリゼーション、リスク化と個人化といった全体社会をつき動かしている力・仕組み・ルールと、それらがマクロ・メゾ・ミクロのそれぞれの次元に及ぼしている影響である。

「現代社会において社会福祉とは何であるのか」という問いをはじめ、福祉哲学の問いについて考えるためには、これらの点を事実として認識しておかなければならない。以下では、この節で学んだ諸事実を社会科学からの学びとして確認する。

②グローバリゼーション

（ⅰ）力・仕組み・ルール

グローバリゼーションをもたらす根本的な原因には物質的な豊かさを求める欲望がある。この欲望により世界中で生まれる富（物質的豊かさ）は増大する。貧困をなくすことに寄与するため、富の増大は望ましいことである。しかし、富を増大するために行われたことが植民地支配である。豊かな国と貧しい国は過去の植民地支配により結びつき、その結果として一つのグローバルな経済世界を作っている。そこでは、過去の植民地支配によってもたらされた関係性が、今日における著しい不平等に影響を与えている。富裕国で享受されている豊かな生活は、このような歴史が作り出した不平等な仕組みの中で生み出されているのである。

更に、経済のグローバリゼーションをもたらすルールがある。このルールの決定は一部の少数の機関が行い、貧しい人々は自分たちに多大な影響（生死に関わる影響）を及ぼすルールの決定に発言権をもっていない。そして、設定されるルール自体が富裕国には有利に発展途上国には不利という不公平に設定されている。

（ⅱ）マクロ・メゾ・ミクロのそれぞれの次元に及ぼす影響

グローバリゼーションにより世界における絶対額の所得格差は拡大し（経済的側面）、国家の自律性は外部から制約されるようになっている（政治的側面）。コミュニティを形成する他者への思いやり・帰属意識といった社会的価値が掘り崩される。そして、人々の信頼は低下し、社会の下層の人たちの自尊心が傷つけられるため、犯罪、暴力・虐待が引き起こされる。不平等なルールによって拡がる社会的不平等は、所得格差だけでなく、社会の下層に位置づけられた人々の自尊心を傷つけ、喪失させるのである（社会的側面およびメゾレベルへの影響）。

また、グローバリゼーションは、一方では自由に世界を駆け回る人々を生み出すが、他方では、仕事という社会的役割から排除され、結果として貧困状態に陥り、その状態の中で犯罪を起こし、刑務所に閉じ込められる人がいる。後者の人々は、社会的な富を生み出さず社会的な負担のみを増やす「社会の余剰（余計者／お荷物）」あるいは「憎むべき犯罪者」と見做されることで、それらの人々との連帯が困難になる。

③リスク化

（ⅰ）仕組み

再帰的近代化は様々なリスク（科学技術がもたらすリスクや本人の意思決定故に「自己責任」という形で担わされるリスクなど）を生み出す。他の産業がないために原子力発電に伴うリスクを受け入れる選択をした地域社会や、国の安全保障のために様々なリスクや危険に晒されている沖縄のように、リスクの分配は極端に偏っている。しかし、その構造（犠牲の構造）の中で他の地域の人たちは快適かつ安全な生活を享受している。

（ⅱ）人と人とのつながり（連帯）や個人に及ぼす影響

生活困難をリスクと捉えた場合、本人には生活困難を回避する選択肢があったにも拘らず、そこで適切な決定をしなかったから生活困難になったのであり、それは自己責任である、とされてしまう可能性がある。そして、「自己責任であるが故に支援する必要はない」という意識や判断が生じ、連帯が困難になる可能性もある。

④個人化

（ⅰ）個人化の過程と個人への影響

家族・地域・企業などの中間集団は個人に行為規範や生きる意味を供給すると共に、個人が被る様々なリスクに対処してきた。個人化とは、そのような中間集団が衰退することでそこから放り出された個人が、社会制度との結びつきで社会の中に組み込まれていく過程である。この過程の中で、個人は行為規範や生きる意味を自ら見出すことが求められ、同時に、様々なリスクに対する責任（自己責任）が求められるようになる。

（ⅱ）グローバル化の中の個人化

個人化はグローバリゼーション（グローバル化）によってもたらされる。グローバル化は伝統的な役割や産業社会のカテゴリーを破壊する。また、ネオリベラリズムのイデオロギーもグローバル化と結びついている。これらの要因が、人々に能動性や自律性を強制すると伴に、自分自身の人生を生きることを強いる。

⑤中間集団の変容と個人への影響

グローバリゼーション及び個人化とリスク化というマクロレベルの動きは、私たちの具体的な暮らしが営まれている家族、地域社会、学校、職場というメゾレベルの中間集団に、そして個人というミクロレベルに直接的な影響を及ぼす。

全体社会あるいは国家と個人の間に、家族、地域社会、学校、職場といった中間集団がある。この中間集団は、人が人として生きていく上で極めて重要な、個人と他者とのつながり、役割と承認、帰属意識と安心、そして、個々人の行為や生きることの意味を供給する機能をもっている。しかしながら、グローバリゼーション、リスク化と個人化の進展により、これら中間集団が担っていた機能が変容・衰退している。

その結果個々人は、個人と他者とのつながり、役割と承認、帰属意識と安心、そして、個々人の行為や生きることの意味を中間集団から十分に供給されない状態を招いている。更に、個々人は中間集団が衰退することでそこから放り出され、社会制度との結びつきで社会の中に組み込まれていく。しかし、その社会制度の機能不全が見られる中、自立や自己責任が個人に強要され、個々人は行為規範や生きる意味を自ら見出すことが求められるようになっている。

第二節　社会哲学からの学び――ホネットの物象化論に焦点を当てて

社会哲学とは「一般に、社会のあり方や構造を認識するのみならず、社会のあるべき姿についても論考する学問」（山脇 1998 : 696）である。第一節で採り上げた社会科学は、社会の在り方や構造を認識する学問であるが、社会哲学はそれだけではなく、社会のあるべき姿についても論考する。

社会哲学における重要な先行研究に、ホルクハイマーやアドルノらの初期フランクフルト学派の業績がある。そこでは「人々の自由（解放）の実現というあるべき理念に照らして、現下の社会の抑圧や歪み（イデオロギー）を批判することを社会哲学の主要任務と規定し、実証的社会諸科学で支配的な分析的・機能的理性ではなく、批判的・弁証法的理性をその器官とした」（山脇 1998 : 696）。

フランクフルト学派の系譜に属しながらも、「承認」を一つのキーワードにして独自の社会哲学を展開しているのがホネット（Honneth, Axel）である。ここではホネットの『物象化論――承認論からのアプローチ』（2005＝2011）と、この著書の追考という内容を持っている講演「『物象化』追考」（2011）から学ぶことで、現代社会についての理解を深めたい。

（一）物象化

①改めて物象化を問う理由

「物象化（Verdinglichung）」は一九二〇～三〇年代において、ドイツ語圏の社会・文化批判をリードするテーマであった。しかし第二次世界大戦終了後、この概念（カテゴリー）が時代診断において有する中心的位置は損なわれた（Honneth＝2011：9–10）。そのようななか、ホネットは物象化というテーマの復権を試みる。理由は、現代社会において次のような状況が観られるからである。

一つは、小説や物語において、自分たちや他人に対して、あたかも生命のない対象に接するように、従って内的感情や他者の視座を引き受けようとする試みのかけらもなく、関係しているような住人が描かれているという点である。二つめは、文化社会学や社会心理学の領域で研究されている、感情をコントロールする人間行動の形態が観察されるという点である。三つめは、増大する代理母の利用や恋愛関係の市場化、セックス産業の爆発的発展などを含めた、人間的特性をモノや商品のように扱うが故に道徳的、倫理的原則に反する人間の態度である。そして四つめは、生活世界的知識を無視し、人間の感情や行動を脳内の神経伝達の分析によって説明することで、人間の経験をロボットやモノのように扱う思考である（Honneth＝2011：11–13）。

ホネットは現代社会においても、人を物のように扱う思考・態度・行動が見られるのであり、そのような時代・社会を理解（診断）するために、改めて物象化という概念の検討を行う。

②ルカーチにおける物象化

ホネットは、物象化という概念の検討を始めるに当たり、先行研究としてルカーチ（Lukács, György）の物象化を採り上げる。ルカーチは物象化を、人間と人間との間の関わり合い、関係が物象性という性質を持つことと捉える（Lukács＝1968：162, Honneth＝2011：19）。そして、資本主義社会の確立と伴に、主体（人間）は自らの同胞との関係を、何よりも等価な商品交換を介して規制し始めると、その主体（人間）は、①目前の対象を、潜在的に利用可能な「モノ」としか認識せず、②向い合っている相手を、多くの収益をもたらす取引の「客体」としてしか見做さず、そして、③自らの固有な能力を、収益獲得機会の計算における追加的「資源」としか考えないようになる（Honneth＝2011 : 20）。

このような商品交換の拡大する行為領域では、主体は可能な限り感情中立的な態度が要求され、社会的出来事の参加者としてではなく単なる観察者として自ら振る舞うことを強いられる。そしてその主体には、それぞれの状況において与えられているものを「物象化する」知覚が現われる（Honneth＝2011 : 24）。こうして「物象化は、人間の『第二の自然』と言えるほどまでに資本主義社会において広まった、われわれの視座を歪める『態度』あるいはふるまい方を形成する」（Honneth＝2011 : 25）。

更にホネットはルカーチの物象化に関するテクストから、「本来の『真の』実践は、商品交換の拡大によって破壊された共感や関心という特性をもつ」（Honneth＝2011 : 28）という点を見出す。そして、ルカーチ自身が物象化ということで理解してもらいたがっていたことは、物象化における「共感なき観察的態度は、人間の実践の本来の、あるいはよりよき形態の諸規定に反する習慣や態度の総体を形づくる」（Honneth＝2011 : 26）という点であると指摘する。

（二）承認の忘却としての物象化

①承認の優位

ホネットはルカーチの分析から、「『物象化』とは、それを引き受けることにより主体は関心をもって共感する能力を失い、その環境もわれわれに対して質的に開かれているという性質を喪失するような思考習慣、習慣的に硬化した視座のことである」（Honneth＝2011：44）と捉える。と同時に、物象化によって破壊された共感や関心に、人間の本来の（真の）実践の姿を見出す。ホネットは、ルカーチが見出した共感的実践という理念は、主体―客体図式への支配的な固着を根本的に反駁するための鍵を提供するという意味で、ハイデガーの「気遣い」という概念と共通した意味を持つと捉える（Honneth＝2011：36）。さらに、ハイデガーの「気遣い」を、デューイの思想を利用することで、ヘーゲルに端を発する「承認」という概念へと橋渡しする（Honneth＝2011：44-45）。そうすることで「感情的に中立化された認識という態度で前以って世界と関わるのではなく、どこまでも実存的な色合いを帯びた支持的な心配りという態度で（世界に）関わる〔カッコ内は筆者が補足〕」（Honneth＝2011：47）根源的な在り方を「承認」と捉える。そして「承認が認識に先行する」というテーゼを提出する（Honneth＝2011：55）。

ここで言う承認とは「他者に対し情動的なものにまで達する態度をとり、その態度のなかで他者のうちに私たちの自己にとっての他者、すなわち同胞的存在（Mitmensch）を見出すこと」（Honneth 2011：46）、分かりやすく言えば、「他者を自分と同じ人間と見なす承認」（水上　2008：98）を意味する。そして、このような承認により「私たちの生活世界にある特定の現象に対し、私たちは実在的な感応性（Ansprechbarkeit）をもって応答している」（Honneth 2011：46）のであり、私たちの社会的相互行為は「哲学のなかでたびたび想定されているように、認識行為ではなく承認的態度から織りなされているのである」（Honneth＝2011：69）。

②承認の忘却としての物象化

ホネットが「物象化」という概念を新たに規定するための鍵としたのが「忘却」という概念である（Honneth＝2011：84-85）。ホネットは、認識すること自体が、それに先立つ承認に支えられていることに注意が払われなくなることを「承認の忘却」という意味における物象化と捉え（Honneth＝2011：87）、「承認の忘却を物象化現象の核心」（宮本 2011：154）と捉えている。

では、承認の忘却としての物象化はどのような事態をもたらすのだろうか。ホネットは「われわれが認識を遂行する際に、それ自体が承認的態度に基づいていることについての感受性を失う程度に応じて、われわれは他の人々をただ感覚を欠いた対象のように知覚するという傾向を強めてしまう」（Honneth＝2011：85）と指摘する。その結果としてもたらされることを、宮本真也は次のように解説する。

「承認の忘却において他の人々が対象や事物となることは、さらに彼女／彼らからの感情、願望の表現からわれわれに寄せられた応答してほしいという要請を見えなくさせ、それらの理解に向かうことまでも忘れさせる。相手の感情と願望にわれわれ自身も刺激され、心を動かされて、相手とのうちに結びつきの感覚が失われることを、承認の忘却は招いてしまうのである」（宮本 2011：154）

このような承認の忘却には、典型的な二つのケースがある。一つは認識するという態度がその目的の一人歩きによって一面化したり硬直化したりするケースである。もう一つは、先入見やステレオタイプのために承認という事実を事後的に拒否するケースである（Honneth＝2011：87–89）。二つめのタイプは「レイシズムとそこから生じる差別や人身売買、あるいは非人間的な侮辱や承認の不在」（宮本 2011：156）が含まれる。それは視るべきものを生み出す根源的要因の一つである。次に、その仕組みについて確認する。

（三）承認の拒絶としての物象化

①承認を拒絶するメカニズム

ホネットは「他者に対して（あるいは他の人間からなる集団に対して）人々が物象化する態度を取りうるのは……（中略）……人びとが、先行する社会関係のすべての意識が消え去ってしまうほどに他者を単に観察することが自己目的となっている社会的実践に参加しているか、あるいは行為する際にこのような本源的な承認を後から拒絶することを強いるような信念体系に支配されているかのどちらかに原因がある」（Honneth = 2011 : 126）と言う。そして「これらの二つの事例に共に特徴的なのは、前もって直観的に習得されていることが後から再び忘れ去られてしまうことである」（Honneth = 2011 : 126–127）と述べている。その上で、この二つの事例について次のように説明する。

（i）行為目的の自立化

ホネットは、行為目的の自立化を承認拒絶のメカニズムの一つとして考える場合、『物象化』の中で用いたテニスプレーヤーの事例は誤解を招きやすかったとして、「『物象化』追考」では戦争行為を事例として採り上げる。

戦争が経過する中で、敵を全滅させるという目的が自立化していくと、戦争に関与していない人間（子供や女性）を認識する場合でも、同胞的存在としての彼らの特徴へのあらゆる気づきが少しずつ失われてしまうまで、敵を全滅させるという目的が自立してしまう。そして、前もって敵と見なされる集団のすべてのメンバーが単なる命なき物的対象でしかないかのように取り扱われ、彼らに対する不必要な殺戮と暴行を正当化するにいたるのである（Honneth 2011 : 49）。

同胞的存在のあらゆる人間的性質を無視することを要求するような活動は全て、その自立化によって間主観的な物象化にいたる可能性がある。但し、最終的に本来的な承認を「忘却」させ、他者を現実にひたすら単なるモノのように扱わせるのは、こうした活動を実行することだけに限られるのではなく、その活動をルーティーン化し習慣とすることなのである（Honneth 2011 : 50）。

（ii）本源的な承認が後から拒絶される

ホネットは本源的な承認が後から拒絶される事例については「ある社会的な世界の見方、あるいはイデオロギーを身につけることの結果なのである。……（中略）……物象化はここでは物象化作用を及ぼす信念体系から派生した単なる習慣であるとも言える」（Honneth = 2011 : 127）と考える。そして「一面化された実践とイデオロギー的な信念体系とのあいだの互いに関連し合う共作用」（Honneth＝2011：129）に着目し、次のように述べる。

> 「他者と距離を取って単に観察し、道具的に把握する社会的実践は、物象化する類型化を通じて知的に支えられる程度に応じて、より固定化される。そしてそのことと同様に、逆に類型化する記述は他方で、一面的なものとなった実践のために適切な解釈枠組みをもたらすことにより、動機づけのための滋養分を得るのである。このように、特定の人間集団のメンバーのための先行する承認が後になって拒絶されるがために、彼ら／彼女らを『モノ』のように扱えるようにする行動システムが形成されるのである」（Honneth＝2011：129–130）

具体的に言い直してみよう。例えば、黒人や障害者あるいはユダヤ人をモノのように扱われる者たちとして類型化していくことで、他者を観察し道具的に、即ちモノのように捉える社会的実践はより固定化されていく。逆に、そのように類型化する記述は、他者を観察しモノのように捉える社会的実践のために適切な枠組みをもたらすことで、類型化することに対する動機づけの理由を得ていく。こうした社会的実践と類型化する中で形成されていく信念体系との間の互いに関連し合う共作用によって、黒人や障害者あるいはユダヤ人など特定の人たちに対する承認が拒絶されていく。そうして、承認が拒絶される仕組みの中で、黒人や障害者あるいはユダヤ人など特定の人たちを「モノ」のように扱う行動システム（物象化のシステム）が形成されていくのである。

②承認の基本的な形態の取り消し（拒絶）としての物象化

ホネットは、次の三つの承認形態（他者からの承認の形態）が「人間主体が互いに肯定的な立場になっていくための社会的な条件をつくりだす」（Honneth＝2003：225）と言う。

一つめは、家族などの親密な者たちによる感情的な配慮・気遣いであり、「個体は個人として承認される」（Honneth＝2005：204）、すなわち、唯一無二の存在として認められる承認である。このような承認の形態は愛の関係と言われる。二つめは、法により「個人は一人の人格として」、即ち、「他のすべての人間と同じように責任能力を持つ」（Honneth＝2005：204）人格として認められる承認である。このような承認の形態は法（権利）関係と言われる。三つめは、個人は身近な共同体から「建設的価値のある能力を持った人格」（Honneth＝2005：204）として認められる承認である。このような承認の形態は価値共同体（連帯）と言われる。

これら承認の諸形態に対して、ホネットは『物象化』において、「ここで考えられている承認という態度は間主観的確認のまったくの基本的な形態」（Honneth＝2011：71）であると述べ、さらに注釈では「したがってここではまた、私がそのテーマについてこれまでの論考のなかで扱ったよりも、さらに基本的な承認の形態が問題になっている。……（中略）……こういった承認の『実存的』様態は、他者の特定の性質や能力が問題になるような他のあらゆる内容豊かな承認の形態の基礎をなす」（Honneth＝2011：73）と説明している。

即ち、ホネットが物象化を引き起こす要因として見出した承認は、愛、法（権利）関係、連帯という承認の三つの形態の根底にある承認の基本的な形態なのである。その内容は、先に確認した通り「他者を自分と同じ人間と見なす承認」であり、「相互作用の相手の様々な表出に実存的に引き込まれ、それに相応する反応への要求と理解し、それに応じようとする態度、つまりは、その呼びかけに応えるべき存在として相手の価値を是認する態度である」（水上 2008：97）。

ホネットが物象化と呼んでいるのは、このような承認の基本的な形態の取り消し（拒絶）であり、端的に言えば「他者を自分と同じ人間と見なす承認の基本形態それ自体の取り消しにほかならない」（水上 2008：98）のである。

（四）社会哲学（ホネットの物象化論）からの学び

①物象化という視点

小倉は社会の底辺にいる人たちを、〝人を人とも思わぬ状況〟と呼んだ。そこにあるのは人であるにも拘らず人として見られない、あるいは接してもらえない状況であり、まさに、それは物象化である。

隔離収容という形で生きながらその存在を社会的に抹消されたハンセン病を患った人たち、いじめにより認識されているにも拘らずその存在を認められない無視などは、ホネットがいう承認の基本的形態の取り消しという物象化であろう。また、バットストーン（Batstone, David）が人身売買の根幹には「人間を売買可能な〝物〟に貶《おとし》める恐ろしい力が働いている」（Batstone＝2010：22）と言うように、人身売買は典型的な物象化である。

更にホネットは、物象化というテーマに目覚めさせた現象は、工業的な大量殺戮を解釈する際の困難であったという。若者が表面的には心を動かすこともなく数百ものユダヤ人の子供や女性を射殺するといった行いを理解することは困難であり、しかし、そのような行いの契機が、二〇世紀末という時代を特徴付けたあらゆる民族殺戮にも存在していた。こうした大量殺戮は、承認の消滅・忘却についての解明に向かわせるのである。ホネットは、自分の研究はこのような人間学的な謎に対する答えを見出そうとする試みであったと言う（Honneth　2011：51）。承認の基本的形態の取り消し（物象化）という観点は、絶滅収容所などの大量殺戮といった最底辺における出来事が、何故起こってしまったのかを解明するための一つの糸口を与えてくれる。

このようにホネットの物象化論は、視るべきものにおいて人はどのように扱われているのか、その一つの在り方を理解するために有益な視点を与えてくれる。

②物象化を生み出すメカニズム

ホネットは、物象化の真の原因が、先行する承認という事実が忘却されてしまうことだと確認した上で、これまであまり区別を設けずに論じられてきた物象化の諸相を区別する（宮本 2011：155）。それは、①他の人々に対する物象化という現象、②物理的な環境、自然までもが物象化されること、③精神的な行為の世界、主観的な世界が物象化されること、この三つである（宮本 2011：155–158）。そして、それぞれに考察を加える。先に記述した承認を拒否するメカニズムは、この内、①他の人々に対する物象化についての考察である。

ホネットの研究は、物象化と見做される現象を記述し整理するだけではなく、その現象がどのようなメカニズムによって生まれているのかを理解する上で有益な見方を与えてくれる。

③承認の重要性

ホネットの物象化論の中核にあるのは「物象化は承認の忘却である」というテーゼであり、より正確に言えば「物象化は承認の基本的形態の取り消し（拒絶）である」というテーゼである。

社会の底辺には、〝人を人とも思わぬ状況〟という言葉に象徴される、まさに物象化といわれる状況がある。にも拘らず、社会福祉の領域においては物象化という観点から分析され理解されることはなかった。ホネットの物象化論は、社会の底辺にある〝人と人とも思わぬ状況〟は物象化であると捉えるだけでなく、その根源的な原因には「承認の基本的形態の取り消し（拒絶）」があることを示している。承認の基本的形態の取り消し（拒絶）がなされているところでは、「彼女／彼らからの感情、願望の表現からわれわれに寄せられた応答してほしいという要請を見えなくさせ、それらの理解に向かうことまでも忘れさせ」（宮本 2011 : 154）、「呼びかけに応えるべき存在として相手の価値を是認する態度」（水上 2008 : 97）は取り消される（拒絶される）のである。

ホネットの物象化論は、社会の最底辺にある〝人を人とも思わぬ状況〟では、承認の基本的形態の取り消し（拒絶）が行われているということ、そしてそこでは、存在を認めるという承認が重要であることを教えてくれる。

第三節　実践哲学からの学び

ここで言う実践哲学とは、行為（実践）に関する哲学である。その範疇には倫理学、政治哲学、法哲学、社会哲学が入り、福祉哲学もこの実践哲学の一領域である。

（一）正義・自由というテーマ

近代初頭のグローバリゼーションは植民地支配をもたらし、今日の世界における格差（生活水準に関する国際的不平等）に大きな影響を及ぼした。そこには、グローバリゼーションがもたらす富（豊かさという恩恵）が不公平に分配されるルールがあり、ルール設定に関する不公平もあった。また、他の産業がないために原子力発電に伴うリスクを受け入れる選択をした地域社会や、国の安全保障のために様々なリスクや危険に晒されている沖縄のように、リスクの分配は極端に偏っている。

社会科学や社会哲学の知見は、私たちがあまり意識することのない中で、そこに参加し組み込まれている不公平なルールや仕組み（不正義）あるいは物象化のメカニズムを明らかにしてくれる。そこにある問いを考えていくために必要となるのが、不正義や物象化に抵抗し、一人ひとりの福祉の実現を可能にする正義、自由といった諸概念について、実践哲学の研究成果から学ぶことである。

ここでは、功利主義の考えを基盤にした正義の構想に不正義を感じる正義感覚をもとに、公正という観点から正義の構想を示すロールズの正義論を学びの出発点とする。ロールズを出発点とする理由は、「みんなの福祉」を理由に十分な配慮をされない一人ひとりを視野に入れた正義の構想を示しているからである。しかし、ロールズの正義論だけでは不正義や物象化に抵抗し、一人ひとりの福祉を実現することは難しい。それを補い、あくまで「一人ひとりの福祉の実現」という社会福祉の目的の実現のために必要とされる考え方を、セン、バーリン／シュクラー／マルガリート／イグナティエフ、そしてデリダから学ぶ。

(二) ロールズ――公正としての正義

①正義の優先性

ロールズ（Rawls, John Bordley）は『正義論』における正義の探究を、次の言葉により開始する。

「真理が思想の体系にとっての第一の徳（the first virtue）〔＝何はさておき実現される価値〕であるように、正義は社会の諸制度がまずもって発揮すべき効能（the first virtue）である。どれほど優美で無駄のない理論であろうとも、もしそれが真理に反しているのなら、棄却し修正せねばならない。それと同じように、どれだけ効率的でうまく編成されている法や制度であろうとも、もしそれらが正義に反するのであれば、改革し撤廃せねばならない。すべての人びとは正義に基づいた〈不可侵なるもの〉を所持しており、社会全体の福祉〔の実現〕という口実〉を持ち出したとしても、これを蹂躙することはできない。こうした理由でもって、一部の人が自由を喪失したとしても残りの人びとがどうしてより大きな利益を分かち合えるならばその事態を正当とすることを、正義は認めない」（Rawls＝2010：6）。

ここに示されている通りロールズは、正義は社会の諸制度が何はさておき実現される価値であると捉えている。そして、その正義を「最大多数の最大幸福」を掲げる功利主義の正義観に代わる「公正としての正義」として提示する。

②正義の構想（公正としての正義）

ロールズは正義の概念（正義とは何か）と正義の構想（何が正義か）を区別した上で、正義の構想として「公正としての正義」を提示する。そして次のように述べる。

「デモクラシーの諸制度を評価するにあたって絶対に最優先されねばならない要求事項とは、自由かつ平等な人格である市民が〈基本的な諸権利・諸自由〉を保持すべきことである。にもかかわらず、とりわけ功利主義はこの基本的な権利・自由に関して、満足のいく根拠を提供しえていない、と思われる」（Rawls＝2010：xii）。ロールズはこのような問題意識のもと、デモクラシーの伝統が共有する本質的な部分を表現する正義を構想した。それが『正義論』において提示された「公正としての正義」である。ロールズ（Rawls＝2010：10–11）は「本書において、正義の第一義的な主題（＝「正義／不正義」という賓辞が優先的に付されるべき主語）をなすものとは、〈社会の基礎構造〉（the basic structure of society）――もっと正確に言えば、主要な社会制度が基本的な権利と義務を分配し、社会的協働が生み出した相対的利益の分割を決定する方式――なのである」と言う。即ち、このような分割方式（主語）が正義（賓辞＝述語）なのである。

社会構造は人々の社会生活のスタート地点から影響を及ぼし、その在り方によっては深刻な不平等を生み出す。それ故ロールズ（Rawls＝2010：11）は「こうした不平等に対してこそ、社会正義の諸原理が第一の審級として適用されなければならない」と言う。そして、このような正義観は「伝統的な正義の観念との間に、何らの不一致も存在するものではない」（Rawls＝2010：16）と言う。ここで言う伝統的な正義の観念とは以下のようなものである。「アリストテレスが正義に付与した、より限定された意味――よく知られた諸定式（『正義とは、各人に彼の正当な持ち分を分け与えようとする不変かつ不断の意思である』というローマ法の定式など）も、このアリストテレスによる分析から派生している――とは、〈過多を貪ること〉（*pleonexia*）を控えるというものであった。すなわち、他者に帰属するもの（財産、報酬、職務など）を強奪したり、ある個人が当然受け取るべきことがら（約束の履行、債務の返済、適正な敬意を表すことなど）を与えないことによって、何らかの相対的利益を得ることを慎む、という意味である……（中略）……アリストテレスの定義の前提には、ある人に帰属するのがふさわしいものごとと彼が当然受け取るべきことがらに関する説明がおかれている。このことは疑いの余地がない。たいていの場合、こうした〈個人に賦与されるべき〉権利資格（entitlements）は、社会制度および制度によってもたらされる正当な予期から導き出されるものと思われる」（Rawls＝2010：15-16）。

このような伝統的な正義観の中、「みんなが合意出来る社会の基礎構造を定める規則」を正義と捉え、それを「公正としての正義」という構想のもとに提示しているのがロールズの正義論である。

③正義の内容（正義の二原理）

ロールズは『正義論』において、社会の基礎構造を定める正義の二原理を提示する。その後ロールズは、正義論に対する様々な批判に応え、生前最後の著書となった『公正としての正義　再説』では正義の二原理を次のように定式化した。

「第一原理

各人は、平等な基本的諸自由からなる十分適切な枠組みへの同一の侵すことのできない請求権をもっており、しかも、その枠組みは、諸自由からなる全員にとって同一の枠組みと両立するものである。

第二原理

社会的・経済的不平等は、次の二つの条件を充たさなければならない。

第一に、社会的・経済的不平等が、機会の公正な平等という条件のもとで全員に開かれた職務と地位を伴うものであるということ。

第二に、社会的・経済的不平等が、社会のなかで最も不利な状況にある構成員にとって最大の利益になるということ（格差原理）」（Rawls＝2004：75）

この正義の二原理で示されている基本的諸自由、公正な機会、格差原理とは次のことを意味する。基本的諸自由とは、思想の自由と良心の自由、政治的諸自由（例えば、政治に参加し投票する権利）と結社の自由、人格の自由と（身体的及び心理的）統合性によって説明されうる各種の権利と自由、法の支配によって包含される各種の権利と自由が含まれる（Rawls = 2004 : 78）。公正な機会とは「自分が生まれ、分別のある大人になるまで過ごした社会階層のいかんにかかわらず、同一の成功の見込みが与えられてしかるべきだということ。同様の才能とやる気をもっている人には、社会のどの部分に属そうと、その育成とその結果についてほぼ同一の見込みが与えられるべきだ」（Rawls = 2004 : 77）というものである。そして、格差原理とは「現存の不平等が最も不利な状況にある人々の利益に効果的に資することを要求する。さもなければ、不平等は許容されない」（Rawls = 2004 : 110）というものである。

　ロールズは提示された正義の二原理をより具体的に示すために、社会の基礎構造が一定の基本財・善（primary goods：つまり合理的な人間であれば誰もが欲すると推定されるもの）を分配するものと仮定する。この基本財・善とは、権利、自由、機会、所得と富、そして自尊といったものである（Rawls = 2010 : 86）。

④正義の特徴（敬意と自己肯定感）

ロールズは、基本財・善に挙げられている自尊（もしくは自己肯定感 self-esteem）には「自分自身に価値があるという感覚」や「自分の能力の範囲内にある限り、おのれの意図が実現できるという自己の万能に関する信頼」が含まれていると捉え、自尊を基本財・善の中でも最も重要なものと考えている（Rawls = 2010 : 577–578）。そして、正義の構想の特徴について、次のように述べている。

> 「正義の構想の望ましい特徴は、それが人びとが互いに払う敬意を公共的に表明するはずのものだという点にある。このようにして、人びとは自分自身に価値があるという感覚を確実にする。さて、二原理はこの目的を達成する。というのも、社会がこの二原理に従うならば、すべての人の善は相互便益の制度枠組みの中に含められ、各人の奮闘努力の賜物である制度の内部で人びとの善を公共的に肯定・擁護することを通じて、人びとの自己肯定感（self-esteem）が支えられるからである。平等な自由の確立と格差原理の実施は、こうした効果を必ずもたらしてくれる。すでに述べたように、二原理は生来の才能の分配・分布を、ある点では、集合的な

資産とみなすという取り組みに等しい。それゆえ、より幸福な人びとは不運にも負け組となった人びとを助けるという仕方でのみ、便益を得るべきだとされる（第一七節）」（Rawls＝2010：243）

ここに明言されているように、正義の構想は「人びとが互いに払う敬意を公共的に表明するはずのもの」であり、それが故に「人びとの自己肯定感が支えられる」のである。

⑤格差原理の合意（共同資産としての生まれつきの才能の分配）

上記の引用の最後にある第一七節では「格差原理は、生まれつきの才能の分配・分布を（いくつかの点で）共通の資産と見なし、この分配・分布の相互補完性によって可能となる多大な社会的・経済的諸便益を分ち合おうとする、ひとつの合意を実質的に表している」（Rawls＝2010：136–137）と言う。この点についてロールズは『公正としての正義　再説』において、次のように説明している（Rawls＝2004：129–133）。

まずロールズは、共同資産（共通の資産 common asset）と見做されるのは、生まれつきの才能の分配であって、各自の生まれつきの才能そのものではない、という点に注意を促す。即ち、個人がもっている才能の全部を、社会が所有するということはないのである。共同資産とされる「生まれつきの才能の分配」とは、人々の間の違いである。それぞれに違いがあり、その違いを利用して適切な仕方で組織化すれば、無数の相互利益的な相補性が可能になるのである。

ロールズはこのような考えに基づき「生まれつき恵まれた立場におかれた人々は誰であれ、運悪く力負けした人びとの状況を改善するという条件に基づいてのみ、自分たちの幸運から利益を得ることが許される」（Rawls＝2010：137）と言う。更に、この格差原理は「より有利な状況にある人々は、どの点においても、暮らし向きがより悪い人々の犠牲の上で暮らし向きがよりよくあってはならないという考えを表現している」（Rawls＝2004：218）とも述べている。

⑥具体的な制度（財産私有型民主制）

ロールズは正義の二原理を提示した後、その正義に適った社会制度として財産私有型民主制（property-owning democracy）を提示する。『公正としての正義　再説』ではこの制度を、福祉国家型資本主義と対比させた形で説明している。

ロールズによれば、福祉国家型資本主義では、小さな階層が生産手段をほぼ独占するのを許容する。また、「背景的正義が欠けており、所得や富における不平等があると、その構成員の多くが慢性的に福祉に依存するような、挫折し意気消沈した下層階級が育つかもしれない。この下層階級は、放ったらかしにされていると感じ、公共的政治文化に参加しない」（Rawls = 2004 : 249）と言う。

これに対して、財産私有型民主制では、「富と資本の所有を分散させ、そうすることで、社会の小さな部分が経済を支配したり、また間接的に政治生活までも支配してしまうのを防ぐように働く」（Rawls = 2004 : 247–248）。そして、「自由で平等な者とみなされた市民間の公正な協働システムとしての社会という観念を基本的諸制度において実現することが目標」（Rawls = 2004 : 249）となる。ロールズは「これを行うためには、基本的諸制度は、最初から、市民たちが平等の足場で十分に協働する社会構成員であるために十分な生産手段を広く市民たちの手に握らせなければならないのであり、少数の人々だけのものにしてしまってはならない」（Rawls = 2004 : 249）と述べている。

福祉国家は、生まれながらの不平等を是正することなく、結果として生じている不平等の是正を図る。しかしそこには、不平等の中で意欲を失っている人もいる。また、行われる福祉サービスは自尊心を傷つけることもある。これに対して、正義の二原理を適応した財産私有型民主制は、人々が平等の足場で社会的協働に参画出来る態勢を整えることで、一人ひとりが自己肯定感（自尊心）をもって暮らしていけるようになることを可能にする。

（三）センーーケイパビリティ

①正義のアイデア（不正義に抗する比較アプローチ）

『自由と経済開発』（Sen＝2000：331）においてセン（Sen, Amartya Kumar）は次のように述べている。

「正義の観念が一番大きな意味を持つのは、世界が正確にどのようにあるべきかについて何か現存する方式を考案することよりも、**明白な不正義**が何であるかを明らかにするときである（ゴシックは原文）」

後藤玲子、ポール・デュムシェル（2011：1–2）が言うように「この言明は『不正義に抗する』センの立脚点を示すとともに、政治哲学者、法学者、経済学者ら（例えばロールズ、ドゥオーキン、功利主義、社会的厚生関数アプローチ）がこれまで論じてきた正義論に対するセンの批判を端的に表すもの」である。実際にセン（Sen＝2011：2）は、「正しうる不正義を特定することは、単に我々に正義と不正義について考えさせるだけではなく、本書で論じるように、正義の理論の中心である。本書で提示しようとする考え方では、不正義の判断が、しばしば重大な議論の出発点となる」と述べている。

不正義に抗する正義というアイデアに基づき、センは正義に対する二つのアプローチを提示している。一つは「超越論的（先験的制度尊重主義）アプローチ」（transcendental approach）であり、もう一つは「状態比較（実現ベースの比較）アプローチ」（comparative approach）である（Sen＝2011：37–40, Sen 2011：41）。

前者は完全に正しい社会制度の在り方を求める哲学的な探究を示している。このアプローチは、社会にとって公正な制度とは何かを明らかにしようとし、最終的に現れる実際の社会に直接、焦点を合わせようとはしない。これに対して後者は、「異なる複数の社会制度に関して、ある社会制度は他の社会制度に比べて『より正しくない』、『より正しい』といったランキングを行うものであり、経済学が標準的に採用する比較の視座に立つ」（後藤、デュムシェル 2011：2）ものである。このアプローチは、必ずしも完璧な正義を追求するのではなく、現実の明白な不公正をこの世界から取り除くことに主たる関心をもつ。

センは「状態比較（実現ベースの比較）アプローチ」に基づき正義を考える。何故なら、センは完璧な正義の理論に熱中するのではなく、あくまで「実際に生きている人々の暮らし」に焦点を合わせ、そこにおける「不正義を取り除く」という観点から正義を考えているからである。例えば、センが「奴隷制の廃止を最優先課題としたのは、奴隷制を耐え難い不正義であるという判断であり、そのために完璧に公正な社会がどのようなものであるかに関する合意を追究する必要はない」（Sen＝2011：58）というのは、実際に奴隷制の中で生きている人たちがおり、そこにおける不正義を取り除くことが、正義の課題であると考えているからである。

②正義における理性の重要性（客観的な理性的推論と理性的精査）

セン（Sen＝2011：2）は不正義の判断がしばしば重大な議論の出発点となるが、それは出発点であって終わりではないという。センは「一時的な感情や心的態度も重要であり、世界の正義や不正義を評価する上で、それらを考慮することには十分な理由がある」（Sen＝2011‒a：14）ことを認めつつ、「私は、感情や心理や本能を、理性的な吟味もせずに、評価のための独立した材料として用いることに反対する議論を展開する」（Sen＝2011：14）。センは不正義の感覚に伴う感情的なものの重要性を認めつつも、それを理性によって精査し理性的推論を用いる必要があるというのである。

その理由は一つには「それがイデオロギーや分別を欠いた信念を精査する助けになる」（Sen＝2011：74‒76）からである。また別の理由は「『あなたはあなたのコミュニティの中では正しく、私は私のコミュニティの中では正しい』と主張する怠惰な解決に満足するような『無関心な寛容さ』を求めるのではなく、理に適った議論を自分自身そして他者と交わす必要がある。推論と不偏的な精査は必須」（Sen＝2011：5）だからである。更に言えば「他者に対して害をなすことを意図しないものの、そのような結果をもたらす行為を特定するため」（Sen＝2011：92）にも理性（知的精査）は必要なのである。

センは（Sen＝2011：17）は「『理性的でないこと』に溢れている世界であっても、理性は正義を理解する上で中心的な位置を占める」との考えのもと、「感情の重要性さえも理性の届く範囲内で尊重しうるものである」（Sen＝2011：81）と言う。ここではセンが理性をどのように用いて正義を理解していくのかを述べることはできない。しかしながらセンが、感情や感覚の重要性を認めつつも、正義を考える上で理性の働きを重視していることは確認しておきたい。

③人間に対する理解（コミットメント）

セン（Sen＝1989：146）は「純粋な経済人は事実、社会的には愚者に近い。しかしこれまで経済理論は、そのような単一の万能の選好順序の後光を背負った合理的な愚か者（rational fool）に占領され続けてきたのである（強調は原文）」と指摘する。そしてこの言葉により、主流派経済理論（新古典派経済学）が行動論的基礎に据える「自己の利益の最大化を目指すホモ・エコノミクス」という仮定を理性により精査する。

センはこの仮定から離反するために共感とコミットメントという概念を提示する。前者は「他者への関心が直接に己の厚生に影響を及ぼす場合に対応している。もし他人の苦悩を知ったことによってあなた自身が具合悪くなるとすれば、それは共感の一つのケース」（Sen＝1989：133）である。これに対して後者は「他人の苦悩を知ったことによってあなたの個人的な境遇が悪化したとは感じられないけれども、しかしあなたは他人が苦しむのを不正なことと考え、それをやめさせるために何かをする用意があるとすれば、それはコミットメントの一つのケース」（Sen＝1989：133）である。

両者の違いは、共感は、例えば他者の苦しみに共感し、その苦しみを除去することで自分の苦しみも除去されるかもしれないという意味で利己的な側面をもつ。しかし、そのように自己の利害に関係なく、他者の苦しみを除去しようとするコミットメントは利己的行為から逸脱するものである。

合理的選択理論では、「選択の合理性を単に自分自身の利益を抜け目なく最大化することと特徴づけている」（Sen = 2011 : 267）。しかしセンは次のように言う。

「我々は様々な動機を持っており、自分自身の利益だけをひたすら追求するものではない。全く自分自身の利益にならないことを進んで行うことに、理性に反するものはない。これらの動機のいくつか、例えば、『人間愛や正義や寛容さや公共心』はアダム・スミスが述べているように、社会にとって非常に生産的でさえある」（Sen = 2011 : 284）

即ち、人間は必ずしも自己の利益の最大化を求めるだけでなく、他者に関心をもち、共感やコミットメントをする存在である。よって、共感やコミットメントのような選択も人間の合理的な選択なのである。

④実現すべき状態（暮らし／善き生）に関する指標（ケイパビリティ）

センの（Sen = 2000 : 12–13）はアリストテレスの「富が我々の求めている善ではないことは明らかであろう。富は何かのために役立つもの、それ以外のもののために存在するものでしかない」という言葉を引用し、所得や富は「何か別のもののために役立つに過ぎない」と述べている。

経済学は多くの場合、人々の所得や経済的な富、そしてそれらを生み出す経済成長に強い関心を示し、しばしばそれ自体が目的のように語られる。しかし、「富が有用なのは、それがいろいろなことを可能にしてくれるから」（Sen = 2000 : 12）であり、経済成長や富・所得は「いろいろなことを可能にしてくれる」手段に過ぎないのである。では、経済成長や富・所得は何を実現するための手段なのか。

セン（Sen = 2011 : 397）は「幸福は、それ自身、重要ではあるものの、我々が価値を認める理由ある唯一のものではありえない」と言う。そして次のように述べている。

「功利主義的な幸福や欲望充足の計算は、長く貧困状態に置かれた人々に対して非常に不公平になりうる。なぜなら、我々、特に逆境にある人は暮らしを耐えうるようにするために、精神構造や願望を環境に合わせようとしてしまうからである。……（中略）……希望を持てないほど虐げられた人々は、……（中略）……小さな慈善にも大きな喜びを見いだせるように自分自身を訓練しているのである。……（中略）……生活の中で小さな喜びを見いだすという彼らの能力によって彼らの不利な状況を見落としてしまうことは、社会正義の要求を適切に理解するためのよい方法であるとは言えない」（Sen＝2011：406–408）

センはこのような幸福に代わり、社会が目指すべき状態（目的）として、福祉と自由を統合したケイパビリティという概念を提示した。センの言う個人の福祉とは「その人の生活の質、いわば『生活の良さ』」（Sen＝1999：59）であり、真の自由とは「ある人が価値あると考える生活を選ぶことができること」（Sen＝2000：83）を意味する。そして、ケイパビリティとは、「ある個人が選択可能な機能（ある状態になったり、何かをすること）のすべての組み合わせ」のことである（Sen＝1999：59–60）。

このケイパビリティという概念は、「人が行なう価値があると認めることを実際に行なう自由」（Sen＝2011：335）という意味を含み、さらに「ケイパビリティ・アプローチは、人々の暮らしに焦点を合わせる」（Sen＝2011：338）。即ち、自由と人々の暮らし（福祉）の双方の要素をもった概念なのである。

センはこのケイパビリティについて「福祉の自由（その人自身の福祉を促進する自由）とエイジェンシーの自由（ある人が追求する理由があると考える目標や価値であれば、何であっても推進する自由）」（Sen＝2011：414）という二つの側面を区別する。ここで言うエイジェンシー（Agency）とは「経済合理性を越えようとするところに人間の自発性や主体性を見出そうとするセンが用いる概念」（野上 1999：112）である。このエイジェンシーという観点を含めることで、自由を踏まえた「人間にとっての善い暮らし／生」についての理解が可能となる。どういうことか。通常、人は自らの福祉（生活の良さ）を求める。しかし、人間は自分の福祉のために行動するとは限らない。場合によっては、自らの福祉を犠牲にしてでもすべきであると思うこと（すべき価値があると思うこと）がある。これがエイジェンシーの自由である。

福祉の自由とエイジェンシーの自由は区別されるが関連しており、その関係性は必ずしも単純なものではない。しかしながら、ケイパビリティという概念を用いることで、不正義に抗して、社会は人々に対して実質的にどのような状態を保障しなければならないのか、即ち、何を目的としなければならないのかについて考えることが可能になる。

（四）バーリン／シュクラー／マルガリート／イグナティエフ――品位ある社会の自由

①自由を根源的価値とするリベラリズム

ロールズの正議論以降、善の多元性を認め、その上で善と正義を区分し、多元的な善の共存・調整を図る正義を根源的価値とする立場が、主としてリベラリズムと捉えられている。この立場に対して、自由自体を根源的価値とするリベラリズムがある。ここで取り上げるバーリン／シュクラー／マルガリート／イグナティエフは基本的には、自由を根源的な価値とするリベラリズムの系譜に連なる人たちである。

②自由という価値

バーリン（Berlin, Sir Isaiah）は積極的自由と消極的自由を区別する。積極的自由とは「誰が主人であるのか」という問いに答えるもの（Berlin＝2000：65-66）であり、自分自身の主人でありたいという個人側の願望から来るものである（Berlin＝2000：319）。それ故、その意味は自己支配としての自由（Berlin＝2000：324）である。この自由における自己を支配するところの自我は、真実の自我とか理想的な自我に同一化され、真実の自我のために、人々を嚇し、抑圧し、拷問にかけることを可能にする（Berlin＝2000 : 319–323）。

これに対して、消極的自由とは、「私はどれだけの領域で主人であるか」（Berlin＝2000 : 66）、「政府はどれほど私に干渉するのか」あるいは「わたくしには何をする自由が、あるいはなんである自由があるか」（Berlin＝2000 : 316）という問いに答えるのである。積極的自由が自由を行使する条件や主体に関する概念であるのに対して、消極的自由は自由の基本的な意味に関する概念である。そして、バーリンはその自由の基本的意味、即ち、消極的自由の意味を「鎖からの、投獄からの、他人への隷属からの自由」（Berlin＝2000 : 85）であり、「自由とは、少なくとも政治的な意味では、弱い者いじめ・抑圧の不在と完全に重なる」（Berlin＝2000 : 85）のである。

バーリンはこの二つの自由に対して、積極的自由の意義を十分に認めつつも、「積極的自由が全体主義によって悪用されることを恐れるがゆえに、消極的自由を基軸とするリベラリズムを擁護している」（濱 2008 : 225）のである。

バーリンによる自由の区別は、自由には「自らの統治者・主人公」といった自由を行使する主体といった側面（積極的自由の側面）と、「他人からの支配を受けない」といった自由の範囲（消極的自由の側面）とがあることを示している。

③品位ある社会における自由論

バーリンは、「品位ある社会（decent society）」という表現をしばしば用いる。例えば、次のようにである。

「私は、最低限の品位ある社会を実現するために働きたいと思います。その社会を超えてもっと広い社会にまでいければ、いっそうよいことです。しかし、最低限の品位にも達しない国が、いくつもあるのです」（Berlin and Jahanbegloo＝1993 : 76, 訳文を「品位を備えた社会」から「品位ある社会」に変更した）

バーリンは「品位ある社会」（decent society）について、「一般原則としてなし得る最善のことは、絶望的な状況の発生を防ぎ、耐えがたいような選択は避けられるような均衡状態を、たとえ不安定なものであっても維持していくことである。それが、品位ある社会を作り出すための第一の必要条件である」（Berlin＝1992：25-26，訳文を「まともな社会」から「品位ある社会」に変更した）と述べている。ここに示されているように、バーリンの「品位ある社会」（decent society）とは、絶望的な状況の発生を防ぎ、耐え難いような選択は避けられるような状態が維持されている社会を意味する。

濱真一郎は、「脅威からの自由が確保された最小限に品位ある社会を実現することが、まっさきに優先されるべきである」（濱 2008：399）というバーリンの自由論を「品位ある社会の自由論」と捉えた上で、その系譜に位置づく人たちの見解を整理している。ここでは濱（2008）の整理に基づき、その内容を確認する。

④残酷さ／恐怖という最高悪（共通悪）の回避

シュクラー（Shklar, Judith N.）は「恐怖については、身体物理的であるばかりではなく、普遍的でもある、と無条件に述べることができよう。それは身体の反応であると同時に心の反応でもあり、したがって人間ばかりか動物にも共通する」（Shklar＝2001：128）と言った上で、自由やリベラリズムについて次のように言う。

「わたしがいう『残酷さを第一に考えること』は政治的リベラリズムの十分な基礎ではない、と言っても正当だろう。それは第一原理、つまり適切な観察にもとづいた道徳的な直感の定めであるに過ぎない。リベラリズムは、とりわけいま現在では、この第一原理を土台にして打ち建てられうるのであるが。組織だったしかたで加えられる残酷さにたいする恐怖はきわめて普遍的であるので、それを禁ずることを基礎にした道徳的な主張・要求は直に訴える力をもち、議論をつくさなくとも承認が得られる」（Shklar＝2001：129）

「そもそも自由が必要不可欠であるというのを説明するには、特定の制度やイデオロギーを引き合いに出すのでは十分ではない。残酷さを一番最初に考え、恐怖感をいだくことへの恐怖を理解し、この二つがいたるとこ

ろにあることを認識しなければならない」（Shklar＝2001：136–137）

シュクラーはここで述べられている「残酷さを第一に考える」という原理から〝恐怖のリベラリズム〟（The Liberalism of Fear）という考えを提示する。この言葉は誤解を招く可能性があるため論文「恐怖のリベラリズム」（"The Liberalism of Fear"）の訳者である大川正彦は「なによりもまず統治に携わる者たちがもたらしてきた恐怖という伝統を基盤とし、そのような恐怖から自由であることを政治的に大事なことだと考え、統治にまつわる恐怖を、統治の過剰を（さらには、社会的権力がもたらす恐怖をも）たえず警戒するリベラリズム」（大川 2001：139）と補足している。そして、シュクラー自身はこのリベラリズムについて次のように述べている。

「このリベラリズムはすべての政治的に活動する者が獲得しようと努力すべき〈共通善〉を提供しはしない。だが、恐怖のリベラリズムが〈共通悪〉から出発しているのはたしかである。〈共通悪〉とは、わたしたちみなが知っており、できれば避けようと望んでいる悪のことである。その悪は、残酷さであり、この残酷さが惹き起す恐怖であり、恐怖そのものについての恐怖である」（Shklar＝2001：128）

このようにシュクラーのリベラリズム（恐怖のリベラリズム）は「『残酷さをまっさきに考える』という要請に基づいて、残酷さが引き起こす最高悪としての恐怖を回避しようとする立場」（濱 2008：233）である。

濱は「バーリンとシュクラーのリベラリズムは、残酷さ・恐怖・脅威からの自由を確保しようと試みる点で通底していると思われる」（濱 2008：235）と指摘し、さらに、二人に共通した経験として、シュクラーは迫害を逃れて亡命したが、同じくバーリンもユダヤ人であるが故に受ける迫害を逃れ英国へ亡命していることに触れている。そして、その上で「こういった迫害を受けた個人的経験が、シュクラーとバーリンに、正義・平等・尊厳という積極的な価値の実現を説くロールズらのリベラリズムではなく、日常に存在する不正義・不平等・屈辱の根絶を求めるもう一つのリベラリズムを擁護させたのであろう」（濱 2008：276–277）と指摘している。

ここで確認しておくべきことは、バーリンとシュクラーが示すリベラリズムの基盤には、歴史の中で経験した人間の残虐さ・暴力という〝視るべきもの〟に身を置いた経験があるということである。

⑤正しい社会と品位ある社会

バーリンとシュクラーの精神を引き継いで、品位ある社会と正しい社会について考察しているのがマルガリート（Margalit, Avishai）の『The Decent Society』（1996）である。その内容の一部を、濱（2008 : 243–285 : 以下の（i）品位ある社会の文中の（　）は濱 2008 からの引用頁を示す）の解説に基づき紹介する。

（i）品位ある社会

品位ある社会とは、諸制度が成員たちに屈辱を加えない社会である（246）。言い換えれば、品位ある社会とは諸制度による成員に対する屈辱を根絶することによって、成員の名誉を尊重する社会である（247）。この屈辱と名誉は表裏一体をなす概念である。マルガリートは、社会的名誉が尊厳の語源であることを確認しつつも、名誉＝尊厳ではなく、名誉を自尊心、自負心、誠実さ、あるいは尊厳を総称する概念として用いる（250）。

マルガリートはアンクル・トムの例を用いることで、権利の概念を知らない人間でも、屈辱や名誉を感じることが出来ることを示す（253–254）。人権を保障しても、その人権保障の守備範囲を超えた屈辱や名誉が存在する（254）。マルガリートは、屈辱があり名誉が尊重されない社会は品位ある社会ではないが故に、人権保障だけでは品位ある社会を実現する十分条件ではないと考える（254）。

マルガリートは人々の名誉を尊重する品位ある社会の実現を目指す。しかし、何故人々の名誉の尊重が望ましいのか。マルガリートはここで、名誉の尊重を人間尊重という言葉に置き換え、その理由（正当化）を述べる。まず、前提として人間や動物に向けられた全ての残酷さは誤りだ、という信念に依拠する。人間は身体的な残虐さだけでなく、精神的な残虐さ——例えば何らかのハンディを面白半分に真似されること——によっても苦しむ存在である。

故にマルガリートは身体的残酷さだけでなく、精神的残酷さによってもたらされる屈辱をも根絶することで、そういった屈辱と表裏一体の関係にある人間尊重を消極的に正当化しようと試みる。屈辱を含む全ての残酷さを根絶するという要請は、それ以上の道徳的正当化を必要としないのである（259）。

マルガリートは人間尊重を「人間を人間として取り扱うこと」と捉える（260）。しかし、それが何を意味するのかを積極的に示すことは困難である。そのため、マルガリートは人間尊重の反対にある屈辱とは何であるのかを提示することによって、消極的に人間尊重の意味することを提示する（260）。

マルガリートによると、屈辱は「人間を人間ではないものとして取り扱うこと」を意味するが、より具体的に言えば、他者を「下位の人間」として扱うことを意味する（261）。そしてマルガリートは、他者を人間ではないものであるかのように取り扱うことによって生じる屈辱を「人間の『人間家族』からの排除としての屈辱」と呼び、その内容を詳しく説明している（261）。

ここに挙げた「屈辱」や「名誉」といった概念は、理論では十分に説明することが出来ない。何故なら、これらの概念は感受性に関する概念だからである。即ち、感受性に訴える物語を語ることによってしか理解されないのである。そのため、マルガリートは屈辱や名誉といった概念を理論によって説明するのではなく、それらの概念を概念として描写することで、品位ある社会を物語ろうとしたのである（270–271）。

（ii）品位ある社会と正しい社会

「正しい社会を実現すれば、必然的に品位のある社会も実現するので、あえて品位ある社会を追究する必要はない」という見解もあり得る。しかし、そうでないことをマルガリートは次の三点において示す。

「第一に、正しい社会は成員への屈辱のみを根絶しようとする。それに対して、品位ある社会は成員だけでなく、その社会の成員ではない者への屈辱も根絶しようとする。第二に、正しい社会は、社会制度からたとえば宗教的儀式を除外する。それに対して、品位ある社会は、宗教的儀式等においても屈辱が発生する可能性があるとし、宗教的儀式等も社会制度に含める。第三に、正しい社会は、分配手続きの公正さに注意を払う。それに対して、品位ある社会は、分配手続きが公正であっても、分配方法が屈辱的である場合が存するとし、具体的な分配方法が屈辱を生じさせないよう配慮する」（濱 2008：268）

正しい社会が実現すれば、必然的に品位ある社会が実現するのではなく、これらはそれぞれが別の理想なのである。そして、正しい社会がロールズのように正義の理論によって説明されるのに対して、品位ある社会は「品位ある社会の理論」ではなく「品位ある社会の物語」によって語られる。何故なら、品位ある社会のキーワードである屈辱や名誉といった概念は感受性に関する用語であるため、感受性に訴える物語を物語ることによってしか理解されないからである。マルガリートはこのようなアプローチを採ることにより、正しい社会の実現を目指す際に見過ごされてしまう、屈辱や人間尊重といった概念に敏感である点に、品位ある社会を実現することの意義を見出す。

更に言えば、正しい社会と品位ある社会の違いは以下のようなものもある。

「正しい社会は、正義・平等・尊厳といった積極的な諸価値を、超歴史的（たとえばロールズの場合は、『原初状態』における『無知のヴェール』の背後で）見出し、それらを優先的な価値として追求する。それに対して、品位ある社会は、不正義・不平等・屈辱を、歴史的・経験的に見出し、それらの根絶を目指すのである」（濱 2008：273）

ここに示されている通り、マルガリートもセン、バーリン、シュクラーと同様に歴史の中に実際に存在する不正義から社会の在り方を考えているのである。

（iii）「屈辱からの消極的自由」の優先

マルガリートの言う善き生を達成することへの自由は、バーリンの積極的自由の概念に対応する。一方、マルガリートの言う、屈辱を生み出す干渉からの自由は、消極的自由の概念に対応する（濱 2008：278）。そして、バーリンおよびマルガリートにとっては、屈辱からの消極的自由の方が、善き生を送るための積極的自由に優先する。と言うのも、バーリンに従えば、二〇世紀の歴史を振り返るならば、積極的自由の方が消極的自由よりも悪用されることが多く、大きな損害をもたらしてきたからである（濱 2008：279）。

⑥品位ある社会の人権論

（i）ニーズと人権

イグナティエフ（Ignatieff, Michael）は『ニーズ・オブ・ストレンジャーズ』において、権利要求では満たされない愛情・尊敬・名誉・尊厳、他者との連帯といったニーズ、ケアと配慮を求めるニーズがあることを指摘した。そして、このようなニーズを満たさないままにしておくような、品位を欠いた非人間的なやり方で満たされている社会を批判した（Ignatieff＝1999：5）。しかし、『ニーズ・オブ・ストレンジャーズ』の「日本語版序文」に示されているように、イグナティエフは国家権力に対して厳しい制限を課すために権利という理念を用いたいと考え、一人の人間として保護が必要となった無防備な状態の人に対しては普遍的権利の保護が必要であると考えている（Ignatieff＝1999：6-8）。そして「権利とニーズはお互いに相手を必要としており、お互いを補強しているのである」（Ignatieff＝1999：8）という立場を表明している。

イグナティエフはこのような立場に「残酷さを第一に考える」という観点を付け加え、自らの人権論を展開する。以下では『人権の政治学』で示されているイグナティエフの人権論の一部を要約する。

（ii）人権とは何か／人権の重要性

人権とは、力のある者に抵抗して力なき者の立場を向上させ擁護することを目指す政治的主張である（Ignatieff＝2006：257）。そして、個人に「当事者能力（エンパワメント）」を付与する言語である（Ignatieff＝2006：107）。人権が重要であるのは、人権を持つことで人びとが自分自身を守ることが出来るようになるからである（Ignatieff＝2006：106）。

（iii）人権の根拠

歴史を振り返れば、人間の自然の属性の内には、人権の基礎となるようなものは何もなかった。そのことを見せつけられた歴史的瞬間に、世界人権宣言は人権という理念の再構築に踏み出したのである。ホロコーストは、純然たる暴政が人間に備わった残酷さを思うがままに操って利用するとき、世界が一体どのような姿になるのかを白日の下に晒した。だから、ホロコーストがなければ世界人権宣言はなかった。それ故、私たちは人間の自然の上にではなく人間の歴史の上に、もし人間が権利を保護されなければどうなってしまうのかについて知っていることの上に、人権を築かなければならない。私たちは希望の上ではなく恐怖の証言の上に、それを築かなければならないのである（Ignatieff＝2006：136–138）。

イグナティエフは、ホロコースト以来の人権意識はこのようにして築かれてきたように思えると述べている。そして人権とは、かつてシュクラーが「恐怖のリベラリズム」と呼んだものの成果の一つであると指摘している（Ignatieff＝2006：137）。

（iv）人権がグローバル化した理由

人権がグローバルなものになったのは、強者の利益に役立つからではなく、何よりもまずそれが弱者の利益を促進してきたからである。人権はローカル化することでグローバル化した。即ち、正義に反する国家や抑圧的な社会慣行に反対する普通の人々の戦いを支援するために、西洋とは無縁の文化や世界観の土壌の中に人権は根を下ろしてきたのであり、そのことによってグローバル化したのである（Ignatieff＝2006：41）。そして、力なき者に力を与え、声なき者に声を与えることによってグローバル化してきたのである（Ignatieff＝2006：123）。

（五）デリダ――脱構築としての正義

①法（計算可能なもの／一般性）と正義（計算不可能なもの／特異性）

デリダ（Derrida, Jacques）は法と正義を区別する（Derrida＝1999-b：199）。正義は特異な（かけがえのない）個人・グループに、唯一無比の状況のもとで関係するものであり（Derrida＝1999-a：40）、それは計算不可能な経験しえないものの経験（アポリアの経験）である。これに対して法は、様々な場面で適応される一般性をもったものであり、計算可能かつ脱構築可能なものである。

正義と法は異質でありながら、分離不可能なものである。高橋哲哉はこの関係性を次のように説明している。

「第一に、特異な他者への関係である正義は、現実世界では『法の力』がなければまったく無力である。正義なき法＝権利は盲目であるが、法＝権利なき正義は空虚なのだ。第二に、もしある人が正義の名においてある特定の他者にだけ関係し、それ以外のすべての人を無視するとしたら、……（中略）……かえって極端な不正が招き寄せられる恐れがある。法＝権利の一般性、規則性も、正義にとっては必要である」（高橋 1998：204-205）

正義と法＝権利の関係は、無条件の赦しと条件つきの赦し、無条件の歓待と条件つきの歓待と全く同質の関係性がある。それは、正義、無条件の赦し、無条件の歓待は不可能なものの経験として脱構築を駆動するものであり、法＝権利、条件つきの赦し、条件つきの歓待は脱構築されつつ現実に関わる、という関係性である。

②私と他者の非対称的関係を踏まえた正義

デリダの哲学を理解するためには、デリダが私や他者をどのように理解しているのかを押えておく必要がある。この点についてデリダは「歓待・正義・責任」と題された対話の中で次のように述べている。

「エゴとはまず世界の起源なのです。つまり、ここに空間と時間のゼロ・ポイントがあるわけです。これこそ私が『私』と言うときに意味していることであり、『あなた』はその場を占めることはできません。それは取り替え不可能なのです。私はあなたのゼロ・ポイントに立つことはできません。われわれが同じものを見ていることに同意する場合でさえ、こうした交換のための条件は、これら二つの世界の起源が決して一致しないことにあります。だから、死は世界の終焉であり、誕生は世界の起源です。無数の世界の起源があるわけで、フッサールの第五省察の観点から見れば、私は厳密な現象学者であり続けています」（Derrida＝1999-b : 198-199）

私や他者を、上空飛行的な視点（世界全体を俯瞰する視点）から眺めれば、均一で対称的な存在と理解される。しかし、ここに示されているのは世界の起源としての私である。この視点に立った時、「私は世界そのものであるが、他者は私の世界の登場人物に過ぎない」、及び「私は自分の世界を経験しているが、他者が生きている世界を経験することはできない」という私と他者との非対称性が露わになる。

デリダはレヴィナスの「正義とは他者への関係である」という言葉を引用し「これがすべてです」（Derrida＝2004 : 25）と述べている。デリダにおける正義は、レヴィナスが言うような他者への関係であり、そこにあるのは私と他者との非対称性である。デリダの正義は、私と他者の対称性から提起される正義ではなく、私と他者の非対称性を踏まえた正義である。

③「法外の他者」への責任としての正義

通常、法を遵守することが正義に適ったこととなる。しかしデリダ（Derrida＝1999-a : 30-31）は、このような法の創設時に、ある遂行的な暴力が働いていることを露わにする。そして「普遍的とされる法／権利の概念が何ら普遍的でないことを暴くのである。法／権利は普遍性の外観の下で排除を発生させている。これは正義にかなっていない」（堅田 1999 : 214）と言う。デリダが「脱構築は正義である」（Derrida＝1999-a : 34）という言葉によって目指していることは「法の創設時において消し去られた他者に光を当てること、その声なき呼びかけに答えるという責任を引き受けること、そして、それを通じて、これら他者たちの公平な取り扱いの方向へと少しでも近づいていくこと」（中山 2004 : 271）なのである。

正義に対しこのような考えを示すデリダは、「レヴィナスはどこかで正義の定義――これはとてもミニマルなものですが、私が愛し、実に厳密だと考えているものです――と称して、正義とは他者への関係である、といっています。これがすべてです」（Derrida = 2004 : 25）と言う。これは、現代正義論のパラダイムとなっている配分的正義ではなく、アリストテレスが「あらゆる徳のうちで、正義のみは『他者のものなる善』」（Aristotelēs = 1971 : 174）と言うように、徳としての正義の系譜に属するものである。

④アポリアとしての正義

正義において求められていることは、かけがえのない他者に対する「正義の行為」とそれらの他者に普遍的・公正に応えるという「正義の規則」である。デリダ（Derrida = 1999-a : 40）やレヴィナス（Lévinas = 1999 : 53）において正義が問われているのはこのような状況である。しかしながら、このような正義は不可能である。

理由は二つある。一つは私に出来ることは有限であり、Aさんの呼びかけに応えれば、そのとき私はBさんの呼びかけには応えられないからである。もう一つは、私に出来ることは限られているため、何らかの基準でAさん、Bさん、Cさん……を比較しなければならないが、一人ひとりの人間は比較不能な尊厳ある存在であるため、比較できないからである。

このように比較不能なものを比較する基準として、あるいは、唯一無二のかけがえのない他者に普遍的に応えようとする理念として要請されているのが、「法外の他者」に対する責任としての正義である。

⑤アポリアにおける正義

〔来るべきもの〕

デリダの正義は、アポリアとして経験不可能なものであり、「これは正義に適っている」と言ったり、ましてや「私は正義に適っている」と言おうとしたりすれば、必ず正義に背くことになる（Derrida＝1999-a : 22）。即ち「正義とは〜である」と規定して存在しうるものではない。正義とは「これからやって来る（à venir）という状態のままにある。つまりそれは、これからやって来るをもち、これからやって来るということである（強調は原文）」（Derrida＝1999-a : 71）。

〔決定不能な幽霊に取り憑かれている〕

正義は決定不可能な幽霊に取り憑かれているが故に、「純粋に正義にかなっている（すなわち自由でありかつ責任を負っている／応答可能である）、と言うことはできない。……（中略）……ましてや『私は正義にかなっている』と言うことはできない（強調は原文）」（Derrida＝1999-a : 57）のである。

〔正義は待ってくれない〕

正義は決定不可能な幽霊に取り憑かれているにも拘らず、「正義にかなう決断は、即座に、その場で、できるだけすばやくなすことを常に要求される」（Derrida＝1999-a : 66）のである。

⑥最後の一人に応答する決定

デリダの哲学は、そして正義においても、その眼差しは、排除され、忘却されてしまっている〝かけがえのない他者（私とは別の世界を生きている他者の生）〟に向けられている。その他者の正義を求める声、声なき声は、明日を待つことが出来ないほどに切迫しているかもしれない。しかも、そのような状況の他者は無数におり、誰かに応えれば、他の誰かを無視せざるを得ない。そのような現実の中、それでも「決定」を下し関わること、デリダにおいてはこれが唯一「正義」と呼び得るものなのである（Derrida＝2004 : 211）。

（六）実践哲学からの学び

視るべきものを視て、そのような状況を生み出している社会の仕組みを明らかにした後、何を大切なこと（価値）と考えるのか。これは、嶋田啓一郎、秋山智久、そして加藤博史ら福祉哲学の先覚者が一貫してその重要性を主張してきた「価値」というテーマである。このテーマの検討は広範囲に亘るためその一部しか触れることができないが、この節で学んだ大切なこと（価値）を確認する。

①根源的不平等に対応する正義

福祉国家は生まれながらの不平等を是正することなく、結果として生じている不平等の是正を図る。しかしそこでは、不平等の中で意欲を失っている人もいる。また、そこで行われる福祉サービスが自尊心を傷つけることもある。これに対して、ロールズは生まれながらの不平等（この不平等をここでは根源的不平等と呼びたい）に目を向け、その不平等の是正を視野に入れた正義の構想及び制度設計を提案する。これにより、不平等や生活困難に事後的に対応することで生じる依存心や自尊心を傷つける事態が回避可能となる。

更に、ロールズは「生まれつきの才能の分配を共同資産」と理解する。「この資産が活用されていく途をひらくならば、人々の活動によって織りなされる社会的協働は質的に豊かなものとなり、人々は自らが実現しえない価値を互いに――相補的に――享受することができるようになる」（齋藤 2011：14）のである。

生まれながらの不平等（根源的不平等）に目を向け、そこから是正していこうとする視点、生まれながらの才能の分配を共同資産と捉え、その資産をもとに協働することで社会は質的に豊かになると考える視点など、社会福祉とは何かを考える上で参考になる。

②自尊心や人間尊重という根源的な価値――尊厳の保持に対する理解を深めるために

ロールズは、「自分自身には価値があるという感覚」を含む自尊を基本財・善の中でも最も重要なものと考えている。また、マルガリートは屈辱を根絶し、「人間を人間として取り扱う」人間尊重の大切さを指摘する。

社会福祉法の第3条の「福祉サービスの基本的理念」に「個人の尊厳の保持」が掲げられた。炭谷茂は、今日の社会福祉で最も大切な基本理念の一つは、「個人の尊厳」であると述べた上で、その内容を「憲法13条に掲げられているように、一人ひとりが人間として尊重され、プライドを持って自己実現を図っていくことである」（炭谷 2004：73）と述べている。「個人の尊厳の保持」は、ロールズやマルガリートが最も重要な価値（基本財・善）として掲げている自尊心や「人間を人間として扱う（尊重する）」といった根源的価値であると同時に、物象化に抗する価値であることを確認しておきたい。

③自由という根源的な価値――自立支援に対する理解を深めるために

自由には、自らの人生の主人公として自分自身を統治出来る（様々なことに対して自己決定出来る）という積極的側面と、他者の支配や抑圧からの自由あるいは恐怖や欠乏からの自由という消極的側面という二つの側面がある。

社会福祉法の第3条の「福祉サービスの基本的理念」には「個人の尊厳の保持」と並んで「自立支援」が掲げられている。これは主として自由の積極的側面に焦点が当てられた理念である。確かに、人が生きていく上で、自らの人生の主人公として、自らの意思に基づいて生活することは根源的な価値である。しかし、バーリンの系譜に属する人たちから学ぶべきは、自由という根源的価値があり、それには、まず何よりも優先すべき価値として「他者の支配や抑圧からの自由あるいは恐怖や欠乏からの自由」があることである。社会福祉が対応しなければならない諸問題の中には、このような根源的価値が求められている状況があるが故に、根源的な価値の重要性と必要性を、ここで再確認しておく必要がある。

④消極的自由の優先とケイパビリティ

社会福祉という営み（制度や実践）は何を実現するためにあるのだろうか。この問いに対して有益な見解を示しているのが、消極的自由の優先とケイパビリティという価値観である。

一人ひとりの人が、その人の人生において何を大切に考えるかは人によって異なる。価値は多様で多元的である。しかし、いじめ、虐待、暴力、拘束、蔑み、飢餓など、誰もが共通して避けたいと思う〈共通悪〉がある。社会福祉は社会資源の開拓をしても常に限られた資源の中で行わなければならない。その現実を踏まえた時、社会福祉という営みが第一優先として実現しなければならないことは、一人ひとりに〈共通悪〉からの自由を保障することになると考える。そしてその上で、「ある個人が選択可能な機能（ある状態になったり、何かをすること）のすべての組み合わせ」（Sen＝1999：59-60）、易しく言えば「生き方の幅」（川本 2012：344）を意味するケイパビリティを平等に保障することが社会福祉の目的になると考える。

⑤抵抗とエンパワメントとしての人権

イグナティエフによれば人権とは、力のある者に抵抗して力なき者の立場を向上させ擁護することを目指す政治的主張であり（Ignatieff＝2006：257）、個人に「当事者能力（エンパワメント）」を付与する言語であると言う（Ignatieff＝2006：107）。そして、人権が重要であるのは、人権をもつことで人々が自分自身を守ることが出来るようになるからである（Ignatieff＝2006：106）。このような人権理解は、社会福祉の目的を実現する上で参考になる。

⑥排除・忘却されている人への眼差しと既存の制度の脱構築

社会福祉について話される際、「みんなの福祉」という目的が語られる時がある。しかし、いつの時代・社会にもこの「みんな」から排除され、忘却された中で亡くなっていった人が無数にいる。デリダから学ぶべきことは、常にこれら「みんな」から排除され、忘却された人に眼差しを向け関心をもつことである。そして、その人たちの立場や視点から既存の法制度の妥当性を吟味し、脱構築していこうとする姿勢である。

⑦「視るべきもの（不正義）の中から」という視点

この節で採り上げた論者の共通しているのが、不遇な状況の人たち（ロールズ）、不正義の状態にいる人たち（セン）、恐怖や屈辱を被っている人たち（シュクラーやマルガリート）、排除・忘却されている人たち（デリダ）といった人たちを視野に入れ、あるいはその立場から正義や自由、人権を考えていることである。彼らから学ぶべきは、まさに、視るべきものの中から価値について考えるという視点である。これこそ、福祉哲学において価値を考える上での基本的立場であろう。

さて、こう言うと、それは社会の中の一部の人たちの立場に偏った見方であり、そこから見出される価値観は偏った価値観である、との批判が想定される。しかし、この批判は成り立たない。何故なら、視るべきものの中にいる人たちの声は聴かれる（届けられる）ことは殆んどなく、大変な不公正な状況にいるのである。視るべきものの中から価値について考えることは、この不公正を是正し、多元的な価値の中の重要な（基底的な）価値の一つとして社会に届けることにつながるのである。

第四節　文学からの学び

文学と言われる営みがあり、そこには様々な可能性がある。その可能性について語った作家であり批評家にブランショ（Blanchot, Maurice）がいる。最初に、ブランショが示した文学の可能性の一端を要約することで、文学が福祉哲学には不可欠であることを示す。

（一）モーリス・ブランショ——文学の可能性

①文学の経験

（ⅰ）非人称の経験

ブランショは、「カフカが、文学とは『イッヒ』から『エル』への、すなわち『私』から『彼』への経過であると感じた日から、文学の豊かさを（自分自身にとっても、自分の生活にとっても、生きるという観点でも）経験したことは、……（中略）……これは彼が書いた最初の重要な作品、『死刑宣言』の大発見である」（Blanchot＝1997：26）と言う。言い換えれば、「文学は『私』という一人称が『彼』という三人称へと移行するところで始まる」（郷原 2008：230）のである。また、この「『彼は』とは、誰でもない人間（personne）となった私自身であり、他者（l'autre）となった他人（autrui）である」（Blanchot＝1976：20）。ここでいう他人（autrui）という語は主語としては用いられない。それゆえ、「私」が「誰でもない者」になるのに対応して、「他人」も主客関係を超えた「他者」（autre）となる（粟津 1976：400）。すなわち、「彼」とは非人称的な「誰でもない」存在なのである（西山 2007：33）。

「こうした人称の変化は作品の語り手の非人称化という効果をもたらすだけでなく、書き手であるカフカ自身の変容をもたらす」（西山 2007：33）。ブランショは『文学空間』（1955＝1976）以来、「書くことによって作家が自分固有の特徴を剝ぎ取られ、もはや『私』という発話が意味をなさなくなるほどに非人称的な『ひと』と化すことを文学の本源的経験であるとしていた」（西山 2005：240）。このような「『私』がその固有性から遠ざかって、非人称的な存在へと変容する位相をブランショは〝文学空間〟と呼称した」（西山 2005：238）。

（ⅱ）非人称の声を聴く

ブランショは次のように書いている。

「われわれは、作品の持つもっとも本来的なものとして作品の語調（トーン）に敏感であるが、われわれがある作品の語調に感心する場合そのことで何を意味しているのか？　それは、文体（スチール）でもなく、言語の持つかたよりでも、言語の質でもなく、明らかに、この沈黙であり、この雄々しい力だ。書く者は、自己を失い、自己を断念してはいるものの、かかる消失状態のうちにありながらも、この力によって、一個の能力の持つ権能と沈黙する決定力とを保持して来た。それというのも、あの始まりも終わりもなく語るものが、この沈黙のうちで、形態と一貫性と了解性とを得るためなのだ」（Blanchot＝1976：19）

「ブランショにしたがえば、文学がもたらすのは止むことのない非人称的な声が響き渡る空間ということになる」（西山 2007：35）。この文学空間は「自己を中断し、深く他者へひらいていこう、という文学への熱い呼びかけだったのであり、『誰もが匿名の「ひと」と化すような公共の場』、ビラ、ステッカー、パンフレットが語り続ける路地と地続き」（河津 2008：82）なのである。

文学によって見出される非人称性／文学空間は「〈私〉でも他者でもない『私たちのあいだの異他性』、すなわち、〈中性的なもの〉として理解される」（西山 2007：156）。この〈中性的なもの〉は「〈私〉の能力からも、他者の能力からも逃れ去る外部を意味し、〈私〉と〈他者〉が通約しえないという第三項の不在を示す」（西山 2007：157）。「そこで取り交わされるのは、中断や沈黙を介した『複数的な言葉』である」（西山 2007：157）。

私たちが〈中性的なもの〉に対してなしうることは、「この倫理的かつ政治的な領域をいかなる〈私〉によっても、いかなる〈他人〉によっても占有されないようにすることである」（西山 2007：158）。そして「〈中性的なもの〉に唯一の声と権威を与えることなく、これを〈誰でもない誰か〉へと、〈私―主体〉につねに連れ添うあの非人称的な同類者の方へと開かれたままにしておくこと」（西山 2007：158）である。

ブランショにおいては、このような〈中性的なもの〉を受け入れ、これに耳を傾ける責任、そして、〈中性的なもの〉を語らせるようにする責任、これこそが文学が引き受けるべき責務なのである（西山 2007：158）。

②不可能なもの／声なき声に応える

（ⅰ）可能なものを名づけ、不可能なものに応える

ブランショは『終わりなき対話』の頃から「可能なものを名づける」という要請と「不可能なものに応える」という要請が、言語活動の二つの重心をなすと繰り返し述べている（湯浅、上田、西山、郷原 2008：115，上田の発言）。そしてその要求を「可能なものを名づけつつ、不可能なものに応えつつ」（Blanchot＝2008–a：142）と定式化している。「可能なものを名づける」という活動は、主観—客観の構図のなかで私が対象化して知り、認識し、理解することを言語的に推進することができる。とはいえ、「可能なものを名づける」ことは、語り得ないものが密かに呼びかけていることに気づかず、それらのものを忘却し、応答しようとしないかもしれない（湯浅、上田、西山、郷原 2008：119，湯浅の発言）。名づけようとすると逃げ去るもの、言葉がそこへ至りたいと欲望しつつも決して到達できない他者である特異性（名づけえぬもの）は、いつも密かに呼びかけている。文学はそれに応答する。応答しつつ呼びかける言葉になる（湯浅 2008：155）。これらの点及び湯浅博雄の解説や考え（湯浅 2008：152–155）を踏まえるならば、文学について次のように理解出来るであろう。

言葉は物事や経験に表現と意味を与える。そのことにより、物事の意味の共有化・伝達が可能となる。しかしながら、言葉による表現と意味は、他では代替不可能な経験や物事を一般化してしまう。そのため、「この経験」や「この物事」という特異なもの（代替不可能なもの）は言葉がもたらす一般化の作用から逃れてしまう。それは、言葉によって語ることの出来ないものである。そこには沈黙の中のざわめき、声なき声、黙したままの呼びかけがある。文学とは、このようなざわめき、声なき声、呼びかけに気づき、それに言葉を与え、それでも逃れてしまうものに応えようとする営みである。

（ⅱ）声なき声に応える

ブランショは『ブランショ政治論集』（Blanchot = 2005）において、政治における文学の可能性を考察し示す。例えば、独裁者となりかねないド・ゴールに対する抵抗と拒否を示すにあたって、ブランショは次のように述べている。

> 「拒絶を示すとき、私たちは、侮辱の念も高揚感ももたないが、出来る限り名前ももたないある運動を通して拒絶を示す。というのも、拒絶する力は、私たちによって成就されるのでもなければ、私たちというただ一つの名において達成されるわけでもなく、きわめて貧弱な端緒から発してだからである。その端緒とは、まずもって話すことのできない人びとのものである」（Blanchot = 2005 : 14）

ここに示されているのは「『話すことのできない人々』がそこにいるということに端を発し、彼らの言葉なき主張をも取り込めるような、『出来る限り名前ももたないある運動』、すなわち、何らかの旗印の下に集結し統率のとれた運動ではなく、匿名性をあらかじめ含みもっている拒絶の姿勢」（安原 2005 : 109）なのである。このような姿勢は「すべての言葉を持たないひとびとが言葉を発することができる公共の場をつくる」（湯浅、上田、西山、郷原 2008 : 114–115, 西山の発言）ことを意味すると考えられる。

上田和彦は「もしも私が他者の不幸に対して注意して耳を傾けてそれに応じることがなければ、他者の不幸は全く知られないわけです。ですから、それに応じて何か言葉を発するということが、おそらく政治的言語活動のなかで求められていたと思います」（湯浅、上田、西山、郷原 2008 : 118, 上田の発言）と言い、湯浅は「大衆の無言の呼びかけを聴き取り、それに応じる言葉を語るということが、『知識人』のある種の使命のようなものとして考えられているのではないかと思います」と言う（湯浅、上田、西山、郷原 2008 : 114–115, 湯浅の発言）。

文学者として、文学に固有の力を信じ、文学の力を通して発言するブランショには、声なき声を聴き、それに応えるという姿勢があった。

る。

③全体化／一般化に抗する

(i)　異議申し立て

ブランショは『文学空間』に所収されている「文学と根源的経験」の末尾近くの註において次のように述べている。

「すべてが価値を持ち、すべてが意味を持ち、全体というものが人間の統制下に、そして人間の使用のために実現されるがごとき真理の白夜として確立されればされる程、芸術は一層何ものもまだ意味を持つにいたらぬあの位点の方へと降って行かねばならぬように思われ、あらゆる把握から、あらゆる目的から逃れ去るものの持つ運動を、不安全を、不幸を芸術が維持しつづけることが一層肝要となるのだ、と」(Blanchot = 1976 : 353)。

上田は、ここで言われる「あの位点」が中性的な存在であることは文脈から明らかである（上田　2005 : 110）と指摘した上で、この註について次のような見解を示す。

「ここでブランショは、世界の全体化にたいして、芸術の意義を見出そうとしている。世界に現れるあらゆる物事、あらゆる人々が、人間が知ることができる意味や、計算することができる価値に還元され、世界が、人間が知によって支配し、利用することができない要素などあたかもないかのようなひとつの全体、しかも、唯一の全体として確立していく傾向にあるならば、芸術は世界の全体化とは逆の方向に向かわなければならないだろう。この逆方向こそ、……（中略）……〈中性的な存在〉が接近してくる経験が指し示す方向である」（上田 2005 : 111）。

このような芸術、そして文学がもつ中性的な存在へと向かう方向性をブランショは異議提起（異議申し立て）と捉える。次の文章はそのことを示している。

「芸術は、無限の異議提起であり、それ自身の異議提起、および他のあらゆる形をした力の異議提起なのだ

――そしてこのことは、単なる無秩序ということではなく、芸術と文学とが表象する根源的力（権力なき権力）の自由な探求においてのことなのである（強調は原文）」（Blanchot = 2005 : 71）

「文学とはおそらく、本質的に（私は『唯一』とも『明白に』とも言うまい）異議申し立ての力である。それは、既成権力への異議申し立て、存在するものへの異議申し立て、言語への、文学言語の諸形式への異議申し立て、そして、権能としての異議申し立てそれ自体への異議申し立てである」（Blanchot 1971/1995 : 80, この訳は西山 2007 : 292より引用）

ここに示されているように、ブランショは芸術や文学の本質を、全体化する力や既存の権力に対する異議申し立て（異議提起）として捉えている。西山雄二はこの異議申し立て（異議提起 : contestation）にブランショの思考の運動を読み取っている（西山 2007 : vii）。そして「ブランショにとって、異議申し立てとは、あらゆる権威を振り払い、誰のものでもない徹底的に非人称的な中立的な場であり続けようとする〈文学〉の性質なのである」（西山 2007 : vi）と指摘している。

（ii）言葉による全体化

我々は言語によって外界（世界）を分節化し、そこに意味を見出し生きている。言語によって生み出される意味は一般性をもっている。例えば、三角形という形は様々な形をしているが、三角形という言葉の意味は、それらの個別性を捨象して三角形という性質を一般化して表す。即ち、言葉は我々の異なる経験を一般化し、共通の理解を可能にするが、その一方で、個別の経験を捨象してしまう可能性をもつ。そのことを端的に表しているのが〝かけがえのないこの私〟という言葉である。

この言葉は、他ならぬこの私という単独性・特異性を言い表そうとしている。しかし、〝かけがえのないこの私〟と言葉にした途端、この言葉が誰にでも当てはまる一般性を帯びてしまい、その言葉が言い表そうとする単独性・特異性が言葉から漏れてしまう。ブランショは、このような言葉による一般化（全体化）に対する異議申し立てとして、そして、一般化（全体化）に抗する力をもつものとして文学の可能性の一端を捉えている。

（iii）権力による全体化——忘れないでください

歴史にしてもいまの世界にしても、それらは著名な人の名のもとで語られ、私たちの目の前に立ち現れる。即ち、著名な人たちが世界の歴史を包み込むという意味において全体化している。しかしながら言うまでもなく、世界には多くの無名の人がいる。そして多くの場合、無名な人々のことは歴史に刻まれることはない。更には、歴史の中にしっかりと刻んでおかなければならないのに、知られては困るが故にその事実を意図的に抹消しようとする権力も存在し、そのような権力が歴史を創ろうとする。その典型が第二次世界大戦時に起こった絶滅収容所における大量殺戮である。アウシュヴィッツ絶滅収容所の生き残りとして証言してきたプリーモ・レーヴィによれば、虐殺を逃れた者の多くの者が、ＳＳ（ナチ親衛隊員）の兵士たちが囚人たちに次のように冷笑的に警告して喜んでいたことを記憶しているという。

「この戦争がいかに終わろうとも、おまえたちとの戦いは我々の勝ちだ。生き延びて証言を持ち帰れるものはいないだろうし、万が一だれかが逃げ出しても、だれも言うことなど信じないだろう。おそらく疑惑が残り、論争が巻き起こり、歴史家の調査もなされるだろうが、証拠はないだろう。なぜなら我々はおまえたちとともに、証拠も抹消するからだ。そして何らかの証拠が残り、だれかが生き延びたとしても、おまえたちの言うことはあまりにも非道で信じられない、と人々は言うだろう。それは連合国側の大げさなプロパガンダだと言い、おまえたちのことは信じずに、すべてを否定する我々を信じるだろう。ラーゲル（強制収容所）の歴史は我々の手で書かれるのだ」（Levi＝2000：3-4）

ブランショは、生き残っているナチス側の者によって強制収容所のことが語られ、その語り・証言によって強制収容所の歴史が支配（全体化）されていくことに抗し、忘却されている無名のかけがえのない人々の声に耳を傾ける。以下の「忘れないでください」という声・願いは一九八〇年代以降、ブランショが憑かれたように繰り返す言葉である（郷原 2005 : 348）

「なにが起こったかを知ってくれたまえ、忘れないでくれたまえ、しかし同時に君たちは決して知ることはないだろう」（Blanchot = 1985 : 84）。

「あちら（アウシュヴィッツ、ベウゼッツ、ソビブール、トレブリンカ）にいたすべての人の願いは、最後の願いは、これである。何が起こったのかを知ってください。忘れないでください。しかし同時に、あなた方はけっして、知ることはないでしょう」（Blanchot = 2005 : 320–321）

「忘れないでください」という呼びかけは、「アウシュヴィッツ―ビルケナウ第二収容所の焼却棟の地下に、死者たちの灰と共に埋められていた声だ」（郷原 2005 : 348）。ブランショは全体化に抗し、「あなた方はけっして、知ることはないでしょう」という声（証言不可能な声）に応答し書き遺した。

④共同の権利要求の出発点

ブランショは『終わりなき対話』に収録されている「破壊できないもの2　人類」という論考の最後に「人間は破壊できないものであり、そしてそれは、人間の破壊には限りがないという意味だ」（Blanchot = 2008–b : 180）と書き記す。「人間は破壊できないものである」とは、ブーヘンヴァルトとダッハウの強制収容所を生き延びた作家アンテルム（Antelme, Robert）が「我々は人間のままであり、人間としてしか終らない」（Antelme = 1993 : 291）、「死刑執行人は人間を殺せるが、彼を別なものに変えることはできない」（Antelme = 1993 : 292）と言うように、人間を他の種に変えることは出来ない、「人類への所属は否定出来ぬものとして肯定され続ける」（上田 2008 : 190）という意味である。一方「人間の破壊には限りがない」とは、同じ人間という種であるにも拘らず、人種や尊厳性など、様々な区別する基準を設け、これらの存在は人間ではないといって人間から排除することには限りがない、といった意味である。「人類の内側にこのようにして穿たれる薄暗き無数の穴に、ある特定の人々は排除され、彼らの人間としての存在は忘却されていくこともある。そして、緩慢に死んでいくままにされる場合もあろうし、人間を殺すのだと意識されず、害虫のように虐殺される」（上田 2008：191）場合もある。

生物学的な次元で人類への所属を要求するということは、同じ人間という種でありながら「私たちは彼らと同じではない」という言葉を口にすることによって開始される排除、そして、排除された人たちの人間性を否認するあらゆる企てに抗して訴えることを意味する（上田 2008：191）。この訴えに応えるためには、「この訴えをその他者の不幸として聴くだけでなく、万人が持つ人間性にたいして犯された不正に抗する『共同の権利要求』として認識する必要がある。そしてさらに、この共同の要求をもとにして、破壊できない人間性を第三者たちに認識させねばならない」（上田 2008：191）。それ故「ブランショは、極限の人間性にまで削られ、もはや『私』として語ることができない者たちを迎える言語活動を模索するだけでなく、それらの人々に代わって話すことができる『自我＝主体』の必要性と、政治の空間に介入することができる弁証法的な言語活動の必要性をかたるのである」（上田 2008：191）。

⑤文学の可能性

西山が言うように、ブランショは「書くことによって作家が自分固有の特徴を剝ぎ取られ、もはや『私』という発話が意味をなさなくなるほどに非人称的な『ひと』と化すことを文学の本源的経験であるとしていた」（西山 2005：240）。文学の本源的経験とは、「私」というものから逃れ／自由になり、非人称的なもの／中性的なものに触れる経験である。そこでは、無名・匿名の声、声なき声、語り得ぬものの声が聴かれる。ブランショは、それらの声に耳を傾け、それらの声に語らせるようにする責任こそが、文学が引き受けるべき責務であると考える（西山 2007：158）。

ブランショは文学という営みの根源に非人称的なもの／中性的なものを見出したが故に、そこにある無名・匿名の声、声なき声、語り得ぬものの声に応え、それらの声を抑圧するものに異議申し立てをする。そしてその声は、時に、無名・匿名の者の共同の権利要求をする。これらのことを可能にすることが、ブランショにおける文学の可能性である。

⑥文学と福祉

社会、言語、私、それぞれの水準で全体化と排除・忘却の力が作動している。いつの時代・社会でもその時代・社会を支配する力（権力）が作動し、その力（権力）がそれぞれの世界を覆い（全体化し）、そこから排除される者を生み出す。言語は物事に表現と意味を与え一般化するが、同時に個別で特異な経験を取り逃し忘却させる。そして、それぞれの人の経験が私という意識によって覆われ（全体化され）、私以外の者（他者）は私の世界の登場人物に格下げされてしまう。

社会福祉とは、社会に働く全体化／排除の力によって〝人としての暮らしが困難になった人々〟に対して、その〝かけがえのない一人ひとり〟の生活／人生に向き合い、そこにある呼びかけ、声なき声に応える営みである。

一方、文学という営みをする作家は、その繊細な感性によって、社会から排除された人々のかけがえのない生を感じ／気づく。また、人間にとって大切であるにも拘らず上手く言葉に言えないもの（例えば人生のかけがえのなさ）を感じ／気づく。そして、そこにある声なき声、呼びかけ、無数の無念の思い、ざわめき、呻きを聴き取り、それ自身に語らせるかのように、それを言葉にし文学作品として結実させる。人はその作品を通して、排除／忘却されていたもの、あるいは、感じてはいたが上手く言葉にはできなかったものを理解する。

社会福祉という営みは、数字や法則によって対象にアプローチする科学だけでは決して理解することはできない。社会福祉という営み（社会福祉）を真に理解するためには、その営みが構成している現実、そこで一人ひとりが経験しているリアリティ（心底そうだと思えること）を言葉にする必要がある。と同時に、我々が様々な形で排除・忘却しているものに気づかなければならない。このようなことを可能にするのが文学である。文学は、社会福祉が視なければならない事態／聴かなければならない声に気づかせてくれる。そして、社会福祉という営みにあるリアリティを露わにしてくれる。それ故、文学は社会福祉にとって不可欠な営みなのである。

さて、このような文学に対する理解に基づき二つの文学作品を採り上げる。一つは、それぞれの時代・歴史の中で作用している権力による全体化から排除／忘却されてしまった人々が被った経験への応答として書かれたエリスン（Ellison, Ralph）『見えない人間』である。もう一つは、上手く言葉で言い表せないが、何かとても大切な経験への応答として書かれたプルースト（Proust, Marcel）『失われた時を求めて』である。

(二) ラルフ・エリスン『見えない人間』——民主主義下における主体の形成

①あらすじ

この物語は、「僕は見えない人間である。かといって、エドガー・アラン・ポーにつきまとった亡霊のたぐいではない……（中略）……僕は実体を備えた人間だ。……（中略）……それに、心さえ持っていると言っていいかもしれない。僕の姿が見えないのは、単に人が僕を見ないだけのことだから、その点を分かってほしい」（Ellison＝2004–a：9）という冒頭で始まる。これは回想であり、文中に「結末は始まりの中にあり」（Ellison＝2004–a：12）とあるように、この物語は、「始め」に「結末」が接続されているような円環構造をもっている。この円環は、黒人を〝見えない人間〟と見做すアメリカ社会、そこからの脱出が困難な世界を示唆しているように思われる。

主人公は、大学を退学処分になるまでは、白人が黒人を支配・利用する体制に模範的な学生であった。ある出来事により退学処分となり、その後はニューヨークに行き、一見、肌の色は関係ないという理念をもっていると思われた「ブラザーフッド協会」で活躍する。しかし、同じ協会の同志だった若者が組織から離れ、警官に射殺される。その時主人公は「歴史家たちは、僕のような一時的な存在である人間たちのことをどう考えているんだろう？……（中略）……その鳴き声があまりに低すぎて感じとれない渡り鳥のような放浪者たち、最もあいまいな言葉さえあいまいすぎて、歴史的な文章に署名しようにも、署名者たちに喝采を送ろうにも、歴史的な決定の中心からあまりにも遠く離れている人たちのことを？　僕らは小説も、歴史書も、ほかの何の本も書かない者たちなのだ」（Ellison＝2004-b：203）と考える。また、ブラザーフッド協会の活動に疑義を抱くようになった頃には、幹部であるブラザー・ジャックに向かって「奥さんに頼んで、酒場とか、床屋とか、ジュークボックスのある店とか、教会とかに連れていってもらってください。それに、髪にこてをかけている日曜日の美容室にもね。そしたら、記録に残っていない歴史の全体が分かりますよ。……（中略）……夜に安アパートの通路に連れて行ってもらって、そこで何が語られているのかを耳を澄まして聞いてください」（Ellison＝2004-b：246）と言う。しかしブラザー・ジャックから「おれたちの仕事はハーレムの住民の考えを**聞く**のではなくて、彼らに**教えてやる**ことだよ！（ゴシックは原文）」（Ellison＝2004-b：248）と言い返される。主人公は、ブラザーフッド協会は自分たち黒人を都合のいい時だけ利用していること、そして、「僕は自分が見えない人間であることに今になって気づいた」（Ellison＝2004-b：301）と言う。物語の最後、暴動から逃げる途中、主人公はマンホールに落ち、そこで暮らすようになる。

地下の〝穴ぐら〟で暮らす主人公はエピローグで、「アメリカはさまざまな糸が織り込まれて、できている。僕にはそれらの糸が分かるのだから、そのままにしておこう。……（中略）……人生は生きるためにあるのであって、管理されるためにあるのではない」（Ellison＝2004-b：400）と言う。そして、「この穴を出ようと思う。ここを去っても、皮膚がないとやはり人には見えないかもしれないが、それでも出て行こう。……（中略）……見えない人間だって、社会的な責任として果たす役割があるかもしれないのだから」（Ellison 2004-b:406）と決意し、物語は閉じる。

②テーマ

（ⅰ）声なき〝底辺の声〟／〝人間の条件を告発する声〟に応え、見えない状況を見えるものにする

本作品に言及した文章を二つ紹介する。最初のものは『見えない人間』の「訳者あとがき」である。「アメリカの黒人は、社会の周辺へと押しやられて見えない状況にあった。エリスンは『見えない人間』で、そうした状況を『見えない』と定義した上で、歴史に埋もれていった黒人たちを描き、さらに混沌とした複雑な社会の中で生きる、『どこにも居場所のない』人間たちの悲痛な叫びを活字で表現したところに、この作品の素晴らしさがあるのだろう」（松本 2004：428）

もう一つは「声なき声に耳を澄ませて――文学の想像力」という新聞に掲載されたエッセイである。「自らは語ることを許されず常に見る側の視線に晒《さら》され、そのまなざしが創り上げる姿を自らの姿としなければならない。自らの姿は忘却の彼方《かなた》に沈み、記憶されるのは他者のまなざしによる虚構のわが姿。『見る者』と『見られる者』は二項対立ではなく、常に『見る者』が優位にある。この封殺された声なき声に耳を澄まし、失われた物語を再構築することは、文学の想像力のひとつといえるのではないか。

アフリカン・アメリカンのラルフ・エリスンは、公民権獲得運動が始まる直前に、『見えない人間』において、黒人というのは見る側からは実は見えない人間なのだという、黒人存在の不可視性をアイロニカルに描き出した。……（中略）……アフリカン・アメリカン文学は、数々の史料やデータがすくい落とした間隙《かんげき》にこそ目を向け耳を澄ます想像力と共感力を私たちにも促しているのかもしれない」（吉岡 2012）。

『見えない人間』は、作者自身が言うように「人間の条件を告発する人」（Ellison 2004-b：422）の声に衝き動かされて書かれた作品であり、その内容は、数々の史料やデータがすくい落とした歴史の間隙に光を当てると同時に、人間の条件を告発する内容となっている。

（ii）民主主義下における主体の生成

アメリカは基本理念に民主主義を掲げて建設された国家である。しかしながら、黒人や先住民インディアンは、アメリカ社会に身体的には存在していながら、「見えない」人間、あるいは、「人間」と見做されていなかった存在であり（荒 2004：35）、その民主主義の構成メンバーではなかった。民主主義の構成メンバーではない黒人は白人と一緒の社会で暮らすが、両者は決して同等ではなく、黒人は謂わば二等市民として、手仕事・肉体労働を受けもち、アフリカン・アメリカンを搾取する体制に従順であることを強いられていた。ラルフ・エリスンが『見えない人間』を書いていた一九四〇年代から五〇年代、とりわけ第二次世界大戦に勝利した後のアメリカはこのような社会であった。その状況の中、「作家エリスンを始めとするアフリカン・アメリカンが、一九世紀の奴隷解放令のあと今日にいたるまで求め続けているのは、アメリカン社会におけるアフリカン・アメリカンの存在証明であり、個人としての自己証明である。……（中略）……『見えない人間』は、アメリカの民主主義の理念を、アフリカン・アメリカンの視線から訴えている作品なのである」（荒 2004：153）。

では、そもそも民主主義とはどのようなものだろうか。おそらく、ここで求められている民主主義は次のようなものであろう。

「ランシエールのデモクラシー概念の前提になっているのは、先に見たように人間であれば等しく声を有しているという事実であった（声をもつということが聾唖者を排除するものでないことは、断るまでもないだろう。ここでのデモクラシーとは、つねに『語るはずのない者』が語り出すことなのであるから）。これをランシエールは、政治の感性的基盤と名づけている。……（中略）……。

ランシエールがハーバーマスに反して強調するように、デモクラシーとは多様な利害のあいだの理性的なコミュニケーションではなく、自分の声を聞かせ、正しいパートナーであることを認めさせようとする闘いであった。したがって『排除された者』が統治者に抗議するとき、明示的な要求（例えば給与や労働条件の改善）を求めているだけでなく、耳を傾け、討議の平等なパートナーとして認められる権利そのものを求めているのである」（松葉 2008 : 181-182）

『見えない人間』において求められている民主主義とは、「見えない人間とされた者が、そのように扱うものに対して自分たちの声を聞かせ、同じアメリカ社会を構成するパートナーであることを認めさせる闘い」のことであろう。そして荒このみが言うように、そのような存在として自分たちはアメリカ社会の中に存在しているという存在証明が、この作品の重要なモティーフの一つにあるのである（荒 2004 : 54, 153, 226）。

（iii）承認と物象化

ホネットは『Unsichtbarkeit』（2003）において、この『見えない人間』における「不可視性」の分析を通して、承認が何を意味しているのか考察している。ここでは千葉建（2005）と水上英徳（2008）を参考にして、その内容を確認する。

『見えない人間』の主人公が不可視な存在であるのは、決して、物理的な意味で見えないのではない。「彼らは視覚的にはむしろ可視的でありながら、ある社会的な関係のために不可視なものとして扱われているのである」（千葉 2005 : 70）。言い換えれば、彼らを「人格として認識しているはずなのに、そこにいないかのように扱われているということである」（水上 2008 : 91）。

では、何故自分が見えない存在（社会的に不可視な存在）であることが分かるのか。それは、普通であればなされる身振りやしぐさなどの反応が示されないからである。この反応がないこと（見えない人間であること）に対する苛立ちは次の箇所によく示されている。

「〔自分を無視する男とぶつかった時、〕僕は腹立ちまぎれに体を相手にぶっつけ返したくなる。……（中略）

……自分は本当に現実の生活に生きていて、すべての音や苦しみを共有しているのだと自分に言い聞かせたくてたまらなくなり、拳を突き出して悪態をつき、人に自分の存在を気づかせてやると誓うことがある。だが悲しいかな、うまくいったためしはめったにない（〔　〕内は筆者が挿入）」（Ellison＝2004-a：10）

ここに示されているように「社会的な可視性の条件とは、自分の存在を肯定的に認めていることを表わす特定の反応を相手の側が表出してくれることにほかならない」（千葉 2005：71）。即ち、見えるのか見えないのか（社会的に可視なのか不可視なのか）の基準は、相手が特定の反応を表出してくれるか否かにある。

このように〝見えない〟という社会的不可視性は「他者を自分と同じ人間と見なす承認の基本形態それ自体の取り消しにほかならない」（水上 2008：98）のである。そして「ホネットが『物象化』と呼んでいるのは、まさにこうした承認の歪みである」（水上 2008：98）。千葉（2005：74）が言うように『見えない人間』の内では「不可視性と物象化との連関があらかじめ素描されている」。そのことを端的に示すのが以下の箇所である。

「すでに彼（＝黒人の主人公）は、自分の感情だけでなく人間性も抑圧することを学んでいる。彼は見えない人間であり、否定の生きた権化であり、あんた（＝白人で大学の理事であるノートン氏）の夢の最高の完成品なんですよ！　機械的人間なんですよ！　……（中略）……しかし、まじめな話、あんたらは目で見る真実を見ることができないし、聞くことも嗅ぐこともできやしない……そしてこの青年、この機械は地元の土そのものでできていながら、あんたより見えない。可哀そうなつまずき野郎だ。あんたらは互いに相手がちゃんと見えないんだから。あんたらにとっちゃ、この青年はあんたの成功のスコアボードの点数だし、人間ではなく物、子どもか、あるいははるかにそれ以下――形のない黒い物ですよ」（Ellison＝2004-a：136-137）

ノートン氏は、当時社会的に差別されていた黒人たちを大学に入学させるという一見すると人道的な活動をしていた。しかし、その活動は自身の社会的名声を獲得するための手段に過ぎず、黒人を人間ではなく物として扱っているのである（千葉 2005：74）。

『見えない人間』は、同じ人間として認められず、それ故、人間としての対応／反応をされず、物のように扱われていた黒人の存在、そのような形で社会から排除されていた当時の黒人の姿を描いている。

（三）マルセル・プルースト『失われた時を求めて』――〝時〟を刻む一人ひとりの生

①概　要

文学を目指しながら、自分の才能に自信が持てない語り手が主人公である。この語り手である私の主観（意識）によって描かれた世界が作品となっている。そこでは、子どもの頃の回想、その時に経験したマドレーヌを紅茶に浸した時にふと蘇った幸福感（稀有な充実感）、他人から聞いた恋の物語、語り手自身の恋愛や同性愛、サロンで繰り広げられる社交界の様子、そこで観察されるスノビズム（自分が入れない階級や地位を羨ましく思う心）やドレフュス事件（フランスで起きたユダヤ人であるドレフュスに対する冤罪事件）に対する人々の反応、絵画・音楽に対する見解などが語られている。最後には、マドレーヌを紅茶に浸した時にふと蘇った幸福感の謎が、〝過去が現在に食い込み、いまなのか過去なのかが分からない時〟として解明され、そのような〝時〟を描くことに小説を書く根拠を見出す。また、目に見えない時間を、長い歳月を隔てて変貌した老残の姿を通して見えるようにする。

このようにして語り手である主人公は〝失われた時〟を見出す。そして、語り手はこれから作品に取りかかり、そこに〝時〟の刻印を押すことを決意してこの小説は終わる。

②テーマ

プルーストは次のように言う。

「私たちは純粋な生を、保存された形でしか知ることができない。というのも、私たちが生を生きる瞬間には、生は私たちの記憶に現前するのではなく、さまざまな感覚の渦中に投げこまれ、消しさられてしまうからだ」（Proust＝2002：12）

『失われた時を求めて』のテーマは、失われた〝刻一刻として生きられているいまこの時のリアリティ＝私が生きている生そのもの〟を救い出し、「現実の再創造」（Proust＝2002：19）をすることである。そして、そのような〝時〟が刻まれた人間の人生を描くことである。

③作品の分析

（ⅰ）私の主観（意識）によって描かれた世界

私たちは人間を外側から観察し理解しようとする。同様に社会についても、社会を対象化する観察者の視点を設定し、そこ（外側）から社会を客観的に捉えようとする。一方では、このような観察者（外部）の視点から理解される人間や社会がある。しかしもう一方では、私という主観（意識）を通して理解される人間や社会がある。『失われた時を求めて』という作品は、後者の視点から描かれた世界（人間や社会）である。そのため、その世界には科学とは異なるリアリティがある。

（ⅱ）リアリティを失わせるもの

プルーストは言う。

「生の源泉へさかのぼること、これが私たちの仕事なのだから。慣習と理屈が、何かというとすぐ現実の上に氷を張ってしまい、私たちになまの現実を見せようとしないのだが、私たちはその氷を、渾身の力をふりしぼって打ち砕き、ふたたび、氷結していない海に出会おうとするのである」（Proust＝2002：194）

「習慣が、現実を感じ取る私たちの感覚を鈍くすることは、誰もが日常的に経験すること」（保苅 2010：25）である。また「この存在（現在に過去が食い込んだような超時間的な存在：カッコ内は筆者が挿入）のみが私をして、昔の日々を、失われた時を――それを前にして私の記憶や知性の努力が常に失敗を繰り返してきたこれらのものを――ふたたび見出させる力を持っていたのだ」（Proust＝2007–a：375）というように、生の現実（リアリティ）を知性によって意図的につかもうとしても、それ（生の現実）はそこからこぼれてしまう。

刻一刻として生きられているいまこの時のリアリティは、慣習や知性に覆い隠されて、思い出されることのない過去（純粋過去）、忘却された過去となってしまっている。そして、私たちの人生の大部分は、つまらない日常の会話、見栄や妬みに支配された人間関係、将来の目的を達成するために抑圧されたいま、などに覆われている。

（iii）リアリティを見出す方法

▼プルーストの哲学

保苅瑞穂は、プルーストの『サント＝ブーヴに反論する』という評論集にある「結局のところ私の哲学は、本物の哲学ならみんなそうだと思うのだが、万事、あるがままを良しとして、あるがままの状態を復元させることに尽きる」（Proust＝2002：203）と言うプルーストの一文の意図を、次のように説明している。

「『存在しているものを正当化し、再構成すること』というのは、理性によって対象の存在を意味づけることではない。自然のなかに存在するものは、なんの助けも借りずに、そのもの自体として、すでに立派に存在している。だから『人は薔薇が薔薇であるのを見て、泣きたいような気持になるのだ。』（ジェラール・ド・ネルヴァル）作家がそういう存在の生命に迫って、それを再創造することが、かれがこの一文に託した意図なのである」（保苅 2010：19）

対象を理性によって意味づけるのではなく、対象そのものの生命力（存在そのもの）を見出し、それを言葉によって再創造することが『失われた時を求めて』の根底にある動機である。

▼意志的想起と無意志的想起

先に確認した動機に導かれ、「現実を〝刻一刻として生きられているいまこの時のリアリティ＝私が生きている生そのもの〟として再創造すること」をもたらすのが〝想起〟という機能である。

想起といっても二種類ある。一つは意志的想起である。これはかつてあった現在（過去）を意識して思い出すことであり、私の意志や知性による働きである。もう一つは無意志的想起である。これは、〝刻一刻として生きられているいまこの時のリアリティ＝私が生きている生そのもの〟でありながら、これまで一度も意識されたことがない、その意味で現在化したことのない過去が、私の意志や知性とは無関係に、突然、その思い出（記憶）の方から私へとやって来ることで思い出されるものである。

〝刻一刻として生きられているいまこの時のリアリティ＝私が生きている生そのもの〟は私たちの知性や意志によって掴もうとすると、そこからすり抜けてしまうのである。即ち、プルーストが「知性が、現実の再創造という、芸術のすべてに相当する行為において、まったく無力」（Proust＝2002：19）というように、刻一刻として生きられているいまこの時のリアリティ＝現実の再創造において知性や意志は無力なのである。

▼生そのものの経験——シーニュとしての感覚や印象

主人公（語り手）は「マルタンヴィルの鐘塔の眺めが与えてくれたような印象であれ、二つの不揃いな敷石やマドレーヌの味などが与えた潜在的な記憶であれ、いずれの場合にも思いをこらし、つまりは暗がりから私が感じたものを引き出して、それを精神的に等価値のものに変えようとつとめながら、感覚をそれに応じた法則や観念の表徴（シーニュ）と解釈するように努力しなければならないのだった」（Proust＝2007-a：389）と言う。即ち、充実感・幸福感をもたらす印象・記憶・感覚を表徴（シーニュ＝外面にあらわれたしるし）と解釈し、その表徴を通して、充実感・幸福感をもたらすものが何であるのかを言葉にすること、即ち文学作品を作ることが語り手の課題となる。

（iv）見出された時（真の生）

▼超時間的なもの＝時間の秩序から解放された瞬間

『失われた時を求めて』第七篇「見出された時」において、語り手はゲルマント邸の中庭にある敷石につまずき、身を立て直そうとして、つまずいた敷石よりやや低い敷石に片足を乗せた時、語り手の人生のさまざまな時期に与えられた幸福感が蘇る。そして「今度という今度は、ハーブティーにひたしたマドレーヌを味わった日にやったように、理由も分からずに諦めてしまうような真似はすまい」（Proust＝2007–a：365）と固く決心をする。そして、人生の様々な時期に与えられた幸福感に共通する点を次のように言語化する。

「不揃いな敷石、マドレーヌの味などを、現在の瞬間において感じると同時に、遠い過去の瞬間においても感じていた結果、私は過去を現在に食いこませることとなり、自分がいるのが過去なのか現在なのかも判然としなくなっていた、ということだ。実を言うと、そのとき私のなかでこの印象を味わっていた存在は、その印象の持っている昔と今とに共通のもの、超時間的なもののなかでこれを味わっていたのであり、その存在が出現するのは、現在と過去のあいだにあるあのいろいろな同一性の一つによって、その存在が生きることのできる唯一の環境、物の本質を享受できる唯一の場、すなわち時間の外に出たときでしかないのだった。そのことは、私が知らず知らずにプチット・マドレーヌの味を再認した瞬間に、死にかんする私の不安がやんだ理由を説明してくれるものだった。なぜならこのときの私は超時間的な存在であり、したがって将来に訪れる苦難も気にしない存在だったからだ。こうした存在は物の本質のみによって生きているが、その本質を現在だけでとらえることはできないのだった。……（中略）……この存在のみが私をして、昔の日々を、失われた時を――それを前にして私の記憶や知性の努力が常に失敗を繰り返してきたこれらのものを――ふたたび見出せる力を持っていたのだ」（Proust＝2007–a：374–375）

無意志的想起によって〝見出された時〟とは、私たちが囚われている破壊的な時間ではなく、そのような時間の外＝超時間的なものである。それは、物の本質を享受出来る唯一の場である。
では、芸術作品の中に示されるような「本質」とは何だろうか。ドゥルーズ（Deleuze, Gilles）は端的に「それは差異、究極的な、絶対的な差異である」（Deleuze＝1977：51）、「われわれに対して世界が現れてくる仕方の中にある質的な差異、もし芸術がなければ、永遠に各人の秘密のままであるような差異（強調は原文）」（Deleuze＝1977：52）と指摘している。即ち、本質とは一人ひとりが生きている世界を構成する視点であり、他とは決して同じではない絶対的な差異としての視点である。

▼世界を構成する絶対的差異＝他者との出会いの可能性

この見出された時である時間の外＝超時間的なもの（場）において絶対的な差異としての視点が享受される。そして、そのような視点こそが真の生、見出され明らかにされた生であることを語り手（主人公）は告げる。

「真の生、ついに見出され明らかにされた生、したがって十全に生きられた唯一の生、これこそが文学である。この生はある意味で、芸術家と同じくすべての人のなかに各瞬間ごとに宿っている。しかし人びとはこれを明らかにしようとはしないので、目に入らないのだ。こうして人びとの過去には無数の陰画があふれているが、知性が『現像』しないので、陰画は役に立たないまま残される。それは私たちの生だ。そしてまた他人の生でもある。……（中略）……芸術によってのみ、私たちは自分自身からぬけ出して、ひとりの他人がこの宇宙をどんなふうに見ているのかを知ることができる。それは私たちの宇宙と同じではなく、その風景は月世界のそれのように私たちには知られずに終わるところだった。芸術のおかげで私たちは、たった一つの自分の世界だけを見るかわりに、多数の世界をみることができる」（Proust＝2007-a：423-424）

『失われた時を求めて』という作品は、語り手の主観（意識）を通して描かれた世界である。しかしながら、絶対的な差異によって享受される真の生を見出すことによって初めて、私たちは自分の主観（意識）によって理解される世界を抜け出し、他の人がこの世界をどのように見ているのかを知ることが出来る。即ち、他者と出会うことが可能な生、それが真の生であり、見出された時において露わになった生である。

▼生の絶対的肯定

真の生は、時間の外＝超時間的なものであるが故に、将来に訪れる苦難（その最大のものである死）を気にすることがない。そして、真の生においてはじめて、私という主観を脱して、私とは別の視点（世界）を生きている他者と出会う可能性に開かれている。このような真の生が私たちに至高の充実感・幸福感をもたらす。そしてそれは、私の意志や知性で飼い馴らすことが出来ず、何らかのきっかけを通して、あるいは、文学を含めた芸術作品を通して、私の方へと訪れるのである。

（v）「時」が刻まれた人間を描く

『失われた時を求めて』の最後は、語り手（主人公）がゲルマント大公夫人の招待により参加したサロンでの出来事が描かれている。その場面は小説が始まってから半世紀近い年月が流れており、そこで主人公はまだ生き残っている登場人物の変わり果てた姿（老残）と再会する。その姿は見えない時間を、また破壊的な時間を見えるようにするものである（保苅 2010：43）。しかし、老い＝時間は人間を破壊するだけではない。時は一人の人間の内部に記憶として織り込まれる。そして「主人公はこれまでの人生をふりかえって、そこには、かれと人とを結びつけた何本もの『神秘的な糸』が絡み合うように交差していて、彼の人生の多彩な絵模様を織り上げていたことに改めて気づく。しかも、その絵模様のすべては失われた時としてむなしく消えるのではなかった。その記憶の内なる世界こそが、かれが少年のころから書きたいと思いながら、書くべき主題が見つからずにいた小説の内容をなすことに思い至る」（保苅 2010：271-272）のである。このことは「私は理解した、文学作品のすべての素材は、私の過ぎ去った生涯である」（Proust＝2007-a：430）と語られる。

『失われた時を求めて』の主人公である語り手は、こうして書くべき主題に気づく。そして、最後に次のように語り作品は閉じる。

「私は人間を、その肉体の長さではなく、かならずや歳月の長さを持った者として描くだろう……（中略）……私たちが〈時〉のなかに絶えず増大してゆく場所を占めているということは、みなが感じているのであり、この普遍性は私を喜ばせずにはいなかった」（Proust＝2007-b：275-276）

一人ひとりの人間の生には〝時〟が刻まれている。しかしながら、刻まれた時は日々繰り返される慣習（日常）、将来ばかり見ている眼差しの中で忘却され、それを意思や知性で掴もうとしても言葉からは漏れてしまう。まさに、ブランショが言う中性的なものである。そのような〝失われた時〟を見出すことを可能にするのが文学であり、『失われた時を求めて』が示したことである。この作品には〝時〟が刻まれた語り手の人生が、その〝時〟の正体を含め見事に描かれている。

（四）文学からの学び

二つの作品を通して、福祉哲学が文学から学ぶべき点の一端を確認する。

①『見えない人間』

（i）「史料やデータがすくい落とした歴史の間隙」に耳を澄ませ、この声なき声に応える

「歴史」として語られている史料やデータは、歴史の上辺であり、多くの場合、それぞれの時代の権力者を軸に理解された歴史である。しかし、本当に起こったこと／あった歴史の中には、人間として認められず、人間として生きることが叶わなかった無数の生、数に還元できないかけがえのない生があった。

文学は「史料やデータがすくい落とした歴史の間隙」に耳を澄ませ、この声なき声に応えることで、そこに存在

したかけがえのない生を露わにする。福祉哲学は歴史の中から排除・忘却されている人々の存在と、その人たちの思いや無念を文学から学ばなければならない。

(ⅱ) 民主主義を問う

『見えない人間』は民主主義と、そこにおける主体とは何であるのかを問いかける作品でもある。ところで、社会福祉は民主主義やそこにおいて主体になるとはどういうことであるのか、十分に考えてきただろうか。『見えない人間』は、アメリカは民主主義社会なのだから「見えない人間だって、社会的な責任を果たす役割があるかもしれない」と言って終わる。誰にだって、その人固有の社会的な責任があり、それを果たす役割があり得る。そして、社会を構成する平等なパートナーとして社会に参加する、そんな社会があり得る。おそらく、そんな社会が民主主義なのであろう。

文学は歴史／社会から排除された具体的な人の立場から物事を考えることを、そして『見えない人間』は歴史／社会から排除された具体的な人の立場から民主主義について考えることの必要性を教えてくれる。

(ⅲ) 承認の重要性

民主主義に対する問いは、人間にとっての承認の重要性を喚起する。福祉思想はこれまで自立を理念として掲げてきた。しかし、自立の前提には、人間一人ひとりがその人固有の役割をもった民主主義社会を構成する対等なパートナーとして認められる必要がある。

宮本（2011：154）は承認の忘却の意味することを次のように説明している。

「承認の忘却において他の人々が対象や物事となることは、さらに彼女／彼らからの感情、願望の表現からわれわれに寄せられた応答してほしいという要請を見えなくさせ、それらの理解に向かうことまでも忘れさせる。相手の感情と願望にわれわれ自身も刺激され、心を動かされて、相手とのうちに結びつきの感覚が失われることを、承認の忘却は招いてしまうのである」

この作品を通して、福祉思想を考える上での「承認」の重要性と「承認の忘却としての物象化」の危険性を学ぶ必要がある。

②『失われた時を求めて』

(i)〝時〟が刻まれた人間に対する理解

阿部は「人間観というものが、やはり福祉の原点なのでしょうね」(大内 2006：38)、「いまの福祉が直面しなければならない最大の難関は、人間観にあると思っています」(大内 2006：49)と言う。そして、秋山(1982：17)は「『人間』とは何か、『人間』をいかに見るかは、社会福祉の生命線である」と指摘している。更に小倉は人間の孤独の位相を理解しようとしない社会福祉の人間理解を「浅薄な人間の理解、いたずらに専門的用語、心理・生理に分解した用語でくくりこむこと、その集合として、モザイクのように再構築して、それが福祉のパラダイムとしてとらえた人間だといってみる」(小倉 1996：24)と批判する。

先覚者の指摘は、社会福祉においては人間理解が最も重要、ということである。これまでも社会福祉研究においては、二つの系譜の中で人間は理解されてきた。一つは生活を営んでいる主体として生活主体者と捉える系譜である。もう一つは、人格、権利、尊厳といった価値ある存在と捉える系譜である。前者が事実認識であるとするならば、後者は価値認識に基づく人間理解である。このような人間理解に対して『失われた時を求めて』という作品が教えてくれることは、〝時〟が刻まれた存在として人間を理解するという視点である。

人には、これまでの人生を振り返ると、彼と人とを結びつけた何本もの〝神秘的な糸〟が絡み合うように交差していて、その糸が彼の人生の多彩な絵模様を織り上げている。そして、その絵模様が記憶として蓄積されている。それが人の生であり、〝時〟が刻まれた人間である。忘れてはならないことは、戦争で、そして絶滅収容所で抹殺された一人ひとりも、〝時〟と共にあり、〝時〟を刻み生きている人であったということである。その一人ひとりに違った形の〝時〟があり、その〝時〟がもたらす幸福感や充実感があったのである。

人間は、生活主体者であり、権利主体であると同時に、〝時〟が刻まれた存在である。『失われた時を求めて』という作品は、実際に生きている、あるいは生きた人間の生は〝時〟と共にあり、〝時〟が刻まれた存在である、という当たり前の事実を気づかせてくれる。

（ⅱ）他者が生きている世界との出会い

『失われた時を求めて』という作品は、語り手の主観（意識）を通して描かれた世界である。しかしながら、絶対的な差異によって享受される真の生を見出すことによって初めて、私たちは自分の主観（意識）によって理解される世界を抜け出し、他の人がこの世界をどのように見ているのかを知ることができる。同様のことを小野正嗣は次のように述べている。

「すぐれた文学作品は、そこにわれわれが没入するとき、われわれが他者の身に自分をおくことを、そのようにしてわれわれのものとは異なる世界の風景を眺め、異なる社会を観察することを可能にしてくれる。そこに生きる人々もまた、われわれ同様に、喜びと悲しみ、希望や苦悩を抱えた人間なのだということを実感させてくれる」（小野 2012：71）

人間は、誰もが自分に立ち現れ自分が経験する世界しか生きることはできない。しかし文学は、そのような世界から抜け出し、他者が生きている世界、そしてそこにいる人々の悲しみ、希望や苦悩を実感させてくれる。こうして文学は、他者が生きている世界との出会いを可能にするのである。

（ⅲ）生の絶対的肯定

〝時〟は一人ひとりの中に、意図的には思い出せない記憶として蓄積され、それが、何らかの出来事をきっかけとして、私の意志や知性とは無関係に、突然、その記憶（時）の方から私へとやってくることで思い出される。その時、過去が現在に食い込むことで永遠性が感じられ、と同時に、私の世界から離脱し他者が世界をどのように眺めているのかを知ることが出来る。このようにして〝失われた時〟が見出される。そして、〝見出された時〟により、人生の様々な時期に与えられた幸福感が蘇る。

過去と現在が出会い、私と他者が出会う。別の表現をすれば、現在に過去が食い込み、私の世界に他者の世界が食い込む。このような特異な時間（あるいは本来的な時間）である〝見出された時〟が、私たちの人生の中で経験したにも拘らず記憶に残ることなく忘却していた幸福感・充実感を蘇らせてくれる。そして、おそらく、この幸福感・充実感が生の絶対的な肯定をもたらすのであろう。『失われた時を求めて』という作品は、何が生を肯定させてくれるのかを教えてくれる。

（ⅳ）〝時〟を刻む人間であるが故に感じられる〝尊厳〟

生活主体者は労働により収入を得てその収入で生活をする。退職後は年金と貯金で生活をする。しかし、より細やかに人間を理解しようとすれば、一人ひとりの人間は〝時〟と共にあり、〝時〟を刻み生きていることが分かる。それが、現実に生きている、あるいは生きた人間である。普段は記憶の中に潜在化し忘却された（失われた）〝時〟が見出された時、そこに幸福感や充実感が蘇る。その幸福感や充実感を知っているからこそ生は肯定され、「一人ひとりの生を大切にしなければ」という想い、即ち、人間に対する価値を抱くようになる。私たちは、そのような人間に対する想いを〝尊厳〟という言葉（価値）で言い表そうとしているのであろう。

『失われた時を求めて』をはじめ、文学は科学の知見とは違った次元で、人間に対する理解を深めてくれる。人間に対する理解なく社会福祉を理解することなどあり得ない。よって、福祉哲学は文学から人間について学び続けなければならない。

第六章　現象学を用いて「他者を支援する事象」を学び直す

――超越論的次元における思考

社会福祉は、何らかの理由で生活することが困難になった人を支援する営みである。では、その社会福祉を生み出す根源にあるもの、即ち、社会福祉の原理とは何であるのか。これは、福祉哲学の中核にある問いである。これが抽象的な問いではないことは、次の阿部の文章が示している。

「障害児施設に真面目に勤務してきた若い指導員が『重度の子どもたちの力になりたいと一〇年努力してきたが、今になって、なぜ私が、障害児の世話をしなければいけないのかが分からなくなった。辞めたい』と告白した。

福祉の世界に身を置く者は、多かれ少なかれ同じ疑問に直面するものだ（強調は原文）」（阿部 1997：16）

そして何よりも、筆者自身「この人たち（最重度と言われる知的障害がある人たち）には支援が必要である。だけど、何故私が支援しなければならないのか」と思っていた。勿論、給料を貰っているというのが、私が支援をする理由の一つである。しかし、福祉現場の給料は必ずしも恵まれたものではなく、それだけでは先の問いの答えにはならない。そのため、「何故私が支援しなければならないのか」と思い、同時に「支援という営みを生み出す根源にあるものは何なのだろう」と考えていた。

このような問題意識をもって最重度と言われる知的障害がある人たちと関わる中で筆者は、その人たちが発する声なき声を聴き（感じ）、その声に応えるように促す力を感じることがあった。そして、これこそが社会福祉の根源にあるものであり、自分が支援する理由ではないかと感じるようになった。しかし、声なき声にしても、それに応えるように促す力にしても、それらを確かに感じたものの、それが何であるのかは分からなかった。

ここに福祉哲学の問いが発せられる。それは、「私が福祉現場で感じた〝声なき声〟と〝それに応えるように促す力〟とは何であるのか」という問いである。この問いに対して、どのように考えればいいのだろうか。第三章では、福祉哲学の問いを考える思考の仕方として現象学と対話の二つを提示した。この章の目的は、現象学を用いて筆者が福祉現場で感じた福祉哲学の問いを考えることである。

まず第一節では、問いを考える方法（思考の仕方）として導入する現象学の概略をまとめる。現象学は、経験においてある事象が成立する仕組み（経験の深層にある構造）を解明する。それ故、「現象学をさまざまな経験の分析へと『応用』することは、現象学そのものの純粋な姿でもある」（村上 2011-b : 148）。しかし、本間直樹が「現象学って教科書を書けない。みなさん試みておられるけれども、かえって難しくなる」（本間、中岡、浜渦 2010 : 243）と言い、村上靖彦が「（現象学は）師匠が見本を見せて、弟子が芸を盗むという形で伝承されることになる芸事なのだ」（村上 2011-a : 178）と言うように、現象学は教科書になるような知識とは異なる芸事といった側面をもつ。そのためか看護の領域では、西村ユミ（2001）のような一部の研究を除けば、一方に他者を看護する実践者がいて、もう一方に現象学という芸事を身につけた研究者がいるという分業体制で、他者を看護するという事象の分析が試みられている。この体制は、現象学が教科書になるような知識とは異なる芸事であることから必然的に帰結する事態なのかもしれない。

これらのことを踏まえつつも福祉哲学が現象学に着目する理由は、福祉哲学の問いに直面している当事者が、その問いをどのように考えればいいのかという「思考の仕方」を学ぶためである。福祉哲学において重要な点は、直面している問いや経験を「自分で考える」ということである。芸事である現象学の事象分析は、一部の専門研究者にしか用いることができない高度なスキルかもしれない。しかし、そこには福祉哲学の問いに直面した人が、その問いを考えていく上で参考になる「思考の仕方」が示されている。そのため第一節では、「現象学に関する教科書的な概略」ではなく、あくまで「福祉哲学の問いに直面した人が、その問いを考えていく上で参考になる思考の仕方」という観点から、現象学という方法の概略をまとめる。

次に第二節では、村上靖彦が現象学の方法を用いて事象分析することで明らかにした、対人関係という事象が成り立つ仕組みや働きを、他者を支援するという事象に直接関係すると思われる点に絞りその内容を整理する。ここで村上の事象分析を引用する理由は三点ある。一つめは、村上が明らかにした対人関係という事象が成り立つ仕組みや働きに、筆者がリアリティを感じ腑に落ちることが多いためである。二つめは、一種の芸事である現象学を、村上の事象分析を通して学ぶ（その芸を盗む）ためである。そして三つめは、事象分析によって解明された成果を活用するためである。

続く第三節では、第一節と第二節にまとめた内容をもとに、筆者が他者を支援するという事象の中で感じた〝声なき声〟や〝その声や訴えに応えるよう促す力〟とは何であったのかを、現象学の方法を用いて分析記述する。そうすることで、当時は理解出来ていなかった他者を支援するという事象を学び直す。

その上で第四節では、支援の中で発せられる形而上学的な問い（例えば、「何故私でなくこの人が重い障害をもって生まれてきたのか」）への応答を可能にし、他者を支援することの意味について、一つの有益な見解を示してくれるレヴィナスの哲学を採り上げる。

第一節　現象学という方法

（一）現象学とは何か

ハイデガー（Heidegger, Martin）は『存在と時間』の中で、「現象学とは、……（中略）……じぶんを示すものを、それがじぶんをじぶん自身の側から示すとおりに、じぶん自身の側から見えるようにさせること」（Heidegger＝2013：201）と定義している。ここに示されているように現象学は、事象自身が自らを示し、それが私たちに与えられる仕方を解明することで、隠れ、分かり難くなっている事象そのものを露わにする営みである。

本章のテーマに即して具体的に言えば次のようになる。私たちは「他者を支援するという営み」（事象）を現に経験している。しかしその営みは、福祉現場でしばしば見られる自らの経験を絶対視する見方（思い込み）や、逆に研究論文や文献に記載されていることが正しいという見方（思い込み）に覆われているかもしれない。あるいは、世界という全体がありその中に私と他者がいるという見方や、私と他者の内側には心があるという見方を自明なものとした上で、他者を支援するという営みをしているかもしれない。

これらの思い込みや自明としていることが覆い隠しているかもしれない「他者を支援するという営み」を、その営み自身が示し、それが私たちに与えられる仕組みを解明することで、「他者を支援するという営み」そのものの姿を露わにする（その理解を可能にする）のが現象学である。

（二）超越的と超越論的

このような現象学を理解するために必要なことが超越的と超越論的の区別である。超越的とは「私たちの意識・

認識や経験を超えている」という意味である。では、何が超越しているのだろうか。二つ例を挙げる。私たちは私（自分）の死と共に消滅する世界を生きている。しかし、他者が死んでも世界は残っているという経験から、私が死に私の世界が消滅しても世界そのものは残っていることを知っている。即ち、私が生きている世界と世界そのものは同一ではない。そして、私たちは誰もが自分が生きている世界を超えて、世界そのものに達することは出来ない。その意味で世界そのものは私の世界を超えている、即ち、超越している。同様に、私の世界の中に他者が存在しているが、他者は私とは違った世界を生きており、誰も他者が生きている世界そのものに達することは出来ない。その意味で、他者が生きている世界も私が生きている世界を超えている。即ち、超越している。

世界にしても他者にしても、私の意識を超越している。このような超越しているものがどのようにして私の意識に与えられるのか、言い換えれば認識されるのか、その認識の仕組み（超越しているものが私の意識に与えられる仕組み）について論じるのが超越論的である。

（三）超越論的次元

私の意識を超越しているものがどのようにして私の意識に与えられるのか、言い換えれば認識されるのか。その認識の仕組み（超越しているものがどのようにして私の意識に与えられるのか）が解明される場（次元）が超越論的次元である。この次元は、ある事象に対する私たちの認識・理解をもたらしている仕組みや働きが作動している次元であり、その意味で、私たちがそれ以上は遡ることが出来ない認識の源泉（認識が生み出される根源的な場）である。

私たちは他者を支援するという営みを現にしており、その営みに対する一定の認識や理解をもっている。しかし、その認識や理解はどの程度、根拠に基づいた確かなものだろうか。福祉哲学は哲学、特に現象学の方法及び研究成果から学ぶことで、私たちがそれ以上は遡ることが出来ない認識の源泉である超越論的次元にまで視点を引き戻す。

そして、そこにある仕組みや働きを解明することで、他者を支援するという営み（事象）を学び直すのである。

（四）自然的態度と超越論的態度

自然的態度とは、我々の主観とは独立に世界というものが存在し、その中に私たちが存在していることは自明（当たり前）であるが故に意識していない態度のことである。これに対して、超越論的態度とは、そのような態度を一旦保留（判断停止）し、超越論的次元にある仕組みや作動している働きを反省する態度を意味する。「自然的態度は、いったん超越論的態度を取ったときにはじめて、それがひとつの態度であったということがわかるという特徴をもっている」（谷 1998 : 649）。

（五）現象学の方法的原理

現象学における方法的原理には、現象学的還元と「明証」（視ること）への依拠がある（田口 2010 : 41）。

①現象学的還元

超越論的態度により超越論的次元にまで視点を引き戻すことが現象学的還元である。フッサール（Husserl, Edmund）においては現象学的判断停止が現象学的還元となる（Husserl = 2001 : 50）。それは、私の意識（主観）の外部に客観的対象が存在していると素朴に信じていること（判断していること）を停止することである。そうすることで、自然的態度において作動していたにも拘らず気づいていなかった意識の仕組みや働き（超越論的次元）に注意を向けることが出来る。この超越論的次元の仕組みや働きに注意を向けることが出来る視点へと引き戻ることが現象学的還元である。

②視る

超越論的次元の仕組みや働きに注意を向けることが出来る視点へと引き戻した時、事象自身が示すもの（与えるもの）が、代理を介さずに、この私の意識に直に与えられる（田口 2010：58）。このようにして事象を認識することを「視る」と言う。「事象へと現象学的に迫るための通路は、明証的な〈視る〉によって開かれる」のである（田口 2010：77）。「視る」ことで、その事象は疑い得ないほど明らかに（生々しく）この私の意識に示される。即ち、事象分析においては、分析主体にとって事象が疑い得ないほど明らかに（生々しく）認識・理解されているかが問われる。

この「視る」ことの明証性には必当然的明証性と十全的明証性がある。必当然的明証性とは、「私、いま、ここ」に世界が立ち現れているということは最も確実で疑い得ないということである（田口 2010：239–240）。その世界が存在しなかったという否定すら、それはこの私に立ち現れている世界において想定されていることに過ぎず、そのような否定を行う場である世界がこの私に立ち現れていることは疑い得ないのである（田口 2010：242–243）。これに対して十全的明証性とは、経験内容が「あらゆる観点から見て完全に認識されていること」（田口 2010：255）を意味する。

この二つの明証性は「（1）必当然性という最も普遍的な地盤の上ではじめて、世界経験一般の明証追求、すなわち（2）推定的な道を通って、（3）十全化（十全性）という理想に接近してゆく運動が生起しうる（強調は原文）」（田口 2010：257）という関係にある。

（六）ある事象に対する経験を学び直す

ある事象が経験される仕組みや働きを、超越論的次元まで視点を引き戻し解明することで、これまで思い込みや自明性のヴェールに覆われて見え難くなっていた事象そのものを理解することが出来る。事象からそのヴェールを剥がし、その事象そのものを理解するようになることが、ある事象に対する経験の学び直しである。

この学び直しは、一部には知識の拡大を伴うが、基本的には既に経験して知っている事象に対する理解の深まりをもたらす。第三章で、科学は未知のものを探求する方向性をもっているのに対して、哲学の思考は既知のものに対する理解を深めていく方向性をもっていることを確認しておいた。現象学における「ある事象に対する経験の学び直し」は、既知のものに対する理解を深めていくという哲学の営みなのである。

第二節　対人関係の現象学

(一) 現象学を用いて自閉症の人たちの経験を分析する

筆者は知的障害者入所更生施設で自閉症という障害がある人の支援を経験した。ある自閉症の人は予定されていたスケジュールが変わるとパニックを起こし、別の自閉症の人は筆者の手を、ドアを開ける道具のように使った。その経験は、私たちは客観的に存在している世界の中で暮らしているように思っているが、実は、一人ひとりがそれぞれ違った形で外界（世界）を了解し経験していることを意識させた。しかし、何がそのような経験の違いをもたらしているのかは分からなかった。

当時の筆者には分からなかった、自閉症の人が世界（外界）を経験する仕方（仕組み）を、現象学を用いて解明したのが村上靖彦である。村上は対人関係という事象に着目することで、世界や他者という超越しているものが、自閉症の人たちの意識にどのように与えられるのかという超越論的次元における仕組みを解明した。その分析は「定型発達との比較を通して考察したために否定を媒介にして自閉症を記述することになってしまった」（村上 2008：

204）と村上自身が述べているように、定型発達（非自閉症者）との対比において、ある働きが作動していない、あるいは図式化されていないといった形でその仕組みが分析記述されている。しかしそれが故に、その事象分析で得られた成果は、対人関係という事象が定型発達している者の意識にどのように与えられるのか、その仕組みを理解する上でも参考になる。

（二）対人関係の現象学

①現象学の継承

村上の研究はフッサールによって創設された現象学を継承し、そこに新たな観点を追加することで現象学を発展させていく試みである。フッサールの現象学は学問的真理の基盤の研究（科学の基礎づけ）と経験構造の研究（事例研究）という二つの側面をもっていたが、村上の研究は経験構造の研究という側面を引き継いでいる。そして、フッサールの超越論的な還元というプログラムに忠実に従い事象の分析を行っている（村上 2011-a：10）。即ち、世界や他者という超越しているものが、自閉症の人たちの意識にどのように与えられるのかという超越論的次元における仕組みを解明している。

村上は、あくまで事象の経験に即して事象分析する。その際に様々な概念を導入する。その中で最も核となる概念が視線触発である。この視線触発とは「（1）こちらに向かってくる視線や呼び声・接触のベクトルの直接的な体験であり、（2）感性的体験に浸透するが、それ自体は感性とは異なる次元で、（3）自我や他者の存在が認識されるに先立って作動している」（村上 2008：3）ものである。

村上（2008：41-42）が言うように「哲学史におけるフッサールの重要な貢献の1つは、経験の成り立ちを、主体と客体といった静的で固定した『実体』という錯覚から解放し、志向性という運動に還元したことである。人間の経験構造を運動によって組み立てる動的な視線を獲得したのである」。このフッサールが切り拓いた地平に、村上は新たな動的視点として視線触発を追加する。それは、フッサールによって発見された能動的な対象志向性と、受動的総合における自己組織化する連合の志向性という二つの志向性に加えられる第三の志向性である（村上 2008 : 42）。この視線触発という第三の志向性は、対人関係の構造の中においてサルトルやレヴィナスによって発見されたものであるが、村上は二人に残っていた形而上学的な残滓を取り除き、それを現象学的に純化して用いている。

②対人関係という事象が与えられる仕組み

村上は『自閉症の現象学』（2008）において、自閉症の人たちが現に経験している対人関係という事象が、どのような仕組みや働きによってもたらされているのかを、現象学という方法を用いて解明した。更に村上は『治癒の現象学』（2011）において、精神的な問題における治癒という事象の経験を生み出している仕組みや働きの解明も、現象学という方法を用いて試みている。以下では、この二つの著書において明らかにされた対人関係という事象が与えられる仕組みの中で、他者を支援するという事象に直接関係すると思われる点に絞りその内容を整理する。

（i）視線触発の次元

視線触発とは「視線や呼び声、触れられることなどで働く、相手からこちらへと一直線に向かってくるベクトルの直観的な体験」である（村上 2008 : vi）。例えば、「目が合う」とは相手（そして「見つめられる」自己）に気づくようになることであり、目が合うようになった子どもは視線触発の次元が誕生している（村上 2008 : 15）。

視線触発は受動的な体験である。しかし、触発は触発源へと気づくことと同時であるため、受動性の中で相互性・応答可能性の回路が生成し、能動性への動機づけとなる。つまり、視線触発の求心ベクトルは、相手へと向かう特殊な傾向性へと反転する。この傾向性が、相手へと向かう意識である対人志向性へと展開してゆくことになる（村上 2008 : 48）。

（ⅱ）知覚的空想

知覚的空想は、ままごとやごっこ遊びのように、石を知覚しながらケーキと思い見なし、自分自身でありながら、同時にママの役を演じる、という知覚と空想が重なり合う現象である（村上 2008 : 111）。視線触発のインパクトが知覚と空想の分化をもたらし、知覚的空想が成立する。

（ⅲ）空想身体／「現実」／「意味」

空想身体とは、夢やごっこ遊びといった空想の中心で働き、その空間を産出し、空間の全域でもあるという特異な空間構造をもつ（村上 2011–a : 25, 196）。但し、空想身体は夢や空想の中でのみ働いているのではなく、「覚醒時の知覚のなかでも働くことで、創造性を下支えしている」（村上 2011–a : 15）。

この空想身体という主体にのしかかる環境の全体であり、空想身体を触発する明瞭に認識できないものの総体が、ここで言う「現実」である（村上 2011–a : 28, 196）。「現実」に触発され、また知覚を記号として使いながら空想身体を組織化することで「意味」を産出する（村上 2011–a : 69, 178）。精神的な問題における治癒とは「現実による触発のもとでの空想身体の組織変化」（村上 2011–a : 178）を意味する。

（ⅳ）対象の成立

知覚的空想は、知覚としてはそこには存在しないものが意味ある対象として成立するための前提条件となる（村上 2008 : 147）。これに加え、否定性と恒常性という論理によって私たちが対象と捉えているものが了解される。私たちは、ある物体の裏側が見えていなくとも、「見えていない」という否定性を踏まえその物体がそこにあることを了解している。また、その物体を手で隠しても、そこにその物体があることを了解している（村上 2008 : 89–91）。即ち、知覚されていなくとも私たちはある物体を対象として了解している。このように私たちは、知覚的空想と否定性や恒常性という論理によって対象を了解している。

（ｖ）超越論的テレパシー

知覚的空想の次元が成立すると、他者と一つの空想を共有することが可能となる。この空想の共有において、知らず知らずの内に行ってしまっている空想内容の伝達がある。それは超能力とは異なるテレパシーである。このテレパシーは、それがなくてはコミュニケーションが取れないが、日常的には主題化されることなく背後の構造として作動するという点で、この現象は超越論的である（村上 2011–a : 95）。このような、空想を共有する人と人との間で作動し、コミュニケーションを支えている超越論的な仕組みを、村上は超越論的テレパシーと名付ける（村上 2011–a : 94–95, 196）。この超越論的テレパシーが、私には分からないはずの相手の思考内容の伝達を可能にする（村上 2011–a : 97）。

村上は超越論的テレパシーを使って、アスペルガー障害をもつ人のコミュニケーションの困難を次のように説明する。

「アスペルガー障害を持つ人のコミュニケーションの困難は、この『テレパシー』の難しさにも由来する。彼らは空想を共有できないので、あいまいな表現が苦手で具体的な説明を必要とし、相手の言葉を文字通りに受け取りがちになる。逆に言うと、定型発達のコミュニケーションはメッセージあるいは表現の理念的意味だけではなく、空想の共有、テレパシーを出発点としている」（村上 2011–a : 188）

筆者自身、これまでにアスペルガー障害をもつ人とのコミュニケーションを数多く経験してきた。超越論的テレパシーという概念は、筆者がそこで経験したコミュニケーションの困難さやズレを的確に説明している。

（ⅵ）間身体性の次元

視線触発が形成する次元の中で、相手の運動や感情が私の体において直接体験されるという現象が生起する。このような次元を間身体性の次元と言う（村上 2008 : 18）。間身体性は「視線触発と（私と相手の）運動感覚と情動性といった異質な次元を包摂する次元、対人関係がそこで成立する固有の次元の形式構造を示す」（村上 2008 : 47）。

（vii）図式化

間身体性という次元では、視線触発が生じ、それにより相手の運動や感情が私の体において直接体験される。しかし、視線や感情といったものそれ自体は知覚出来るものではない。これら知覚出来ない視線や運動感覚、感情といった諸次元が相互に浸透し合いつつ身振りや表情として現れる運動を図式化と言う。図式化により目には見えない視線や感情といったものが目に見える表情として理解（知覚）される（村上 2008 : 20–21）。

（viii）現実の次元化

外界を認知・了解する機能をもつ身体がある（人間がいる）。生まれて間もない頃は、まだ、私という意識はなく外界を認知・了解している。この外界がどのようにして認知・了解されるのか、その仕組みをいま確認している訳だが、ここで確認しているような仕組みにより、私たちは得体の知れない外界（「現実」）を認知・理解可能な独立した現実として設定する。このように「現実」（得体の知れない外界）を独立した次元（現実）として設定する力を現実の次元化と言う（村上 2008 : vi, 92）。

③対人関係という事象の経験

以上の仕組み（超越論的次元の仕組み）において作動している働きにより、私たちは外界を了解可能な現実として次元化し、その現実の中で対人関係という事象を経験している。そこでは次のように対人関係が経験される。

（i）内面性（心）という錯覚の成立

運動感覚にしても情動性にしても、それらは本来知覚空間・客観空間に位置づけられない。しかし、運動感覚や情動性は知覚空間上で図式化されることにより、目に見える表情として知覚される。並行して、様々な運動感覚や触覚や身体像が連動して、知覚的に自分の領域を外部と分ける身体表面という仕組みが生まれる。この時身体のまとまりと自己感が生まれる。次に、以上の二つが連動して、相手の表情の向こう側あるいは私の身体表面の手前に、内側（感情）という実体を想定する（村上 2008 : 163–164, 167–168）。

村上（2008 : 168）が言うように「内面性は、おそらく定型発達においても後天的に成立する制度であり、ある意味避けられない錯覚」なのである。即ち、私たちは自分にしても他者にしても、実際にはどこにもない「内側（心）」というものを実体化するという錯覚をしている。そしてその錯覚のもと、互いに内側（心）をもった存在として対人関係を営んでいる。

（ii）不可知な側面を隠蔽する人格

私の内面に心があり、他者の内面にも心がある。相手が心で思い感じていることは表情や言葉を通してある程度は理解出来る。しかし、私と他者（相手）は別の世界を生きているが故に、相手が思い感じていることを私は完全には知ることが出来ない。ここに「不可知」の他者が生じる。他者は私にとって完全に知ることのできない得体の知れない現実である。この現実を名指す指標として「あなた」という人称代名詞や固有名で表される人格が措定される。日常的に「あなた」という言葉を使うことで、得体の知れない部分にふたがされ、意識しなくても済むようになる（村上 2008 : 169–170）。

私たちは互いにそれぞれの思い感じていることを完全に理解することは出来ない。そのような他者の不可知性は、人を人格と捉えることで隠蔽されてしまう。私たちはそのような形で対人関係を営んでいる。

（iii）対人関係における主体の成立

現実の次元化の中で、次のような段階により対人関係の主体が成立する。まず、視線に気づくことで、視線の発信源としての「相手」と、見つめられている「私」という区別が成立する（村上 2008 : 33, 2011–a : 101）。次に、知覚的空想が成り立つことで、そこに空想身体が作動すると共に、ごっこ遊びの主体、即ち、行為主体が成立する。最後の段階として、心という内面をもった主体が、そして人格としての主体が成立する（村上 2008：152–153, 169–170）。

ここに記述した経験は、視線触発をはじめ、知覚的空想、空想身体、間身体性、図式化、超越論的テレパシーなどの仕組みが十分に作動していた場合に経験されることである。言い換えれば、これらの仕組みが十分に作動していなければ、ここに記述したものとは違った対人関係が経験されるのである。

（三）現象学という事象分析の方法

いま、自閉症の人たちの対人関係や精神的な問題における治癒という事象分析を通して、現象学を用いた事象分析の実践例を見てきた。そこには、対人関係や治癒という事象が私たちの経験に与えられる仕組み（超越論的構造）が解明されている。その成果はこの後の事象分析の際に活用する。しかし、村上の事象分析から学ぶことはこれだけではない。私たちは、現象学をどのようにすれば事象分析に活用出来るのか、という点についても村上から学ぶことが出来る。
現象学を様々な事象や経験の分析へと活用／応用することは、現象学そのものの純粋な姿である（村上 2011–b：148）。しかしながら、先にも述べたように、その現象学は「師匠が見本を見せて、弟子が芸を盗むという形で伝承されることになる芸事」（村上 2011–a：178）といった側面をもつ。そのため、私たちも村上の事象分析から芸を盗むように、現象学を用いた事象分析の仕方を学ぶ必要がある。その点が示唆されている文章を幾つか引用する。
「現象学とは、（数学・論理学から、感覚、対人関係、身体、等々）さまざまな種類の事象の経験の仕方を解析する学問であると定義出来る。世界の分析を、外部にある中立の視点から客観的に行う客観科学から、その世界の『与えられ方』のただなかに沈潜する視点へと変える方法である」（村上 2008：viii）
「ただし気をつけなくてはいけないのは、還元やエポケーといったよく知られた方法論はフッサールが自分の研究目標のために作ったものであり、さまざまな事象分析にそのまま使えるものではないということである。
現象学の本質は分析のための視線の置き方と分析の態度にあり、フッサールの用語のなかにあるわけではない。
事象そのものの流れのなかに視点を置くそのつどの方法は、おそらく具体的な事象分析をやってみてあとからかいま見られるもので、方法そのものの解説を読んでもつかみきれないであろう」（村上 2011-b : 148）
「要点は、表面に見えている事象の背後にかくれている、事象の作動の仕組みを見て取る視点を獲得することである」（村上 2011-b : 157）
「大まかにいうと本書が行ってきた作業は、空想身体が作動する仕組みとその土台について、空想身体のただなかに視点を取って記述することであった」（村上 2011-a : 178）
「本書が現象学的であるといえるのは、二つ目の経験構造の分析を引き継いでいるからであるが、それに加えてフッサールの超越論的な還元というプログラムに忠実だからである。経験がそのように成立するのはなぜかを理解するためには、経験された内容を棚上げして、経験するプロセスをあぶり出さないといけない。超越論的構造とは、ある経験を支えている背後の構造である。より正確には『経験される内容＝超越』（たとえば私の意識の外、世界のなかで物事が存在すること）がそのようになりたつ仕組みのことである。物事がしかじかの有り様で当たり前のように現れるのであれば、そのような当たり前のあり方を成立させている仕組みがある（田口 2010 : 34-35）。たとえば心理臨床のプロセスがそのようなものとして成立することを可能にする『私の側の』経験の構造のことである。このような水準の構造の探究のことを本書は現象学と呼んでいる」（村上 2011-a : 10）
「事例を反復再生しながら分析することを通じて、今まで見えたことがなかった構造を浮き彫りにすることが現象学の仕事である」（村上 2011-b : 157）

これらの言葉と『自閉症の現象学』や『治癒の現象学』において示された事象分析から、現象学の方法として学ぶべき点は、①事象自身が示すことを視て取る視点を獲得すること、②経験の背後にあり、いままで見えてこなかった超越論的構造を解明することである。村上の事象分析が行ったことは、空想身体のただ中に視点を取って、その視点から対人関係という事象の背後で作動している超越論的構造の解明である。

次節では、フッサールによって提示された現象学的還元やそれによって見出される視点（事象自身が示すものを視て取る視点）から、他者を支援するという事象の背後で作動している超越論的構造の解明を試みる。

第三節　他者を支援するという事象の分析

（一）事象分析の目的と方法

①目　的

筆者は他者を支援するという経験を一〇年一五年と重ねていく内に、支援を必要としている人が表情や身ぶり・行動を通して発している声なき声のようなものがあり、そこには「その訴えや要求に応えるよう促す力がある」と感じていた。そしてその「力」こそ、社会福祉という営みの核にある最も本質的なものであると考えていた。

ここでは、筆者が他者を支援するという事象の中で感じた「訴えや要求に応えるよう促す力」を現象学の方法を用いて分析記述する。そうすることで、当時は理解出来ていなかった他者を支援するという事象を学び直すことがこの節の目的である。そのために用いる現象学の方法とは以下の通りである。

②方　法

（ⅰ）自身の経験に即して内側から

現象学は一人称の視点を原則にする。即ち、この私の経験を経験に即して内側から、その経験のされる仕方、与えられる仕方を分析記述する。この原則に基づき、ここでは筆者自身の他者支援の経験を分析記述する。

（ⅱ）現象学的還元

私は他者を支援するという営みに対して、様々な思い込みをしているかもしれない。あるいは、当たり前（自明）であるが故に、敢えて問わないこともあるであろう。これらを反省することで、それらの思い込みや当たり前としていることの妥当性を一旦保留にする。そうすることにより、この私に世界が与えられる（立ち現れる）仕組みや、その世界の中で対人関係や支援という営みが与えられる仕組み、これらの分析記述を可能にする超越論的次元にまで視点を引き戻す（還元する）。

（ⅲ）超越論的次元に視点を置き事象の背後で作動している超越論的構造を解明する

超越論的次元に視点を引き戻すことで、自然的態度においては作動していたにも拘らず気づいていなかった意識の仕組みや働きに注意を向けることが可能となる。そして、その仕組みや働きを解明することが出来る。

（ⅳ）対人関係の現象学の成果を活用する

超越論的次元において、どのような仕組みにより、この私の意識に他者を支援するという営みが立ち現れ、そして〝声なき声〟や〝声なき声の要求に応えるよう促す力〟が感じられるようになるのか。その仕組みを自らの経験に即して、そして、その経験を対人関係の現象学の研究成果を踏まえ分析記述する。

（二）対象となる事象

①福祉現場の背景

障害があり自力で生活を営むことが困難でも、家族の養育や介護及び必要に応じて訪問あるいは通所サービスを利用することで、地域で暮らすことは出来る。しかし、家族や訪問あるいは通所サービスでは障害がある人の生活が支えられない時、その人は家族と地域から引き剥がされ、他人との集団生活となる入所施設での暮らしを余儀なくされる。

入所施設は訪問や通所サービスと同様、社会福祉という制度の一部である。そこにおける他者への支援は、同情や憐れみではなく権利保障の一環であると理解されている。そして、権利保障という理念を実現するために支援する人間が雇われている。雇われた人間にとって他者への支援は、権利保障という理念を実現するために行われる行為であるが、同時に労働であり、その労働の対価として給料が支給される。これが、制度として成り立っている福祉現場の背景である。

②福祉現場で感じたこと

障害がある人が暮らす施設に長く勤務すると、そこで暮らす人たちが被った入所前の苦労、当時でも向けられる憐れみの眼差し、そして、他人との集団生活を余儀なくされる生活の理不尽さなどが、身に沁みて感じられるようになった。また、五年一〇年と同じ施設に勤務すると、そこで暮らす一人ひとりが、かけがえのない人に感じられた。しかし、「施設内虐待」という言葉があるように、職員の中にはそこで暮らす人に対して叩くなど、高圧的な態度を取る者もいた。

福祉現場では、職員から高圧的な言動をされた人の困惑した表情、いま起きている状況が理解できないために起こるパニック、顔をそむけることで示す拒否、週末に「かあちゃん」が来る嬉しさから生まれる笑顔など、声にならない声（思いや気持ち）が発せられていた。聴いた（感じた）者であれば分かることだが、それは嘘偽りなどあり得ない直接訴えかけるものであった。その声なき声は、訴えに応えるように促す力を宿していた。例えば、職員の利用者に対する不適切な言動（虐待）をなくさなければならない、あるいは、パニックで訴えている気持ちを理解したい、そしてパニックを引き起こす原因を除去したい、といったようにである。この声なき声の訴えや要求、そして、それに応えるように促す力が、権利の要求を生み出すのであって、その意味で、これらこそが社会福祉の根源にあるものではないかと感じていた。

福祉現場における支援の多くは、その都度やらなければならない業務に追われている。筆者自身、良くないことだが常に小走りで、利用者（入居者）から話しかけられても「後でね」と言ってしまう日々であった。しかしそれでも、障害がある利用者との関わりの中で声なき声を聴き（感じ）、その声に応えるように促す力を感じることがあった。以下では、その一つの場面を記述する。

③具体的な場面

ここで取り上げるのは、筆者が勤務していた知的障害者入所更生施設（現在では障害者支援施設）で幼稚園児と定期的な交流会を実施するきっかけとなった場面である。その場面の登場人物は、筆者、筆者の息子、施設で暮らしているAさん（男性）の三人である。Aさんは最重度の知的障害があり、当時の私たち職員はAさんが日中出来る活動や興味関心があるものも見つけることが出来ずにいた。また、Aさんには面会に訪れる家族・親戚や知人もいなかった。そのような中、Aさんが小さい子どもと接し喜んでいる、といったことが職員間で話されるようになった。

この話を聞き筆者は、当時四歳の息子と一緒にAさんの居室を訪ねた。確かに、Aさんは息子に接し大変喜んだ。そして、Aさんの笑顔を見て筆者も嬉しくなった。ここで取り上げるのはこの場面である。

（三）事象分析

①自然的態度に対する違和感

福祉現場における支援では、自明であるが故に意識されていないことや、「他者を支援する営み」においては当たり前と思われている認識や態度がある。ここでは、このような認識や態度を自然的態度と捉える。支援する中で、それら自然的態度に違和感を覚えることがあった。それは次のようなものである。

（ⅰ）利用者理解に対する違和感

知的障害者入所更生施設において支援者は、支援を必要とする人に対して、知的障害、発達障害、自閉症などと様々なレッテル（概念）を貼り付け、しばしば「～が出来ない人」といった否定的な評価をする。その一方で、「障害は個性である」とか「人間は皆同じ」といった肯定的な見方が示される時もある。いずれにしても、支援者が支援を必要としている人を様々に評価し、意味づけをしている。最重度の知的障害がある人の殆んどは話すことが出来ない。また、自閉症の症状の強い人は人とコミュニケーションを図ることが難しい。知的障害者入所更生施設という支援の現場では、利用者の言葉は少なく、その場は、支援者による利用者の評価や意味づけに支配されていく。おそらく、これは知的障害者入所更生施設における自然的態度なのであろう。

支援の経験が長くなればなるほど、利用者の人たちは表情や仕草で、あるいは最初は「問題」と捉えていた行動が、実はその人の心の叫びであることが理解されるようになった。言葉の不在という表面の深層では、利用者自身の思いや気持ちが、表情や仕草あるいは行動を通して発せられているのである。即ち、利用者自身が様々な形で自らを示しているのである。しかし、これら声なき声が十分に聴かれる（感じられる）ことなく、支援者があれこれと利用者を評価・意味づけをし、それらが支援の現場を支配していたことに違和感があった。

（ⅱ）世界と他者の理解に対する違和感

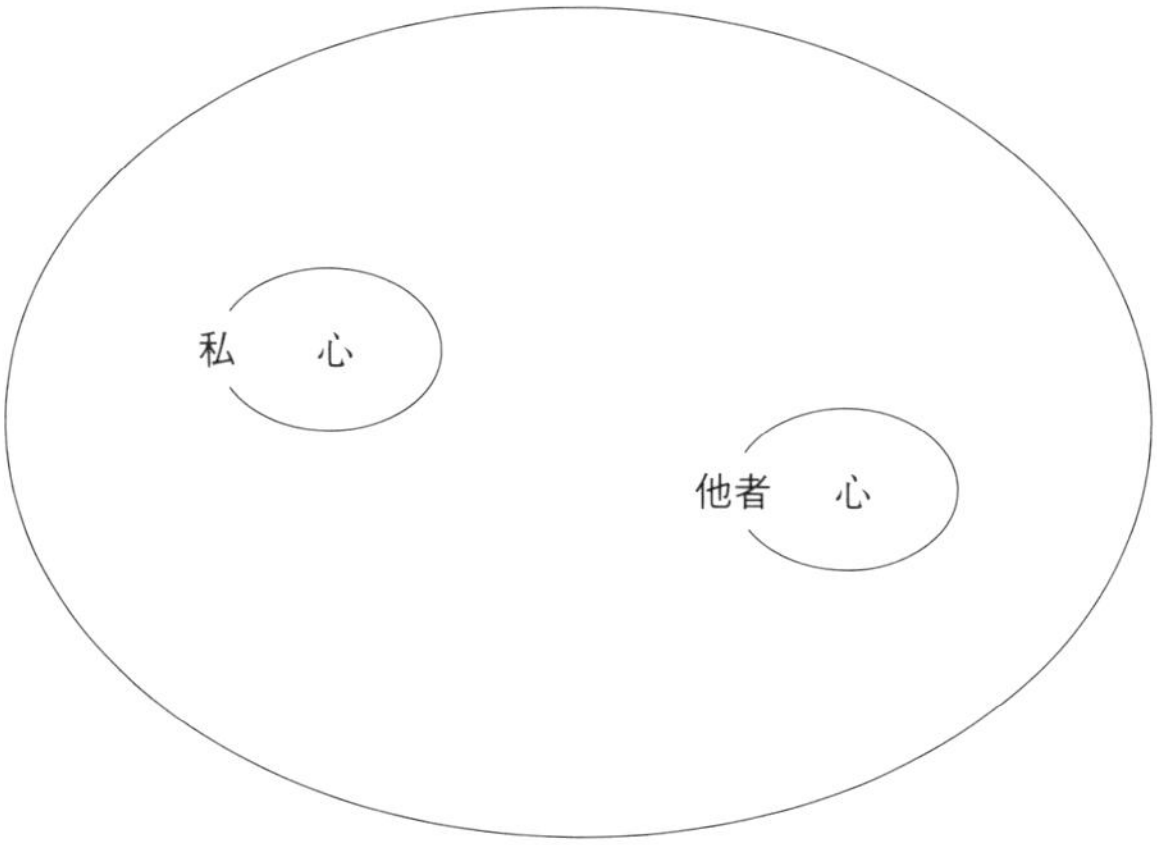

図6－1　世界という全体

出典：永井（1991：172, 208, 231）

支援について考える時、「世界」をも考察の対象に入れて議論されることはない。何故なら、私は心をもち、目の前に同様に心をもった他者がおり、そして私と他者がその中に含まれている世界という全体があることは自明なこととされているからである。それは図6－1のような世界である。

他者を支援する営みを考える上で、「世界」が視野に入っていない議論、そして、図6－1のような世界が自明視されていることに違和感をもっていた。何故ならそこには、「死」が露わにする私と他者との非対称性が意識されておらず、私が生きている世界のリアリティがないからである。

②違和感がもたらす現象学的還元とそれによって立ち現れる世界の記述

これらの違和感に導かれ、この私が最もリアリティを感じる地点、言い換えれば、最も疑い得ない地点へと視点を移すことを試みてみたい。

確かに、私たちは図6－1のように世界という全体があり、その中に存在している。しかし、その世界は、ある程度知的能力が発達をして、「私や世界を対象化する視点」をもつようになった者が思い描く一つの世界像であろう。おそらく、最重度と言われる知的障

図6－2　私が生きている世界

出典：永井（1991：172, 208, 231）

害をもった人は図６－１のような世界像はもっていないであろう。そして、世界は図６－１とは違った形で現れているであろう。そのため、「私や世界を対象化する視点」から「この私」に視点を引き戻してみたい。そうすると、この私にとって世界はどのように立ち現れているだろうか。

（i）唯一無二の世界

私の目の前にはパソコンがあり本がある。部屋があり家族がいる。家の外には他の家があり、道路があり、車が走っている。私に立ち現れている世界に存在するものは、これら実在するものばかりではない。思い出される過去があり、想像される未来もある。無というものですら「無」という観念と共にこの世界の中に位置をもつ。そう考えると、私に立ち現れている世界とは、私が経験すること、思考することの全てであることが分かる。それは「全て」であるが故に、その外部というものを想定し得ない。何故なら、外部を想定した時点で、それは私の世界に立ち現れたものになってしまうからである。外部がない（想定し得ない）とは、並び立つ他の世界（他者の世界）がないということである。故に、私に立ち現れている世界は唯一無二のものである。

私に立ち現れている世界は唯一無二の世界であり、その世界は私の死と伴に消滅する。これに対して、他者は私の世界の登場人物に過ぎず、他者が死んでも私が生きている世界は消滅しない。これが、私が生きている世界の現実である。図で表せば、図6－2のような世界である。

（ii）他者の問題

支援する私には唯一無二の世界が立ち現れている。そのことは疑い得ないくらい明瞭に感じる。これに対して、支援を必要としている他者はこの私の世界にどのように立ち現れているだろうか。

他者は、世界という全体（超越するもの）を私と部分的に共有しつつも、私とは違った身体と視点をもち、私とは違った世界を生きている。他者が生きている世界は私の世界に還元することは出来ず、他者も私とは違った唯一無二の世界を生きているはずである。そのため、私に立ち現れている世界の外部に、私と同様に唯一無二の世界を想定したくなる。しかし、そのように想定した途端、それは私に立ち現れる世界の中で想定されたこととなり、その他者は私の世界の登場人物に格下げされてしまう。あるいは、私に立ち現れる世界の登場人物に格下げすることなく、私の世界の外部に唯一無二の他者の世界を想定したとしても、その時点で、この私の視点は失われ、図6－1と同じ世界になってしまう。

このように他者も唯一無二の世界を生きているはずであるが、この私とは同じ水準でその唯一性を理解することが出来ない。即ち、唯一無二の他者は私に立ち現れる世界を超越している。これがここで言う「他者の問題」である。なお、右の（i）唯一無二の世界と（ii）他者の問題の記述は、永井（1991：223–236）および大澤（1994：185–188）から学んだものである。

（iii）他者を支援する場面の記述

以上により明らかにされたことを踏まえ、先に提示した他者を支援するという場面を、この私（筆者）の視点から再構成してみる。

ドアを開けて、息子と一緒にAさんの部屋に入ると、ベッドの前で車イスに座ったAさんがいる。「Aさん、私の息子のBです」と話しかける。Aさんは上半身をくねらせながら、満面の笑みを浮かべて喜んでいる。Aさんには言葉がないため、言葉を通じて考えていることや思っていることを聴くことは出来ない。しかし、上半身と手を動かしながら、そしてその表情から、Aさんの笑顔を見て私も嬉しく感じた。

この出来事は私に強い印象を与えた。何故なら、私たち職員はAさんが日中出来る活動や興味関心があるものも見つけることが出来ずにいたため、この時のような表情を見たことがなかったからである。あの顔は「（子どもと会えて）嬉しい」と端的に語っていた。その気持ちに嘘偽りなどあり得ない廉直な表現だった。

私は家に帰り、息子が通っている幼稚園児と単発ではなく、また、幼稚園と施設の交流ではなく、Aさんと園児が知り合いになれるような定期的な交流が出来ないかと思った。

とはいえ、当時は介護や日中活動・作業の支援といったルーティン・ワークに加え、地域での普通の暮らしに近づけるために様々な取り組みをしており、思ったことをすぐに実行する時間的な余裕はなかった。正直な気持ちは、もっと休みが欲しい、家族と過ごす時間が欲しいと思っていた。しかしながら、自分の意に反して、あの笑顔に応えなければ、という思いが強く働いていた。この時に限らず、福祉の現場では「応えなければ」と感じるときがあった。この思いを筆者は「『福祉現場に携わると、そこに責任＝呼応といった関係ができてしまう。携わっている現実が呼びかけていることに応えるよう、私は求められている』といった感じである」（中村 2004：ⅰ－ⅱ）と書き記している。Aさんの笑顔もその一つの経験であった。

③超越論的次元に基づく事象の分析

（ⅰ）定型発達者が経験する世界と他者

筆者は知的障害や発達障害と診断されたことはなく、また、対人関係に大きな支障をきたすことなく生活してきた。このことから、筆者は定型発達をしており、第二節で提示された仕組みが、完全ではないにしても対人関係に支障をきたさない程度には機能をしていると考える。即ち、視線触発の体験があり、知覚的空想が成立した中で空想身体を作動させていることにより、思考内容の伝達を可能にする超越論的テレパシーを用いている。同時に、間身体性の次元が成立し、図式化も行われているため、他者の表情からその人の感情を読み取り感じることが出来る。

これら視線触発、知覚的空想の成立と空想身体の作動、間身体性の次元の成立と図式化が行われているため、筆者は客観的世界と感じる世界の中で存在し、その中で心（内面）をもった私や他者がいると理解していた。即ち、世界を図6－1のように理解していた。

いつの頃からかは定かではないが、そのような世界の理解に違和感を覚えていた。この違和感に基づき、「私や世界を対象化する視点」から、「私が世界を直接経験している〝この私〟の視点」へと視点を引き戻すと、図6－1のような世界は定型発達をした者がもつ一つの世界像であることが分かる。私が実際に生きているのは図6－2のように、この私に立ち現れている世界なのである。その世界においては、私に立ち現れている世界は唯一無二の世界であり、その世界は私の死と伴に消滅する。しかし、他者は私の世界の登場人物に過ぎず、他者が死んでも私が生きている世界は消滅しない。

視点を「この私」に引き戻すことにより、他者を支援する営みが現に展開している基盤であるにも拘らず意識されることがない「私と他者の非対称性」が露わになる。

（ii）〝声なき声〟と笑顔が訴えていることに〝応えるよう促す力〟を感じる経験

図6－2のような世界において、何故、笑顔が訴えていることに「応えるよう促す力」を感じるのか。その根底にあるのは、Aさんの笑顔が発したベクトルであり、そのベクトルを感じる視線触発である。視線触発により筆者に共感（シンパシー）と超越論的テレパシーが作動する。村上（2011-a : 97）は「共感は、私の空想身体を用いて相

手の（空想ではなく）実際の生きる身体と共鳴する働きである。これに対して、超越論的テレパシーは相手の空想内容を共有する働きである」という。これに従えば、一方では視線触発により間身体性の次元が成立し、且つ、図式化により、筆者はAさんの表情から喜びという感情を理解し、その感情を共有した（共感した）。もう一方で、知覚的空想が成立し空想身体を働かせている筆者には、超越論的テレパシーとしてAさんの思いが伝達される。おそらく、筆者が福祉現場でしばしば感じた「声なき声」を聴いた（感じた）という事象の正体は、この共感と超越論的テレパシーが浸透した形で視線触発として感じられた現象なのであろう。

この視線触発は「見られる」、「呼ばれる」、「触れられる」というこちらに向かってくる受動的な体験である（村上 2008：42）。しかし、視線触発の求心ベクトルは触発源へと気づくことと同時であるため、受動性の中で相互性・応答可能性の回路が生成し、相手へと向かう能動性の動機付けとなる。つまり、視線触発のこちらに向かっていくベクトルは、相手へと向かう傾向性へと反転する（村上 2008：48）。

共感と超越論的テレパシー（声なき声として聴かれる／感じられる思いや気持ち）が浸透した視線触発、即ち〝声なき声〟を聴いた（感じた）体験は、共感を基盤とした上で「呼びかけられている」ように感じるため、「呼びかけに応えなければ」という能動性に反転する。この反転する力（作用）こそが、笑顔が訴えていることに〝応えるよう促す力〟であると考える。

（四）他者を支援するという事象の学び直し

筆者は他者を支援する営みを一九年間してきた。しかし、他者の支援を経験したからといって、その営みを十分に理解しているとは限らない。経験しているにも拘らず気づかれていない事象そのものの姿があり、その事象の経験を成り立たせている仕組みと働きがある。それらを、自らの経験に即して分析記述して露わにする（解明する）

方法が現象学であった。

他者を支援するという事象の学び直しとは、現象学によって露わにされた（解明された）事象そのものの姿と、その事象の経験を成り立たせている仕組みと働きを踏まえ、自らの経験を理解し直すことを意味する。では、ここで試みた事象分析により、どのような経験の学び直しがなされたのか。その内容を、私・世界・他者の在り方、支援とそれを成り立たせている仕組み、共に生きるという三点に分けて示す。

①私・世界・他者の在り方

先の事象分析では、私や世界を対象化する上空飛行的な視点から、いまここで生きているこの私の視点へと視点の引き戻しを行った。そして他者を支援するという事象の経験を、その経験に即して、内側から理解することに努めた。そのことにより学び直されたことは、普段は意識されない私・世界・他者に対する理解である。その主な内容は以下の三点である。

（i）私は私に立ち現れている世界を生きている

私たちは図6－1のように世界という全体があり、その中に私や他者が存在していると考えている。この理解が誤っている訳ではない。しかしより正確に言えば、その世界は、ある程度知的能力が発達し、「私や世界を対象化する視点」をもつようになった者が思い描く一つの世界像である。そのような視点から「私が世界を直接経験している〝この私〟の視点」へと視点を引き戻した時に立ち現れる世界は、この私によって知覚されるもの、認識されるもの、思考・想像されるものの全てである。それは、その外部をもち得ないが故に唯一無二の世界であり、この私の死と伴に消滅する世界である。少なくとも、この私はそのような世界を生きている。

（ii）私と他者の非対称性

私には、外部を想定すれば想定した時点で内部となってしまうが故に、その外部を想定し得ない唯一無二の世界が立ち現れている。普段はそのようなことは意識しないが、よく考えてみれば、私はそのような世界を生きている。しかし、先に示した通り、この私に立ち現れている世界と同じ水準で他者を理解することは出来ない。私は私の世界の内部で他者と出会い、その他者を認識し、コミュニケーションを図っている。私が生きている世界において、私は世界そのものであるが他者はその世界の登場人物に過ぎない。この私と他者の非対称性も普段は意識しない。しかし、よく考えてみれば、私はそのような世界を生きている。

他者を支援するという営みは、「私は私に立ち現れている世界を生きている」、「私と他者の非対称性」という根源的事実の上に成り立っている。この事実はあまりにも自明であるが故に意識されることなく、他者に対する支援は行われている。事象分析の結果、この事実に気づくことが出来た。

(iii) 人格に対する態度と他者に立ち現れている世界

私に立ち現れている世界と同じ実感をもって他者に現れている世界の唯一性を理解することは出来ない。そして、他者は私とは異なる世界を生きているが故に、他者が思い感じていることは完全には知り得ない。にも拘らず、いや、だからこそ、不可知な側面をもった唯一無二の他者を、人格という概念を用いて私たちは理解している。他者を支援する営み(社会福祉)においては、この人格は「かけがえのなさ」や「尊厳」という概念によって表現されている。そしてこれらの概念のもと、支援を必要としている他者に対して「人格に対する態度」を取っている。

しかし、「かけがえのなさ」や「尊厳」という概念が使われることで、逆説的ながら、他者に立ち現れている世界の不可知性や唯一性に蓋がされ(隠蔽され)、意識されなくなってしまう。そして、他者を様々に評価し、意味づけすることで分かったつもりになってしまう。おそらくこの点も、他者を支援するという経験における自然的傾向(態度)の一つなのであろう。それが故に、このような自然的傾向(態度)に抗して、「他者に立ち現れている世界、その他者が生きている世界」を理解する視点が、そして、そこにある不可知性や唯一性を理解することが重要となる。この点も他者を支援する事象の分析を通して学び直したことである。

②支援とそれを成り立たせている仕組みについて

（ⅰ）声なき声

支援が行われる場には、「視線や呼び声、触れられることなどで働く、相手からこちらへと一直線に向かってくるベクトル」（村上 2008：vi）があり、それを直感的に体験する視線触発がある。経験しているにも拘らず気づかれていない経験の深層（支援を成り立たせている仕組み）には、この視線触発がある。これは、間身体性の次元を生み出し、図式化の作用により他者の表情を媒介にした共感を生み出す。そして、知覚的空想の成立により空想身体を働かせることにより、超越論的テレパシーとして他者の思いや気持ちが伝達される。

共感と超越論的テレパシー（その他者の思いや気持ち）が浸透した形でこちら（私）に向かってくる視線触発が、福祉現場で感じた〝声なき声〟の経験であることが解明された。この事象分析をするまで、福祉現場で聴いた（感じた）声なき声は、明瞭に感じていたものの、それは筆者の思い込みかもしれないとも思っていた。しかしそうではなく、視線触発、間身体性、図式化、知覚的空想、空想身体、超越論的テレパシーなどの相互浸透によって引き起こされる経験であり、その意味で、それらの仕組みが作動している人間であれば、同じように福祉現場で〝声なき声〟を聴くことが出来る（感じることが出来る）ことを確認することが出来た。

（ⅱ）声なき声に応えるように促す力

福祉の現場では、共感を伴った形でこちらに向かってくる超越論的テレパシー（その他者の思いや気持ち）が〝声なき声〟として聴かれる（感じられる）。声なき声を聴く経験は、「聴かれる」という言葉が示す通り、私にとっては受動的な経験である。しかしこの経験は、共感を基盤とした上で「呼びかけられている」ように感じるため、「呼びかけに応えなければ」という能動性に反転する。この反転作用が福祉の現場で感じられた〝声なき声に応えるように促す力〟であった。

筆者は福祉現場で、「声なき声の訴えや要求、そして、それに応えるように促す力が、権利の要求を生み出すのであって、その意味で、これらのものこそが社会福祉の根源にあるものではないか」と感じていた。今回の事象分析により学び直したことは、「声なき声の訴えや要求に応えるよう促す力」は錯覚や思い込みではなく、超越論的次元における仕組みが作動していれば、誰もが経験し得るということである。

この結果は、他者を支援するという営みである社会福祉の原理を、超越論的次元において理解する可能性を切り拓くものである。

③共に生きるということ

何故、他者を支援するのか。その答えの一つは「共に生きる」ためである。共に生きるとは、異なる立場や状況、異なる価値観や考えをもった者同士が、互いを尊重し、支え合いながら生きていくということであろう。この時、私たちは自分と他者との違いを、その他者の属性（病気や障害、能力、思い考えていることや価値観など）や置かれている状況・環境（家族、職業、収入など）によって評価しがちである。これは、外側からの他者理解である。これに対して、今回の事象分析によって示されたことは、「共に生きる」という目的を、他者に立ち現れている世界という内側を踏まえて理解することの重要性である。

支援者の多くが定型発達をしており、自分に立ち現れている世界が普通の世界あるいは客観的な世界であると思っている。そして、その普通の世界を基準に、そこから外れた異なった世界として自閉症や認知症の人たちの世界が理解されがちである。しかし、超越論的次元における仕組みがどのように作動しているかによって、一人ひとりに立ち現れている（与えられている）世界は異なる。それは時間の感覚にしても、空間の感覚にしても、そして他者に対する理解にしても、全く異なる場合がある。

一人ひとりを取り囲む環境としてあり、その人を触発する明瞭に認識できないものの総体が「現実」である。この「現実」を受容し、私たちに立ち現れている世界（私たちが現実として理解しているものの総体）を生み出している仕組みと働きがある。この仕組みと働きによって、一人ひとりに立ち現れる世界は異なるが、人によっては「現実」を上手く受容出来ないが故に不安や精神的な疾患を発症する。

今回の事象分析から学び直したことは、私たち一人ひとりに立ち現れる世界を成り立たせている仕組みや働きという超越論的次元から、「共に生きる」ということを捉え直す視点である。それには次の三つがある。

一つめは、超越論的次元における仕組みや働きの違いから、この私が理解しているのとはだいぶ違った形で世界を了解し生きている人がいるという視点である。この事実認識から、一人ひとりの差異について理解を深めることが出来る。二つめは、世界を異なった形で了解している人同士が、どうやって共に生きる世界を構築していくかという視点である。この課題から、異なる者の共生について考えることが出来る。そして三つめは、この私が生きている世界に、どうすれば他者が生きている世界を立ち現せることが出来るのかという視点である。この課題から、共に生きることの本来的な在り方について考えることが出来る。

第四節　レヴィナスの現象学

本章の第二節で引用・整理した対人関係の現象学は、サルトルやレヴィナスの哲学が有している形而上学的な残滓を取り除き、現象学的に純化したものであり（村上 2008：40–41）、第三節の事象分析もその方向においてなされたものである。即ち、私たちの感覚や知覚によって捉えられる世界を超えた超越的存在への問いといった形而上学的側面を取り除き、感覚や知覚によってもたらされる世界の範囲内で現象学という方法を用いて事象分析をしたものである。他者を支援するという事象の分析をする場合、一方ではこの方向がある。

しかしながら、他者を支援する経験を対人関係の一つと捉えるだけでなく、〝視るべきものを視る〟という文脈の中で捉えた場合、そこには「なぜ私たちでなくてあなたが？」（神谷 2004：139）といった形而上学的な問いが発せられていることに気づく。他者を支援するという事象の意味を理解するためには、形而上学的経験を含めた事象分析も必要なのである。その事象分析を顔あるいは社会性の現象学として遂行したのがレヴィナスの哲学である。そのため、本章の最後にレヴィナスの哲学を採り上げる。

ここでレヴィナスの哲学を採り上げる理由はもう一つある。それは、レヴィナスの哲学が本書で提示した福祉哲学の一つの典型的な形を示していると思われるからである。この節では、最初にその理由を述べた後、レヴィナスの哲学の一端を整理し、福祉哲学における学びとする。

（一）福祉哲学としてのレヴィナスの哲学

レヴィナス（Lévinas, Emmanuel）はポワリエとの対話の中で「私は非常に早い時期に捕虜になりました。……（中略）……フランス国内に何カ月か拘禁されたのちドイツに移送されました。私はそこで特殊な扱いを受けることになりました。ユダヤ人として申告されたにもかかわらず、軍服のせいで強制収容所送りを免れたのです」（Poirié＝1991：106）と述べている。そして終戦から二〇年たって「おそらくは死が、六百万人の死者たちのあとに生き残ってしまったという不当な特権をやがて無効にしてくれるだろう」（Lévinas＝1994-a：186）と語っている。村上が言うように、絶滅収容所に収容されたプリーモ・レーヴィやパウル・ツェラン、フランクルなどとは異なり、レヴィナス自身が凄惨な体験をした訳ではない。私が苦しむべきだったのだが、実際に苦しんで亡くなっていったのは他者だったのである。それが故に、生き残ってしまったことの罪悪感が前面に立つ（村上 2012-a：39）。また、レヴィナスの妻と子どもは難を免れたが、レヴィナスが生まれたリトアニアのカウナスでは、殆んどの近親者が虐殺され、ユダヤ人の共同体は根絶やしとなった（熊野 1999 : 54）。これがレヴィナス自身の体験である。そして、この体験、戦争と虐殺の記憶（村上 2012–a : 8）、生き延びていることの疚しさ（熊野 2012 : 7）がレヴィナスの思考・哲学の出発点となっている。即ち、ショアー（ナチスによるユダヤ人などの大量虐殺）という視るべきものの極限を前に、自分が虐殺されていたかもしれないのに生き残ったという地点からレヴィナスの哲学は始まっているのである。

　このような経験が故にレヴィナスは「生き残りとしての有罪性において、他人の死は私のことがらである」（Lévinas = 1994–b : 54）、「救いなき裸形性のうちにある他者の顔から、私は逃れることができない。……（中略）……その『救いなさ』のうちに、声もなく、主題ももたぬ、『神』へ向けて叫ばれた叫びのようなものを聴き取らねばならない。『沈黙の響き』（Geläut des stille）、それがたしかにそこで残響しているのだ」（Lévinas = 1997–a : 140）」と書く。生き残りとして自らの罪・責任を感じる時、「顔が声となる、もしくは顔が意味し、さしあたりは沈黙の、声となる（強調は原文）」（熊野 2012 : 245）のである。更に、視るべきものを視たレヴィナスは、そこで苦しみ殺されていった人たちの痛みと苦しみを感じる。そして「鎮痛を求める訴えがうめき声とともに発せられ（ている：カッコ内は筆者が補足）」（Lévinas = 1993 : 131）のを聴き、「その叫び声（ホロコーストの犠牲者の叫び声：カッコ内は筆者が補足）は永遠の時間を貫いて、決して消えないままに残響し続けるのです。その叫び声のなかに聞き取れる思考に耳を傾けましょう」（Lévinas = 2008 : 212）と書く。イーグルストン（Eaglestone, Robert）が指摘するようにレヴィナスの「著作の全努力がホロコーストへの応答なのである」（Eaglestone = 2013 : 359）。そして、ブランショが言うように「アウシュヴィッツの思い出の中で、どのように哲学し、物を書くべきか。時には火葬の後に埋められた覚書で、なにが起こったかを知ってくれたまえ、忘れないでくれたまえ、しかし同時に君たちは決して知ることはないだろう、我々にこう言った人々の思い出の中で。このような想いこそ、レヴィナスの哲学全体を貫き、支えるものであり、彼がそれと言わずに、あらゆる義務を超え、それに先立ってわれわれに提示するものなのである」（Blanchot＝1985：84）。それが故に、その哲学は、殺人や身体への暴力だけではなく、他者の他者性を自我（レヴィナスが〈同〉と呼ぶもの）に同化しようとする暴力に抗し、他者の顔が示す声、痛み・苦しみから発せられる呻きに応える哲学となる。

これらの声によりもたらされる問いを考える上でレヴィナスが依拠したのが現象学である。このことは第一の主著『全体性と無限』では「本書で用いられた諸概念が提示され展開されるしかたは全面的に現象学的な方法に負うものである」（Lévinas＝2005：30）と述べ、第二の主著『存在の彼方へ』でも「私たちの考察はフッサール哲学の精神を継承している。……（中略）……私たちが採った手法はあくまで志向的分析に忠実に従っている」（Lévinas＝1999：408）と述べていることから明白である。そしてその哲学により、この私と他者、そして世界に対する根源的な学び直しが成されている。以上が、レヴィナスの哲学を福祉哲学の一つの典型と理解する理由である。

（二）社会性の現象学

①志向性と意味

私たちは、一方で私たちの意識（主観）があり、その意識の外に物事（客観）があると思っている。現象学はこのような思い込みを一旦保留にして、私たちが直接経験している世界がどのように立ち現れているのか、その仕組みと働きを解明出来る地点へと視点を引き戻す（現象学的還元）。そこで見出されたのが、客観とされるものが私たちの意識に与えられる「与えられ方」である。そして、この「与えられ方」の働きが志向性という概念のもと記述分析される。

志向性という概念においては、意識の作用（ノエシス）により対象は意味あるもの（ノエマ）として私たちの意識に与えられる。レヴィナスが言うように「志向性の関係は、本質的に、意味を付与する作用（Sinngebung 意味付与）なのである（強調は原文）」（Lévinas＝1996-a：72）。志向性という概念の分析により、意識を超越しているとされた対象は、客観的に実在するものではなく「意味」をもった物事として理解される。

レヴィナスは「フッサール現象学の最も基本的な貢献は、……（中略）……われわれがわれわれと世界との志向的関係（visée）を意識するようになる際に、意味がいかにして現出するか、を体系的に明らかにしたことです。現象学的方法は、われわれが自分たちの生きられた経験のなかから意味を見つけ出すことを可能にしてくれます」（Kearney〔ed〕＝1988：90-99）と述べている。フッサール現象学がもたらした貢献は、「対象」という観念より「意味」という観念に優位性を与えたことであり、それが故に、「他者」のように意味をもっているが、対象としては十全的には把握できないものについて考察する可能性を拓いたことである（内田 2004：199-200）。

②間主観性と社会性

フッサールは超越論的間主観性について次のように述べている。

「超越論的な具体性をもったこの共同性には、同様に開かれた、モナド達の共同性が対応している。これを超越論的な間主観性と呼ぶことにする。それは言うまでもなく、純粋に私のうちに、つまり省察する我（エゴ）のうちで、純粋に私の志向性という源泉から、私にとって存在するものとして構成される。にもかかわらず、それは（「他者」という変様をもった）それぞれのモナドのうちで、異なる主観的な現出の仕方をもちながらも、同じものとして構成される」（Husserl＝2001：233）

そしてフッサールは、「あらゆる社会性の本質を超越論的に理解できるようにすることは、一つの重要な課題である」（Husserl＝2001：236）と述べている。この文章が記されている『デカルト的省察』の訳者である浜渦はこの文章にある「社会性」に訳注を付け、「フッサールは間主観性の現象学が『社会性』の本質を超越論的に理解できるようにしてくれると述べている」（浜渦 2001 : 333–334）と補足説明している。

このような超越論的間主観性の問題点を指摘した上で、社会性の意味を探究したのがレヴィナスの哲学である。

レヴィナスはネモとの対話の中で次のように述べている。

「この本（『全体性と無限』：カッコ内は筆者が補足）は、間主観的な関係（相互主観的な関係）**la relation intersub-jective** の意味内容という問題を提起しようとしています。……（中略）……全体的、累積的な社会性とは異なった、この『社会性』は、肯定的な意味では、何によって成り立つものでしょうか。このことこそ、その後、私が専念してきたことなのです」（Lévinas＝1987 : 109）。

レヴィナスにおいてフッサールの超越論的間主観性の問題点は次の二点である。一つは、「それ（超越論的間主観性）は『他者』という変様をもったそれぞれのモナドのうちで、異なる主観的な現出の仕方をもちながらも、同じものとして構成される」といった分析では、「対象の構成が〈他者〉との関係へと変容してゆくことを隠蔽してしまう」（Lévinas＝2005 : 120）という点である。レヴィナスは「ひとは対象の構成から他者との関係を引き出そうとするが、他者との関係は対象の構成とおなじように本源的なのである」（Lévinas＝2005 : 120）と述べている。もう一つは、レヴィナスが「あらゆる志向——情態的志向であれ関係的志向であれ——の基礎に表象が見出される、と言うことは、光をモデルとして精神的生の全体を理解することである」（Lévinas＝1996–a : 75）というように「フッサールにおいて志向性は徹頭徹尾視覚的なものとして考想されている」（内田 2004 : 202）点である。

③他者の顔と他者への責任の志向的分析

浜渦（2012–a : 7）が指摘するように、西洋の哲学史上はじめて、「他者」を哲学の根本問題と見做して取り組んだのはフッサールである。レヴィナスはフッサールによる価値論的な志向性がもつ重要性に注意を促す。それは、価値の特徴は意識の特殊な態度に由来するものであり、非―観照的な志向性から生じるものであるという見解である。そしてそこに、フッサール自身が述べたことを超えて発展させ得る、フッサールの可能性があると言う（Lévinas＝2010：32）。その可能性を〝他者の顔〟という観点から展開したのがレヴィナスの哲学である。それゆえレヴィナスは「われわれは、フッサール現象学のなかで提示された志向性から出発する」（Lévinas＝2001：32）と言うのである。

（ⅰ）声なき声（他者の顔から発せられる志向性）

レヴィナスの思考は人間が被る経験を巡り、その経験に寄り添ってなされる（熊野 2012：16）。その中の一つに「苦しむ経験」がある。レヴィナスは「苦しむ経験」を考察する際に「物理肉体的（physique）」な意味を重視していた（伊原木 2010：88）。そのため「（苦痛は：カッコ内は筆者が補足）意識に反したものであり、苦痛であるという点で、苦しみは受動性である。……（中略）……苦しみの受動性はこのような受容性よりも根底的な受動性である」（Lévinas＝1993：129）と考える。さらにレヴィナスは他者の苦しみと私の苦しみを区別する。他者の苦しみは、私にとっては許容出来ないものとして、私に懇願し、私に訴える。一方、私の苦しみは、誰か他の者の苦しみに起因する苦しみと化すことで、耐えうる苦しみと化す（Lévinas＝1993：132）。

この耐え得る苦しみである忍耐において、意志は自らのエゴイズムの殻を突き破る（Lévinas＝2006：138）。この忍耐が「諸存在者の自己中心的な、エゴイスティックな『努力』（conatus）に対する抵抗力として働くのである」（Waldenfels＝2009：270）。ここにフッサールの志向性とは異なる、他者の顔からこちらに向かって来る志向性が見出される。このことについてレヴィナスは次のように書いている。

「顔は私が私の自己同一性のうちに安んじていることを審問に付し、他者に対する無限の有責性を私に課すのである。……（中略）……私を追尾する苦痛というかたちをとって、他の人間によって引き受けられる苦痛が私を傷つける。まるで私が自分自身に安んじていること、私の『存在する努力』（*conatus essendi*）を他の人間が審問しつつ私に直接訴えかけているかのように、まるで私が現世における私の苦痛を詠嘆するより先に他者に対して有責であるかのように、その苦痛は私を苛む。このことにこそ、苦痛のうちにこそ、その『志向』（私は私の苦痛というかたちを通して専一的にその『志向』の目標である）のうちにこそ、『善』へと通じる穿孔があるのではないのだろうか（強調は原文）」（Lévinas＝1997-a：251）

他者の苦痛に私も苦しむ。この苦しみは被るものであるが故に受動的なものであり、それは「いかなる受動性よりも受動的な受動性」である。伊原木大祐が指摘するように、このような受動性こそが、あらゆるタイプの志向性を反転させ逆向きに自己を突き刺すのである（伊原木 2010：179）。他者の苦痛に私が苦しむことのうちにある志向性がある。それは、他者の顔から発せられる志向性であり、私からの志向性を反転させ、逆向きに私を突き刺す。これが、レヴィナスが見出した志向性である。レヴィナスはその志向性を「それは視覚とはまったくことなったタイプの関係であり志向性」（Lévinas＝2005：19）と捉え、「顔を迎え入れること、他者を迎え入れること」（Lévinas＝2006：255）であると述べている。

では、レヴィナスが、死にゆく可能性・苦痛に晒された他者の顔に見出した志向性とはどのようなものだろうか。レヴィナスは「顔が語りかけるのです。……（中略）……語ることは、私が顔の前にとどまって、ただたんにじっとそれを観照することではなく、私がその顔に応答することです」（Lévinas＝2010：109-110）という。私たちは他者の顔を物のように観照するのではなく、その顔に何らかの反応・応答を示すという事実がある。レヴィナスが現象学の手法を用いて志向的分析をするのは、私たちが経験するこの事実である。

私たちは、他者が死の可能性に晒されていることも理解し得る。そのことを理解したとき「他者の顔から疚しさ〔疚しい意識〕が私に到来する」（Lévinas＝1993：212）のである。この疚しい意識とは、例えば、私が世界のうちに存在していること、陽の当たるところにいること、自分の家にいること、こういったことは、他の人のものである場所を簒奪しているのではないか、といった意識である（Poirié＝1991：212）。

このような意識をもたらす他者の顔、その他者性は「あまりに強靭であるために、ノエシス―ノエマ相関という共時化に『抵抗し』、現前のうちにも再‐現前化＝表象化のうちにも『収まる』ことのない記憶も定かならぬほどに遠い過去と無限を意味することができる（強調は原文）」（Lévinas＝1997‐a：296）。他者の顔は、私の志向性によってもたらされる現前化＝表象化に抵抗し、言葉を語るのである。レヴィナスはこのことを「顔はことばを語る。顔が現出することはすでにして語りである。……（中略）……眼は煌めくのではなく、ことばを語るのである」（Lévinas＝2005：116‐117）と述べている。そして、その最初の言葉が「汝、殺すなかれ」である（Lévinas＝2010：111）。その意味は「汝は、他なる者が生きられるよう、あらゆることをなせ」（Lévinas＝1996‐b：52）であり、具体的には、他者を見棄てるな、一人で死なせるな、病ませたり飢えさせたりするなという命令であり、他者を生かし、他者に責任をもて、という命令なのである（Lévinas, Burggraeve〔éd〕＝2003：101）。

（ii）声なき声に応える（責任＝社会性の志向的分析）

レヴィナスは「私は責任というものを他人に対する責任として、したがって、私がしていないことに対する責任として理解しています。またそれどころか、私にはまったく関わりのないことに対する責任、あるいは、明らかに私に関わっており、顔として私に接近するものに対する責任として理解しています」（Lévinas＝2010：120）と言う。なぜ、自分にまったく関わりのないことに対してまで責任があるというのだろうか。背景には、レヴィナスが物質的な関わりをもつことができないまま非業の死を遂げた人びとがいる。そのことを踏まえて内田は次のように述べている。

「レヴィナス自身はアウシュヴィッツで死んでいった『寡婦、孤児、異邦人』に何の責任があるわけでもない。彼自身、同じ暴力の被害者だったのだから。彼は『潔白』である。しかし、それにもかかわらず、レヴィナスが戦時捕虜として読書とキリスト教徒の友愛の機会に恵まれた、比較的耐えやすい収容所生活を送っている間に、彼の同胞たちが無残な死を経験していた以上、レヴィナスは彼らの死に責任を感じずにはいられない……（中略）……。

　レヴィナスが物質的かかわりを持つことができないまま非業の死を遂げた人々がいる。……（中略）……『私』はそのような悲惨さを『彼ら』が経験していることさえ知らなかったのだし、『私』に具体的に『彼ら』を救出する手立てがあったわけでもない。『私』の側には『彼ら』の受難について何ら咎められるような事情はない。にもかかわらず、『彼ら』が飢え、渇き、裸で荒野をさまようことを余儀なくされたと知ったとき、『私』は自責の念に苛まれる。『私』は『彼ら』の追放に荷担したわけではなく、『私』には責任がない。しかし、それにもかかわらず、『彼ら』の受難に『私』は『関係ない』と言うことができない（強調は原文）」（内田 2004：167–168）

レヴィナスが用いるフランス語の responsabilité は責任と訳される。しかし、この言葉には「呼びかけに応える」という意味と「自責」（責め）あるいは有責という意味がある。そして、内田樹が言うように、有責性という意味を適切に言い換えているのが「『私には関係がない』と言うことができない」（non-in-difféence）という関係性である（内田 2004：167）。

『存在の彼方へ』において志向的分析の対象となるのは、この有責という関係性である（Lévinas＝1999：408）。その分析によれば「他者に向かって、という志向は、その極点に達すると、志向性それ自体を否認する。その極点に達するとき、他者に向けては他者のために（他者の代わりに）に転じる（強調は原文）」（Lévinas＝1999：57）という。そしてこの「『他者のために』（他者の代わりに）は、たとえばパンを味わう口からパンを引き剥がし、それを他人に与える際に生起する」（Lévinas＝1999：160）のである。

このように志向的分析された責任の意味を岩田靖夫は次のように述べている。

「他者の顔は、すでに死を予示している怯えた弱さである。その顔は、『私を孤独のうちに置き去りにするな』『死のうちに見棄てるな』『殺すな』と叫んでいる。病気、貧困、挫折、その他の苦しみは、どれもこの孤独と死へと終極する苦しみの叫びに他ならない。この叫び、訴え、嘆願、強迫、呼びかけが、他者からの根源の『ことば』であり、この呼びかけへの応答（répondre）が『責任（responsabilité）』である。それゆえ、責任は私の自由からではなく、『近さ』から生じる。私が自分からなにかを為して、それに責任をとるのではない。そうではなくて、根源的な受動性として、戯れなき世界における被造物として、まじめさの重力（gravité）の中で、すでに他者に直面している私が、その他者の苦しみと挫折と死の切迫に巻き込まれ、その叫びに応答することが、『責任を引き受ける』ということなのである」（岩田 2008 : 157–158）

しかし、レヴィナスが言う責任は、単に呼びかけに応える、責任を引き受けるというだけではない。その意味は、『存在の彼方へ』においてしばしば語られる「パンを味わう口からパンを引き剥がし、それを他人に与える」という表現が示している。

レヴィナスは顔の志向分析を始めるに当たり、目に見えないものへの渇望を語る一方で、「二十世紀における人間の悲痛な経験は、人間の思考は欲求によって支えられており、この欲求が社会と歴史を説明することを教えている。飢えと恐怖が、人間の抵抗のいっさいとそのすべての自由を圧倒しうるのである」（Lévinas = 2005 : 42–43）と書き記す。ショアーという視るべきものの極限を前に、自分が虐殺されていたかもしれないのに生き残ったという地点から哲学を始めるレヴィナスの哲学には、飢えや恐怖への眼差しがある。それが故に、苦痛やパンという生理的レベルの言葉が語られるのである。そして、「パンを味わう口からパンを引き剥がし、それを他人に与える」ということは、「文字通り、誇張ではなく、自分自身を与えること」（Eaglestone = 2013 : 363）なのである。さらに、ビュルグヒュラーヴが言うように、そこで与えられるものは自己にとって余ったものや不要なものではなく「自己になくてはならないものだけ」（Lévinas, E., Burggraeve, R.〔éd〕＝2003 : 38）なのである。

他者の顔が私の責任を惹起する。その責任こそが根源的な倫理的関係であり、それにより私は他者に近づくことが出来る。これが人間の可能性としての社会性である。この社会性こそが人間的なものに固有な善性であり、真理の場である。レヴィナスの哲学が求めていたものはこのような「社会性」である。そして、このような社会的なものの精神性が「存在するとは別の仕方で」の意味なのである。以下のレヴィナスの言葉はこの点を示している。

「他者は顔において、倫理的責任を惹起しつつ、抹消不能な他者性に即して接近されるのだが、他なるもの、それも絶対的に他なるものに近づきうるという人間の可能性としての社会性は、顔にもとづいて意味され――言い換えるならば、命じられる。……（中略）……社会性は人間的なもののなかで、人間的なものによって、人間的なものに固有な善性を証示するようなまったく新たな様態なのである。……（中略）……社会的なものの精神性はまさに『存在するとは別の仕方で』（autrement qu'être）を意味しているのである（強調は原文）」（Lévinas＝1997–b : 167）

「他者への接近はそもそも他の人間への私の呼びかけのうちにではなく、他の人間への私の責任のうちにある。それが根源的な倫理的関係なのだ。――ここにいう責任は他の人間の顔によって呼び起こされ、引き起こされ、現象性と現れることがまとう形象の断絶として描かれる。私は死へとまっすぐに曝され、他者を見捨ててはならないという命令（ないし神の言葉）が私に下される」（Lévinas＝1997–b : 76–77）

「社会性《ソシエテ》こそが真理の場なのである」（Lévinas＝2005 : 197）

レヴィナスは他者と私の間にある関係性の「意味」を、現象学における志向的分析を用いることにより探究した。その結果として見出されたのが他者への責任としての「倫理」である。そして、倫理こそがレヴィナスによって見出された「社会性」なのである。

本章で採り上げ考えた問いは、「私が福祉現場で感じた『声なき声』と『それに応えるように促す力』とは何であるのか」というものであった。この問いを、福祉哲学の「思考の仕方」の一つである現象学という方法を用いることで、他者支援の事象分析という形で考えることを試みた。そして、ここで見出された根源的地点が超越論的次元である。本書では、「私が福祉現場で感じた『声なき声』と『それに応えるように促す力』とは何であるのか」という問いの答えを、超越論的次元における仕組みと働きの中で解明した。

さらに、他者を支援するという営みの中では、「何故私たちでなくてあなたが?」といった問いも発せられることから、このような問いについても現象学を用いて考えることが出来る可能性を秘めた方法としてレヴィナスの哲学の一端を整理した。レヴィナスの哲学は福祉哲学の一つの典型といった側面もあり、また、顔の体験のように他者を支援するという営みの中で多くの人が感じる経験の意味を考察しているため、その哲学については、更なる学びが必要である。

このレヴィナスの哲学を理解する上で躓きの石となるのが神という言葉である。「他者の〈顔〉のうちで私は神の〈言葉〉を聞く」（Lévinas = 1993 : 156）、「存在に感染せざる神の声を聴くこと（強調は原文）」（Lévinas = 1999 : 9）と言うように、レヴィナスの哲学の背景には神という超越がある。レヴィナスの哲学を理解するためには現象学に対する理解が不可欠であるが、同時に神や聖書に対する理解も不可欠である。レヴィナスの哲学を「他者を支援する事象」の学び直しとして応用するためには、村上が試みたようにその哲学から形而上学的側面を取り除き、レヴィナスが見出した他者の顔が発する志向性を視線触発として理解する方向が一つにはある。しかしながら、社会福祉の歴史を振り返った時、他者を支援するという営みの多くが宗教によるものである。宗教には哲学と違った、人をつき動かす力、人を支え救う力のようなものがある。そして、それらの力が他者を支援するという営みに大きな影響を与えている。このことを考えるならば、レヴィナスが見出した他者の顔が発する志向性を、神の言葉として理解する形で「他者を支援する事象」を学び直す方向がもう一つにはある。

筆者にとって後者は未知の領域である。しかし、その方向において見えてくる風景、あるいは支援の意味もあるであろう。そのため、次章では本章と同じ「私（筆者）が福祉現場で聴いた（感じた）声なき声とは何であるのか」という問いを、理性の権限が及ぶ超越論的次元ではなく、超越論的次元を超えた超越的次元において考察する。

第七章　本田神父との対話

――超越的次元における思考

(一) 目　的

哲学は他者を支援する行動や制度にどのような影響を及ぼしているだろうか。例えば、人権の基礎づけや正義の構想という形で一部の哲学あるいは法哲学が福祉思想に影響を与えている。しかし、それらは哲学と言われる営みのほんの一部に過ぎない。むしろ、西洋哲学史として語られる多くの哲学、そして現代であれば現象学や分析哲学と言われる哲学は、他者を支援する行動や制度に直接的な影響を与えているとは言い難い。その一方で、宗教、特にキリスト教の思想は、他者を支援する行動を生み出し、今日でもその思想を基盤にした活動は国内外で見られる。他者を支援する営みに対する哲学と宗教の違い、これは福祉哲学の興味深いテーマである。しかし、この他にも宗教からの学びが必要と考えられる福祉哲学の問いがある。以下の問いはその一例である。

①筆者は最重度と言われる知的障害がある人たちの支援に携わる中で、その人たちが発している声なき声を聞いた(感じた)。それは言葉や文字で語られた言葉ではないため、私の思い込みかもしれない。しかし、確かに感じ、その声こそが私を様々な実践に駆り立て実践を支えていた。では、この声なき声とは何だろうか。また、私を実践に駆り立て支えていた力のようなものは何だろうか。

②「福祉とは何か」という問いに対して、「福祉とは～である」という答えがあり、その答えに基づく福祉に対

する理解がある。しかし、その答え（理解）が、福祉に対する関心を喚起せず、行動を生み出さないような単なる知識であれば、それは本当に福祉を理解したことになるのだろうか。福祉を真に理解するということはどういうことか。

③歴史を振り返ると、宗教特にキリスト教が福祉という営みを生み出し、支え、その影響は今日まで続いている。では、キリスト教の思想と福祉はどのような関係にあるのだろうか。

これら福祉哲学の問いについて考える場合、キリスト教からの学びが必要である。しかし、キリスト教から学ぶと言っても、キリスト教の何を、どこから／誰から学べばいいのだろうか。

本書は、社会福祉の経験（この経験には支援者の立場もあれば支援を必要としている人の立場もある）を研究の基盤としている。そのため、そのような経験をしている人から学ぶことが望まれる。また、翻訳された聖書や特定の神学に基づくキリスト教理解ではなく、聖書の原典にあたり聖書を理解している人から学ぶことが望まれる。こうした条件を満たししているのが、釜ヶ崎で日雇い労働者から学びながら聖書の読み直しをしている本田哲郎神父である。本田神父が釜ヶ崎での経験を踏まえて書かれた著書を読むと、聖書読解と福祉哲学の共通点、福音と福祉思想の共通点に驚くと同時に、そこには福祉哲学が求めながらも哲学には見出せないでいた「行動へと人を駆り立てる力」が何であるのかが示されているように感じた。

これらの理由により、本章では本田神父との対話を通してキリスト教から学び、その学びを通して福祉哲学の問いについて考えたい。

具体的には、

①私（筆者）が福祉現場で聴いた（感じた）声なき声とは何であるのか、

②単なる知識ではなく、福祉への関心を喚起し、行動へと駆り立てるような次元における福祉の理解はどうすれ

ば可能か、

③福音から福祉思想が学ぶべき点は何か、

といった点について本田神父と対話し、これらの問いについての理解を深める。

その後、対話を振り返り考察することで、

④聖書読解と福祉哲学との共通点と相違点

⑤聖書読解及び福音から福祉哲学と福祉思想が学ぶこと、

を明らかにする。これらが本章の目的である。

(二) 方　法

目的を達成するため用いる方法が「対話」である。対話を始める前に、①対話する理由、②対話を通して考えることの意味、③対話上の工夫、以上三点について述べる。

①対話する理由

第三章第二節で示した通り「対話（dialogos）とは、自己の完結した世界に囚われている私が、私とは異なる世界を生きている他者との出会い（発見）を契機に、その私と他者の「間」で生起する言葉（「対話者の生を成り立たせている基盤としての言葉」、あるいは「呼びかけを聴き、その呼びかけに応答する言葉」）を通して、〝他者と共に生きる世界〟（善く生きること）を学び直す営み」である。

筆者自身、自己の完結した世界（物語）を生きている。その筆者とは異なる世界を生きていることを強く意識させるのが、信仰をもって生きている人たちである。それらの人たちは、筆者とは異なる世界を生きている、まさに他者のように感じられる。しかしながら、筆者が他者と感じる世界を生きている人たち、特にキリスト教の信仰をもって生きている人たちが社会福祉の前史を切り拓き、今日に至るまで社会福祉に大きな影響を与えている。更に言えば、宗教の言葉や思考には、単に物事を理解するだけではなく、行動をともなった理解があるように思われる。これらの理由から、社会福祉とは何であるのかを根源から考えるのであれば、キリスト教の信仰を生きる人との対話が不可欠なのである。

②対話を通して考えることの意味

全ての他者は私とは違った世界を生きている。その世界を私は経験出来ない。そんな他者との出会い・関わりの中で「間」が生じ、そこで「語られる言葉」が生まれる。その言葉は、私の思い込み（囚われ）を相対化し私の思考を拓くと同時に、考え呼びかけに応えるよう促す。対話を通して考えるとは、「語られた言葉」を通して問いを考えることを意味する。

③対話上の工夫

この度行った対話を、より多くの人に開かれたものとするために、実際に行われた対話に対して以下の観点を踏まえ編集・加筆をした。

（ⅰ）聖書が告げている福音の体系的理解

神の選びと働きから始まり、神の国の実現に辿り着くという流れで話を展開することで、筆者のように聖書や福音に馴染みのない者でも、聖書が告げている福音を体系的に理解出来るようにした。そして、その全体像を最後に図で示した。

（ⅱ）原典に基づく聖書理解

翻訳された聖書ではなく、また、特定に神学に基づく聖書理解ではなく、あくまで本田神父がされた原典（旧約聖書であればヘブライ語、新約聖書であればギリシア語）の読解に基づき聖書を理解した。また、この根拠となる聖句を示すようにした。

（iii）体験と自覚に基づく理解

対話で語られている内容が空理空論ではなく、それぞれ（本田神父と筆者）が実際に体験し自覚したことに基づき話を展開するようにした。これにより、キリスト教の話や神学の話ではなく、あくまで支援を必要としている人に関する経験的な話（内容）となるように努めた。

本田神父と筆者の対話は、二〇一二年一二月二八日午前一〇：〇〇～一一：三〇（第1回）、二〇一三年二月一日午後二：〇〇～四：三〇（第2回）、三月一一日午後二：三〇～四：三〇（第3回）、七月五日一〇：〇〇～一一：三〇（第4回）、一〇月三一日午前一〇：〇〇～一一：〇〇（第5回）の計5回、大阪市西成区にある「ふるさとの家」で行われた。対話は、第1回目の内容を踏まえた上で、本田神父の著書から引用する形で対話の展開をあらかじめ文書化し、第2回目の対話を行った。更に、第2回目の対話を基に本田神父の著書を読み直し、再び本田神父の著書から引用する形で対話の展開を予め文書化し、第3回目の対話を行った。以下の記録は、そのような経過を経て行われた第3回目の対話の内容に、第4回目と第5回目の対話で伺ったことを追加したものである。なお、対話の中に文献を記している箇所がある。この内、本田神父の発言であれば、それは同意の内容が書かれている文献の頁（引用した頁）を示し、筆者の発言であれば、その発言の出典を示している。

第一節　本田神父との対話

中村：今日は本田神父との対話を通して、聖書が告げる福音に対する理解を深めたいと思っています。そして対話の後半では、行動を伴う次元での福音理解を可能にするものは何であるのか、福祉思想は福音から何を学ぶべきかを明らかにしたいと思います。

対話に先立ち、読者のために本田神父を紹介します。本田神父は上智大学神学部修士課程修了、ローマ教皇庁立聖書研究所卒業、一九八三〜八九年フランシスコ会日本管区の管区長を務められました。その後、一九八九年より釜ヶ崎で暮らし始め、今日に至るまで日雇労働者に学びながら聖書の読み直し（再発見）をされると共に、「釜ヶ崎反失業連絡会」などの活動に取り組まれています。釜ヶ崎における読み直しをもとに書かれたのが、私が出会った『聖書を発見する』、『釜ヶ崎と福音』、『小さくされた者の側に立つ神』、『続　小さくされた者の側に立つ神』といった本です。これらの著書の他、神父として『フランシスコ会訳聖書』（フランシスコ会聖書研究所編）、『新共同訳聖書』（日本聖書協会編）の翻訳に携わり、『小さくされた人々のための福音』、『コリントの人々への手紙』、『パウロの「獄中書簡」』、『ローマ／ガラテヤの人々への手紙』などの個人訳もされています。

（一）神が全人類を救済する動機

中村：本田神父は、神が全人類の救済に動き出した動機、即ち、救済の歴史が動き出した決定的瞬間を示す聖書の箇所は、出エジプト記3章7－8節であると指摘されています（本田 1990：10-11, 2010：170）。そこには次のようにあります。

ヤハウェは言った。「わたしは、エジプトにいるわたしの民の苦しみをたしかに見とどけた。かれらを追い立てる者の前でかれらが叫ぶ声を聞いた。まことにわたしはかれらの痛みを知った。わたしは降りて来た」（出エジプト記3章7－8節、本田 2010：170）

最初に、この箇所をどのように理解すればいいのか教えて下さい。

本田神父：「たしかに見とどけた」に使われている原語のラオ・ライティとは、その場にいてしっかりと見たということであり、「聞いた」（シャマーティ）は、自分の耳で聞いている、あるいはその現場にいて聞いているということです。そして、彼らの痛みを知ったの「知った」（ヤダーティ）のヤダーという言葉は、体験に基づく経験知を示すものです。ですから、神自身が現場で痛いと感じているという、そのことの表現なのです。いずれも、臨場感のあるヘブライ語表現が使われています（本田 2006：198, 2010：170–171）。

人々が苦しめられているその「苦しみをたしかに見とどけた」、抑圧、搾取されて叫ぶかれらの「叫び声を聞いた」、そして「彼らの痛みを知った」、これらは全て痛みの共感の表現なのです。即ち、聖書のこの箇所は、痛みの共感こそが、神が人類の救済に動き出した動機であることを示しています（本田 1990：16, 2010：171）。

人々の苦しみをたしかに見て、そこにある声にならない叫びを聞き分け、その痛みを共感するところまで行った時、思わず知らず手足が動いてしまうものです。痛みの共感こそ人を行動へとつき動かすものです。これが聖書に明らかにされている神の行動パターンであり、全ての人に求められる行動様式なのです（本田 1992：26）。

（二）メタノイヤ

中村：痛み苦しむ人たちの状況を見て、そこにある声（叫び）を聞き、そして痛みを知ったが故に神の力の働きが生じ、その働きが聖書に示されているとすれば、聖書に示されている神の力の働きあるいは神の意志を理解するためには、必然的に、人々の痛みが分かるところに身を置かなければならないことになります。本田神父は、そのことを示している言葉、聖書読解のキーワードとなる言葉が、従来では「悔い改めよ」と訳されているメタノイヤであるという見解を示されています。その意味について教えて下さい。

本田神父：キリスト教（カトリック）では、まず、罪の悔い改めを感じ、その罪を告白すること（告解）が求められます。半ば、これが習慣のようになっています。しかし、多くの人は何を悔い改めればいいのかが分かりません。と言うのも、多くの人は悔い改めるほどの罪を犯したつもりはなく、それなりに真面目に生きていると思っているからです。また、罪に対する償いとして「～しなさい」と言われますが、それをすれば罪を償うことができ、福音を生きることが出来るの、という疑問がありました。

更に、聖書理解の問題に引きつけて言えば、イエスとはどのような人物であったのかを示そうとしているマルコ福音書には次のようにあります。

「時は満ち、神の国は近づいた。
悔い改めて、福音を信じなさい」（マルコ福音書1章15節、本田 1990：138）

これがイエス・キリストが開口一番に言った言葉であり、福音活動を始める時の第一声です。ここには、悔い改めることが福音を信じることの前に置かれています。言い換えれば、福音が信じられるための条件のように位置づけられているのです。「悔い改め」が「福音を信じる」という実践的命令の前に位置づけられていることに、私は長い間、戸惑いを感じていました（本田 1990：139）。

そのため、本気で創世記第1節から聖書を読み直しました。徹底して原文にこだわり、従来の訳や神学に引きずられないように、旧約はヘブライ語原典、新約の方はギリシア語原典を、面倒ではありますが敢えて辞書を引き引き読み直してみました。

「悔い改め」と訳される言葉はギリシア語の **METANOEIN** ですが、この名詞形である **METANOIA** も含めると、新約聖書には合わせて五六回出てきます。これらの言葉が出てくる原文に当たってみると、大変に興味深い事実が浮かび上がってきました。それは、**METANOEIN** あるいは **METANOIA** という言葉が常に、洗礼、罪の赦し、神への立ち帰り、生活の改め、命を受ける、救い、神の栄光を讃える、のいずれにも先行するものであるということです。それだけではありません。METANOIAは、説教を受け入れることにも、また、真理を知ることにすら先行するものなのです（本田 1990 : 138–142）。つまり、METANOIAは一般に考えられているような「罪を悔い改める」ことそれ自体ではなく、「罪を悔い改める」ために必要な条件であるということなのです。そのようなことを可能にするMETANOIAとは、どのような意味でしょうか（本田 1990 : 138–142）。

METANOIAの“META”は「変える、移す」という意味の前置詞です。一方“NOIA”は“NOUS”の変化形で、心の働きを示す言葉であり、それには判断する、物事の筋道といった意味があります（本田 1990 : 142）。この二つを合成したMETANOIAとは、平たく言えば「あなたが普段ものを見て判断するその視座を移して、そこから改めて見直し、判断しなさい」という意味です（本田 2010 : 29）。

では、どこに視座を移せばよいのでしょうか。この問いには『七十人訳ギリシア聖書』が一つの示唆を提供してくれます。紀元前三世紀の半ばごろから、ヘブライ語の聖書（旧約聖書）が読めなくなっているユダヤ人が増えてきます。ディアスポラ（離散）のユダヤ人たちです。いくらヘブライ語聖書が大事だと言っても、読めなければ意味がありません。それで、その時代に最も通用していたコイネーというギリシア語にどんどん翻訳していきました。それが『七十人訳ギリシア聖書』です。そこでMETANOIAに対応するヘブライ語はNicHaMという言葉で、その意味はto have compassion with、つまり痛み、苦しみを共感することという意味です。

即ち、「悔い改め」と訳されているMETANOIA（メタノイヤ）とは、人の痛み、苦しみ、さびしさ、悔しさ、怒りに共感・共有出来るところ、言い換えれば、痛みや苦しさが心に響いてくるところに視座・視点を移して、そこから物事や社会を見直すことを意味するのです。その時、これまで見えていなかったことや気づかなかったことが見えてきます（本田 1990 : 143–145, 2010 : 29–31）。

『聖書』をこのような意味におけるメタノイヤの視点から読むと、そこにはまさに筋道の通った、そして一貫したメッセージ、即ち福音とはどんなものであるのかを理解することが出来ます。

中村：お話を伺うと、メタノイヤを的確に理解することが、聖書のメッセージである福音を理解するための条件であることが分かります。と同時に、哲学と違って、なぜ聖書の福音を理解した者は他者を支援するという行動を起こすのか、その一つの理由が示唆されているように思います。

と言うのは、哲学も「洞窟の中に映った影という偽りから、太陽（善）という真に物事を照らすものへと魂を向け変える〔ペリアゴーゲー〕」（Platōn＝2002：94-105）、あるいは「より根源的な地点へと引き戻す〔還元〕」（谷 2004：207）というように視座・視点を移すことを要求します。「視座・視点を移す」という点はペリアゴーゲーあるいは還元とメタノイヤと同じです。しかし、哲学におけるペリアゴーゲーあるいは還元は、世界を理解出来る最も根源的なところに視座・視点を移すことを求めるのに対して、聖書読解におけるメタノイヤは、人の痛みや苦しみが心に響き、共感・共有出来るところに視座・視点を移します。

視座・視点を移すところを「人の痛みや苦しみが心に響き、共感・共有出来るところ」にしている点が、哲学とキリスト教の根本的な違いのように思えます。そして、メタノイヤの要請が、他者を支援するという行動を伴った思想（教え＝福音）を生む前提条件となることが分かります。

本田神父：このメタノイヤの理解について、三点補足説明が必要です。一つは、メタノイヤというものは、勉強して分かるというものではなく、実際に自分が、人の痛みや苦しみ、悔しさが心に響いてくるところに視座・視点を移す必要があるという点です（本田 2010：32）。二つめは、視線と視座・視点の違いです。虐げられ抑圧されている人に視線を向けるのと、その人たちの立場から物事を見ることはまったく異なります。前者の場合は、それらの問題を知る、関心を向けるという意味では大切なことですが、それだけでは、虐げられ抑圧されている人に対する施しとなり、施しをされている人がどんな思いでいるのかを理解することが出来ません（本田 1990：144-145）。だから相手の立場に立って考えることが大事ということになります。しかし、この点が三つめの補足であり、そして最も注意しなければならない点となります。それは「相手の立場に立てると思うな」ということです。

これは、私が釜ヶ崎に来て学んだことの一つです。私は釜ヶ崎に来た頃、出来るだけ日雇い労働者の一人のようになりたいと思っていました。出来るだけ日雇いに出て、ドヤに泊まるようにし、みんなと一緒に銭湯に行って、大衆食堂で食べるように努めました。おかげで、一年もすると見てくれは一労働者のようになりました。だけど、外見が似てくれば似てくるほど、彼らの立場の深刻さに気づかされたのです。否応なしに寄せ場に来るしかなかった人たち、釜ヶ崎の仲間一人ひとりの本当のさびしさ、本当の悔しさ——どれほど家に帰りたいか。電話番号から古い住所の番地までも暗記しているにも拘らず、家に手紙を書けないつらさなど思いも及ばないものなのです。本当に同じ立場には立てないことが身に沁みて分かりました。いくら想像力を働かせても同じ立場に立てないことを痛感しました。

外見は同じようでも、私にはいつでも釜ヶ崎から身を引く自由がある。あるいは、家族や友人たちが注目してくれている。一般社会でも通用する資格や教養を身につけている。また、教会との関係で言えば、評価や批判を含めて、つながりをもっています。そのため、相手の立場には金輪際立てないというところから発想し直すしかありません。では、どうすればいいのか。英語の understand（理解する）という言い回しが示唆を与えているように思います。つまり、Stand under others、相手より下に立つことです。同じところに立てないのだから、教えて下さいという学ぶ姿勢をもつことです。このことは、釜ヶ崎でほんとうに嫌というほど思い知らされました（本田 2006：50–54）。

中村：お話はよく分かります。福祉の現場でも、よく「相手の立場に立って支援しなさい」と言われています。それは、他者を支援する上で大切な視点です。ただ、大切な視点ではあるが、「相手の立場に立てない」ことを自覚する必要があります。そのことを私は、最初に勤務した最重度と言われる知的障害がある人たちから学びました。

例えば、車イスに乗っている人の気持ちや視点を理解するために車イスに乗って一週間過ごせば、不十分ではありますが、車イスの暮らしのことが少しは理解できます。同様に、アイマスクをして一週間過ごせば、視覚障害をもっている人のことが少しは理解することができます。では、最重度の知的障害をもった人のことはどうすれば理解出来るでしょうか。彼ら／彼女らがどのように外界や私を理解しているのか、自分に理解できないことは明白でした。当時、柄谷行人さんが『探究』という本で「他者」について語っていたこともあり、最重度の知的障害をもった人は私にとって「他者」であることを強く意識しました。そして、「その人の立場には絶対に立てない」ことを理解しました。

最重度と言われる知的障害のある人の多くが話せないため、何をどう思い考えているのか、言葉で聴くことが出来ませんでした。また、その人の立場に立って考えたり想像したりすることも不可能です。では、その人たちを理解するためには、気持ちを汲み取るためにはどうすればいいのか。そこで必要だったことは、私の感覚や価値観、あるいは解釈で理解するのではなく、あくまで目の前のAさん、Bさん自身が表情や仕草、あるいは態度で示すことを感じ、理解することでした。

私が福祉の現場で気づいた最も大切であると思っていることは、私が生きているこの世界には〝声なき声〟があることでした。私が聴いた（感じた）〝声なき声〟とは、最重度の知的障害と言われる人たちの顔やその人たちが置かれている状況が訴えている「想い、願い、あるいは拒否、抵抗のようなもの」です。先に言ったように、最重度の知的障害と言われる人たちの多くは言葉を話すことが出来ません。だから、その人たちの訴えは〝声（音声）〟として聴かれることはありません。それは耳で聴くのではなく心で感じたものです。この〝声なき声〟には嘘偽りは考えられず、その言葉には「何とかしなければ」と行動を駆り立てるような力がありました。そして、その力が、自分の実践を支え、様々な実践をするように私を駆り立てていました。

実は、つい最近なのですが、ミシェル・アンリ（Michel Henry）という哲学者が最後に書いた『キリストの言葉――いのちの現象学』を読みました。そこに「世界の言葉」と「いのちの言葉」という二つの言葉が説明されています。その説明に触発され、この世界には次のように理解される二種類の言葉があるのではないかと思いました。

「世界の言葉」と「いのちの言葉」

私たちが使っている言葉は、「表現する言葉」と「表現される内容」の二つによって構成されている。そこには二つの特徴がある。一つは、表現する言葉と表現される内容との間には乖離があり、そのため、表現する言葉が表現される内容を表していない、即ち、偽りを言う（嘘をつく）ことがあるという点である。もう一つは、言葉が発せられたとしても、その言葉が意味する内容が実現するわけではない、即ち、言葉自体は必ずしも力を持っていないということである。ミシェル・アンリはこのような言葉を「世界の言葉」と表現した。

この「世界の言葉」よりも根源的で本質的なもう一つの言葉が「いのちの言葉」である。この言葉には二つの特徴がある。一つは、この言葉は、呻き・嘆き、無念の想い、喜び、願いなど、人間の心の奥底から発せられる嘘や偽りのない、言葉とその意味内容が一体となった言葉である。もう一つは、この言葉はその言葉を聞いた者に、責任や義務のようなものを芽生えさせ、実際に人を行動へと駆り立てる力を持っているということである。

「世界の言葉」は私の外部から発せられ、それが音声として聞かれる。これに対して「いのちの言葉」は音声として外部から聞かれる声ではない。その言葉は、心で聞かれる（感じられる）言葉なのである。

注：この枠内の内容は、Henry, M.（＝2012）『キリストの言葉――いのちの現象学』一〇七～一二〇頁、一六八～一七六頁の内容に触発され筆者がまとめたものである。

私は『キリストの言葉――いのちの現象学』を読んで、自分が聴いた（感じた）〝声なき声〟は「いのちの言葉」ではないかと思いました。

アンリは「〈いのちの言葉〉をさらに深く検討してゆけば、あらゆるキリストの言葉、とりわけ自分は〈いのちの言葉〉である――それは神の言葉、すなわち〈言〉でもあるが―と宣言している言葉を理解することが可能になるだろう」（Henry＝2012：114）、「キリストは、〈言〉として、それとはまったく別の言葉、〈いのちの言葉〉を語る」（Henry＝2012：138）と書いています。即ち、キリストの言葉、聖書の言葉は「いのちの言葉」である、というのがアンリの見解です。この背景にはアンリの生の現象学があり、そこを理解しないと分かり難いかもしれませんが、本田神父は聖書に書かれている言葉は、「いのちの言葉」であると思われますか。

本田神父：ミシェル・アンリが言う「いのちの言葉」を正確に理解出来ていないので、ハッキリと答えることは出来ません。ただ、説明を聞く範囲で言えば、質問に対する答えは、半分は「イエス（はい）」であり、半分は「ノー（違う）」です。

聖書には、痛み・苦しみを被った人たちの体験が、実感がこもった形で書かれています。しかし、「翻訳は裏切りである」という言葉があるように、そこにあった実感や語りが正確に伝えられているとは限りません。そのため、質問に対しては、ギリシア語で書かれた原典の聖書であれば「イエス」、即ち「いのちの言葉」が語られていると思います。しかし、翻訳された聖書の場合は「ノー」、即ち、訳によっては「いのちの言葉」でなくなっているものもあると思います。

(三)　ロゴスとダバール

本田神父：いま、言葉の問題が出たので、聖書の言葉について少し説明したいと思います。先程、中村さんは

「キリストの言葉は〈いのちの言葉〉である」と言われました。そこだけを取ると、「いのちの言葉」とはイエス・キリストが語った言葉と理解されかねません。しかし聖書における言葉は「語られた言葉」に限定されません。そのことを説明します。

参照すべきは旧約・新約両聖書の最後の総括書とも言うべきヨハネ福音書です。ヨハネ福音書では、受肉したナザレのイエスのことを、「言葉である方」と呼びます。原語は、ホ・ロゴスです。「ロゴスは言葉です」と答えたら、ギリシア語教室では確かに正解です。しかし、ヨハネ福音書のホ・ロゴスは、やはりヘブライ思想との関連抜きに理解する訳にはいきません。ロゴスはヘブライ語のダバールです。ダバールは「言葉」ですが、もともと「出来事」を表す語です。イスラエル民族の歴史がまとめてある歴代誌、そのヘブライ語の表題はドゥバリーム（ダバールの複数形）で、「言葉たち」、即ち「出来事たち」、「一連の数々の出来事」です。

と言うことは、ヨハネにとってロゴスとは、必ずしも今私がペラペラしゃべっているような言葉だけを指すのではないということです。イエスが存在したという出来事、その生きる姿勢も、行動も、働きもロゴスであり、そのような意味におけるロゴスがダバールなのです。それは、特定の言語ではなく、言語の異なるどんな人間にも理解出来る言葉（出来事）です。

ナザレのイエスが言葉（ダバール）であるということは、イエスが語った言葉だけでなく、イエスが誕生するまでの出来事やイエスの生涯、イエスの行い、そして死に様全てが言葉（ダバール）です。そして、そのようなイエスが神の言葉なのです。そして、このような言葉（ダバール）は、人と人との出会いの中で伝わるものなのです（本田 2006 : 124, 2010 : 52–53）。

中村：ダバールという言葉があることを初めて知りましたが、そこには福祉思想を理解する上でとても重要なことが何点かあるように思いました。一つは、話し言葉や書き言葉だけではなく、存在そのもの、生き方、行動や働きも言葉（ダバール）であるという、言葉に対する理解です。二つめは、そのような言葉（ダバール）は、言語が異なる人たちにも理解出来るという点です。特にこの点は哲学の言語と対照的に思えます。哲学の言葉は極めて難解です。この難解さは、この物事を概念によって単純化し、そこにある個別性（かけがえのなさ）を抹消してしまうことに対する抵抗をはじめ、様々な可能性に思考を開くという意味で仕方がない面があります。私個人としては、哲学がもつ難解さは他者や世界を安易に自分の解釈で同化していくことに対する戒めとしての側面をもつが故に、否定的に捉えていません。しかしそれでも、そこで語られている内容に接近出来るのは極めて限られた人（その多くが知的能力が高い人）であり、そこには排他性を感じざるを得ません。そして三つめは、ダバールという言葉は人と人との出会いの中で伝わるという点です。

（四）ダバール（言葉）を発する者

中村：イエス・キリストが誕生するまでの一連の出来事、イエス・キリストの存在、その生き方や言葉、これらはみな神の言葉（ダバール）ということですが、そこではどのようなことが語られているのでしょうか。

本田神父：「どのようなことが語られているか」という質問ですが、その前に「誰が語っているのか」という点が大切なことなので、その点について話したいと思います。

私は神の言葉は神父や信者が語り伝えるものであると思っていました。しかし、そうではないのです。神の言葉（願いや意思、働き）は神父である私や信者によって伝えられるのではなく、最も小さくされている人を通して語られているのです。即ち、イエスが示し、そして聖書が一貫して伝えることは、神は最も小さくされてしまっている人たちの側から働くということです（本田 2010：60）。私はこのことをメタノイヤにより気づかされました。それは次のような体験です。

私は釜ヶ崎に来る前、幾つかの大学で聖書の講義をしたり、教会でミサを捧げて説教をしたりして、神様のことを伝えることが出来ると思っていました。ところが、フランシスコ会の本部の仕事（視察）で釜ヶ崎に来たことがきっかけとなり、そうでないことに気づきました。

ここ（釜ヶ崎の「ふるさとの家」）の目の前にある三角公園（釜ヶ崎の中にある解放された二つの公園の内の一つ）で、労働者があちこちでたき火をしていました。その回りで、宿がなくて体を痛めている労働者が、ごろんと横になって夜を過ごすのです。私はそこに行って輪に入ってやろうと思いました。福音を伝えたい、私は神父でありキリストを信じているのだから、当然それを伝えるべきだ、という思いで近づこうとしました。ところが実際には中に入れませんでした。たき火を囲んでいる労働者の人たちから「おかしな奴が来たぞ」という目で見られていると思ってしまい、それ以上先に進むことが出来ませんでした。結局、その時はしっぽを巻いて「ふるさとの家」に逃げ帰ってしまいました。

すっかり自信を失い、自分は福音を信じているのだろうかと思いました。常日頃人々に説教をして、もっともらしいことを言ってきた自分に、全く力も勇気もなかったことを思い知らされたのです。「福音は全ての人のために」と言いながら、その実、私が大事にしていた「福音」は、真に貧しい人を視野の外に置き去りにしたものだったのです。

皮肉なことに、釜ヶ崎に行ったちょうどその晩に、夜回りがありました。野宿をよぎなくされている労働者を見まわる越冬パトロールです。夜の一一時頃、ここ（ふるさとの家）の食堂に集まり、そこからパトロールに行くわけです。

私がリヤカーを引いて行くと、生け垣の脇に一人寝ていました。私はとっさに、見ないことにして通り過ぎようかと思いました。しかし、もし誰かが、そこに寝ていた人がいることに気づいて、「神父さん、あそこの人はどうでした?」と言われたら……!　とぼける訳にもいきません。それで、おそるおそる近づいて声をかけました。

「すいません、毛布はいりませんか?」

小さな声でしたので全然気づいてくれません。思いきって耳のそばで、

「毛布いりませんか?」

と言うと、その人はびくっとして顔を上げました。でもよく見ると、その人は遠慮そうに笑っていました。そして、思いかけず

「やあ兄ちゃん、すまんな、おおきに」という返事が返ってきたのです。

その言葉を聞いてホッとすると同時に、なぜか私の中に力が出てきました。元気が出てきました。本当に力をもらったという感じでした。これ以上、みじめになりようのない状態の中から「やあ兄ちゃん、すまんな。おおきに」という気遣いに満ちた声がかえってきたのです。普通でしたら、凍えるような寒さの中、ようやく酒の勢いを借りて寝て、ここで目を覚ませられたらまた寝つくのが大変だと腹がたつはずです。暖かいベッドに寝ていて起こされるのとは訳が違います。ようやく寝ついたところを起こされて、たかが毛布一枚、味噌汁一杯です。にも拘らずその労働者は受け入れてくれたのです。そしてその時、私は解放されたようなのです。そこから私に力が与えられたのです。

初め、私はこう思いました。その時随分緊張しており、びくびくしていたのが、思いがけず優しい言葉をかえしてもらったので、緊張がとけてほっとして元気が出た、その程度だろうと思っていました。ところが不思議なことに、東京へ帰ってからも解放感が消えません。人の顔色を気にすることからも解放されました。

この解放感を確かめたくて、翌年の夏の休暇の時、今度は初めて山谷に行ってみました。十日間の休みの内、最初の三日間だけ日雇労働に出ました。その三日間で日雇労働の人たちの、人の痛みに対する敏感さに驚きました。

それは自分自身も傷ついて、絶えず痛みをもっているからのようでした。そういう彼らから出てくる親切な言葉やしぐさが、心細い思いをしている人をどれほど勇気づけ、元気を与えるものであるかを、改めて知りました。キリストの福音の根本はそこだと思います。そして、この時以来、私の聖書の読み方は全く変わってしまいました（本田 1992 : 9–17）。

どう変わったのかと言えば、神の力は私のような信者を通して働くのではなく、小さくされた人を通して、小さくされた者の側から働くのであり、その働きに触れた時、そこにある福音のメッセージを実感出来るということです。イエスが身をもって示していることは、「痛み、苦しみ、さびしさ、悔しさ、怒りが分かる小さくされた人を通して、神は語っている」ということなのです（本田 2010 : 162）。より具体的に言えば、虐げられ、抑圧され、蔑まれている人たちが、こうあって欲しいと思うこと、それは神さまが全く同じ願いをもってその実現を待っているということです（本田 2010 : 114）。

（五）小さくされた者に働く神の力

中村：お話を伺って、本田神父が有名な「山上の説教」（マタイ福音書5章1－12節）の「心の貧しい人々は、幸いである」という従来の訳に対して、「心底貧しい人たちは、神からの力がある」と訳された理由がよく分かりました。心底貧しくされた人たちとは小さくされた人たちであり、その人たちにこそ神からの力が働いているということなのですね。

本田神父：そうです。ただし、心底貧しい人たち（小さくされた人たち）こそが神であるという訳ではありません。神の力が心底貧しい人たちを通して働いているということです。この点を確認した上で「山上の説教」について説明します。

新共同訳聖書において「心の貧しい人々は、幸いである」と訳されている「心」は原文では「霊」です。ユダヤ人は人間を言い表す時、肉（バサル）、魂（ネフェシュ）、霊（ルアッハ）という三つの言い方を用います。肉（バサル）と表現する時は、生命あるものとして、生きて、食べて、飲んで、動いて、排泄して、病気になったり、治ったり、死んだりする生きものとしての人間を捉えています。魂（ネフェシュ）は、思いやりやいたわり、苦しみや喜びに対するコンパッションなど、動物とは異なる側面から人間を捉えています。これに対して霊（ルアッハ）は、霊である神様とコミュニケイト出来る、対話出来るといった側面から人間を捉えています。そしてこれら三つは、例えば、肉体は滅んでも魂と霊は生き残る、というように分けて考えられるものではなく、分割することの出来ない人間の三つの側面なのです。即ち、肉体が滅んでも魂は滅びないという考え方は、プラトンに見られるようなギリシア的な考えであり、ユダヤ・キリスト教にはそのような考え方はありません。

これらの点を踏まえて言えば、私が「心底貧しい人たち」と表現した状態は、決して「心の底から貧しい人たち」という意味ではなく、神様と唯一コミュニケーションが出来る被造物、かけがえのない人間が、貧しく小さく（抑圧）された状態に置かれていることを意味しています（本田 2013：59）。

次に、「幸い」ですが、原文はマカリオス、祝福されているという意味です。その祝福とは神さまの力が裏打ちするよということです。自分の力は「五」しかない。しかし、やらなきゃならないことには「八」の力、あるいは「十」の力がいるという時、それでも神の力添えを信頼して行動を起こしていく。その時、神の力が必ず働くよというのが祝福です。それも、何かしら超能力が働くというような仕方ではなく、おそらくは周りの仲間たちが、「お、じゃあいっちょ手伝うか」という感じで「五」以上の力になる。神の力がそういう形で裏打ちしてくれるということです。

「心底貧しい人たちは、神からの力がある。天の国はその人たちのものである」から始まる八つは、人が幸せになるための努力目標を並べて見せている訳ではありません。心底貧しく小さくされている人たちの実際を、こんな状態もあれば、あんな状態もあると列挙し、最後に全部をひっくるめて受け、「解放を志して迫害される人たちは、神からの力がある。天の国はその人たちのものである」とまとめているのです。

そして、イエスはその人たちに向かって、「あなたたちは、地の塩である」（マタイ福音書5章13節）、「あなたたちは、世の光である」（5章14節）と言われているのです（本田 2010：145–151）。

中村：イエスがその存在を通して示していることは、痛み、苦しみ、さびしさ、悔しさ、怒りが分かる小さくされた人を通して、神は語っているのであり、虐げられ、抑圧され、蔑まれている人たちが、こうあって欲しい思うことが、神さまが願っていることである。そして、虐げられ、抑圧され、蔑まれている人たちの願いには、周りの人を触発し「お手伝いしましょうか」と駆り立てる力、即ち神の力が働くというお話を伺いました。

これこそが私が現場で、福祉の根源にあるもの（原理）のようなものと感じていたにも拘らず上手く言葉で言えなかったものです。私が知的障害者入所施設で関わっていた知的障害をもった人の多くが、地域の人から蔑まれ、家族と一緒に暮らしたい、外出したいという気持ちを抑圧され、ひどい時は、職員からの虐待もありました。しかしそこでは、その人たちの顔が示す訴えや願い、声なき声による願いを感じました。そして、その願いに応えなければという気持ちを駆り立てられました。ここでは、「私が〜したい」という私の意思や気持ちというより、その願いや訴えが何か私を駆り立てるような力を感じていました。私は、この力こそが権利保障の手前にある福祉の原理であり、それが何であるのかをずっと考えてきました。これが私の福祉哲学の根本的テーマでした。このテーマに対して今日、それは神の力の働きなんだ、と答えを得ることができました。

私はクリスチャンでもなければ、いまでも神を信じている訳でもありません。しかし、小さくされた者が発する願いがあり、そこに神の力のようなものが働くことは実感を伴って経験しました。そのため、先程の本田神父のお話は心底納得出来ました。そして、このような経験は何も私だけの経験ではありません。糸賀一雄という人も同様な経験をしています。そして今日の話を伺い、いまさらながら、糸賀の福祉思想の意味が分かりました。

糸賀一雄という人は、自ら知的障害児・者福祉の実践をする中で、知的障害をもつ一人ひとりが光り輝いていることに気づき、そのことを「この子らに世の光を」ではなく、〝この子らを世の光に〟と表現しました。「この子らに世の光を」で言われている「光」とは、障害のある人たちに対する恵みや施しという憐れみを意味します。これに対して〝この子らを世の光に〟で言われている〝光〟とは、障害をもった人が宿している〝光〟を意味します。糸賀一雄は、障害児・者福祉の実践の中で、障害をもった人の中に物質的文明をもたらす光とは〝異質な光〟を見出しました。それは〝一人ひとりのかけがえのなさ〟や〝いのちが一生懸命に生きようとしている姿〟です。糸賀は、この人たち自身が光り輝く存在なので、その光を光として輝かそう、という意味で〝この子らを世の光に〟と言いました。その光は糸賀に「この人たち自身が光り輝く存在なので、その光を光として輝かそう」と言わせました。この光には本田神父が言うように、周囲に、光が光として輝くよう協力を促す力、神の力の働きのようなものが宿っているのです。そして、これは私の都合のよい解釈などではなく、糸賀自身述べているのです。

「『世の光』というのは聖書の言葉であるが、私はこの言葉のなかに、『精神薄弱といわれる人たちを世の光たらしめることが学園の仕事である。精神薄弱な人たち自身の真実な生き方が世の光となるのであって、それを助ける私たち自身や世の中の人々が、かえって人間の生命の真実に目覚め救われるのだ』という願いと思いをこめている。近江学園二十年の歩みとは、このことを肌身に感じ、確め、さらに深く味わってきた歩みといえるのである」（糸賀 1982 : 172）

更に、糸賀は次のようにも述べています。

「ちょっと見れば生ける屍のようだとも思える重症心身障害のこの子が、ただ無為に生きているのではなく、生き抜こうとする必死の意欲をもち、自分なりの精一ぱいの努力を注いで生活をしているという事実を知るに及んで、私たちは、いままでその子の生活の奥底を見ることのできなかった自分たちを恥ずかしく思うのであった。重症な障害はこの子たちばかりでなく、この事実を見ることのできなかった私たちの眼が重症であったのである」（糸賀 1968：175）

ここでは、「知的障害のある人たちが放つ光が神の力の働きである」ということが、端的に語られています。

（六） 行動に駆り立てるもの

中村：福祉を理解する上で決定的に重要な点であると思うので、もっと具体的に、小さくされた者を通して働く神の力について、お話を伺いたいと思います。先程本田神父は、「何かしら超能力が働くというような仕方ではなく、おそらくは周りの仲間たちが、『お、じゃあいっちょ手伝うか』という感じで」とおっしゃられました。神の力は超能力のようなものではないということです。では、どのようなものなのでしょうか。

本田神父：まず、そもそも、何故神の力の働きが生じたのかを再確認する必要があります。最初に言ったように、神は最も虐げられ抑圧されているイスラエルの民を実際に見て、そこにある叫びを聞いて、そして、痛みを知りました。これらは全て痛みの共感の表現です。痛みの共感、これが、神が救済のために動き出した、言い換えれば、神の力の働きが生じた理由、原因です。即ち、神の力の働きの根底には痛みの共感があります。そして、痛みの共感によって行動が起こるのです。神の言葉であるイエスによってこのことが示されているのが、マルコ福音書6章34節です。

「イエスは舟を降りると、おおぜいの民衆を見て、飼い主のいない羊たちのようなありさまにはらわたをつき動かされた。そこで、さまざまなことをときあかしはじめた」

〝はらわたをつき動かされた〟の原文は、スプランクニツォマイというギリシア語です。一つのテクニカルタームのように繰り返し出てくる言葉です。イエスにとって行動を起こす動機は、はらわたをつき動かされたということなのです。

〝放っておけない〟というつき動かされるような気持ち、「このままじゃ、このおっちゃん、死んじゃう。どうすんの」という切迫した思いに駆られる時、自然に体は動くものです。そして、同じように痛みを共感するみんなが、〝放っておけない〟と行動を共にするようになるのです（本田 2010：178–180）。

どこまで本当に痛みを共感・共有しているかについては、バロメーターがあります。それは怒りです。仲間がこんなに辛い思いをしているのに、そこから脱出する手立てが奪われている。一体どうするんだ、と当然怒りが湧き上がるものです。社会的な因習や制度、法律や社会常識といったものによって、解放を妨げられている時、つまり選択肢を全く奪われてしまっている時に、自己責任や自助努力の欠如をあげつらわれるなら、当然怒りが湧いてきます。

このように神の力の働きは、多くの人に分かる「痛みへの共感や怒り」というものを通して示されています。

中村：先に伺った、人間を肉（バサル）、魂（ネフェシュ）、霊（ルアッハ）という三つの側面から捉える人間理解を踏まえると、支援（行動）に駆り立てるものを整理出来るように思います。

人間には肉（バサル）および魂（ネフェシュ）という側面があるが故に、痛み苦しみます。神はその痛み・苦しみをその場でしっかりと見て、叫びを聴いて、痛みを知りました。それら痛み・苦しみへの共感が神の力の働きを生み出しました。本田神父の著書には、人間に具わる霊的な側面とは、まさに、神の力の働き掛け（神の願い）に共振することが出来ることであるとあります（本田 1990：87）。即ち人間は、他者の痛み・苦しみに共感する魂（ネフェシュ）の側面がありますが、それだけではなく、人々の痛み・苦しみに共感するが故に生まれる神の力の働きを受け、共振することが出来る霊（ルアッハ）の側面ももっています。

何故、支援するのか。私たちはその理由（原因・原理）を、思いやりやいたわり、苦しみや喜びに対するコンパッションといった魂（ネフェシュ）の側面で理解しがちです。しかし今日、お話を伺って、そのようなコンパッションの根底には神の力（願い）が働いており、私たち人間はその願いを感じ、応えることが出来る霊（ルアッハ）の側面ももっていることを学ぶことが出来ました。

（七）最も小さき者

中村：山上の説教が語られるマタイ福音書を読み進めると、次の言葉が語られます。

「お前たちは、わたしが飢えていたときに食べさせ、のどが渇いていたときに飲ませ、旅をしていたときに宿を貸し、裸のときに着せ、病気のときに見舞い、牢にいたときに訪ねてくれた。……はっきり言っておく。わたしの兄弟であるこの最も小さい者の一人にしたのは、わたしにしてくれたことなのである。……はっきり言っておく。この最も小さい者の一人にしなかったのは、わたしにしてくれなかったことなのである（マタイ25・35–45）」（本田 1990 : 22）

私が福祉の哲学・思想について多くを学んでいる阿部志郎先生は、福祉の世界に入るきっかけとなった出来事である井深八重さんとの出会いの場面で、「わたしの兄弟であるこの最も小さい者のひとりにしたのは、私にしてくれたことなのである」という箇所が突如としてひらめいたと語られています（阿部 1997 : 25）。この場面の意味を教えてください。

本田神父：これは世の終わりに行われる最後の審判の場面を描いたものであり、イエスの教えの要約であると考えられているものです。「神を愛し、隣人を自分のように愛しなさい」という掟の実践的な結論を示しています。

あなたはこれを実行しましたか、というのが最終的な神の問いかけだというのです。

イエス・キリストは、ここで五つの基本的人権「食」、「住」、「衣」、「健康」、「自由」を数えあげ、そのどれかが奪われ、あるいは抑圧されている人を指して、〝最も小さい者〟と呼んでいるようです。では、今日における〝最も小さい者〟は誰でしょう。一例を挙げれば次のような人たちです。

私たちが生活の便利さを求めていく中で、直接あるいは間接に手を下している自然破壊、環境汚染は地球レベルで広がっており、特に開発途上の国々に大きなしわよせがいっています。その結果、食糧と飲み水が奪われて、「飢えと渇き」に苦しむ大勢の人が現実にいます。家と祖国を追われ、他国での不安と窮乏の生活を強いられている難民や流民、また、貧困のため、差別と酷使を承知で、他国での不法な労働に就かざるを得ない外国人労働者の人たちがいます。仕事も家族の団らんをも失い、僅かな持ち物を保管する場所もなく、持ち歩く紙袋一つが全財産の日雇い労働者もいます。病気や高齢のため、あるいは精神や神経へのストレスから、社会生活への適応が困難となり、その結果、人々との交わりを断たれた孤独な人々が沢山います。人種・民族・国籍故に、あるいは社会の因習と偏見によって、差別という非情の「牢」に閉じ込められている人々がいます。

キリストはこれらの人々の中で、私たちの方から近づいて「訪ねてくれる」のを待っているのです。私たちが日頃気づかずに通り過ぎている人々の中に、〝最も小さい者〟は、苦しみと痛みを訴える術もなく、ひたすら耐えているのです。

実に、イエス・キリストは、この〝最も小さい者〟と共にご自身が苦しんでおり、私たちの方から兄弟としての関わりを待っている、とこの箇所は言っているのです（本田 1990：23–24）。

（八）神の力／霊・ダバール・霊としての人間

中村：ここまでのお話は、神の力／霊の働きというものがあり、それがイエス・キリストやイエスと同様に最も小さくされた人たちを通して、ダバールとして語られ、その力／霊が働いている、ということでした。そして、私たち人間には、神の力／霊の働きを感受出来る霊といった側面があるということでした。これらのお話を理解するためには、そして、この後で伺う福音について理解するためにも、霊について理解を深めておく必要があると思います。このような考えから、

①そもそも、霊とはどのようなものであるのか
②神の力、神の霊、神の願いはどのような関係なのか
③神の力、神の霊、神の願いと福音はどのような関係なのか
④神の力／霊の働き、ダバール（言葉）、霊としての人間、この三者はどのような関係にあるのか

これらの点について、教えてください。

本田神父：まず霊についてですが、創世記の最初に、「神の霊が水面を漂っていた」とあります。天地の創造は、地は混沌とし、闇が深淵の面にあり、神の霊が水面を漂っていた原初の状態から始まります。そして、天地創造の第一日目に、「光りあれ」という神のみ言葉で、光りと闇に分けられます。ヘブライ人は、目には見えないけれども確かに存在するものを霊（ルアッハ）と呼びました。風も霊であり、呼吸する息も霊です（本田 1990：85）。神の霊を聖霊といい、この聖霊がすべての人を包み込んでいます（本田 1992：105）。次に、神の力の働きと神の霊の働きについて理解するには、その背景にある三位一体論を踏まえる必要があります。神の力の働きは、その力の働きという点では同一（一体）です。しかしながら、その働き方は、父としての神、子としてのキリスト、そして聖霊と、それぞれ固有の役割をもって働きます。そのため、父なる神の霊の働き方、キリストの霊の働き方、そして聖

霊の働き方があります。神の力の働きという点では同一（一体）のものが、神、キリスト、聖霊それぞれを通して働いているのです。そして、そこで伝えられようとしているものこそが神の願いであり福音なのです。

しかし、私たち人間は神を見ることが出来ず、神の力／霊／願いを理解することは困難です。そのため「いまだかつて、神を見た人はいない。父のふところにいるひとり子である神、この方が神を明らかにしたのである」（ヨハネ福音書1章18節）という言葉に示されているように、イエスが、イエスだけが目に見えない神の力の働き（願い）表しているのです（本田 2010：50–51）。そして、この表されたものが「神の言葉」であり、ダバールです。そのため、ヨハネ福音書は受肉したナザレのイエスのことを、「ことばである方」と呼ぶのです（本田 2010：52）。そしてイエスが神の言葉であるということは、イエスの人生そのもの、即ち、どんな生い立ちで、どんな仕事について、人々の仕打ちに如何に応じて、そして最後はどんな死に方をしたのか、これら全てが神の言葉なのであり、その神の言葉を補足的に説明するのがイエスの話なのです（本田 1992：183, 本田 2006：124）。

私たち人間がイエスを通して、神の力の働き（願い）を感受することが出来るのは、人間には霊としての側面があるからです。人間の霊としての側面とは、人間は霊である神様とコミュニケイト出来る存在であることを表しています（本田 2013：59）。人間には神の霊である聖霊を受け入れる器（受信機のようなもの）を備えています（本田 1990：87）。しかし、全ての人が聖霊を受け入れ満たされている訳ではありません。

ペトロは聖霊を受け入れるための条件としてメタノイヤを要求します（本田 1992：105）。メタノイヤすることで、神の力の働き（願い）を受信（共振）する形で、神との人格的な交わりが可能となります。そうすることで神の願いである福音を信じ、福音を生きることが出来るのです。

（九）福音の特徴

中村：霊といった側面に思考や感性を開くことで、神の力、メタノイヤ、ダバールといったことの意味を理解できることが分かりました。また、最初に本田神父が言われた「神の霊が水面を漂っていた」ということを聴いて、レヴィナスの言葉を思い出しました。レヴィナスという哲学者は「そこ（天地創造の前）にあるのは、『水面を漂う』神の霊のみです。水だけがあり、水の上を神の霊が漂っている。これは光以前です。光はまだ存在しないのです！……（中略）……『始めに』優しさ・愛情があったのです。優しさ・愛情が先行しているのです。その後で、光があるのです（強調は原文）」（Lévinas, E., Burggraeve, R.〔éd〕= 2003 : 53–54）と言っています。ここでいう光は存在を意味し、その存在に優しさや愛情である神の霊が先行しているということです。では、存在に先行する神の力の働き（願い）である福音とはどのようなものなのでしょうか。

本田神父：聖書の言葉に基づき福音が何であるのかを説明します。まず、イザヤ書61章1節を引用したいと思います。

「主はわたしに油を注ぎ、主なる神の霊がわたしを捕らえた。
わたしを遣わして、貧しい人（アナウィム）に
良い知らせを伝えさせるために。
打ち砕かれた心を包み、
囚われ人には自由を、
つながれている人には解放を告知するために。……」（イザヤ書61章1節、本田 1990 : 97–98）

この預言をイエス・キリストは福音活動を始めるにあたってご自分にあてはめ、宣教の姿勢を明らかにしました（本田 1990 : 98）。ここには、「主なる神の霊がわたしを捕らえた」とあります。即ち、神の力／霊がイエスを捕らえ

たことにより、宣教活動を始めることが示されています。

次に誰に対してということに関しては「貧しい人（アナウィム）に」とあります。福音宣教の対象には「貧しい人（アナウィム）、心を打ち砕かれた人、囚われ、あるいは、つながれている人」とされています。ここに、イエス・キリストが優先的に福音宣教をする対象は、貧しく、抑圧され、心まで打ち砕かれてしまっている人々、人間としての自由を阻まれている人々であることが示されています（本田 1990：97–98, 2006：113–114）。

そして、イエス・キリストは「貧しい人（アナウィム）、心を打ち砕かれた人、囚われ、あるいは、つながれている人」に何をするのかと言えば、それは「良い知らせを伝える」ことです。ここにある「良い知らせ」というのは「ブソラー」というヘブライ語であり、おそらくここが、旧約聖書で最初に「福音」という言葉が出てくる箇所だと思います（本田 2006：113）。即ち、イエス・キリストは「貧しい人（アナウィム）、心を打ち砕かれた人、囚われ、あるいは、つながれている人」に福音を知らせるために、宣教活動を始められたのです。

次に、マルコ福音書1章14－15節を引用したいと思います。私はそこを次のように訳すべきであると思っています。

「ヨハネが捕らえられたのち、イエスはガリラヤへ行き、神の福音を告げ知らせて、

『時は満ち、
　神の国はすぐそこに来ている。
　低みに立って見直し、
　福音に信頼してあゆみを起こせ』

と言った」（本田 2010：27）

この言葉はマルコ福音書の中で、最初にイエスが口を開いた場面です。ここに示されている通り、イエスは神の

福音を告げ知らせているのです。ここで福音について二点述べたいと思います。一つは、福音は「身をもって告げ知らせる」ということです。もう一点は、福音と宗教の関係です。

まず、福音は「身をもって告げ知らせる」という点です。聖書に「福音を宣べ伝える」という言葉がよく出て来ますが、正しくは「身をもって告げ知らせる」と訳すべきです。どういうことかというと、福音はベラベラ喋ったり、書いて伝えるというものではなく、痛みや苦しむ身体をもった存在（受肉した存在）が、身をもって告げるものである、ということです。身をもって告げた言葉（ダバール）は、異なる言語をもった人にも伝わるのです（本田 2006：41）。神の福音（神の言葉＝神の願い／力）は霊的なものです。それが、受肉した存在であるイエスによって、ダバールとして身をもって告げ知らされているのです。

次に、福音と宗教の関係です。「福音」とは、個々の宗教、宗派の枠を超えた「知らせ」であり、キリスト教も含め、宗教とはある意味で無関係とも言える価値観です。そのため、宗教としてのキリスト教を大事にしていると、「福音」が見えなくなるような気がします。そのため、キリスト教に限らず宗教は全て、徹底して相対化した方がいいと思います。言い換えれば、どの宗教も互いに心から尊重するということです。その代わりに、「福音」をみんなで実践しましょうと呼びかけます。宗教をもつ、もたないは、どちらでもかまわないのです。痛み、苦しみ、さびしさ、悔しさ、怒りを人との関わりの接点にして、そこから見えてきたやるべきこと、優先すべきことを選択していく。「福音」を信頼してあゆみを起こすとはそういうことなのです。

中村：福音は痛みや苦しむ身体をもった存在が身をもって告げるものであるという点や、福音はある意味ではキリスト教を含め、宗教とはある意味で無関係な価値観である、というお話は大変に興味深いものです。

（一〇）福音の内容

中村：さて、その福音の内容はどのようなものでしょうか。

本田神父：史上最大最高の福音宣教師者パウロが、たった一つの掟に要約しています。それは、ローマ人への手紙13章8－10節です。

「あなたたちは、互いに大切にし合うこと以外、だれに対しても、何の借りもあってはなりません。人を大切にしているなら、その人は、律法をすべて守ったことになるのです。『不倫をするな』『人を殺すな』『略奪するな』『人のものを欲しがるな』、そのほかどんな掟があっても、この一つに集約されます。すなわち、『隣人を自分のように大切にしなさい』。人を大切にするとは、隣人に不当な仕打ちをしないということです。それで、人を大切にすることが、律法の完全遵守と見なされるのです」（本田 2010：211-212）

福音のメッセージは「隣人を自分のように大切にしなさい」の一言なのです。ただ、この福音のメッセージを正しく理解するためには、①大切にしなさいとはどういうことか、②隣人だけで神は大切にしなくてもいいのか、③隣人とは誰か、この三点について説明が必要ですので、それぞれについて説明します。

①大切にしなさいとはどういうことか

「隣人を自分のように大切にしなさい」というメッセージは、通常は「隣人を自分のように愛しなさい」と訳されています。この「愛しなさい」と訳された言葉は、ギリシア語新約聖書ではアガペーです。それを私は敢えて「大切にする」と言い換えています。何故か。考えてみて下さい。「隣人を自分と同じように愛しなさい」ということを具体的に実践できますか。見ず知らずのだれかを、愛していると言えますか。私たちの愛の体験的なイメージは、たいていは家族の中で得たもの、あるいは自分の連れ合いとの出会いで経験したものに他なりません。それはあくまでも限定的であり、個別的な関係性です。それを、誰彼の別なく、あの人にもこの人にも向けることは不可能です（本田 2010：226–227）。

私は釜ヶ崎に来て、ボランティア活動を続ける中で、愛せるはずもない建前を通そうとしていることに気づきました。視点をこの釜ヶ崎の人たちとの関わりに移すこと、即ちメタノイヤすることで、アガペーの意味を学び直しました。その学び直しが、アガペーとは「大切にする」ということです。好きになれない相手かもしれない。でも、大切にしなさい。愛情を感じない相手であるかもしれない。でも大切にしなさい。自分自身が大切なように、隣人を大切にしよう。愛情が薄れ、友情が失われたとしても、その人をその人として大切にしようとすること、これが「隣人を自分のように大切にしなさい」という福音のメッセージです（本田 2006：10）。

②隣人だけで神は大切にしなくてもいいのか

聖書を理解している人ならば、聖書が告げている最も大切な掟にはもう一つある、と言うでしょう。それは「心を尽くし、魂を尽くし、力を尽くし、精神を尽くして、あなたの神を愛しなさい」という訳で知られている掟です。私たちにインプットされている、この二つの大切な掟がワン・セットのように語られている聖書の箇所はマルコ福音書12章29－31節です。私の訳では、そこは次のようになります。

「第一はこれである。『聞け、イスラエルよ。わたしたちの神、主は、唯一の主である。心のそこから、自分のすべてをかけ、判断力を駆使して、力のかぎり、あなたの神、主を大切にせよ』。第二はこれである。『あなたの隣人を、自分自身のように大切にせよ』。この二つにまさる掟は、ほかにない」（マルコ福音書12章29－31節、本田 2010：214）

マルコが引用した第一の掟は、「あなたはあなたの心を尽くし、精神を尽くし、力を尽くして、あなたの神ヤハウェを愛さなければならない」（申命記6章5節）という、ユダヤ人たちが毎日唱える祈り、「シェマー・イスラエル」の一節ですが、これをかみ砕いたものが、同じ申命記10章12－19節にあります。そして、「シェマー・イスラエル」の主旨を繰り返した上で、具体的に何をするのかを、次のように明らかにします。

「あなたたちの神ヤハウェこそは神々の中の神、主たる者の中の主にいまし、偉大にして力があるおそるべき神で、人を偏り見ず、賄賂を受け取らず、孤児ややもめに正しいさばきを行ない、寄留者を愛し食物や着物を与える神だからである。あなたたちは寄留者を愛しなさい。あなたたちもエジプトの地では寄留者だったからである」（申命記10章17－19、本田 2010：216）

ここで言う寄留者とは、今日の言葉で言えば難民です。排除され居場所を失った人たちのことです。神さまは一番小さくされた人たち、即ち「孤児」、「やもめ」、「寄留者」を優先的に大切にされた方なのだから、神さまを愛する、神さまを大切にするのなら、神さまがやるのと同じことをあなたもしなさい、と言っているのです。それは、まさに「隣人を自分と同じように大切にする」ということに他ならないわけです（本田 2010：214–216）。

即ち、神さまを大切にするということは、神さまの思い・願いである最も小さくされた人たち（隣人）を自分と同じように大切にしなさい、ということなのです。このように、聖書が発している福音のメッセージ（内容）は、行動としては「隣人を自分と同じように大切にする」という掟となるのです。

③隣人とは誰か

ここまでの話で、隣人とは誰であるか明らかでしょう。私たちは普通「隣人」を、自分を中心とした同心円の広がりという形で教えられ、且つ理解してきました。従って隣人とは、まず生活を共にしている家族であり、次いで友人や職場の仲間であり、というように、自ずと優先順位も決まっているかのように考えがちです。しかも、あくまで自分の生活圏内を土俵にしているのです。

ところが「隣人を自分のように大切にしなさい」という掟が引用されたレビ記19章9－18節を見ると、まさに現代にも通じる社会問題との関わりの中で「隣人」を捉えています。「貧しい者」（貧苦）、「寄留者」（難民、外国人労働者）、「雇い人への支払い」（労働問題）、「耳の聞こえぬ者、目の見えない者」（障害者）、「不正な裁判」（人権問題）、全て社会の中で弱い立場に追いやられた人々を挙げ、その要約として、「自分自身を愛するように隣人を愛しなさい」と結んでいるのです。

イエスご自身も同じ理解に立っておられたことはルカ福音書10章25－37節が記録しています。隣人とは誰か、という問いかけに対して、イエスは家族や近所の人、同僚には触れず「追いはぎに襲われ、服をはぎ取られ、殴りつけられ、半殺しにされた人」を挙げ、こちらから隣人として関わりを求めていく様子を描写されました（本田 1990：155-156）。一言で言うならば、隣人とは、例え遠くにいても隣に居る必要がある人、こちらからそばに行って共に歩まなければ生きて行けない状況に置かれている人のことです（本田 1990：20）。

（一一）福音を生きる

中村：私にとって家族は特別な存在です。家族こそ「愛」という関係性の基盤だと思っています。その家族と隣人（小さくされた人、即ち、支援を必要とする人）を同じように愛することは、私にとっては不自然であり、出来る訳ないと思っています。でも、「大切にする」のであれば、いまも、そしてこれからも、そうしたいと思います。そのため、お話はよく分かります。

さて、最初にお話しした通り、今日の対話における私の問題意識は「社会福祉とは何であるのかが本当に分かるということは、単に知識として分かるというものではなく、行動が伴うような理解ではないか」というものです。この問題意識から福音を考えると、福音は「福音を知る」というような知の対象というより、「福音を生きる」というように一人ひとりの生を導き支えるもののように思えますが、如何でしょうか。

本田神父：その通りです。まず、改めてイエスの第一声が何であったのかを確認しておきたいと思います。それは、マルコ福音書1章15節に示されている通り「福音を信じなさい」、私の訳で言えば「福音に信頼してあゆみを起こせ」です。ここに示されているように、そもそも福音は信頼すべきもの、信じるものなのです。そして、ここで言う「信じる」とは「ハイ、みとめます」程度の内面の問題、心の問題ではありません。そのため、私は「福音を信じなさい」ではなく「福音に信頼して行動を起こしなさい」と訳しているのです。何故なら、ヤコブが言うように「行いが伴わないなら、信仰はそれだけでは死んだもの」（ヤコブの手紙2章17節）であり、本当に信じているのであれば、その信じた通りに行動が伴うはずだからです。私は信仰とは、やってみて、できたところまでが自分の信仰なのだ、と理解しています（本田 2006：33-35）。

このように福音は信頼して行動を起こさせるものですが、ここで、誰が行動を起こすのかを確認しておく方がいいと思います。先に話に出たように、イエス・キリストがまず福音を告げたのは貧しく抑圧された人たちでした。だから、福音を告げられ、その福音を信じて行動を起こすのは貧しく抑圧された人たちです。自ら立ち上がるためにあゆみを起こすのです。ここを軸としながら、その人たちが発している思い・願い・声に応え「連帯」することが福音を生きることになります。この「連帯」という点について、二つお話ししたいと思います。

（一二）連帯する

本田神父：一つは「キリストの体」という喩えです。パウロは、地上のみんながキリストの体につながっており、一つの体であると言います。それぞれには異なる役割があります。そこには「多様性を認めよう」というメッセージがあります。しかし、パウロのメッセージはそれで終わりません。多様性を認めた上で、本当にキリストの体を介して一つになるためには、一番小さくされている部分を最優先させることだと言います。それを示しているのが、Ⅰコリント12章24－26節です。そこには次のようにあります。

「神は、『不足がちのところ』をなによりも尊重されるべきものとして、体を組み立てられました。それで体に分裂がなくなり、各部分が互いに配慮しあうようになるのです。こうして、一つの部分が苦しむなら、すべての部分がともに苦しみ、一つの部分がほまれを受けるなら、すべての部分がともに喜ぶようになるのです」

ここに示されていることは、本当に一つのものとして、キリストの体につながっていくためには、多様性を認めた上で、一番小さくされている仲間たちの中に、神の働きを見てください、尊重し尊敬の念をもって関わりなさい、ということなのです（本田 2006：87–88）。一番小さくされている仲間たちに対して尊敬の念をもって関わり、彼ら／彼女らの真の願いを「共に」実現していく行動が「連帯」であり、福音を生きることです。

それともう一つが、南アフリカで働くドミニコ会の聖書学者アルバート・ノーラン（Albert Nolan）が示した霊的成長の四つの段階です。これは福音に対する信仰が深められていく段階であり、真の連帯が実現していく段階でもあります。この段階を私の経験を踏まえ簡略化して示すと次のようになります。

〔第一のステップ―痛みの共感から救援活動へ〕

私たちは苦しむ人の痛みを知るとき、一人の人間として心を動かされます。抑圧され、貧しくされている人々の、耐えがたい苦しみを知り、人々がひたすら耐えている姿を目の当たりにするとき、胸が痛み、いたたまれない気持ちになります。これが痛みの共感です。〝はらわたをつき動かされる〟痛みの共感は、私たちを行動へと駆り立てます。行動といっても、私たちが最初に手がけるのは、「分かち合い」を主とした救援活動が中心になるかもしれません。

飢えている人たちに食べ物を、寒さに震えている人たちに衣類や毛布を、病気の人には薬や医療を……といった救援活動です。家庭が貧しくて学校に行けない子どもたちのために教材や学資を援助する、親を失った子どもたちの里親になって生活費を提供するということも、その延長線上にあるでしょう。

このような行動に踏み込んだ時、私たちは同時に、しかも自然に、自分自身の生活の見直しを始めているものです。便利だから使うという色々なものの中で、本当に必要なものと「ぜいたくかな」というものの識別が容易になります。そうして、あまり無理なく生活を質素にするようになるものです。

〔第二のステップ――救援活動の行きづまりから構造悪の認識へ――怒りの体験〕

しかし、実際にボランティアとして救援活動に参加していくと、遅かれ早かれ、救援というものの限界が見えてきます。救援を必要とする人たちは、後から後から生み出されているのです。救援が人権に配慮した救援になり切れない一方で、対象者はどんどん増えていきます。救援活動を、やってもやっても現実に追いつかず、私たちは「焼け石に水」の徒労感と行きづまりに直面するのです。人々の善意のみに支えられた、「ほどこし」、「分かち合い」中心の救援活動には、限界があることが見えてくるのです。

では、どうすればいいか。一体何故、これほどまでに貧しく小さくされた人たちが、こんなにも大勢いるのか、私たちは考えるようになるでしょう。これが大事です。現代世界の貧困は、たまたま出現したというものではなく、作り出されたものです。富と権力の恩恵に浴しつづけたい人たちによる政治と経済政策によって、意図的に作り出されたものであることに気づくのです。そして、意図的に作り出された正義に反する社会の仕組み（法律や制度）そのものと、それを平気で受け入れてしまう私たち自身の感覚が、人を人として大切にする心を欠落させていたことに、改めて気づくのです。そして、社会構造、社会の仕組みそのものが問題であることが、はっきり見えてくる訳です。

私たちの怒りは、そのような正義に反する仕組みそのもの、抑圧的な社会構造そのものに向けられていきます。この時、私たちは「神の怒り」、「キリストの怒り」を共感し始めているのです。

〔第三のステップ――社会的・政治的行動へ――構造悪と闘う貧しい人たちの力〕

「神の怒り」、「キリストの怒り」は、差別と抑圧、搾取と貧困を絶えず産み出しつづける社会の仕組みに対するものでした。この神の怒りを共有出来るようになった時、私たちの取り組みの姿勢が、最初の頃とはどこか違ったものになります。

救援活動のみでは問題の解決に至らないことを思い知り、私たちは社会の仕組みそのものを変える努力、社会と政治の変革を促す何らかの行動を、救援活動と併せて行う必要を強く感じるようになるからです。

救援活動は、事態の原因よりも症状への対応です。負わされてしまった傷に薬を塗る作業です。しかし、絶えず負傷者を産み出し、苦しみを永続させる「仕組み」を放置していて、傷の手当てのみに奔走することが、果たして本当に人を大切にしていると言えるでしょうか。何とか人が傷を負わされないで済むように手を尽くす時、私たちの働きは意識せずとも社会的・政治的な行動となっているのです。真の福音の道をあゆもうとするとき、人は誰でも社会的・政治的活動に参加することになるのです。

この第三ステップは、もう一つの気づきによって推し進められます。それは、小さくされている人たちは、身をもって福音を告げ知らせているということです。彼らの嘘偽りのない願いは神の思い（神の言葉）であり、その人自身が被っている虐げ・剥奪・蔑みから解放する力をもっています。その力は、周囲の人たちを解放の運動へと駆り立てると同時に、周囲の人たちが囚われている自己中心性（エゴイズム）から解放する力も宿しています。第三ステップのもう一つの気づきは、この神の力の働きに気づくことです。

この力に気づいた時、「私たちがやってあげなければ」という姿勢が誤りであることに気づきます。

〔第四のステップ――単純な「弱者賛美」から真の連帯へ〕

神は世の貧しく小さくされている者たちを敢えて選んで、世の全ての人の解放と救いを行われるのだという気づきは、私たちに発想の転換をもたらします。ここで、気をつけなければならないことがあります。私たちは非現実的な間違った「弱者賛美」に引き込まれてしまう危険があるのです。社会的弱者をひたすら美化してしまい、あるがままに見ようとしなくなるのです。それは、差別され抑圧されている側にいる人なら誰でも、そのやること、語ることは正しいのだと思いたがります。そして、貧しく小さくされた人たちには、人間なら誰でももっている欠点、過ちがないかのように対応しようとするのです。

このような間違った「弱者賛美」は、実は貧しく小さくされている人に対する「差別の裏返し」であり、私たちの連帯と支援を空洞化させるものです。第四ステップは、貧しく小さくされている人たちを美化し、英雄視する過ちから抜け出すことによって始まります。抑圧され、貧しく小さくされている人たちを通して神が働かれているといっても、彼ら一人ひとりは欠点もあり、罪や過失も犯し、人を裏切ることもあり、より弱い立場の者を虐げもするのだということを、ありのままに認めるところから始まるのです。

私たちが貧しく小さくされている人たちから学ばなければならないというのは、彼らが個人として私たちより優秀で模範的だからではなく、抑圧され貧しくされているとはどういうことかを、誰よりも知っているからであり、そこから解放されるために、まず何をどうすべきかを、自分のこととして分かっているからです。大事なことは、現に抑圧され、貧しく小さくされている人たちの真の願いに連帯することです。

キリストを通して神が求めておられる「正義（抑圧からの解放）と平和と喜び」（＝神の国）の実現が、貧しく小さくされている人たちによって要求されていることに気づく時、キリスト者たちはこの人たちと連帯することこそ、キリストに結ばれた連帯であることを実感するでしょう。貧しく小さくされている人たちの訴えが神からの訴えであったことに気づく時、私たちは貧しく小さくされている人たちの個人としての欠点や過ちと、そこから受ける幻滅や失望を乗り越えることが出来るのです（本田 2006：193‒227）。

ここに示されているように、福音を生きるということは最も小さくされている人たちと連帯して生きるということであり、連帯の度合いが福音をどれだけ信じられているのかという信仰の程度を表しているのです。

（一三）救済と神の国の実現

中村：霊的成長の話は福祉思想発展の四段階とも言い換えられると思います。第一ステップは慈善事業や恩恵の福祉、第二ステップは社会科学の知見により、福祉の問題は個人に問題があるというより社会に問題があることに気づく段階。そして第三ステップが社会の問題に対して、権利思想に基づき社会的・政治的行動として社会福祉が営まれる段階です。現在の社会福祉はこの段階の途中と言えるでしょう。即ち、糸賀一雄のような一部の先覚者を除けば、まだ社会福祉は第三ステップで言われる小さくされている人たちに働く連帯を促す力に気づいておらず、そのため第四ステップにある真の連帯には達していないのが現実でしょう。

福音こそ「知」の次元を超えた「生（生き方）」の次元でのメッセージであることが分かりました。そして、これこそが福祉思想が理解される次元であると思います。そのため、ここで福音と福祉思想という今日の最終的なテーマに移りたいところですが、その前にもう一点、救済と神の国についてお伺いしたいと思います。

福音を生きることでもたらされるのが救済であり、神の国の実現です。宗教の救済と聞くと、私は「この私が救われたい」という、どこかエゴイスティックなイメージをもっていました。しかし連帯の話を伺うと、救済とはエゴイスティックなものではなく、みんなの救済につながるように感じます。如何でしょうか。

本田神父：救済とは、まずは、現に貧しく抑圧された人たちが、見失っていた自尊心や生きる力を見出し生きていくことです。それだけではなく、その人たちの痛みや苦しみが分かるところに立てば（即ち、メタノイヤすれば）、その痛みや苦しみに対する共感の気持ちや怒りが湧いてきます。このような気持ちが私たちを行動へと駆り立てます。しかし、本人でなければ、その人が被っている本当の痛みや苦しみは分かりません。また、福音の大切さを、身をもって知っているのも彼ら／彼女らです。だから、現に貧しく抑圧された人たちに対して尊敬の念をもって、どうすればいいのかを教えてもらうという姿勢で関わり、彼ら／彼女らの真の願いを「共に」実現していくことを目指し連帯することです。これが支援の本当の姿です。連帯していく中で、小さくされた人たちが虐げ・剥奪・蔑みから解放されると共に、関わる側も自らが囚われていた自己中心性から解放され、福音を生きることに伴う喜びを得ます。このようにして、全ての人が救済されることが神の願いなのです。そして、救済されることが神の国を生きることとなのです。

では、神の国とはどういうことでしょうか。ローマの人々への手紙14章のパウロの定義によれば、「神の国とは、……聖霊と一体になって実践する、解放（正義）と平和と喜び」（17節）です（本田 2006：154）。ここで語られていることを、（ⅰ）神の国、（ⅱ）解放（正義）、（ⅲ）平和、（ⅳ）喜び、に分けて説明します。

（ⅰ）神の国

聖書には「神の国」とか「天の国」という言葉が度々出てきますが、それらは死んでからの世界（死後の世界）のことではありません。来世のことは、神にお任せするしかありません。新約のパウロですら、来世について、私たちがどんな状態で生きるのかはよく分からなかったようです。神の国とは死後の世界のことではなく、地上に実現すべき世界であり、それは福音という価値観によって、小さくされた人たちとその周りの人たちが、互いに支え合って生きる社会のことなのです。言い換えれば、最も小さくされた人と優先的に関わり大切にする神の視座、そして福音という価値観を共有した社会を築いていこうとする世界、それが神の国なのです（本田 2010：168–169）。

（ⅱ）解放（正義）

福音で言われている解放（正義）は、法廷での中立な、第三者的な判断による正義ではなく、むしろ抑圧からの解放というニュアンスであることは聖書の文脈から明らかです。聖書で言われる正義は、中立の立場をかなぐり捨てて、いま虐げられ、苦しんでいるその人の側にしっかりと立ち、抑圧を取り除いて苦しみから解放することです。それが聖書で言われる正義の意味です。従って、聖書で言う裁きとは、この正義を実現させる行為のことで、正義と同義語です。要するに、いま、目の前で痛めつけられているその人の側に立たない限り、絶対に正義も裁きも実現できない、ということなのです。この正義即ち抑圧からの解放が平和を実現させ、人々に真の喜びをもたらします。それを神の国というのです（本田 2006：154）。

(iii) 平　和

コロサイ人への手紙3章15節では、「キリストの平和を、あなたたちの心の判断基準にしてください」と、わざわざ「キリストの平和」と言っています。世間で考えられているような、戦争の不在という意味とは違うのです。この点は、「平和とは、単なる戦争の不在でもなければ、敵対する力の均衡の保持でもありません」（現代世界憲章78）といった、第二バチカン公会議で明らかにした事実認識です。では、福音のいう平和とはどのようなことか。

平和（シャローム）とは、傷ついた部分が一つもないほどの完全性、完璧さを表す言葉であり、傷ついている人が一人もいない状態を意味します。だから、九十九人が満足しているのだから、おまえ一人がブーブー言うな、我慢しろというのは、神の国の価値観ではないのです。百頭の羊がいて、一頭がさまよって、どこかに見えなくなった。その時、羊飼いはどうするか。九十九頭をそのまま置いて、その見えなくなった一頭を探しに行く。これが神の思いだ、と言う。天の国、神の国もそれなのだ、と。神さまもそれを望んでいるのだ、と。一番小さくされた者の側から確認される平和、これこそが「キリストの平和」です（本田 1990：62, 2010：207-208）。

(iv) 喜　び

喜びとは、福音を生きることに伴う喜びです。正義即ち抑圧された仲間たちの解放のために如何に働くか、傷つく人が一人もいなくなる社会を如何に築くか、そのために働くことこそ本当の平和を生み出し、それが出来て初めて、本当の喜びがあるのです。

誰かを犠牲にして、自分たちだけが安穏というのは、本当の意味での喜びには絶対につながらないのです。正義が、抑圧からの解放が、そして本当の意味での平和が実現してはじめて喜びが生まれるのです（本田 2010：254）。

（一四）「ために」を乗り越える「共に」の実践——権利思想を超えて

中村：福音そして神の国がどのようなものであるのかが分かりました。聖書が告げている福音についての基礎知識は得られたと思いますので、そろそろ、福音という価値観あるいは思想と福祉思想との関連性をテーマにしたいと思います。

福祉思想が乗り越えなければならない大きな課題が幾つかあります。その中に選別主義（背景にある残余的福祉の考え方）と「あなたのために〜してあげる」という意識と態度があります。

ここで少し、選別主義と普遍主義、残余的福祉と制度的福祉という社会福祉の話をさせてください。選別主義とは、個人や世帯の資力（所得・資産）の水準によって受給資格を制限することを意味します。これに対して普遍主義は、受給資格を可能な限り拡大していこうとする考え方です。この選別主義と普遍主義の対立は、支援の必要性に対して「受給資格を狭くするか拡げるか」という問題です。

しかし、その背景にはウィレンスキーとルボーが言った残余的福祉と制度的福祉の対立があります。残余的福祉とは、生活は自助努力あるいは相互扶助が基本であり、それが困難な一部の人たちに対して、政府が財の再分配の一環としての福祉サービスを提供するという考え方です。ここには、生活は、本来は自助努力と相互扶助でするものであり、それができない一部の人（落ちこぼれ）に対して、政府がその生活を保障するといった考えがあります。そのため、政府による支援は恩恵といったニュアンスで捉えられ、そこにはスティグマが伴い易くなります。これに対して制度的福祉とは、社会福祉が制度化され、支援が必要とされる人に福祉サービスを提供するという考え方です。

選別主義と普遍主義は福祉サービスの供給における考え方であり、残余的福祉と制度的福祉は社会福祉という仕組み（在り方）における考え方です。いずれにしても、これらは社会福祉という制度の問題です。

一方、「あなたのために〜してあげる」という意識と態度は人の意識や態度の問題です。それは次のようなものです。例えば、あるボランティアで、おばあさんが利用者と間違われ「私はボランティアで来てあげたのに、失礼な」と怒る場面があります。このおばあさんは「ボランティアに来てあげた」のであり、利用者と間違われることは「失礼なこと」なのです。ここには、明らかにボランティアは上、ボランティアされる方が下といった上下の意識があります。そのため、「私はみなさんのために来てあげているのです」という態度になります。

これらの考えに対して提示されてきた福祉思想が権利思想です。そして、権利思想に基づく制度的福祉、そして制度的福祉に基づく普遍主義の考えです。社会福祉学においてはしばしば、「恩恵から権利へ」と言われてきました。ここで言われる権利とは主として生存権を含む社会的諸権利を意味します（秋元 2010：4-5）。権利思想とは、現代社会において全ての人は、市民的諸権利、政治的諸権利だけでなく社会的諸権利を有し、それを保障するのは国家の責任であるというものです。そして制度的福祉と普遍主義は、これらの権利を、支援を必要とする人全てに保障する社会福祉の仕組みを制度として確立して供給しようとする考えです。

選別主義と「あなたのために〜してあげる」という意識と態度に対して、権利思想・制度的福祉・普遍主義の考えが提示されてきました。これらの考えは、社会福祉を学ぶ大学であれば、最初に学ぶ最も基本的なことです。未だに日本社会には、そして私たちが暮らしている地域社会には、この権利思想・制度的福祉・普遍主義の考えが根づいていないどころか、十分に理解されていません。そのため、多くの人に権利思想・制度的福祉・普遍主義の考えを理解してほしいと思います。

しかしです。権利思想に基づく社会福祉という仕組みには、これから述べるような限界があります。今日お話を伺って、権利思想の限界を乗り越え、且つ権利思想より、より根源的な地点から選別主義（残余的福祉の考え）と「あなたのために〜してあげる」という意識と態度を克服することを可能にする思想こそが福音であるように思いました。その点を伺う前に、権利思想と普遍主義の考えに基づく社会福祉の限界について、四点述べたいと思います。最初の二つはイグナティエフの指摘であり、後の二つは私自身の実感です。

（ⅰ）権利では保障出来ないニーズ（人間が人間として生きていくために必要なもの）

イグナティエフは次のようにして指摘します。

「わたしたちは権利を保有する生き物より以上の存在であって、人格には権利よりももっと尊重されて然るべきものがある。今日、行政当局が示す善意とは、人格としての個人の品位を貶めておきながら、個人の権利は尊重するということであるらしい。……（中略）……。

どんな社会であれおよそ品位ある社会というものがなぜ人格としての人間がもつニーズについての公的言説を要請するかと言えば、それは、尊敬の念を示す人間の身振りをお金で買うことはできないし、権利はそうした身振りを権原として保証することもできないからだ。友愛、愛情、帰属感、尊厳、そして尊敬の念、これらが権利のひとつとして算え入れられないからこそ、わたしたちはそれらをニーズとして特定すべきなのであり、わたしたちが自由に使いこなせる味気ない制度的手続きのなかで、そうしたニーズの充足をごくありきたりの人間的慣行にするように努めるべきなのだ」（Ignatieff＝1999：21‒22）

権利が保障されても人間としての品位（自尊感情）が傷つけられることがあります。また、人が人として生きていくために必要な友愛、愛情、帰属感、尊厳、そして尊敬の念といったものは権利で充足することは困難です。

（ii）支援を必要としている人に対する無関心

さらにイグナティエフは次のことも指摘しています。

「『それは役所の仕事』だと万人が信じるようになれば、見知らぬ人びとのあいだの共同体の絆はおそらく弱体化することになるだろう。福祉国家が育んだ文化の逆説は、高齢者、病人、障害者の見舞いに訪れるのはソーシャルワーカーやそれに類した人たちだと、誰もが当然のことと決め込むようになった結果として、隣人たちは、ひとり淋しく暮らしている者たちの世話をすることも自分たちの義務だとはおよそ思いもしなくなったということなのだ。福祉国家はつねに社会的結束と相互責任を強化してきたわけではない。それはさまざまな形の社会的孤立や無関心を促進してもきたのだ。『それは役所の仕事だ（It's the council's job）』という言い方は、新しいタイプの道徳的無関心を指し示すものとしてわたしたちの用語集のなかに入り込んでいる」（Ignatieff＝1999：222–223）

権利保障に基づく福祉国家で暮らす人たちは、身近に支援の必要な人がいても「それは役所がする福祉の仕事」といった意識をもつようになり、道徳的無関心がもたらされます。

（iii）支援を必要としている人の「ための」権利を保障する

権利として認められるものは、本来各人が享受すべきものであり、その権利保障は正当な要求です。あなたの「ために」権利を保障しますという上下関係ではなく、対等な関係において権利は要求され保障されるものです。にも拘らず、「支援を必要としている人の『ために』権利を保障しよう」といった意識は成り立ちます。ある一方から他方への一方的な関わりがある限り、その関わりが権利保障であろうと何であろうと、そこには「～のため」という発想や関わりが成り立ってしまいます。

（iv）支援に駆り立てる力

国家責任に基づく権利（生存権）の保障という思想が社会福祉の制度を生み出しました。私はその制度により作られた社会福祉施設で働いていました。即ち、私は権利（生存権）保障の仕組みの一端を担う有給の職員として働いていました。ただし、私が勤めていた頃の障害者施設は、行政主導によって福祉サービスが決定される措置制度に基づいていました。利用者には施設サービスの利用に対する請求権はなく、行政が行うことの反射的利益として福祉サービスを利用出来る、といったものでした。このような制度的背景もあり、私は、目の前のこの人たちの権利保障の一環として支援をしているという意識はそれほど強くはありませんでした。また、正直なところ、自らの実践を権利思想が支えているという意識も強いものではありませんでした。それは、私の権利意識が未熟なことが一因かもしれません。

しかし、権利意識が未熟でも、福祉現場における実践では、私を支援へと駆り立て、自らの実践を支えていたものがありました。それは権利よりもっと原初的で情動的なものであり、「私が」というより、目の前のこの他人の顔や状況がもたらす力に促される感じでした。「私が」という意識が弱まっている分、「私がこの人たちのために」という意識も弱くなっていました。このような力は権利思想が生み出したものではなく、逆に、目の前のこの他人の顔や状況がもたらす力が権利を要求する力になるのではないかと思っています。

さて、以上の理由により権利思想だけでは、選別主義（その背景にある残余的福祉）と「あなたのために～してあげる」という意識と態度は乗り越えられないと思います。しかしながら、福音という思想であれば、いや、福音こそが、その乗り越えを可能にする思想ではないでしょうか。

本田神父：お話にあったように、いつまでも「ために」というところに留まっていると、やがていつか新たな差別構造を生み出しかねません。もっている人は与えればいい、もたない人は貰えばいいと考える。しかし、この与える側・受け取る側が定着する時、双方の人間としての尊厳が失われます。福祉活動の落とし穴がここにあります。

おそらく社会福祉の営みは様々な分野で、貧しい人のためにとか、障害をもつ人のためにという思いを込めて行動されると思います。それはそれでよいと思いますが、もしそこに、「あの人たちは自分よりも弱い人たちだから……」という思いがあるなら、それは自分を与える側に位置づけていることになります。そういう思いは関わりの端々に現れ、弱い立場をさらに弱くし、自立の芽を摘み取ることにすらなるのです。

一生懸命に相手のことを思ってする、そのことがしばしば相手を傷つけてしまうという経験をすることがあると思います。それは何故か。相手に対して、自分で立つ力がないものと勝手に決めてかかり、「ために」という関わりに終始してしまうからでしょう。

大切なことは、弱い立場に立たされている人の力強さに気づいて、「共に」というところまで踏み込むことです。聖書が私たちに求めている関わりとは、「ために」から「共に」へと踏み込んだ関わりです（本田 1992 : 7–8）。それを可能にしてくれる唯一の方法は、現に抑圧され、小さくされている弱い立場の人々の痛みを共感し、怒りを共有することです。そうすれば、怠け者の人でも、無理なく「共に」の関係における支え合い・連帯が出来るようになると思います（本田 1992 : 28–29）。

（一五）「小さくされた者／弱さ」の中で働く力

中村：支援する側と支援される側を分け、支援する側が支援される側の「ために」関わる、という福祉の在り方を克服する最大のポイントは、いまご指摘されたように「弱い立場に立たされている人の力強さに気づく」ことだと思います。この点をもう少し詳しく教えてください。

本田神父：先に話しましたが、私自身、釜ヶ崎で野宿していた一人の労働者から「お兄ちゃん、すまんな、おおきに」とたった一言返してもらっただけで、自分が解放されました。これは何も私だけの稀有な体験ではないでしょう。例えば、末期の病気の友達のところへお見舞に行くのだが、何といって慰めればいいのか分からない。「どうしよう……」と思い惑います。そういう時に、実際に行ってみて、逆に自分自身がものすごく励まされて帰ってきたということがあると思います。あるいは、ボランティアとして身体障害をもつ子どもたちのお世話に行くのだが、一緒に過ごしている内にいつの間にか自分が元気にさせられる、生き生きとさせられて明日からの生きる力を貰う。そんな体験は色々なところであると思います。キリストの福音の根本はここだと思います（本田1992：16）。そしてそのことを聖書で示しているのがパウロのコリントの人への手紙2の12章9・10節です。そこには次のようにあります。

「力は、弱っているときにこそ発揮される。」（コリントの人への手紙2　12章9節、本田2010：151）

わたしは弱っているときこそ、力が出るからです。」（コリントの人への手紙2　12章10節、本田2010：151）

これが聖書に一貫して語られる神の力の働き方を要約したものなのです。二千年に亘って読み継がれてきた新約聖書、そしてその新約よりさらに五百年も前から編集され、ずっと伝承されてきた旧約聖書、この二つが共通して言っていること、それは「神は貧しく小さくされている者と共に働かれる」、この一事なのです（本田2006：81）。貧弱だからこそ、神がご自分の力をその人たちに託し、自分たちが貧しさ小ささから立ち上がって、周りの人々を解放しつつ、共に豊かになっていけるよう定めているのです。

中村：先程、有名な「山上の説教」（マタイ福音書5章1－12節）のお話の中で、人間には、肉（バサル）、魂（ネフェシュ）、霊（ルアッハ）という三つの側面があることを伺いました。そして、いま、小さくされた者／弱さの中に、神の力の働きがあることを学びました。私たちは、人間を肉（バサル）、魂＝心（ネフェシュ）の二つの側面で捉え、霊（ルアッハ）の側面があることを通常、意識しません。これは、神の力の働きを感じる感性が衰退していることを示しているのかもしれません。

しかしながら、小さくされた者の顔の眼差しや、彼ら／彼女らが発している声なき声には、人を支援へと駆り立てる力があったことを、自らの福祉現場の経験で実感しています。この支援へと駆り立てる力こそが、神の力の働きであるならば、私の中にある霊的な側面がその力の働きを感じ応えたと理解できます。小さくされた者／弱さの中に働く力に気づき、その力に促された支援こそが、「あなたのために」という上からの支援ではなく、「あなたと共に」という支援を成り立たせるのだと思います。

福音は「ために」ではなく「共に」という意識や姿勢だけでなく、行動をも生み出します。そこでは「共に生きる」という生き方が示されています。これと全く同じ考えを示しているのが糸賀一雄と阿部志郎の福祉哲学です。糸賀は知的障害児の道徳教育を論じる中で「彼らにたいして、また、彼らのために何をしてやったかということが問われるのではなく、彼らとともにどういう生き方をしたのかが問われるような世界である」（糸賀 1968：51）と語りましたが、阿部はこの文章を引用し、福祉哲学の特徴（個性）として「彼らとともにどういう生き方をしたのかが問われてくるような世界（強調は原文）」（阿部 1997：9）という点を挙げています。

（一六）虐げ・奪われ・蔑まれている人たちを優先的に選び取る

本田神父：福音は「共に」という姿勢と実践を生み出します。更に言えば、福音には「虐げ・奪われ・蔑まれている人たちを優先的に選び取る」という考え方を持っています。

福音が世界中の全ての人に関わることはいまも昔も変わりありません。けれども、私たちが意識するしないに関わらず、いつの間にか、社会においても教会内部でも、「最も小さい者」（マタイ 25・40・45）、力の弱い、声の小さい人々が後回しにされるようになっています。これは世界のいたるところで見られる傾向で、謂わば人間の業とでも言うべきことかもしれません。教会でも社会でも、弱い立場に置かれている人々には、あたかも当然のことのように忘れられたり、切り捨てられているのが現実です。

しかし、イエスは公に福音宣教を始めるにあたって、イザヤの預言（61・1–2a）をご自身に当てはめ、「貧しい人」を優先させるという、その姿勢を明らかにされました。ここで「貧しい人」と訳されているヘブライ語の〝アナウィム〟は「押しつぶされ、抑圧されている人」の意です。これがギリシア語に訳された時「物乞いをするほど貧しい人」を指すプトーコイという語が使われ、「貧しい人」と翻訳されてきました。

ですから「貧しい人」とは単に家計が苦しいという程度のことではなく、「貧困の状態にある人」を第一に指していると言えます。貧困はあらゆる角度から人間を抑圧するものであり、人間に最低限必要な、衣・食・住・健康・自由を奪い、労働の喜び、教育の機会を取り去ってしまうからです。

次いで同様に、貧しさ以外の理由で人間の尊厳が卑しめられ、神の子どもとして当然もっているべき「聖霊によって与えられる解放（正義）と平和と喜び」（ロマ 14・17）を「抑圧された人」も指しています。それは、社会の病的な因習の故に差別を受けている人、身体の障害や病気、高齢の故に軽んじられ、後回しにされがちな人、企業の論理に押しまくられて家庭崩壊に瀕している人々……です。

私たちの道であるイエスの生き様（ダバール）を記録する共観福音書（マタイ、マルコ、ルカ）が示すイエスの「関わり」の九九％は、いわゆる「貧しい人」であったことは、一つひとつの箇所を指摘するまでもなく誰の目にも明らかでしょう。

更に、イエスは十二弟子を派遣するにあたって、「異邦人の道に行ってはならない。サマリヤ人の町に入ってはならない。イスラエルの失われた羊のところへ行きなさい」と、派遣先を限定されます（マタイ 10・5–6）。

「失われた」（アポローロタ）というのは、群れから離れた、道に迷った、というような軽い意味ではなく、「完全に破壊されてしまった」「打ちのめされて死にそうな」状態を指す言葉です。イエスはご自身に慕い寄る貧しい人の群れを「飼い主のいない羊のように弱り果て、打ちひしがれている」とご覧になり、〝はらわたを動かす（エスプランクニステー）〟ほどの痛みを共感されましたが（マタイ9・36）、「失われた羊」とは、まさにイエスが共に苦しみを分かち合われた「貧しい人」の群れのことに他なりません。貧しいが故に、また病気や体が不自由であるというだけで、〝けがれ〟として差別され、「罪人」扱いされているイスラエルの「失われた羊」は大変に悲惨な状態にあったのです。

イエスは七十二人の弟子を派遣するとき、「途中で誰にも挨拶をするな」と注意を促しますが（ルカ10・4）、如何に「貧しい人」を優先させねばならないかが、この言葉からも窺えます。

第二バチカン公会議以来、教会は、どうすれば本当に全ての人に福音が告げ知らされるか、真剣に求めつづけて来ました。それが「貧しい人々を優先的に選び取る」（Preferential Option for the Poor）ということでした。この表現は、私の記憶違いでなければ、最初にマザー・テレサが使い、次いで教皇ヨハネ・パウロ二世が「教会は、〈貧しい人々を優先的に選び取る〉を採択する」旨を明らかにされたことから、世界中に広まったものです（本田1990：158–166）。

（一七）不幸を沈黙させない

中村：いま「優先的に選び取る」というお話が出たので、「それは新たな選別主義ではないか」という誤解をもつ読者がいるかもしれないので、補足説明したいと思います。

そもそも選別主義というのは政府が財の再分配を行うに当たり、分配（供給）する対象を「個人や世帯の資力（所得・資産）」の水準によって制限するという「受給資格」に関する考え方です。これに対して、先程話に出た「優先的に選び取る」という考えは、真に連帯すべき人、言い換えれば、共に協働して福祉の実現をすべき人は誰かという「連帯すべき人たちは誰か」という話であり考えです。「後回しにされている人」、「忘れられている人」、そして「見棄てられている人」がいるのです。真の普遍主義とは、後回しにされている人、忘れられている人、気づかれないでいる人、見棄てられている人も、共に社会を構成している〝一人〟として関わることです。よって、真の普遍主義を実現するためには「優先的に選び取る」ことが必要なのです。

阿部志郎は、「福祉は不幸を沈黙させぬために存在するのである」（阿部 2011：まえがき）と言っています。この言葉が示すように社会福祉は、人としての尊厳を奪われた状態であるにも拘らず、気づかれていない人たち／忘却されている人たち／後回しにされている人たち／見棄てられている人たちに気づき、その人たちの不幸を沈黙させぬために存在するのです。それは、「貧しい人々を優先的に選び取る」と同様の方向性をもっています。

今日の対話を通して、私（筆者）が福祉現場で聴いた（感じた）声なき声、そして、その声に応えるよう駆り立てると同時にその実践を支えた力、福祉の原理と感じていたものが神の力の働きであることを学びました。この他、今日学んだ点はこの対話をまとめる中で整理して後日示したいと思います（第二節参照）。

その整理の中にも書きますが、対話を終えいま感じていることは、①福祉とは何であるのかその根源から問い考えていくと、言い換えれば、福祉哲学を徹底して行うと、福音を実感出来る次元に辿り着くのではないかということ、そして、②福祉哲学及び福祉思想を継承する枠組みと内容は、メタノイヤに基づく聖書読解と、そこで実感をもって理解される福音にあるのではないか、という点です。これらは私の研究にとって決定的に重要な学びです。

最後に、今日の対話の中で感じたことや、社会福祉に対するメッセージのようなものがありましたらお聞かせください。

本田神父：総括的に見て、中村さんは福音のメッセージを、少なくとも私を介して理解して下さったことに対して、ある意味で一〇〇％近く理解して下さって問題は感じていないです。福祉の世界でも福音理解がこんなに近く共有出来るのかという驚きも含めて、でもそうだろうなとも思います。

ここで、社会福祉に対するメッセージのようなものですが、強いて一つ挙げるとするならば、中村さんが高く評価してくださった福音というものが、一宗教というかキリスト教に限定されない普遍的な呼びかけなんだということです。だからこそ中村さんのようなクリスチャンでない人たちにも、それだったら納得出来るよと、おっしゃってくださっている。このように福音は普遍的な呼びかけである、それは無神論者に対しても宗教にこだわっている人に対してもという点だけはお伝えしたいと思います。

中村：ありがとうございます。お話をさせていただいて、福音は最も小さくされた人たちの願いや思いを軸にしているにも拘らず、私は、どこか支援者の立場を軸に福音を理解しようとしていることを再認識させられました。まだ、福音理解の入口に立ったに過ぎませんが、それでも「福音は福祉思想の源泉である」といった仮説は提示出来ると、いま思っています。長い時間、お話をさせていただき、ありがとうございました。

第二節　考察——対話を通して気づいたこと／学んだこと

（一）対話の内容

「私（筆者）が福祉現場で聴いた（感じた）声なき声とは何であるのか」、「単なる知識ではない、福祉への関心を喚起し、行動へと駆り立てる次元における福祉の理解はどうすれば可能か」、「福音から福祉思想が学ぶべき点は何か」、これら福祉哲学の問いを考えるために本田神父と対話した。対話の内容は、神の力の働き（神の言葉、即ち福音）を巡って展開したが、その内容をまとめると次のようになる。

神は最も小さくされた人たちを選び、その人たちを通して（その人たちと共に）自らの力を働かせている。しかし、誰も神を見ることは出来ない。そのため、神はイエスを通して、自らの力・願いを表す。イエス・キリストは神の言葉なのである。神の力（願い）を理解するために、まず求められるのがメタノイヤである。それは、小さくされた人たちの痛みや苦しみが心に響くところに身を置くことである。私たち人間には肉と魂（心）という側面があるが故に、虐げられている人たちの痛み・苦しみ・悔しさに共感共苦し、怒りを感じる。同時に、私たち人間には霊という側面があるが故に、イエス・キリストや小さくされた人たちが身をもって告げている神の願い／言葉（ダバール）である福音を感受することが出来る。

私たちが他者を支援する理由は、私たち人間には肉と魂（心）をもっているが故に他者の痛み苦しみに共感共苦（コンパッション）するからという側面もある。しかしそれだけではなく、その根底には神の願い（力）が働いている。私たち人間はその願い（力）をダバールとして感じ、応えることが出来る霊（ルアッハ）の側面をもっているが故に、神の願い（力）に触発される。この触発が人を支援へと駆り立てる。

神の願い（力）が福音である。その主要なメッセージは「隣人を自分のように大切にしなさい」である。これは知の対象（福音のメッセージの内容を知っているか否か）ではなく、福音のメッセージを生きることが出来るか否かが問われる。福音を生きるとは、生活に困っている人たちの「ために」という姿勢ではなく、その人たちに教えられながら、その人たちと「共に」という姿勢で他者と連帯することであり、この連帯を通じて、解放（正義）と平和（最後の一人の福祉の実現）と喜びに満ちた神の国の実現が目指される。

以上のことを図で表すと、「図7－1　福音の全体像」となる。

(二) 考　察

今回の対話により得られた知見は、聖書読解とそこで明らかにされた福音が、本書のテーマである「福祉哲学の

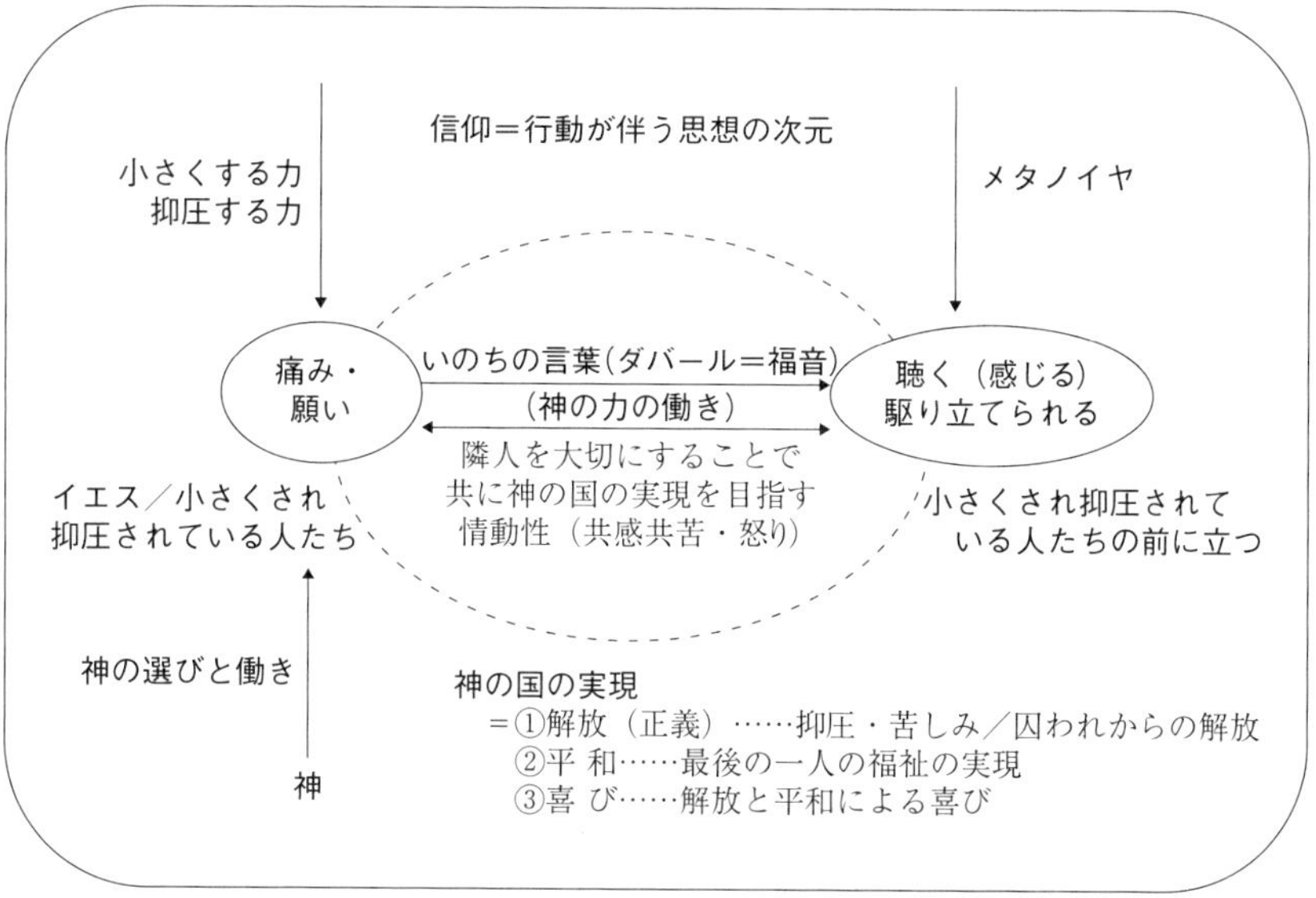

図7－1　福音の全体像

継承と再生」を可能にする枠組み・プロセスと内容をもっているということである。

①枠組みとプロセス

本書では第一章において、福祉哲学の継承と再生を図るために「福祉哲学の枠組みとプロセスに関する仮説」を提示した。それは、「福祉哲学とは、歴史・社会の中で生きる一人ひとりの社会福祉の経験を基に、まず視るべきものを視る↓呻きに応える形で問い考える↓社会福祉の原理や本質に気づきそれを言語化する↓社会福祉の経験を学び直す↓……」というものであった。

今回の対話で分かったことは、聖書が告げている福音を実感して理解することと福祉哲学の枠組みとプロセスが、殆んど同じであるという点である。それは次のようなものである。

（i）福音を実感するためにはメタノイヤが必要であるが、それは〝視るべきものを視る〟（小倉襄二）ことと同義である。

（ii）福音は小さくされている人たちが身をもって

告げている。福音を理解するためには、そこで告げられている（発せられている）声の意味することを理解することが求められる。

（iii）小さくされている人たちは、人々の連帯と神の国の実現を促す力を発している。その力は、〝この子らを世の光に〟（糸賀一雄）という言葉により〝光〟と表現されている。

これらの事実から次のことが導き出せる。

（i）小倉襄二、岩下壮一、阿部志郎、糸賀一雄といった先覚者の福祉哲学を継承するために提示した仮説は、聖書、イエス・キリスト、そして小さくされている人たちが告げている福音を理解するための枠組みとプロセスと同型である。

（ii）そのため、その枠組みとプロセス及び福音から、福祉哲学と福祉思想について多くのことを学べる可能性がある。

このような理解に基づき、福音を理解するための枠組みとプロセス及び福音から、福祉哲学と福祉思想が学ぶべき点を抽出すると以下のように整理出来る。

②内　容

【福祉哲学に関する学び】

（i）「どうすれば福音を実感出来るか／福音を生きられるか」という次元の問い

「社会福祉が何であるのかが本当に分かるということは、単に知識として分かるというものではなく、行動が伴うような理解ではないか」、これが今回の対話のテーマであり、筆者が抱えていた福祉哲学の問いであった。この問いは、本田神父がもたれていた「福音とは何か。知識としては知っているが、福音の喜びや解放感を味わったことがない。実感したことがない」という切実な問い・悩みと同様のものである。

福音の理解には「どうすれば福音を実感出来るか／福音を生きられるか」という次元の問いがある。同様に福祉哲学にも、「どうすれば〝これが福祉なんだ〟と実感出来るか」という次元の問いがある。

（ii）二段階の視点の移動

哲学は真理を理解するため、より根源的な地点に視座・視点を移すことを要求する。聖書読解も同様に、福音を理解するためにはメタノイヤが必要となる。しかし、哲学と聖書読解では視座・視点を移すところが異なる。哲学は世界の真なる姿を理解するために、その理解を可能にする根源的な地点（現象学で言えば超越論的次元）に視座・視点を移す（還元）。これに対して聖書読解は、聖書に告げられている福音を理解するために、人の痛みや苦しみが心に響き、共感・共有出来るところに視座・視点を移す（メタノイヤ）。

ここには二つの視座・視点の移動があるが、この二つの視点の移動を行った上で、福祉哲学の問いを考えることが福祉哲学ではないか。即ち、福祉哲学は、小倉襄二が〝視るべきものを視よ〟というメッセージで示した通り、人の痛みや苦しみが心に響き、共感・共有出来るところに視座・視点を移すメタノイヤが必要である（第一の視点の移動）。更に、そこで生じた福祉哲学の問いを考えるためには、世界の真なる姿の理解を可能にする地点（超越論的次元）にまで視座・視点を移す還元が必要である（第二の視点の移動）。

この二段階の視点の移動を行った上で問いを考えることが福祉哲学の一つの固有性であると考える。即ち、メタノイヤだけでなく、還元という視点の移動を行い、問いを考えることが福祉哲学である（聖書読解との違い）。また、還元だけでなく、メタノイヤを経た後に還元を行い、問いを考えることが福祉哲学である（現象学などの哲学との違い）。

（iii）ロゴスとは異なるダーバールという言葉

筆者が福祉の現場で気づいた最も大切であると思っていることは、この世界には〝声なき声〟があることである。

それは、最重度の知的障害と言われる人たちの顔やその人たちが置かれている状況が訴えている「想い、願い、あるいは拒否、抵抗のようなもの」である。今回の対談でそれはロゴスというより、ダーバールというものであることを学んだ。

ボーマン（Boman, Thorleif）はロゴスとダーバールという二つの言葉の違いを、次の図にまとめる形で説明している。（Boman＝2003：102–109）ギリシア的思惟に現れた言葉がロゴスである。ロゴス（λόγος：言葉）は λέγω（語る）から由来し、語根 λέγ の根本的意味は「集める」という意味をもつ。それは乱雑に集めるのではなく、順序だてて集め、秩序づけることを意味する。このような意味をもつロゴスは、綜合するのに困難な「話す」、「数える」、「思惟する」の三つの意味を併合させるようになり、時代を下るに従って、言葉という意味を次第にもつようになった。このように異なる意味が一つの概念の中に流れ込むことによって、最高の精神活動を示すようになり、それが理性という意味を持つようになった。それ故、ロゴスの最も深い意味は言語活動にあるのではなく、理性的な人間の最もすぐれた働きにある。

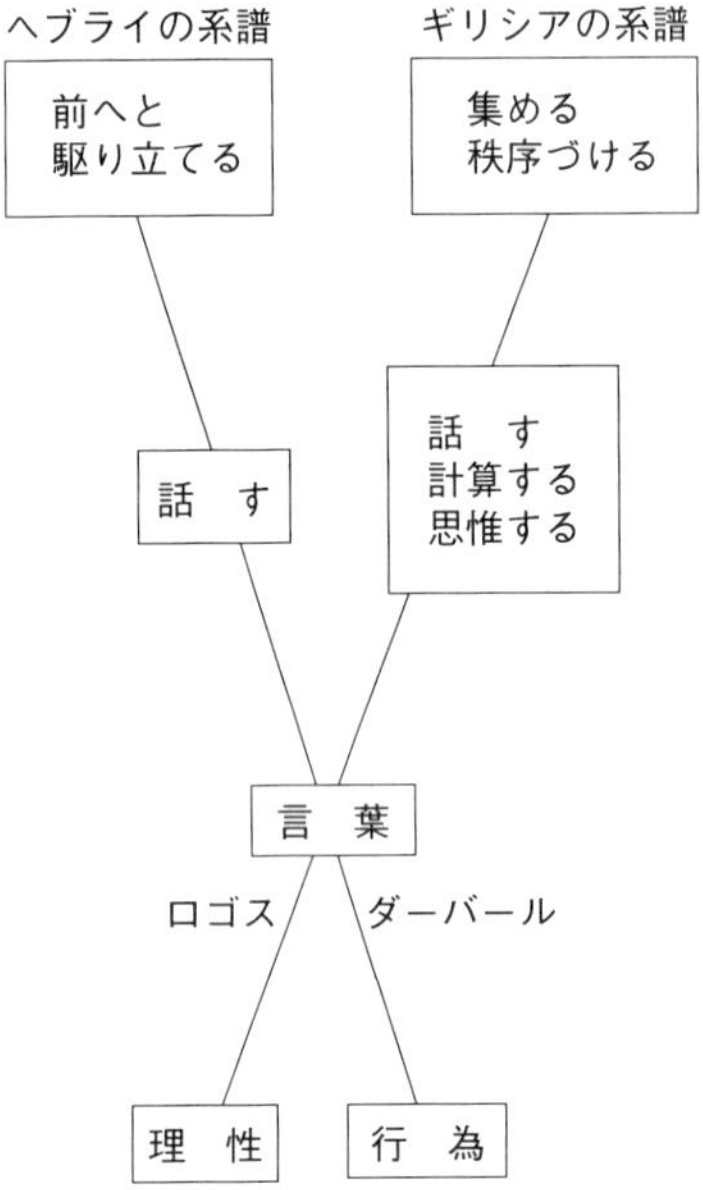

図7－2　ロゴスとダーバール

出典：Boman＝2003：107に一部加筆。

これに対して、ヘブライ的思惟に現われた言葉がダーバールである。ダーバール（dåbår：言葉）は、ダーバァル（dåbar、クァル形）と、ディブベェル（dibbĕr ピィエール形）から派生した語である。この二つは「語る」ことを意味するに過ぎないが、その根本には「背後にあるものを前へ駆り立てる」という意味がある。それ故、ダーバールは言葉を意味するだけではなく、行為をも意味する。正しく言えば、言葉と行為はダーバールのもっている二つの異なった意味というより、むしろ行為はダーバールの中に存在している根本的意味の結果なのである。

ギリシア人にしてもイスラエル人にしてもロゴスとダーバールは、人間の精神生活における重要なもの／本質的なものと考えられていたのである。

（iv）ギリシア的思考とヘブライ的思考

この世界にはロゴスとは異なる系譜をもつダーバールがあることを学んだ。ロゴスとダーバールは単に言葉を意味するだけでなく、人間の精神生活における本質的なものを意味するのであり、そこには異質な二つの思考がある。ボーマン（Boman = 2003 : 315–326）はその思考を整理している。

ギリシアの認識や思考では視覚（観る）ことが重視される。そして、それは総合的且つ論理的思考である。ロゴスはレゴー（集成する）から派生した言葉であり、このことが示すように、ギリシアの思考は様々なモメントを一定の法則に従って集めて、美しい立派な全体に秩序づけることを特徴とする。これに対して、ヘブライの認識や思考では聴覚（聴く）ことが重視される。そして、それは分析的かつ心理的理会である。ヘブライ語で「理会」はビーン（bin）である。この語は本来「分離する」、「区別する」という意味をもつ。この語から派生したビーナー（bina）は「聞き分けること」、「思慮分別」、「洞察」、「見識」の意味をもつ。ヘブライ人は事実の核心を見出すために、本質的なもの、重要なものから、非本質的なもの、外見的なものを分離し、区別する。そしてこれを見出したならば、出来るだけ簡明に鋭く表現することが求められる。彼らは問題の焦点を掴んだならば、長々しい思索の展開によって煩瑣な論証を行うことなどに何の意味をも認めなかった。

この世界にはロゴスとは異なるダーバールという言葉があるということは、ロゴスの系譜とは異なるダーバールの系譜に属する思考があるということである。声／声なき声を聴き分け、そこで発せられている問いを考える。そして、人が共に生きる上で大切なこととそうでないことを区別し、それを表現することは、ヘブライ的な思考である。

（v）ギリシア的思考とヘブライ的思考によってもたらされる福祉哲学

福祉哲学は哲学である限り、ロゴスに象徴されるギリシア的思考を基盤にもつ。しかし、本田神父との対話においてダーバールという言葉やヘブライ的思考を学ぶことで、福祉哲学はギリシア的思考とヘブライ的思考が交差する地点で立ち現れる思考であることに気づいた。

ボーマン（Boman＝2003：320）は、ヘブライ人の思惟活動を示す表現にはヤーダァ（yadaʻ：認識する）、ラーアー（raʼa：見る）、シャーマァ（šamaʻ：聴く）などもあるが、これらの概念は事柄の核心とか眼目を見出すのが目的であると述べている。例えば、物事を正しく見る（ラーアー）とは、その物事の所有者とか、それを創った製作者の特質を表す徴を見出すことを意味する。また、本田神父は出エジプト記3章7－8節の「ヤハウェは言った。『わたしは、エジプトにいるわたしの民の苦しみをたしかに見とどけた。かれらを追い立てる者の前でかれらが叫ぶのを聞いた。まことにかれらの痛みを知った。わたしは降りて来た』」という箇所の「見とどけた（ラオ・ライティ）」、「聞いた（シャマーティ）」は、いずれもその現場で見た、自分の耳で聞いたという体験に基づくものであると言う（本田 2010：170–171）。このことを踏まえるならば、福祉哲学における視るべきものを視るの「視る」や、呻きを聴くの「聴く」とは、次のように理解出来る。

視るべきものを視るは、外見的なものや非本質的なものから区別して、社会福祉が視なければならない本質的なものを自らの体験として視よ、という意味である。「聴く」も、外見的なものや非本質的なものから区別して、社会福祉が聴かなければならないものを、自らの耳で聴くことを意味する。この「視る」、「聴く」ことによって理解される言葉がダーバールである。このように、ヘブライ的思考におけるダーバールによって福祉哲学の問いは見出される。ダーバールという言葉を聴き、そこで発せられている願いや問いに応えようとする「対話」の中から福祉哲学は生まれる。

福祉哲学の問いを考える上で必要となるのが、哲学というギリシア的思考でありロゴス（言葉、論理、理性）である。それは第一章で確認したように、ある世界を生きている当事者の視点から自明とされている事柄を問い直し、物事の根源にあるものを探究することで、この世界に対する真なる見方を学び直す営みである。

では、何故福祉哲学の問いを考える上で、哲学が必要となるのだろうか。その理由は二つある。一つは、福祉哲学の問いを考えるためには、様々な経験、社会科学・社会哲学・実践哲学・文学などの知見など、実に多様なものを集め、綜合した中で考える必要があるからである。もう一つは、提示された問いに対して、誰もが納得するような根拠と論理をもって思考を展開することで、そこで見出された答えを他者と共有するためである。

ヘブライの思考は非本質的なものと本質的なものを区別して見出したならば、出来るだけ簡明に鋭く表現しようとした（Boman＝2003：318-319）。しかし、それだけでは納得できないこともあるであろう。見出した本質的なもの（答え）を受け入れてもらうためには、誰もが納得するような根拠と論理をもって思考を展開することが必要なのである。

このように福祉哲学は、ヘブライ的思考に基づく「視る」と「聴く」によって問いに気づき、その問いをギリシア的思考に基づいて展開することで、誰もが納得する答え（見解）を見出そうとする営みであると考える。

（vi）虐げられ・剥奪され・蔑まれている人から学ぶ／教えてもらう

虐げられ・剥奪され・蔑まれている人との出会いの中でダーバールという言葉を感じる。しかし、それは必ずしも語られたり、ましてや書かれたりする形で発せられている訳ではない。また、一人ひとりは別の世界を生きているが故に、ダーバールが発している意味を理解することは容易ではない。それ故、ダーバールとして言葉を発している人たちから学ぶ／教えてもらうという姿勢で関わり、その関わりから感じた、痛み、苦しみ、悔しさ、諦めの気持ちを踏まえ、問い考えることが福祉哲学ではないか。本田神父との対話により、虐げられ・剥奪され・蔑まれている人から学ぶ／教えてもらうという、福祉哲学の特徴に気づくことが出来た。

【福祉思想に関する学び】

（i）行動が伴う次元における思想

福祉への関心を喚起し、行動を駆り立てる次元において福祉思想を理解するためには、以下の点が必要であることを学んだ。

・虐げられ・剥奪され・蔑まれている人と出会い、そこで発せられているダーバールに気づき感じること。

・その気づきにより、痛みや苦しみの共感共苦、怒りといった情動性（魂＝心の側面）を伴うと同時に、支援へと駆り立てる力（霊の側面）を感じること。

これらダーバールによって生じる情動性と支援へと駆り立てる力に触発された問いと思考が、福祉への関心を喚起し、そして行動へと駆り立てる次元における福祉思想の理解を可能にする。

（ii）利用者主体の原理の徹底

福祉思想にも利用者主体という考えがある。古くは岡村理論と呼ばれているものに「主体性の原理」と言われるものがあり、社会福祉は他の社会政策と異なり、利用者の立場に立って生活困難を捉えるという考えがあった。最近でも利用者主体、当事者主体といった言葉がよく聞かれる。また、ソーシャルワーク理論では、その人が潜在的にもっている力を引き出し、自身で様々なことを決定していくというエンパワメントという考えもある。

しかしながら、虐げられ・奪われ・蔑まれている人たちが宿している力、弱さの中に働いている力については、糸賀一雄のような人を例外とすれば、未だに気づかれていない。岡村理論における主体性の原理の延長線には糸賀の福祉思想があるのではないか。今回の対話によりその可能性に気づいた。

(iii) 福音を感受する人間の霊としての側面

私たちは人間を身体（肉）と心（魂）といった二つの側面で理解しがちである。しかし、ダーバールとしてイエス・キリストや虐げられた人たちが身をもって告げている福音は霊の言葉である。そして、人間にはこの霊の言葉を感受出来る霊としての側面、言い換えれば、神とコミュニケイト出来る側面がある。おそらく、この側面こそが人間の本質なのであろう。

阿部仲麻呂は「聖霊は、現在も、最も小さき者たちにおいてはたらき続けている」（阿部 2008 : 195）と言う。この点を自らの体験の中で実感し、強調しているのが本田神父である。そして筆者自身、最重度と言われる知的障害がある人たちが入所施設での暮らしを余儀なくされている現実のもと、それらの人への支援を経験する中で、自分を支援へと駆り立てる力を感じた。それは「私がこうしたい」と言うより、支援することを促されている感じであった。

トレモンタン（Tresmontant, Claude）は、聖書の伝統は哲学的人間学には存在しないルーアッハ（rûah = 霊）という新しい次元を開いたと言う（Tresmontant = 1963 : 179）。最も小さくされている人たちに関わると、私たち人間には、そこに働いている神の願い（力／霊）を感受する霊としての人間という側面、哲学的人間学にはない霊としての人間の側面に気づかされる。

(iv) 福祉の原理

人間には肉（バサル）および魂（ネフェシュ）という側面があるが故に、痛み苦しむ。そして、その痛み苦しみに共感共苦（コンパッション）する力がある。この力が私たちを支援へと駆り立てる。これは人間の魂（ネフェシュ）の側面である。しかし、この共感共苦（コンパッション）の根底には神の願い（力）が働いている。虐げられ、抑圧され、蔑まれている人たちが発しているダーバール（呻き、声なき声、願い）は神の願い（力）であり、それは「人を触発し行動・協働へと駆り立てる力、そして解放する力」となって働く。この力を感じる／気づくことは人間の霊（ルアッハ）の側面である。

他者を支援することの根源（原理）には、人間の魂（ネフェシュ）の側面である共感共苦（コンパッション）だけではなく、その根底で働いている人間の霊（ルアッハ）の側面である神の願い（力／霊）といった側面（次元）もあることを学んだ。

（v）神・ルアッハ・ダーバールの関係

本田神父との対話から、歴史に働きかける神の力の働き、その働きを感受する人間の霊的な側面、そして、ダーバールという言葉・行為・出来事があることを学んだ。宮本久雄はこれらの関係を、エヒイェ・ルーアッハ・ダーバールの三にして一体の関係であり働きとして次のように説明している。

まず、出エジプト記3章13-15節を引用する。

「モーセは神に尋ねた。『わたしは、今、イスラエルの人々のところへ参ります。彼らに、「あなたたちの先祖の神が、わたしをここに遣わされたのです」と言えば、彼らは、「その名は一体何か」と問うにちがいありません。彼らに何と答えるべきでしょうか。』神はモーセに、『わたしはあるだろう。そのわたしはあるだろう（エヒイェ　アシェル　エヒイェ）』と言われ、また、『イスラエルの人々にこう言うがよい。「わたしはあるだろう（エヒイェ）」が、わたしをあなたたちのもとに遣わされたのだと。』神は、更に続けてモーセに命じられた。『イスラエルの人々にこう言うがよい。あなたたちの先祖の神、アブラハムの神、イサクの神、ヤコブの神である主ヤハウェが、わたしをあなたたちのもとに遣わされた。これこそ、とこしえにわたしの名、これこそ、世々にわたしの呼び名』。」（宮本 2012：4-5）

ここに人間の歴史に働きかける神の名が開示される。その名は「わたしはあるだろう そのわたしはあるだろう（エヒイェ　アシェル　エヒイェ）」である。宮本は、ここには第一のエヒイェと第二のエヒイェの間《あわい》があり、自分を異化する差異的なズレがあるという。そしてそれは、ヤハウェ＝エヒイェが実体的に充実する絶対的一者ではなく、第一のエヒイェと第二のエヒイェの間から外に超出することを示すと言う（宮本 2012：6）。ヤハウェ自身が奴隷の苦悩に共鳴して天から歴史的世界に降下してきたということは、ヤハウェ＝エヒイェの自己超出によるものである（宮本 2012：5）。即ち、ヤハウェは天という自分の絶対的な在り方から超出・脱在して、貧しい奴隷のような他者と共に公共世界を創る力働（エネルギー）なのである（宮本 2012：6）。

更に宮本は「ヤハウェの脱在的表現であるエヒイェが、自らに間《あわい》を広げると、そこにはルーアッハの息吹が流れ、その流れは音、声、言（ダーバール）として出来する」（宮本 2012：37）と言う。そして、旧約聖書のルーアッハを継承する新約聖書のプネウマについて、「プネウマは、……（中略）……差異化を促し他者との出会いの間を創る場的なもの、あるいは新たな言葉をもたらすパーソナルなもの」（宮本 2012：167）、「このプネウマが、『エヒイェ　アシェル　エヒイェ』の間《あわい》に息吹き、そこにダーバールを働き産む」（宮本 2012：168）と言う。

これらの言葉からエヒイェ（神）・ルーアッハ（霊）・ダーバール（言葉・行為・出来事）の関係については、次のように理解することが出来るであろう。この世界における神の名である「エヒイェ　アシェル　エヒイェ」が示すように、エヒイェ自身の間に生じる差異化の運動（自己超出の運送）がルーアッハを生み出す。そして、このルーアッハが私と他者との出会いの間を生み出し、その間にダーバールが聴かれ、ダーバールという行為や出来事が生起するのである。このエヒイェ（神）・ルーアッハ（霊）・ダーバール（言葉・行為・出来事）という三にして一つの働きが、貧しい奴隷のような小さくされた人たちと共に働き、神の国の実現に向けての力働（エネルギー）として作用するのである。

（ⅵ）福祉思想の源泉

ユダヤ・キリスト教文化があり、そこで生まれた聖書（旧約聖書と新約聖書）が告げている内容が福音である。

【福音が宿す力】

福音には、虐げ・奪われ・蔑まれた状態から解放すると同時に、それらの人が自ら自尊感情をもって歩んでいけるように促す力があった。そして、それらのことに協働して、解放、平和、喜びをもたらすように促す力がある。

【福音の内容】

（ⅰ）隣人を自分のように大切にしなさい。

（ⅱ）虐げ・奪われ・蔑まれている人を優先的に選ぶ。

（ⅲ）虐げ・奪われ・蔑まれている人にこそ、人を解放する力が宿っている（働いている）。

（ⅳ）その力に触発されることで、「共に」という姿勢や関わりの中で、一人ひとりを大切にし、解放（正義）と最後の一人の福祉の実現（平和）を目指す。

（ⅴ）これらの取り組みの中に喜び（充実感）が感じられる。

この内容は、社会福祉にとって最も大切なことが示されている。それ故、「福音は福祉思想の源泉である」という一つの仮説が成り立つ。先覚者たちは、福音に関する気づきを、それぞれの経験を踏まえた中で福祉哲学や福祉思想として示してきたのではないだろうか。小倉襄二はメタノイヤを〝視るべきものを視よ〟あるいは〝底辺に向かう志〟として示し、岩下壮一や阿部志郎は神の言葉（いのちの言葉）を〝呻き〟と捉え、その〝呻きに応える〟ところに福祉哲学という哲学を見出した。糸賀一雄は虐げ・奪われ・蔑まれている人にこそ、人を解放する力が宿っている（働いている）ことを見出し、それを〝異質な光〟と表現した。

糸賀や阿部は「社会全体の福祉ではなく一人の福祉、ひとりを大切にすることが福祉である」（糸賀 1968：67、阿部 1987 : b）と繰り返し語り、「ために」ではなく「共に」どう生きたかが問われるのが福祉であると語った。小倉は不正義の仕組みに抵抗することの重要性と訴えると共に、〝虐げられし最後の一人〟の福祉の実現に福祉の本質を見ていた。更に、阿部は「福祉実践は、楽しいというよりむしろ辛いことが多い。にもかかわらず、歩んできた道をふり返ると、悩みや苦しさにまさる喜びがあったことに気づく」（阿部 1997 : ii）というように、福祉実践に喜びを感じている。先覚者たちの福祉哲学ないし福祉思想を理解するならば、その背後に福音を見出すことが出来る。

第Ⅲ部　福祉哲学がもたらすもの

第八章　社会福祉の原理・目的・本質
――福祉思想

いつの時代・社会にも、社会福祉という営みが視なければならないものがある。それは、〝人を人とも思わぬ状況〟、〝人間としての尊厳を奪われている状況〟である。そこには、呻き、体で表現される拒否、諦めかけている願いなどがある。これらは言語以前の情念のようなものであり、必ずしも言葉としてハッキリと発せられる訳ではないため、沈黙していることが多い。この沈黙の中にある〝ざわめき〟を聴き取り、そこにある「何で」という思いや、〝声なき声〟に触発されることで生まれる「問い」がある。筆者が感じた福祉哲学の問いは次のようなものであった。

問1：愛してほしいママやパパに虐待され、その理由や意味がまったく分からないまま「何で」、「やだ」、「ママ」と思いながら亡くなる子どもたちがいる。この声や思いに応えられない現実がある。社会福祉って何なの？

問2：最重度と言われる知的障害がある人たちの支援に長く携わっていると、その人たちが発する声なき声を聴き（感じ）、その声に応えるように促す力を感じることがあった。そして、それこそが社会福祉の根源にあるものではないかと感じるようになった。この、自分が視るべきものの一つである福祉現場で感じた〝声なき声〟や〝それに応えるように促す力〟とは一体何であるのか。

問3：社会福祉法第3条には、福祉サービスの基本的理念として「尊厳の保持」と「自立支援」が掲げられている。しかし、入所施設の暮らしでは、他人との相部屋（二人部屋や四人部屋）、他人と一緒で、ゆっくりできない入浴、極めて限られた人との交流や外出の機会、人によっては日中することがなく無為に過ごす日々がある。もっと外出したい、家族と会いたい、ゆっくりとお風呂に入りたいなど、当たり前の要求も、「いまの日本では無理」、「仕方ないこと」で片づけられてしまう。こんな現実の中にいると、「尊厳の保持」と「自立支援」とはどのような意味なのか、そして、社会福祉は人と社会（環境）がどのようになることを目指しているのか、改めて問わずにはいられない。

問1は「社会福祉とは何であるのか」という本質に関する問い、問2は「社会福祉の根源にあるものは何か」という原理に関する問い、そして問3は「社会福祉が目指すのはどのような状態であるのか」という目的に関する問いである。

本書ではこれらの問いに応えるために、第四章では先覚者からの学びを、第五章では社会科学、社会哲学・実践哲学、文学からの学びを整理してきた。そして、第六章では現象学における事象分析を、第七章では本田神父との対話を通して、主に問2について考えてきた。本章の目的は、これまでの学びと考察を根拠にして、社会福祉の原理・目的・本質について、学び直したことを可能な限り根源的かつ体系的に整理して示すことである。

第一節では、社会福祉を根源から理解するために必要な視点を設定し、そこから私たちの経験を成り立たせている Intersubjektivität の働きを、超越論的次元、経験的次元、更には超越的次元のそれぞれにおいて分析記述する。そして、それらの働きによって構成される生活世界こそが、社会福祉を理解する上での基盤であり根拠となることを示す。その上で、社会福祉を根源から理解するための分析枠組みを提示する。第二節では、他者を支援するという事象の分析（第六章）と本田神父との対話（第七章）における考察を根拠に、さらには、本田神父から学んだ神の力の働きを現象学という方法を用いて理解することを試みているという意味で第六章と第七章の延長線上に位置するレヴィナスの哲学を根拠に、社会福祉の原理は何であるのかを明らかにする。第三節では、社会科学・社会哲学・実践哲学・文学からの学び（第五章）における考察を根拠に、社会福祉の目的を人と環境（社会）の双方に分け明らかにする。そして最後の第四節では、社会福祉の原理、人間理解、方法や取り組み、目的のそれぞれについて、社会福祉の本質を示す内容を整理した上で、社会福祉とは何であるのか、その本質を明らかにする。

第一節　社会福祉を根源から理解するための方法

（一）視点の設定

①〝視るべきものを視る〟（メタノイヤ）

〝視るべきもの〟とは、社会の底辺層にある〝人を人とも思わぬ状況〟、〝無念をのみこむ無数の状況〟であり、〝最後の小さき虐げられし者〟、その人たちの願いや叫びであった。そしてメタノイヤとは、そのような〝視るべきもの〟の中にいる人の痛み、苦しみ、さびしさ、悔しさ、怒りに共感・共有出来るところ、言い換えれば、痛みや苦しさが心に響いてくるところに視座・視点を移して、そこから物事や社会を見直すことを意味した。

そこに視点を移すことで、共感や怒りといった情動性をもった中で、何が大切なことなのかが見えてくる。

②現象学的（超越論的）還元――超越論的次元を分析する視点

視るべきものを視て、そこに身を置くことで、その状況の中にいる人の痛みや苦しみが心に響いてくるところに視座・視点を移したとしても、私たちは様々な思い込みや価値観に囚われ、自らが経験していることの意味が十分に理解出来ていないかもしれない。その理解出来ていないものの理解を可能にするのが現象学的還元である。

現象学的還元により、まずは「世界を対象化するような上空飛行的視点（俯瞰的視点）」から、「私が世界を直接経験している〝この私〟の視点（当事者の視点）」へと視点を引き戻すと、私が現に生きている世界とは、この私に立ち現れている世界であることが理解される。そして、私は私に立ち現れている世界そのものであり、その世界は私の死と伴に消滅してしまうが、他者は私の世界の登場人物に過ぎず、他者が死んでも私の世界は消滅しないという、私と他者の非対称性が露わになる。

更に、世界や他者のように、この私の意識を超越するものが私の意識に与えられる仕組みや働き（超越論的次元）に注意を向けると、視線触発、受動的総合における自己組織化する連合の志向性、能動的な対人志向性といった志向性（ベクトル）が、ある身体と身体の間に間主観的に作動していることに気づく。これらの超越論的次元の仕組みや働きが異なると、自閉症の人の世界経験と定型発達者（第六章参照）のように、異なった内容をもった世界が経験される。

③対象化と理論化――経験的次元を分析する視点

超越論的次元の仕組みや働きによって構成された世界がこの私に立ち現れている。その世界の中で私たちは様々な経験をする。社会福祉もその一つである。しかし、経験に没頭していると、社会福祉が対応しなければならない諸問題を生み出している仕組みや規則、あるいは社会福祉自体が持つ仕組みや働きが見えてこないかもしれない。それらを理解するためには、社会福祉を対象化し、そこにある関係性・規則を分析し、それを理論化する視点が必要となる。それが社会科学と社会哲学の視点である。

この視点をもつことで、あるいはこの視点から得られる研究成果から学ぶことで、私と他者の間にある関係性（ミクロレベル）、集団を形成している規則（メゾレベル）、更には、政治／経済／文化や全体社会にある規則（マクロレベル）の理解が可能となる。また、これらマクロレベルやメゾレベルの規則は社会や集団に秩序をもたらすが、同時に、個々人を拘束・抑圧、あるいは排除することなどを明らかにすることが出来る。社会科学・社会哲学からの学び（第五章第一節・第二節）で明らかにしたグローバリゼーション、個人化とリスク化、そして物象化の記述はその一例である。

社会福祉を根源から理解するためにはメタノイヤに次いで、一方では現象学的還元により超越論的次元を分析出来る視点をもつことが、他方で、対象化と理論化により経験的次元を分析出来る視点をもつことが必要となる。

（二）超越論的次元と経験的次元で働く Intersubjektivität と構成のプロセス

超越論的次元にしても経験的次元にしても、それらの次元は Intersubjektivität の働きによって構成される。私たちが生きている現実を理解するためのキーワードは Intersubjektivität と構成である。ここでは、この二つをキーワードにして超越論的次元と経験的次元について説明する。

① Intersubjektivität の三つの次元

Intersubjektivität は間主観性、相互主観性、あるいは共同主観性などと訳される。フッサールの『間主観性の現象学　その方法』の監訳を務めた浜渦辰二は、Intersubjektivität の訳語について次のように述べている。

「『相互主観性』では、まず主観と主観とがそれぞれ独立して存在したうえで両者が相互に関係し合うという、能動的な関係性が感じられるのに対し、『間主観性』では、そもそも主観なるものは独立して存在してはおらず、『間』ないし『関係』がむしろ先に存在し、そのなかから主観がそれぞれ分かれてくるという、受動的な関係性、関係の先行性が感じられる、と言えようか」（浜渦 2012-b : 542-543）

更に浜渦は、Intersubjektivität を三つの次元に区別することも考えられると言う。

「（1）主観と主観の間に、しかも主観の意識的・能動的な働き以前に前意識的・受動的に生じる、むしろ『間身体性 intercorporéité』（メルロ＝ポンティ・M）とも呼ぶべき次元を『間主観性』という語で呼び、（2）主観の意識的・能動的な働きにもとづいて、それぞれの動機と理由と目的をもって行われる相互行為ないし実践によって成立する次元を『相互主観性』ないし『相互主体性』という語で呼び、（3）相互行為によって成立したことが物象化あるいは擬人化されて、あたかもひとつの『共同主観 Mitsubjekt』『高次の人格』（フッサール・E）であるかのように働く次元を『共同主観性』という語で呼ぶ、といった具合である」（浜渦 2012-c：285）

本書では浜渦の見解を基に、超越論的次元で働く Intersubjektivität を間主観性、経験的次元の内、人が相互行為を行う生活世界で働く Intersubjektivität を相互主観性、相互行為によって成立したことが物象化され、あたかも共同主観であるかのように働く Intersubjektivität を共同主観性と区別して使用する。

②超越論的次元で働く間主観性

現象学的還元によって、この私の意識に与えられる世界を構成する超越論的主観性が見出される。そして、それは「世界とはこの私に立ち現れている世界である」といった独我論のように思われるかもしれない。しかし、フッサールは「人間は、……（中略）……社会性を生きている。……（中略）……私は自分自身にとっての私の純粋な主観だけをあてがうのではなく、他の主観、つまり親しくしている人、一緒にグループを作ってきた人、市民として社会的に結びついている人々など、他の主観をもあてがう。……（中略）……このことは明らかに社会性に属するのである。そしてこの意識の諸関係もまた、現象学的還元をとおして純粋な間主観的諸関係に還元されている」（Husserl＝2012-a：379）と述べている。その上で次のように言う。

「私の純粋な主観性のうちで起きる間主観的経験が私にとって存在している他者に橋を架けるやいなや、また他者のうちで意識にそくした対応する経験が私に橋を架けるやいなや、そして両者が一つになって、一方が他方を知るというのではなく、交互にお互いについて知る者として自分たちを知るやいなや、思惟し、愛し、憎み、欲求し、意志するといったあらゆる仕方の作用は、私たちを交互に結びつける作用として生じることができ、このようにして私たちは主観は主観として結びつくことができるのである」（Husserl＝2012-a：382-383）

現象学的還元によって見出された志向性とは、「『主観と主観』の間だけではなく、『主観』と『客観』との間に、いつも、すでに、『成立してしまっている関係性』を意味する」（山口　2013：581）のであり、この間において（間として）作動している志向性の方が、主観や客観に先行しているのである。即ち「超越論的な間主観性がその存在を維持し、展開するような超越論的構成の無限の運動性において、この世界は、私にとっての世界として構成されている」（Husserl＝2012-b：381）のである。

ここに示された通り、超越論的次元において作動している間主観性（志向性）の働きによって、この私に立ち現れる世界が構成されると同時に、私と他者との間にある根源的な関係性（社会性）が生み出されている。第六章における事象分析で露わにした〝声なき声に応えるように促される力〟は、この間主観性の働きの一つである。

③経験的次元で働く相互主観性と共同主観性

超越論的次元における間主観性の働きによって、この私に立ち現れている世界が構成される。そして、構成された世界の中で私は様々な経験をする。この私たちが様々な経験をする次元が経験的次元である。そして、この経験的次元における個々人に完全には還元できない、私と他者の関係性（ミクロ）、集団を形成する規則（メゾ）、政治／経済／文化や全体社会にある規則や秩序（マクロ）といった私と他者／人と人との結びつき（関係性）が社会である。この社会を、行為主体である参加者の視座から理解される生活世界と、非当事者である観察者の視座から理解されるシステムとに分けて理解することを提案したのがハーバーマスである（Habermas＝1987：15-16）。ハーバーマス（Habermas, Jürgen）はシステムと生活世界という複眼的視点をもつことで、参加者（当事者）の視点に立てば当然見えてくるはずの生活世界の歪みが、観察者の視点から理解されるシステムのもとでは見え難くなる（鈍感になる）と指摘する（Habermas＝1987：389）。

参加者（当事者）、特に、視るべきものの中にいる人（当事者）やその人と関わる支援者（当事者）の視点に立ち現れる生活世界から社会福祉を理解しようと考える本書では、ハーバーマスの見解を踏まえ、社会を生活世界とシステムという二つの層で理解する。

生活世界の根底には間主観性の働きがある。しかし、生活世界は加えて、相互行為ないし実践によって成立する相互主観性によって構成されると同時に、相互行為によって成立したことが物象化あるいは擬人化されて働く共同主観性にも大きく影響される。本書では、生活世界に大きな影響を与える共同主観性をシステムと捉える。

第五章第二節で述べたように、物象化の原因には人を人として承認することの拒絶がある。そのような承認の拒絶が共同主観的に働きルーティーン化することで、他者を拒絶・無視・排除・差別するようなイデオロギーが形成される。そしてそのイデオロギーを内面化することで、特定の人たちが拒絶・無視・排除・差別される（Honneth＝2011：127）。

④構成のプロセス

ここまで、「間主観的に構成される」、「相互主観的に構成される」、「共同主観的に構成される」というように「構成される」という動詞を使ってきた。「構成」という概念は、現象学を用いて私たちの経験を理解する上でIntersubjektivitätと並んで鍵となる概念である。

この概念について明晰な説明をしているのがザハヴィである。ザハヴィ（Zahavi, Dan）は「『構成すること』は、作るとか製作するという意味での産出することを意味するのではない。それは、『存在者をその対象性において見えさせること』を意味する（強調は原文）」（Zahavi＝2003：110）と述べている。そして「構成は、顕現と有意味性を可能にする過程として、すなわち構成されたものがあるがままに現出し、展開し、分節化し、自らを示すということを許す過程として理解されねばならない」（Zahavi＝2003：110）と説明している。

ここに示されている通り、構成は、私たちの主観（意識）による様々な思い込みや囚われの中で潜在化し見え難くなっているものが、有意味なものとして顕在化することで、その事象自らが示すものを見えるようにさせることを意味するのである。私たちの意識に立ち現れている事象は、まさにIntersubjektivitätの働きによって構成されるのである。

（三）超越的次元・超越論的次元・経験的次元を貫通した形で働くエヒイェ・ルーアッハ・ダーバール

①超越的次元を感受する霊的側面

私たちの理性は、自らの認識の限界を超える神まで理解しようとする（Kant＝2010：25–26）。カント（Kant, Immanuel）はこのような理性の誤謬・越権を批判（吟味）し、理性が認識し得る限界を見定める（Kant＝2010：53–54）。カントは私たちが対象を認識する方法についての認識である超越論的な認識（Kant＝2010：57）について考察し、その認識によって理性が認識し得る範囲（限界）を見定めようとした。この超越論的という語に見られる対象構成機能を変容・拡大して用いたのがフッサールである（村田 1998：1085）。フッサールは現象学的（超越論的）還元により超越論的次元を見出した。経験的次元にしても超越論的次元にしても、それらの次元に関することは理性によって理解することが目指される次元である。しかし、人間の理性による認識を超える経験もある。それは神の力の働きである。神の力の働きは、人間の理性による認識を超えた超越的次元に属する。そのため、神の働きを理性による認識によって証明したり確定したりすることは出来ない。

人間には神の力の働きを感受することが出来る霊的側面があることを本田神父から学んだ。宮本久雄やボーマンの研究に基づけば、霊的側面とはエヒイェ・ルーアッハ・ダーバールという三にして一つの働きである。その働きの中に、ロゴス・理性に拠る思考とは異なる思考が生まれる。

②Intersubjektivitätに働くエヒイェ・ルーアッハ・ダーバールという垂直の力

メタノイヤ（視るべきものを視る）という視点の移動を行うことで、視るべきものの中にいる人と出会う。そして、そこで出会った他者と関わるという経験がある。現象学的還元を行うことで、その経験が私の意識に与えられる仕組みや働きを分析記述すると次のようになる。

出遭ってしまうと、その悲惨さ故に無関心ではいられず関わりをもつ。そこには、私の意志のもっと手前で働く求心力のようなものがある。しかしその一方で、関わると、私と他者の置かれている立場の違い、そして、私と他者が生きている世界の違いに気づかされる。更に言えば、私が善かれと思ってすることでも、時に反発され、自分の思い上がりを恥じる時もある。そこには、この人は私とは異なる世界を生きている他者であることを思い知らされる遠心力のようなものがある。この求心力と遠心力という相反する働きが、私と他者の「間」を創設する。おそらく、この「間」を創設する相反する力がルーアッハなのであろう。そして、ルーアッハの働きによって創設された「間」で聴かれる言葉がある。それが、筆者が知的障害をもった人の支援の中で聴いた（感じた）声なき声でありダーバールなのであろう。

③非―志向性として働くレヴィナスの「顔」

私と他者の間におけるIntersubjektivitätの働きにより、この私に世界が立ち現れている。この世界の中で私は様々な他者と出会い、他者と共に社会を築きそこで暮らしている。しかし、私が出会い共に社会を築いていると思っている他者は、私によって認識され解釈された他者であり、他者そのものではないであろう。私は真の他者には出会っていないのではないだろうか。いや、そもそも真の他者とは何なのだろうか。

この「他者」についてユダヤ教の思想を背景に、現象学の方法を用いて探究したのがレヴィナスである。レヴィナスは「〈他者としての他者〉は、ノエシスのノエマに宿ることのない他者であり、それでも人間にとって重要な意味を持ちうる他者なのです」（Lévinas = 1996–b : 19）と言う。即ち、〈他者としての他者〉は私の意識が他者へと向かい、そこで様々に意味付与され理解される他者ではないが、人間にとって重要な「意味」をもつのである。レヴィナスの哲学はこの「意味」を問い、考え抜いた哲学である。そして、その「意味」解明の通路として見出した「他者の顔」である。顔についてレヴィナスは「私のうちにある〈他者〉の観念を踏み越えて〈他者〉が現前する様式は、じっさい顔と呼ばれる（強調は原文）」（Lévinas = 2005 : 80）と言う。ヘブライ語の「顔」（パーニーム pnm）の語源・動詞 pnh は、「狙う、目指す、……について考える、意図する」などを意味するが、この語が示すように、他者の「顔」が私を見る、狙う、といった働きの方が私の志向性に先行する（宮本 2012 : 73）。

「顔は現象しない。このテーゼが現象学の基本概念である意識の志向性を問い直すこととなる（強調は原文）」（港 2012 : 88）。顔は知覚されたり対象化されたりするのではなく、「顔はことばを語る」のである（Lévinas = 2005 : 116）。そして、顔の最初の言葉が「あなたは殺してはならない」（Lévinas = 2006 : 41）であり「責務」（Lévinas = 2006 : 46）である。また、顔は他者を引き受けて介護することや、他者を一人にしておかないことを命じる（Poirié = 1991 : 122）。

更にレヴィナスは「顔に対する関係において私は、他者の場所の横領者として暴露されます」（Kearney〔ed〕= 1988 : 108）と言う。それは次のような意味である。

私が「世界の内部に」あること、私が「陽の当たるところに」席を占めていること、私が「自分の家に」いること、それは既に私によって弾圧され、飢餓に追いやられた他の人間の所有に帰すべき場所を簒奪したことではないだろうか。このような恐れが他者の顔から私のもとに到来するのである（Lévinas = 1997–a : 322）。更に、レヴィナスは、顔を迎え入れることは私の責任であると言う（Lévinas = 2006 : 76）。顔が語る言葉や要求に応えることが責任なのである。この意味で顔は私の責任を喚起する。そして、ここに「〈同〉の中の〈他〉」という主体性が生まれる。この主体性を確立した私（主体）において、「他者に向かって」という志向性は「他者のために（他者に代わって）」という意識に転じる（Lévinas＝1999：57）。

このようにしてレヴィナスは他者を見出し、私と他者の相互の志向性によるIntersubjektivitätの働きにより立ち現れる世界とは違った秩序の世界を示す。それは、私見によれば、エヒイェ・ルーアッハ・ダーバールという垂直の力の働きによって開示される世界である。

レヴィナスは「〈他者〉に対する責任は、……（中略）……私自身の中核において他人が〈同〉につきつける要請であり、……（中略）……〈他〉によって〈同〉に要求がつきつけられ、〈同〉に息が吹き込まれることを意味する」（Lévinas＝1999：322）、あるいは「〈他〉によって息を吹き込まれる〈同〉が、近さのうちで、他者に対する責任の相のもとに仕組まれる」（Lévinas＝1999：165–166）と言う。そして「他者の〈顔〉のうちで私は神の〈言葉〉を聞く」（Lévinas＝1993：156）、「〈顔〉にはらまれた神の〈言葉〉が見誤られているときには、〈他人〉の〈顔〉は他の像となんら変わらない像とみなされるのです」（Lévinas＝1993：157）と述べる。

〈他〉によって〈同〉に息を吹き込まれるとは、他者の顔によって私の中にルーアッハが吹き込まれるということである。そのことにより「〈同〉の中の〈他〉」という自身の中に差異を含んだ主体が生まれ、この主体が他者の顔の中に「神の言葉（ダーバール）」を聴く。そしてその言葉に促され、自己中心性から超出し、他者の呼びかけに応えようとする。このようにして、Intersubjektivitätの働きにより立ち現れる世界とは違った秩序の世界、レヴィナスの言葉で言えば「他者の優先権を認めうるという人間の可能性」（Lévinas＝1993：154）に基づく秩序の世界が開示されるのである。

（四）社会福祉の根拠としての生活世界

①生活世界とは何か――超越論的次元と経験的次元を媒介する生活世界

生活世界とは「現実の知覚によって与えられ、そのつど経験され、また経験されうる世界」（Husserl＝1995：89）であり、「その世界のうちに目覚めつつ生きているわれわれにとって、いつもすでにそこにあり、あらかじめわれわれにとって存在し、理論的であれ理論以外であれ、すべての実践のための『基盤』となる」（Husserl＝1995：255）世界である。西原和久の指摘によれば、この生活世界の概念が社会学に導入されると、単に日常生活の世界を指す語として多用された（西原 2012：736）。即ち、社会学において生活世界は、私たち一人ひとりに立ち現れている経験的な世界として理解されがちである。しかし、浜渦が指摘するように、生活世界という概念の提起はそのような世界の分析だけでなく、あくまで超越論的次元への通路としてあったのであって、超越論的次元を無視することは、フッサール現象学の核心に眼を閉ざすことになる（浜渦 1995：294）。

さて、生活世界を超越論的次元において理解する上で鍵となる概念が「地平」である。超越論的次元の記述分析によれば、意識とは常に「何かについての意識」であり、このような意識をフッサールは志向性と捉えた（Husserl＝2001：69）。この志向性には事象や世界を構成する働きであるノエシスと、その働きによって構成され、意味を伴った対象として理解されるノエマという二つの側面がある。ここで言う「構成」とは、先に確認した通り、私たちの主観（意識）による様々な思い込みや囚われの中で潜在化し見え難くなっているものが、有意味なものとして顕在化することで、その事象自らが示すものを見えるようにさせることを意味する。即ち、私たちが経験している事象や世界は、様々な潜在的な可能性の中から、ノエシスの働きによりノエマという意味を伴った対象（事象）として顕在化している（立ち現れている）。そこには常に様々な潜在的可能性が伴っているが、この潜在的可能性が「地平」である。これらの点を踏まえると、「生活世界とは、様々な潜在的可能性（地平）の中からノエシス（構成）

の働きにより、私たちにとって意味を伴った形で顕在化した世界である」と理解することが出来る。

この生活世界には、超越論的主観性＝超越論的間主観性によって構成されるというノエシス的側面（超越論的次元）と、その働きによって構成されることで私たち一人ひとりに意味あるものとして立ち現れている世界というノエマ的側面（経験的次元）の双方の側面がある。生活世界は、私たちが現に生きている世界には超越論的次元と経験的次元の双方があることを示す概念なのである。

②生活世界に宿る価値

生活世界の原語である Lebenswelt の Leben には、生活だけではなく生、生命、人生などの意味がある。超越論的間主観性によって構成され、私に立ち現れている生活世界の根底には生命（いのち）があり、他者との関わりや様々な活動の総体としての生活がある。そして、それらの生命（いのち）と生活は、決して他の人が経験することが出来ない〝かけがえのない人生〟を形成していき、その人の死をもって終わりを迎える。

この生活世界は、その世界を生きる当事者の視点から理解される世界であり、その意味で生活世界は、その人に立ち現れ、その人が経験し、その人が思い感じること「全て」である。「全て」であるが故に、その人にとって、その世界（自分が生きている生活世界）の外部を経験することも思考（想定）することも出来ない。外部を想定し得ないということは比較する他の世界がないということであり、この意味で一人ひとりに立ち現れている生活世界は〝比較不能なかけがえのなさ〟という価値、尊厳と言われる価値を宿している。

生活世界という概念は、一人ひとりに立ち現れている世界を記述するだけではなく、その世界には、〝比較不能なかけがえのなさ〟（尊厳）という絶対的な価値が宿っていることを表すことが出来るのである。

③生活世界の傷つきやすさ

間主観性の社会学理論を提唱する西原和久は次のように述べている。

「身体は傷つきやすい（vulnerable）存在である。たんに傷つきやすさ（vulnerability）があるというより、傷つき、倒れ、そして死することへの恐怖こそ、生世界の基本にある事態ではないだろうか。そして、ここから議論を再構築すべきではないか」（西原 2010 : 166–167）

生活世界は傷つきやすい。その傷つきやすさには次の三つの要因があると考える。一つは超越論的次元の要因である。超越論的次元の仕組みと働きが異なるが故に、立ち現れている世界に対する理解（時間や空間に対する理解、他者に対する理解、様々な場面の背景にあるルールに対する理解など）が異なり、それが故に生活の中で深く傷つくことがある。二つめは、経験的次元の要因であり、その中でも対人関係によってもたらされるものである。例えば、いじめや虐待などによってもたらされる〝生きづらさ〟である。三つめも経験的次元の要因であるが、それはシステムによってもたらされるものである。例えば、資本主義経済システムが強いる過労、貧困、文化システムがもたらす差別偏見、政治システムがもたらす社会制度からの排除などである。これらの要因により、本来その人が有している「人としての尊厳と権利」が保障されていない状態を、総じて〝傷ついている〟と形容することが出来るであろう。

社会福祉の経験とは、このような傷つきやすさの経験であり、また、傷ついた人に関わる経験である。福祉哲学とは、社会福祉の経験の学び直しを迫るものであり、この意味で福祉哲学は、傷つきやすさの経験、また、傷ついた人に関わる経験についての学び直しでもある。その際に、キーワードとなるのがこの生活世界である。

実証科学は、私たちに立ち現れている世界の一部に関する「事実」を明らかにする。しかし、生活世界は、私たちに立ち現れている世界そのもの（後に言う「現実」）を理解するために必要となる概念である。一人ひとりに立ち現れている世界が、どのような仕組みと働きにより構成されているのか（超越論的次元）、そしてその仕組みと働きにより、その人にはどのような世界が立ち現れており、そこでどのように傷ついているのか、そのリアリティ（経験的次元）の理解を可能にする概念が生活世界である。

西原は、生活世界の傷つきやすさを社会理論の展開に向けた議論の出発点に据えている（西原 2010：166–167）が、社会福祉理論も、この「生活世界の傷つきやすさ」を理論構築の出発点に据えるべきである。

④生活世界における「地盤機能」と「手引き機能」

クレスゲス（Claesges, Ulrich）はフッサールの生活世界理論には、地盤機能（Boden-Funktion）と手引き機能（Leitfaden-Funktion）があると言う（Claesges＝1978：82–83）。地盤機能とは、生活世界は客観的諸学の地盤であり、客観的諸学の意味及び妥当性の基礎となる働きをもつということである（Claesges＝1978：82）。更にクレスゲスは、「生活世界は、客観的学に対してだけではなく、個々のどの目的世界に対しても地盤機能を果たす」（Claesges＝1978：86–87）とも述べている。一方、手引き機能とは、「普遍的責任に基づいた生を可能にする超越論的現象学という根源的な自己省察への跳躍台を差し出すこと」（Claesges＝1978：83）である。ここで言う普遍的責任とは、哲学者が真実に生きることに対してもっている全人格的な責任であり、人類の真の存在に対する責任である（Husserl＝1995：41）。そして、手引き機能とは、「（そのような責任に基づいた生を可能にする）超越論的現象学という根源的な自己省察に対して分析の手引きを与えるという側面」（鷲田 1993：226）を意味する。この二点を踏まえるならば、社会福祉における生活世界の機能を次のように考えることが出来る。

（i）地盤機能

科学にしても政治・経済システムにしても、それらは一人ひとりに立ち現れている生活世界からもたらされたものであり、その意味で生活世界が科学や政治・経済システムの地盤である。にも拘らずそのことが忘却されている。地盤機能とは、科学や政治・経済システムが一人ひとりに立ち現れている生活世界にとって、どのような意味があるのかを問う機能である。

具体的には次の二つの機能がある。一つは、科学が生活世界にもたらす意味を問う機能である。フッサールは、一九世紀後半には近代人の世界観全体が実証科学によって徹底的に規定されることで、人々は、人間の生存全体に意味があるのか、それともないのかといった、人間にとって決定的な意味をもつ問題から無関心になり目を逸らすようになってしまったと指摘する（Husserl＝1995：20–21）。科学が、そして社会福祉学が「人が共に生きる」ということに対してどのような意味をもっているのか、この点を生活世界の観点から問う機能である。

もう一つは、政治・経済システムが生活世界にもたらす意味を問う機能である。経済成長や「みんなの幸せ」といった目標のもとシステムが構築され作動している。しかし、国が恥をかかないために隔離収容されたハンセン病患者の一人ひとりが生きた生活世界があり、国の経済成長のために放って置かれた水俣病患者の一人ひとりが生きた生活世界があった。深く傷ついた人の生活世界から政治・経済システムを問う機能である。

（ii）手引き機能

実証科学は生きる意味や自由・責任といった人間にとって大切なものに対する無関心をもたらした。この診断を受けて、超越論的次元に還元することで、人間にとって決定的に意味をもつものについて反省することが出来る地点へと手を引くことが手引き機能である。

ここで求められている超越論的主観性への帰還（還元）には二つの段階がある。一つは、科学や科学的規定だけではなく、一切の意味沈澱を伴った目の前に与えられている世界から根源的な生活世界への帰還（還元）であり、二つめは、その生活世界からこの世界自身を生み出している主観的行為（超越論的主観性）への帰還（還元）である（Husserl＝1975：41）。

この超越論的主観性＝超越論的間主観性の次元において働く志向性の記述分析をすることで、そこには視線触発、あるいはレヴィナスが言う「顔」の呼びかけという非‐志向性（あるいは反志向性）の働きが理解される。そして、その働きによって、この私の責任や自由の意味、生きることの意味などが自覚される。このような、生きる意味や自由・責任といった人間にとって大切なものについて考える上での手引きとなるのが生活世界における手引き機能である。

⑤社会福祉の根拠としての生活世界

谷徹によるとフッサールは「現実を求めていた」（谷 2002：13）。学問や様々な思い込みによって覆い隠された、現に経験しているにも拘らず見えなくなってしまっている「現実」がある。現象学は、この現実を見出す方法であり、生活世界はフッサールによって見出された現実である。

社会福祉とは何であるのかを考える上での出発点は、一人ひとりの人が現に生きている現実でなければならない。しかし、その現実は学問や様々な思い込みによって覆い隠され見え難く（分かり難く）なっている。現象学という方法を使うことによって見出された現実が生活世界である。即ち、社会福祉とは何かを考える上での出発点となるのが生活世界である。そこを出発点とすることで、私たちが様々な思い込みや偏見に囚われているが故に見え難くなっている「現実」から社会福祉とは何であるのかを理解することが可能となる。

生活世界を出発点としたとき、そこには一人ひとりの人には尊厳という価値があると同時に、その尊厳や世界が如何に傷つきやすいものであるのかが理解される。この現実を踏まえ、「人間にとって決定的に意味をもつもの」は何であるのかを考えるきっかけを提供するのも生活世界である。また、そこで見出された「人間にとって決定的に意味をもつもの」、例えば、尊厳、他者への責任＝倫理、正義などを根拠に社会福祉学を構築していくことが可能となる。そして、その社会福祉学に基づき、社会福祉とは政治・経済システムがもたらす生活困難をはじめ、様々な生活困難を改善し、一人ひとりが宿している尊厳と潜在的な可能性を顕在化させる営みである、という理解をもつことが出来る。

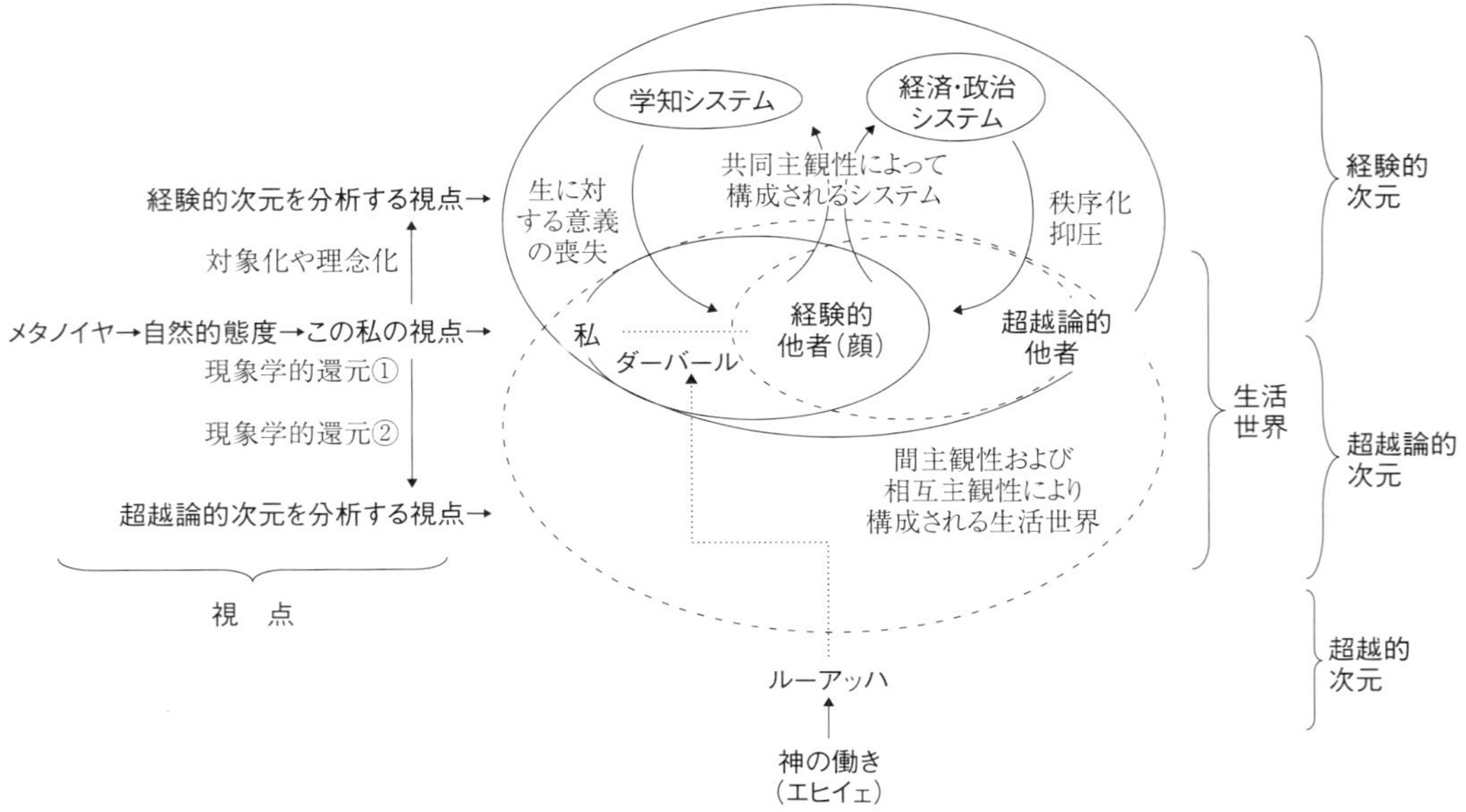

図8－1　社会福祉を根源から理解するための分析枠組み

(五)　社会福祉を根源から理解するための分析枠組み

以上の考察により、社会福祉を根源から理解するための分析枠組みを得ることが出来る。社会福祉を根源から理解するためには、まず、〝視るべきもの〃の中にいる人の痛みや苦しみが心に響いてくるところに視点を移すこと、即ち、メタノイヤが必要である。これは単に視点を移動するだけではなく、視るべきものの中に身を置き、そこにいる人たちと関わることを意味する。次に必要となるのが現象学的還元である。何故なら、視るべきものに身を置きそこにいる人たちと関わりをもっても、私たちは様々な思い込みや自明としていることに囚われ、自らが経験している事象そのものを理解出来ていないことがあるからである。自らが経験している事象そのものを理解するためには、世界や他者のように私の意識を超越しているものが、どのようにして私の意識に与えられるのかを分析記述することが出来る超越論的次元へと視点を引き戻すこと（現象学的還元）が必要なのである。現象学的還元をした時に自覚されることが、この私に世界という全体が立ち現れているという生活世界のノエマ的側面である。それは、〝視るべきもの〃の中にいる人の痛みや苦しみが心に響いてくる生活世界である。

この生活世界を起点・基盤とすることで、虐待や多重債務の取り立てあるいは配偶者からの暴力による恐怖、エスカレートするいじめにより根底から傷つけられた自尊感情、電気・水道を止められ食べるものがない中で餓死していった人たちなど、かけがえのない世界（人生）を生き、〝比較不能なかけがえのなさ〃（尊厳）という絶対的な価値を宿している人たちが、誰もが避けたいと思う恐怖・蔑み・極度の空腹といった状態の中で生きている、あるいは死んでいったという「現実」を理解することが可能となる。そして、その人たちに立ち現れている世界／立ち現れていた世界に思いを馳せることが可能となる。

この現実を目の当たりにした時、何故このようなことが起こるのか、原因を問わずにはいられなくなる。その時に必要となるのが、社会を対象化し、そこにある規則性や権力の分析記述を可能にする社会科学の視点である。そして社会科学や社会哲学の研究成果から学ぶことで、一人ひとりに生活世界を抑圧している社会の不正の仕組みや働きを理解することが出来る。

更に問われることは、政治・経済・文化システムや科学・社会福祉学が一人ひとりに立ち現れている生活世界にとってどのような意味をもっているのかという点である。それを理解するためには、ノエマ的側面として理解された生活世界から更に超越論的次元へと現象学的還元を行うことで、その次元におけるノエシス的側面を分析記述出来る視点をもつ必要がある。また、心（関心や感性）を霊的なものへと向け変えることで、超越的次元から経験的次元におけるエヒイェ・ルーアッハ・ダーバールの働きを分析記述出来る視点をもつ必要がある。

このような視点の移動と設定を行うことで、私たち一人ひとりに立ち現れている生活世界が構成される仕組みと働きを、間主観性（超越的次元および超越論的次元）、相互主観性と共同主観性（経験的次元）において分析記述することが出来る。これらの分析記述を通して、人間一人ひとりには〝比較不能なかけがえのなさ〟（尊厳）という絶対的な価値、他者への責任（倫理）、自由、そして正義といった「人間が共に生きる上で決定的に意味をもつもの」に気づくことが出来る。と同時に、科学や社会福祉学、そして、経済・政治システム、文化システムに対して批判的視点をもつことが出来る。

これらの内容を図で表すと、図８－１　社会福祉を根源から理解するための分析枠組みとなる。以下ではこの分析枠組みを踏まえ、本章の冒頭で掲げた社会福祉の原理、目的、本質に関する問いについて、本書において福祉哲学をした結果学び直したことを整理して示す。

第二節　社会福祉の原理

(一) 声なき声の根源性

筆者の福祉現場における気づきの中で最も重要であると思っていることは、この世界には〝声なき声〟がある、ということである。最重度の知的障害と言われる人たちの一人ひとりに、環境との相互作用の中で顕在化される尊厳と潜在的可能性がある。それは、自らの人生（その人に立ち現れている世界）の主人公として生きていこうとする力である。しかし、不適切な環境（状況）、言い換えれば不正義の経験によって、その可能性は抑圧され剥奪されている。そのことに対する「抵抗・拒否、あるいは願い」などが、〝視るべきもの〟の中で、あるいは福祉の現場でも発せられている。それが〝声なき声〟であった。

筆者が支援で関わったAさんは上半身をくねらせながら、満面の笑みで「（子どもと会えて）嬉しい」と端的に語っていた。それは、嘘偽りなどあり得ない廉直な語りだった。堕胎手術で取り上げられたハンセン病患者の赤ん坊が、口にガーゼを当てられ、泣くことが出来ず、手足をバタバタさせてもがき苦しみながら死んでいった。そこには、「苦しい、生きたい」という声にならない声があった。母親に置き去りにされた一歳の男の子は、自分が被っている状況が全く分からないまま泣き叫び、三歳の女の子はインターホンを通じて、泣き叫びながら助けを求めていた。そこには、その存在の全てをかけて母親を求める声なき声（願い）があった。この〝声なき声〟こそが、社会福祉という営みを生み出す最も根源にあるもの、即ち、社会福祉の原理であろう。

これは筆者の現場経験に基づく個人的な見解である。この社会福祉の経験を本田神父との対話（第七章）と、他者を支援するという事象分析（第六章）において学び直した。本田神父の話は神という超越に基づく内容であり、その意味で超越的次元における学び直しである。一方、現象学を用いた事象分析は超越論的次元における学び直しであった。それぞれの内容は以下の通りである。

①超越的次元における〝声なき声〟の理解

私たちには人間を超えた超越的なものを感受出来る霊的側面がある。宮本久雄やボーマンの研究に基づけば、霊的側面とはエヒイェ・ルーアッハ・ダーバールという三にして一つの働きを感受出来る人間の側面である。この側面に気づく一つの機会が、視るべきものを視て、そこにいる他者と出遭った時である。

視るべきものを視て、そこにいる他者と出遭った時、人間の霊的側面に気づくことが出来るのは、本田神父が言うように、神の力の働きは小さくされている（虐げられ・抑圧され・蔑まれている）人を通して働くからであろう。神の力（エヒイェ）はルーアッハ（息吹）により私と他者の「間」を創設する。その「間」で聴かれるのが超越的次元において理解される〝声なき声〟なのである。その声はロゴスとは異なるダーバールという言葉であり、聴いた者を支援へと駆り立てる力を有した神の言葉なのである。

②超越論的次元における〝声なき声〟の理解

支援が行われる場には、「視線や呼び声、触れられることなどで働く、相手からこちらへと一直線に向かってくるベクトル」（村上 2008 : vi）があり、それを直感的に体験する視線触発がある。経験しているにも拘らず気づかれていない経験の深層（支援を成り立たせている仕組み）には、この視線触発がある。これは一方では、間身体性の次元を生み出し、図式化の作用により他者の表情を媒介にした共感を生み、もう一方では、知覚的空想の成立により空想身体を働かせることで、超越論的テレパシーとして他者の思いや気持ちが伝達される。共感と超越論的テレパシー（その他者の思いや気持ち）が浸透した形でこちら（私）に向かってくる視線触発が、福祉現場で感じた〝声なき声〟の経験であった。

（二）声なき声に応えるよう促す力

筆者は最重度と言われる知的障害がある人たちと関わる中で、その人たちが発する声なき声を聴き（感じ）、その声に応えるように促す力を感じることがあった。そして、これこそが社会福祉の根源にあるものであり、自分が支援する理由ではないかと感じるようになった。しかし、それらを確かに感じたものの、実際に、言葉（音声や書かれた言葉）として聴いた訳ではなかった。そのため、筆者の思い込みかもしれないという可能性（疑い）をもっていた。この社会福祉の経験を本田神父との対話（第七章）と、他者を支援するという事象分析（第六章）において学び直した。それぞれの内容は以下の通りである。

①超越的次元における〝声なき声に応えるよう促す力〟の理解

私たち人間には肉（バサル）、魂（ネフェシュ）、霊（ルアッハ）という三つの側面がある。人間は魂（心：ネフェシュ）があるが故に、他者の痛み・苦しみに共感共苦（コンパッション）する。この共感共苦の根底には神の願い（力）が働いているが、人間にはその神の願い（力）を感じ、呼応する霊的側面がある。虐げられ、抑圧され、蔑まれている人たちの願いは神の願い（力）であり、その願い（力）によって生じる、「お手伝いしましょうか」と人を支援へと駆り立てる力こそ、神の働きであることを本田神父から学んだ。

この学びを通して、筆者が福祉の現場で感じた〝声なき声に応えるよう促す力〟を神の力の働きと理解する可能性に思考を拓くことが出来た。社会福祉を、支援という現実における関わりを踏まえその根源から考えていくならば、意識するしないにかかわらず自ずと、霊といった超越的次元へと思考は拓かれていくのではないだろうか。筆者の本田神父の言葉や考えへの共感は、この点を示唆していると考える。

②超越論的次元における〝声なき声に応えるよう促す力〟の理解

他者を支援するという事象分析において〝声なき声〟は、共感と超越論的テレパシー（その他者の思いや気持ち）

が浸透した形でこちら（私）に向かってくる視線触発として理解された。そして〝声なき声に応えるように駆り立てる力〞とは、その視線触発の経験が共感を基盤とした上で「呼びかけられている」ように感じるため、「呼びかけに応えなければ」という能動性に反転した際に生じる力であるという見解を示した。これらが、〝声なき声〞とそれに応えるよう促す力を生み出している超越論的次元の仕組みであった。

現象学という方法が一種の芸事であり、それを適切に用いることは容易ではない。そのため、第六章で試みた事象分析で示した見解は一つの仮説に過ぎない。しかし、社会福祉の根源にあるもの（社会福祉の原理）に対する理解は、信仰の領域である超越的次元ではなく、知の領域である超越論的次元においても理解可能であることを示せたと考える。

（三）レヴィナスの哲学に基づく〝声なき声〞および〝その声に応えるよう促す力〞の理解

レヴィナスは第二の主著『存在の彼方』では「存在に感染せざる神の声を聴くこと（強調は原文）」（Lévinas＝1999:9）を課題とし、『観念に到来する神について』では「いかなる時に神の言葉が聴取されるのか」（Lévinas＝1993:153）という問いを考察している。これらの言葉に示されているように、レヴィナスの哲学は神の言葉を聴くことを課題としている。では、どこで神の言葉は聴かれるのか。レヴィナスは「他者の〈顔〉のうちで私は神の〈言葉〉を聞く……（中略）……〈顔〉は、神の言葉が響く様式なのです」（Lévinas＝1993:156）、「社会性はそれ自体において、〈神〉の〈み言葉《パロール》〉、すなわち他者の顔によって命じられているということです」（Lévinas＝1996-b:71）というように、神の言葉は他者の顔の内で聴かれるのである。

第六章で考察した、筆者が最重度の言葉のない人の顔に感じた〝声なき声〞は、本田神父であれば「それが神の力の働きです」と言うかもしれないが、同様にレヴィナスであれば、「それが神の言葉です」と言うであろう。他者の顔のうちで聴かれる神の言葉は、「あなたは職員であり、勤務時間が終われば家に帰るけれど、いま、あなたが占めている場所や立場は、本当にあなたのものなのか。あなたが障害なく生まれてきたことに何か必然性や根拠などあるのか」と問い質し、「殺すな、見棄てるな、一人にするな、馬鹿にするな」と呼びかけていたのである。そして、このような問い質し（審問）が、「筆者にはたまたま障害がなく自宅で家族と暮らしているが、目の前のこの人はたまたま障害があるが故に、入所施設での暮らしを余儀なくされている」という事実に気づかせ、その事実から生まれる疾しい意識を喚起する。そして、「自分に出来ることはやらなければ」という筆者自身の責任を喚起する。これが〝声なき声の呼びかけに応えるように促される力〟なのであろう。

(四) 神の力の働き／顔と責任／視線触発

社会福祉の原理、具体的に言えば、他者を支援する営みの根源にあるものを、超越的次元、超越論的次元を超越していくような次元、超越論的次元といった異なる次元において考察してきた。その結果、社会福祉の原理である〝声なき声〟と〝それに応えるように促される力〟を超越的次元において説明すれば神の力の働きとして、超越論的次元を超越していくような次元で説明すれば他者の顔が発する言葉への応答（責任）として、そして、超越論的次元において説明すれば視線触発という志向性として説明することが出来た。神の力の働き、他者の顔が発する言葉への応答としての責任、視線触発という志向性などの言葉は全て、社会福祉の原理である〝声なき声〟と〝それに応えるように促される力〟を説明するものである。よって、神の力の働きを、超越論的次元を超越していくような次元における言葉として言い直せば他者の顔が発する言葉への応答としての責任となり、超越論的次元の言葉として言い直せば視線触発という志向性となる。

このように、神の力の働き、顔と責任、視線触発はどれも、〝声なき声〟と〝その声に応えるように促す力〟を表す言葉であり、ただ、理解する次元が異なるために用いられる言葉が異なるのである。

（五）不平等の是正と抑圧からの解放を求める

この世界に生を受けた一人ひとりに、その人と環境との相互作用の中で顕在化される潜在的可能性（力）がある。それは、自らの人生（その人に立ち現れている世界）の主人公として生きていこうとする力である。しかし、不適切な環境（状況）、言い換えれば不正義の経験によって、その可能性（力）を抑圧され剥奪されている人が大勢いる。そのことに対する「抵抗・拒否、あるいは願い」などが、〃視るべきもの〃の中で、あるいは福祉の現場でも発せられている。それが〃声なき声〃であった。

この声なき声を聴く（感じる）と、「何とか出来ないか」という思いに駆られる。そこには人を支援へと駆り立てる力がある。しかし、南アフリカで働くドミニコ会の聖書学者アルバート・ノーランが示したように、救援を必要とする人たちは、後から後から生み出される。そのため、救援活動をやってもやっても現実に追いつかず、徒労感と行きづまりに直面する。何故、これほどまでに貧しく小さくされた人たちが、こんなにも大勢いるのか、私たちは考えるようになる。そして、社会科学などの知見から学ぶことで、そのような状況が、人間によって作り出された不正義の仕組みにあることが理解される。

更に、不正の仕組みを隠蔽されることで、生きていくこと／生活していくことが困難な状況に対して、それは「不運」あるいは「仕方ない」と思われてしまう。このように不運、仕方ないと見做し、ルールを変えれば対応できるのにしないことを、シュクラーはキケロ（Cicero, Marcus Tullius）に由来する受動的不正義という観念で表現する（Shklar 1990 : 40-41）。この受動的不正義に気づいた時、怒りと共に、不平等の是正と抑圧からの解放を求める気持ちが湧きあがる。これが、社会福祉という仕組みを生み出す原理となる。そしてこの気持ちが、「視るべきもの

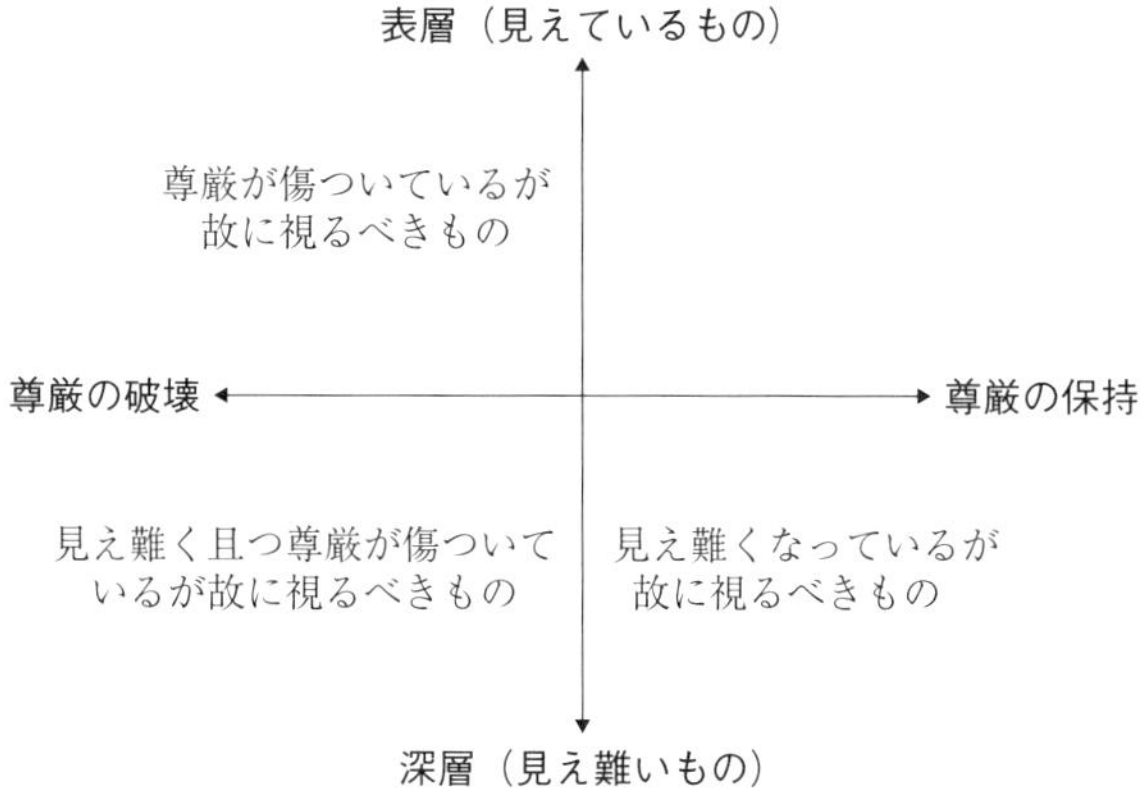

図8－2　社会福祉の対象

の中にいる人たちの視点から気づかれる正義」を要請する。

第三節　社会福祉の目的

目的とは「実現されるべく意図されている未来の状景において達成されるはずの価値のことである」（大澤 1998：1591）。上記に確認したような原理により生まれる社会福祉という営みは、どのような状景（以下、状態と表現する）の実現を目指し、どのような価値を達成しようとしているのだろうか。

社会福祉の目的を明らかにするためには、①どのような状態（社会福祉の対象）に対して、②どのような考えや価値観（根拠）に基づき、③どのような状態と価値を実現しようとしているのか（社会福祉の目的）を明らかにする必要がある。この内、①の状態については「第二章第二節　〝視るべきもの〟の具体例」と「第五章第一節　社会科学からの学び、第二節　社会哲学からの学び」において、②の考え方や価値観については「第五章第三節　実践哲学からの学び」において確認した。そこで確認した事実と考え方／価値観を根拠に、社会福祉の目的を提示する。

（一）社会福祉の対象

①対象を規定するいくつかの要因

（ⅰ）人と環境という二つの領域

対象とは、社会福祉という営みが働きかける対象のことであり、それには人と環境という二つの領域がある。人とは、何らかの理由により自力で生活することが困難な状態や、人間らしい暮らし／人としての尊厳の保持が出来ない状態にいる人たちを意味する。一方、環境とは、いま示した人たちの状態を生み出している環境を意味する。その環境には、個人と個人の関係（ミクロレベル）、家族・地域社会・学校・職場などの中間集団（メゾレベル）、そして、国や社会という全体（マクロレベル）という三つの次元がある。

（ⅱ）深層／表層と尊厳の破壊／保持

社会福祉の対象は、人と環境の双方共に、深層（見え難いもの）／表層（見えているもの）と尊厳の破壊／保持という二つの軸を図８－２のように交差させることで、四つの次元に分けることが出来る。この図が示している通り、社会福祉の対象には、尊厳が傷ついているが故に視るべきもの、見え難くなっているが故に視るべきもの、そして、見え難くかつ尊厳が傷ついているが故に視るべきものもある。

（ⅲ）普遍主義からこぼれている人たち

社会福祉における普遍主義とは、社会福祉政策を考える上で、福祉サービスの利用者（対象者）をより拡げていこうとする考えである。しかしそこから、社会福祉は一部の生活に困った人たちだけの制度ではなく、誰もが必要に応じて利用出来る制度であるという社会福祉の在り方を示す際にも用いられる。

誰もが必要に応じて利用出来る普遍主義的な社会福祉こそ、求められる社会福祉の在り方である。ところが、現実には常に、福祉サービスや人との関わりが必要であるにも拘らず、気づかれていない人たち、気づかれているにも拘らず後回しにされている人たち、あるいは排除されている人たちが沢山いる。そして、それらの人たちは「いつの時代・社会にも、尊厳が保てない人がおり、それは仕方がない」とされてしまう。このような〝視るべきもの〟の中にいる人たちにも対応している制度・活動こそが、真の社会福祉における普遍主義と言える。

②具体的な状態

（ⅰ）人の状態

人の状態を具体的に示せば、それは次のようなものが欠けている状態（支援が必要な状態、即ちニーズがある状態）の人たちである。

〔物質的ニーズ〕健康で文化的な暮らしをする上で必要不可欠な住居、衣食、生活する上で必要な収入。

〔社会的ニーズ〕社会生活をする上で必要なこと（医療、教育、職業、文化的な機会など）。

〔実存的ニーズ〕暴力や虐待など心身に傷を負うことのない生活（消極的な自由）。自らの意思に基づき生活出来る自由（積極的な自由）。自らの居場所があり（帰属意識・安心感）、自分や他者、そして社会から必要な存在であると認められ（承認）、人とのつながりがある生活。

（ⅱ）環境の状態

環境の状態を、ミクロ、メゾ、マクロに分けて示せば、それは次のような状態である。

〔ミクロレベル〕生活することが困難な状態にいる人がいても無関心、人を物のように扱う／ある人の存在を認めない。ある属性（例えば、出自、障害、ホームレスなど）をもつ人たちに対する差別・攻撃、といった状態である。

〔メゾレベル〕中間集団が供給していた、人と人とのつながり（絆）、集団に属していることによる安心感や帰属意識（居場所）、人から認められること（承認）や生きがいといった実存的ニーズを充足できない状態。中間集団がもたらす虐待・いじめ・暴力といった不適切な関係性。そして、中間集団にある相互の支え合い機能の低下などである。

〔マクロレベル〕社会における階層化によって一部の人が低い地位・抑圧された地位に押し込められている状態。社会から排除されている状態。全体利益や安全のために一部の地域を犠牲にしている状態。このような状態があるにも拘らず、それを改善しようとしない状態などである。

(二) 根拠となる考え方や価値観

視るべきものの中に身を置き、そこで人間らしい暮らしが出来ない人たちと関わると、そこには様々な〝嘘偽りのない訴えや願い〟(いのちの言葉、ダーバールと表現した言葉) が発せられていることに気づく。例えば、「僕だって、まだ死にたくない。だけど、このままじゃ『生きジゴク』になっちゃうよ。ただ僕が死んだからって他のヤツが犠牲になったんじゃいみないじゃないか。だからもう君たちもバカな事をするのはやめてくれ、最後のお願いだ」と自死に追い込まれながらも、他の人が自分と同じような仕打ちをされないようにと書き遺した鹿川くんの訴えがあった。ある幼児がひどい痛みのために、小さな身をよじらせながら発している弱い泣き声や、飢餓のためにわが子が助からないことを知った父親の悲嘆もあった。そこには、この世に「いのち」を与えられたにも拘らず、その「いのち」を育むことが出来ない状況がもたらす痛み、悲しみ、嘆き、泣き声が、言葉にならない声として発せられていた。しかし、その殆んどの声が人に聴かれることなく消えている。

社会福祉の目的として実現を目指す価値や状態は、これら〝嘘偽りのない訴えや願い〟への応答として思い描かれる。それ故、視るべきものの中で発せられている〝嘘偽りのない訴えや願い〟が、社会福祉の目的においてどのような価値や状態を実現しなければならないのかに対する答え／根拠となる。

では、〝嘘偽りのない真実の訴え・願い・言葉〟への応答として見出される価値と状態とはどのようなものだろうか。それは、第五章第三節で明らかにしたような価値や状態である。何故なら、その節で採り上げた論者たちは、不遇な状況の人たち（ロールズ）、不正義の状態にいる人たち（セン）、恐怖や屈辱を被っている人たち（シュクラーやマルガリート）、排除・忘却されている人たち（デリダ）といった状況の人たちを視野に入れ、あるいはその立場から正義や自由、人権を考えているからである。よって、ここでは第五章第三節で明らかにした内容を要約し、社会福祉の目的を考える上での基礎資料とする。

①根源的不平等に対応する正義

社会福祉は不正義を是正しなければならない。具体的に言えば、生まれながらの不平等（根源的不平等）を放置することなく、根源的不平等の是正も視野に入れた正義を構想することで、一人ひとりが平等の立場で人生のスタートを切れ、且つ、そのことにより自尊感情を傷つけられないようにする社会の仕組みを作らなければならない。また、「生まれつきの才能の分配を共同資産」と理解し、多様な在り方から互いに学ぶことで、経済成長や能力主義一辺倒の偏った社会の豊かさではなく、質的に豊かな社会を作っていくことが望まれる。

②自尊心や人間尊重という根源的な価値

社会福祉法第3条に掲げられている「個人の尊厳の保持」という理念は、ホネットが言う、その呼びかけに応えるべき存在としてその人の存在を認めるといった意味を持つ「承認の基本的形態」や、ロールズやマルガリートが最も重要な価値（基本財・善）として掲げている自尊心、あるいは「人間を人間として扱う（尊重する）」といった人根源的価値を示すものである。一人ひとりの自尊心を大切にし、「人間を人間として扱う（尊重する）」といった人間理解が社会福祉の根底にはある。

③自由という根源的な価値

視るべきものの中には、虐待や暴力といった恐怖、愛情や物質的なものの欠乏がある。視るべきものを視た人は、積極的自由（人が自らを支配して自己実現を図るという意味の自由）以前に必要とされる消極的自由を確保することが如何に重要なことであるか、身に沁みて理解している。

④ケイパビリティ

いじめ、虐待、暴力、拘束、蔑み、飢餓など、誰もが共通して避けたいと思う〈共通悪〉からの自由（消極的自由）をまず確保しなければならない。その上で求められることが、「ある個人が選択可能な機能（ある状態になったり、何かをすること）のすべての組み合わせ」（Sen = 1999 : 59–60）、易しく言えば「生き方の幅」（川本 2012 : 343–344）を意味するケイパビリティを平等に保障することである。

⑤抵抗とエンパワメントとしての人権

人権は単に、一定の生活水準を法的に保障する際に用いられる言語ではない。イグナティエフが言うように、「人権とは、力ある者に抵抗して力なき者の立場を向上させ擁護することを目指す政治的主張のこと」であり（Ignatieff = 2006 : 257）、「個人に『当事者能力（エンパワメント）』を付与する言語である」（Ignatieff = 2006 : 107）。「人権が重要であるのは、人権をもつことで自分自身を守ることができるようになるからである」（Ignatieff = 2006 : 106）。

⑥排除・忘却されている人への眼差しと既存の制度の脱構築

社会福祉の目的として「みんなの福祉」、「みんなが幸せに暮らせる社会」といった言葉をしばしば耳にする。しかし、いつの時代・社会にもこの「みんな」から排除され、忘却された中で亡くなっていった人が無数にいる。デリダから学ぶべきことは、常にこれら「みんな」から排除され、忘却された人に眼差しを向け関心を持つこと、そして、その人たちの立場や視点から既存の法制度の妥当性を吟味し、脱構築していこうとする姿勢である。

（三）社会福祉の目的（目指すべき状態）

社会福祉という営みが働きかける対象には人と環境という二つの領域があった。そのため、社会福祉の目的には、一人ひとりの人において実現すべき価値や状態と、人を取り巻く環境（これにはミクロ・メゾ・マクロという三つの次元がある）において実現すべき価値や状態がある。この二つは、環境における価値や状態が実現することで、一人ひとりの人における価値や状態が実現するという関係にある。即ち、環境における価値や状態は一人ひとりの人における価値や状態が実現するための前提ないし条件となる。このことを踏まえ、以下では、まず環境において実現すべき価値や状態を整理した後に、一人ひとりの人において実現すべき価値や状態を記述する。

①環境において実現すべき価値や状態

（ⅰ）ミクロレベル――他者の顔の呼びかけに応える責任＝倫理から生じる「善」

困難な状態にいる人たち、人としての尊厳を奪われている人たちがいる。そこでは、訴えるような眼差し、身体で示される拒否、呻きなど、様々な声／声なき声が発せられている。私たちはその声／声なき声に耳をふさぎ応えないことも、逆に、それらの声を聴き応えることも出来る。即ち、私たちには自由があり、その自由に基づく責任がある。しかしレヴィナスは、そのような責任より根源的な責任を見出す。それが他者の顔の呼びかけに応えることである。私たちは悲惨な状況や生きていくことが困難な状況の人と出会い、その顔から発せられる呼びかけを感じると、道端に落ちている石のように無関心でいることは出来ない。そこで支援するしないに拘わらず、私たちは心にざわめきのようなものを感じる。この〝無関心ではいられない〟という関係性は、他者の苦痛に私も苦しむという可傷性を基盤として気づかれる他者との関係であり、それが自由に基づく責任より根源的な責任である。この責任には、時に私の意に反して、私を支援へと駆り立てる力が宿っている。

レヴィナスはこのような他者の顔の呼びかけによって惹起する責任が、価値ならびに善の起源である（Lévinas＝

1993：315）と言う一方で、「悪、それはただ存在だけからなる秩序です」（Lévinas＝1993：162）と言う。その秩序とは「これは私のものである。これは私の場所である。あれも私のものにしたい」といった存在への固執である。他者の顔の呼びかけが惹起する責任に基づき、存在への固執という秩序に抗して、他者へと向かうことの中に善の起源がある。ここで言われている善とは「他者の優先権を認めうるという人間の可能性」（Lévinas＝1993：154）であり、それは、自分がいままさに食べようとしているそのパンを他者に差し出すこと（Lévinas＝1999：160, 181, 324）、財布の口のみならず――住居の扉を開くこと、即ち、貧しき者を汝の家に迎え入れること（Lévinas＝1999：182）である。更に言えば、「こんにちは」、「お先にどうぞ」、「御用があれば何なりと」など、日常生活において休みなく生きられた、他者への気遣いである（Poirié＝1991：53）。

存在への固執、言い換えれば、自己中心性（エゴイズム）が私たち人間の自然の秩序であり傾向である。その自然の傾向に抗して、私たちが人間の可能性として潜在的に宿している他者への気遣い、他者の優先権を認めること、このような他者の顔の呼びかけに応える責任＝倫理から生じる「善」がミクロレベルの価値である。

（ii）メゾレベル――中間集団によってもたらされる「共通善」

私たちの多くは家族、学校、地域社会、職場といった中間集団の中で暮らしている。この中間集団は誰もが求める、愛情（承認）、自己肯定感（自尊感情）、人とのつながり、帰属意識、安心感、生きることの意味といった「共通善」を供給することが出来る。しかしその一方で、誰もが避けたいと思う、虐待、いじめ、暴力といった「共通悪」を生み出すのもこの中間集団である。

第五章の分析考察で確認した通り、社会における個人化の進展により中間集団の機能が変容・弱体化している。その結果、中間集団による、愛情（承認）、自己肯定感（自尊感情）、人とのつながり、帰属意識、安心感、生きることの意味といった「共通善」の供給が十分に行えず、逆に、虐待、いじめ、暴力が社会問題となっている。

これら中間集団の変容・弱体化に抗して、他者の顔が発する「汝殺すなかれ」という訴えを根底に置くことで、誰もが避けたいと思う「共通悪」を無くし、そして、誰もが必要とする「共通善」を生み出すことがメゾレベルの価値である。

（iii）マクロレベル――他者の顔の呼びかけに応える責任＝倫理を基盤とする「正義」

人はこの世界に生（いのち）を受ける。しかし、各自が宿している潜在的可能性を顕在化させるための環境には著しい違いがある。この生まれながらの不平等を許容することは不正義である。更に、グローバリゼーションによってもたらされる富（所得）やケイパビリティが、ルール設定や設定された規則の不公平によって、著しく不公平に分配されている。また、全体の利益や安全のために一部の地域を犠牲にしている現実もある。

これらの現実やその現実を組み立てている不正義や法に抗して、人としての尊厳を奪われている人たちの顔が発している訴え・願いを根拠に、①ロールズが提示する財産私有型民主制のように、出生時に伴う著しい不平等（不正義）をも視野に入れること、②実現すべき環境として、センが提示するケイパビリティ（本人が価値をおく理由ある生を生きられるという自由を核にした上で、その人がある状態になったり、何かをしたりすることが出来る選択肢＝生き方の幅）を考慮すること、③バーリンやシュクラー・マルガリートらが提示する、誰もが避けたいと思う〈共通悪〉の回避を最優先させること、④社会の中に生み出される富（所得）だけでなく、様々な負担や損害も公平に分かち合えるようにすること、これらの諸条件を踏まえた「正義」がマクロレベルの価値である。

②一人ひとりの人において実現すべき価値や状態

ミクロ・メゾ・マクロといった環境における価値の実現を図ることで、一人ひとりの人において実現が目指される価値と状態がある。それが「尊厳」と「その人固有な潜在的可能性の顕在化」である。そして、この二つの価値によって実現するのが「一人ひとりの福祉」である。

（ⅰ）人と環境との相互作用の中で顕在化する「尊厳」

ハーバーマスは、尊厳とは人間という個体がもつ何らかの特性ではなく、人間と人間との関係性の中でのみ意味をもつ表現と捉え、次のように述べている。

「『人間の尊厳』とは、知力とか青い目のように、生まれつき自然に『もっている』ような特性とは異なる。『人間の尊厳』とはむしろ、相互承認という間人格的な関係においてのみ、そして人格相互の平等主義的なつきあいにおいてのみ意味をもちうるあの『不可侵性』（Unantastbarkeit）を際立たせた表現なのである」（Habermas＝2004：59）

また、森岡正博はパーソン論に見られる尊厳理解を批判し、尊厳に対し次のような理解を示す。

「ある人間をかけがえのない尊厳ある存在として大切にしていこうとするまわりの人間たちの眼差しや、コミュニケーションや、相互扶助によって、その人間は尊厳ある存在として社会のなかに生成してくるのである。いったんその人間が尊厳ある存在として生成してしまえば、今度は、その人間は、その人間を取り囲む関わり合いの網の目のなかへと自らの存在感を不可逆的に刻印してゆくことになる」（森岡 2001：122）

ハーバーマスや森岡によって提示されている関係論的視点から、尊厳がどこにあるのかを明晰に述べているのが葛生栄二郎である。

「結局、人間に尊厳があると言える根拠はただ一つしかない。それは、わたしたちが他者をそのような存在として見ているという関係論的事実である。〈人間の尊厳〉は『あそこにある、ここにあると言えるものではなく、あなたがたのただ中にある』ものなのだ。高度に共有された文化的所産だといってもいいだろう。日常の人間関係のなかで、他者を尊厳ある存在として扱う（あるいは、扱わない）という経験の反省から、わたしたちは尊厳の感覚を獲得しているのであり、この感覚が内面に規範意識（「扱うべき」という意識）を生み出してい

る（強調は原文）」（葛生 2011：57）

これらの論者が言うように、確かに尊厳という概念は、人と人との関わり（関係性）の中から生成してくるものであろう。しかし、尊厳という概念に気づかされるのは、「尊厳」という言葉や観念を希求する状況における人と人との関わりであり、それは、〝視るべきもの〟の中にいる人たちとの関わりである。戦争や絶滅収容所で殺戮された人たちと、生き残った人たちとの関係の中で気づかされたのが「人間の尊厳」なのである。

視るべきものの中にいる人たちとの出会いと関わりの中で気づいた「人間の尊厳」を、ミクロレベルでは、他者への気遣い、他者の優先権を認めるという関わりの中で、メゾレベルでは虐待・いじめ・暴力といった関係性を無くし、愛情（承認）、自己肯定感（自尊感情）、人とのつながり、帰属意識、安心感、生きることの意味が供給出来る関係性の中で、そして、マクロレベルでは、出生時に伴う著しい不平等の是正、ケイパビリティの実現、共通悪の回避の優先、様々な負担や損害を分ち合うことなどを踏まえた正義という規範の中で顕在化させることが、一人ひとりの人において実現すべき価値や状態である。

（ii）人と環境の相互作用の中で顕在化する「その人固有な潜在的可能性」

私たちは、「社会は自立した（独立した）個人によって構成される」と考えがちである。しかし、福祉哲学はこのような私たちが前提としていることを問い直す。

社会は自立（独立）した個人によって構成されている訳ではない。にも拘らず、「社会は自立した（独立した）個人によって構成される」と考えるのは、人間は成長と共に他者からの支援なくとも暮らしていけるようになる存在であり、それが標準的な（普通の）人間の姿である、という人間理解があるからである。このような人間理解では、他者からの支援を必要としている人は自立（独立）していない個人は標準から外れている人と見做される。そして、自立（独立）した個人が価値ある存在、一流市民であり、自立（独立）していない個人は価値の低い存在、二流市民、出来ればああはなりたくない存在とされる。しかし、「理念」からではなく「現実」から社会を観て（視て）みよう。成長と共に他者からの支援を必要としない独立した存在になる人もいれば、生涯に亘り他者からの支援が必要な人もいる。一人ひとりに与えられている生は実に様々である。これは、社会における根源的な事実であり、ここから「社会は様々な能力や状況にいる個人によって構成されている」という理解が得られる。

しかし、これはあくまで事実認識である。この事実を踏まえ、社会の中で生きる（暮らす）一人ひとりに求められ、且つ、一人ひとりが望むものは何だろうか。それは、その人に固有な潜在的可能性を顕在化させることであろう。一人ひとりに違った能力や世界が与えられており、それぞれに固有な潜在的可能性が宿っている。経済的な発展をもたらす能力を宿している人もいれば、人に「いのち」の大切さを気づかせてくれる可能性を宿している人もいる。ある「たった一人」を幸せにすることが出来る可能性を宿している人もいれば、多くの人を幸せな気分にしてくれる可能性を宿している人もいる。

このような潜在的可能性を環境との相互作用の中で顕在化させることで社会を豊かにし、かつ、自分自身がこの世界に生を受けた「意味」を実感出来ることが、社会の中で生きる（暮らす）一人ひとりに求められ、且つ、一人ひとりが望むものであろう。そしてそのことが、社会福祉の目的として、一人ひとりの人において実現すべき価値や状態であると考える。

③社会福祉の目的として実現すべき価値や状態

環境（ミクロ・メゾ・マクロ）における価値を実現すると共に、そのような環境と人との相互作用の中で一人ひとりの福祉を実現すること（尊厳とその人固有な潜在的可能性の顕在化させること）が社会福祉の最終的な目的である。

では何故、尊厳とその人固有な潜在的可能性の顕在化させることが、一人ひとりの福祉を実現することになるのか。その点について説明する。

アリストテレスは、幸福とは人間が潜在的可能性として宿している本来的・固有の在り方や働き（機能）が顕在化することであると考えた（Aristotelēs＝1971：32–33）。また、「人間はポリス的・社会的なもの（ポリティコン）であり、生を他と共にすることを本性としている」（Aristotelēs＝1973：137）と言った。人間の本性（潜在的可能性）には「生を他と共にする」ことがある。この本性を先の①で確認した価値や状態の実現を通して顕在化させることが、人間の本来的な在り方の実現となり、人間の幸福（福祉）の実現となる。そして、そのような環境と人との相互作用の中で、一人ひとりの「尊厳」と「その人固有な潜在的可能性」を顕在化させることが、人間の幸福（福祉）の実現となる。故に、先の①と②で確認した価値や状態の実現が、一人ひとりの福祉を実現となる。そして、社会福祉の最終的な目的となるのである。

④社会福祉の目的における二つの原則

本書で展開した福祉哲学は、第二章で確認した〝視るべきもの〟を視る経験、そこに身を置いた経験から出発している。それが故に、社会福祉が実現しなければならない多様で幅広い内容の中でも、まず、ここを優先しなければならないという判断や考えが生まれる。そしてその判断や考えから、社会福祉の目的に対して次の二つの原則が導かれる。

(ⅰ)「共通悪の除去優先」の原則——品位ある社会の構築

・社会福祉は誰もが避けたいと思う状態で苦しんでいる「全ての人（最後の一人）」に気づくようにし、その状態を緩和・改善することを、優先して行わなければならない。

・経済成長など全体の利益に関する政策は、誰もが避けたいと思う共通悪を生み出すことなく、また、共通悪を除去しようとする社会福祉政策を衰退・縮小させない範囲でのみ認められる。

社会福祉が優先して行わなければならないことは、これらの原則により、消極的自由（自由本来の意味）を全ての人に保障していくことで品位ある社会を構築することである。社会福祉は、全ての人に消極的自由という価値を優先的に実現しなければならない。これは、視るべきものを視て、そこに身を置き、その状態で苦しんでいる人との関わりの中で「他者の顔が発する叫び・願い」を聴いたことから必然的に導かれる原則である。

（ii）「公平な一人ひとりの福祉の実現」の原則——正しい社会の構築

・社会福祉は「共通悪の除去優先」の原則を貫きつつも、それだけを行うのではなく、あくまで「公平な一人ひとりの福祉の実現」を目的としなければならない。

・社会福祉の政策や活動は、「公平な一人ひとりの福祉の実現」を図るために、他の社会政策や経済政策と協働して、ミクロ・メゾ・マクロといった環境において実現すべき価値や状態の実現に努めなければならない。

第四節　社会福祉の本質（本来性・固有性）

社会福祉とは何か。この「Xとは何か」という問いはXの本質を問うている。では本質とは何か。本質には、普遍性（Xのあらゆる事例について妥当しなければならないこと）と固有性（Xという事例のみに妥当すること）という二つの性質が要求される（山本 1998：1506-1507）。この規定に基づくならば、社会福祉の本質とは、社会福祉と呼ばれる営みの全てに妥当し（普遍性）、且つ、社会福祉という営みにおいてのみ妥当する（固有性）性質となる。

今日では、社会福祉法によって表現されている「社会福祉を目的とする事業（社会福祉事業を含む）」や「社会福祉に関する活動」とされている事業や活動の全てが社会福祉であるとされている。先の規定に基づくならば、社会福祉の本質とは「社会福祉を目的とする事業（社会福祉事業を含む）」や「社会福祉に関する活動」とされている事業や活動の全てに妥当し、且つ、それらの事業や活動のみに妥当する性質となる。

しかし、社会福祉とされている事業や活動は多くの課題を抱えている。中には、社会福祉施設内で起こる職員による利用者への虐待、生活保護の受給資格があるにも拘らず正確に制度の説明を行わずに、申請を断念させる行政窓口の対応など、制度上は社会福祉の事業・活動ではあるが、とても社会福祉とは言えない事業・活動もある。そのため、ここで言う本質とは、現に存在している社会福祉の全てに妥当する普遍性ではなく、「社会福祉のあるべき姿、それがなければ社会福祉とは言えない根本的な特質、社会福祉固有の特質」と捉える。

さて、本書の根底には一貫して「社会福祉とは何か」という問いがあった。この問いを根底に置きつつ哲学した結果として、社会福祉の本質をどのように理解することが出来たのかを、ここでは確認する。まず、社会福祉の原理、人間理解、方法や取り組み、そして目的といったそれぞれの観点に関して、社会福祉における本質的な事柄として、どのようなことが学べたのかを整理する。その後、そこに示されている社会福祉における最も固有な特質を抽出することで、社会福祉の本質についての見解を提示する。

（一）社会福祉の原理に関すること

①困難な状況にいる人や尊厳を剥奪されている人たち、その〝最後の一人〟に気づく

人と人との関係、家族・地域社会・学校や職場といった中間集団、そして社会制度から排除され、〝人を人とも思わぬ状況〟、〝人としての尊厳を剥奪された状況〟で生きることを余儀なくされた人たちがいる／いた。そのような状況にいる人たちの多くは、その状況に抗する言葉を発する意欲を失っている。中には、乳幼児や話すことが出来ない障害がある人たちもいる。その状況やそこにある不幸は沈黙している。これは決して特別な状況や事態ではなく、いつの時代・社会にも存在する事実である。

〝底辺に向かう志〟を継承する小倉から学んだことは、〝視るべきものを視る〟ことから社会福祉は始まる、とい

う社会福祉の本質に関する理解である。本書で試みた福祉哲学の実践も、この学びから始まっている。阿部（2011：はじめに）が言う「福祉は、不幸を沈黙させぬために存在する」という言葉も、小倉の〝視よ〟というメッセージと同じ社会福祉の理解を示したものと捉えることが出来る。

②その存在を認める

困難な状況にいる人たちを認識しても、その人たちの存在を拒絶していれば、そこにある声は聴かれない。そして、その声が人の心に響くことなく消えてしまう。以下で述べる忘却されている声／声なき声に気づくためには、その前提として、声を発している人の存在が承認されていなければならない。この意味で存在を認めるということは、社会福祉という営みが成り立つための前提（原理）であり、かつ、社会福祉が社会福祉であるためには不可欠な本質である。

③忘却されている声／声なき声に気づく

語られる言葉、書かれて出版される言葉など、この世界には多くの言葉が溢れている。その言葉の多くが知的能力に優れている、あるいは権力のある人たちの言葉である。しかし、視るべきものの中にも小さな声、声なき声がある。それは、表情や眼差し、言葉にならない心の叫び、「いやだ」という拒否（言葉）、あるいは、諦めの中で心の奥底にしまわれた無念の想いなどであり、どれも、嘘偽りなどあり得ない真実の声（言葉）である。それらの声は、喧騒な社会の中では、あれどもなきがごとく押しつぶされている。

この現実に対して、社会福祉という営みの中では、話したり書いたりする言葉（ロゴス――そこには嘘や偽りもある）とは異なる、表情・眼差しや行いを通して発せられる言葉（声なき声、即ち、ダーバール――これは嘘偽りがない）があることに気づく。このような言葉を感じ、それに気づく感受性が社会福祉の本質にはある。

④呼びかけ（忘却されている声／声なき声）に応える＝責任

同情や憐れみ、社会全体の秩序維持・安定など、他者への支援を生み出す要因（原理）には様々なものがある。しかし、本章第二節で確認された社会福祉の原理は、呼びかけ（ダーバール）に応えるように駆り立てる力であった。この力こそが、社会福祉の本来的／固有な原理という意味で社会福祉の本質（本質的原理）と言える。

ここには〝他者の先行性〟という社会福祉の本質が示されている。社会福祉という営みを生み出す最も根源にあるもの（原理）は、支援者（政府や団体も含む）の価値観や思いではない。根源にあるのは〝他者の呼びかけ〟である。呼びかけに人として応える、あるいは政府が応える。この〝呼びかけに応える＝責任〟こそが、社会福祉の本質である。即ち、社会福祉の本来的／固有のあり方は、支援を必要としている人たちの呼びかけ（切なる思い＝ダーバール）に応答する営みの総体なのである。

⑤抵抗する

声なき声（ダーバール）は、抑圧（虐げ・剥奪・蔑み）に対する抵抗の声でもある。その声には「何で、こんなことをするの」、「もう嫌だ」、「やめてくれ」といった抵抗が示されている。抵抗は人間としての最も原初的な訴えであり、その意味で「声なき声」の中に抵抗を感じ取ることや、諦めの中に抵抗の痕跡を感じ取ることは、社会福祉の根源にあることである。

声なき声（ダーバール）を聴いた（感じた）者は、そこに「抵抗」も感じ取る。と同時に自らも、そのような声を生み出す抑圧する状況に対して抵抗／反発を感じ、何とかしなければならないという思いに駆られる。これらの「抵抗」が、社会福祉の目的において消極的な自由の優先性を主張する根拠となる。

（二）社会福祉の人間理解に関すること

多くの人が人間についてのイメージないし一定の理解をもっている。それは、成長と共に言葉を習得し身辺自立していき、学校で学び、卒業すると就職し収入を得る、といった理解である。しかし、筆者が支援において出会った人たちは、これらのどれにも当てはまらず、中には、「常に上着を破るため、一年中、上半身裸でいる」、「便を壁に塗る（便こねと呼ばれていた）」、「深い傷を負ったため病院で縫合したが、その糸をすぐ抜いてしまう」といった、これまで筆者が思いもしなかった行動をする時があった。この経験から人間には多様な姿があることを学ぶと共に、「人間とは何か」と改めて考えさせられた。

カントは、人間は動物のように欲望の奴隷ではなく、自らが立てた普遍的法則に従い、欲望から解放されて生きていくことが出来る自律した存在であり、故に人間には尊厳があると言った（Kant＝1976：118-119）。しかし、最重度と言われる知的障害がある人は、カントが言うような意味での自律は困難であった。では、その人たちに人間としての尊厳はないのかと言えば、とてもそうは思えなかった。そこから筆者は「人間の尊厳とは何か」とずっと考えてきた。

視るべきものの中に身を置き、そこで抑圧（虐げ・剥奪・蔑み）されている人たちと実際に出会い関わるが故に、社会福祉という営みでは「人間とは何なのか」が必然的に問われる。そして、人間に対する理解が深まっていく。本書における福祉哲学の実践の結果深められた人間理解は以下の通りである。

①一人ひとりにかけがえのない生活世界が立ち現れている

「できるだけ、たんねんに、〝草の根〟に息づく現実を視、考え、そのことがらの重さをはかりうるような作業のつみあげを試みることが必要とされる。ことがらの本質は平凡な事実のなかに発現する」（小倉 1983：94-95）。あるいは「福祉とはなにかが先行するのではなくて、くらしのなかで考え模索する福祉の問い、その意味関連についての生活者の考え方が根底になる」（小倉 1983：123）と、小倉は述べている。そして、色川の次の言葉を著書の中で引用している。

「人は誰しも歴史をもっている。どんな町の片隅の陋港に住む『庶民』といわれる者でも、その人なりの歴史をもっている。それはささやかなものであるかもしれない。誰にも顧みられず、ただ時の流れに消え去るものであるかもしれない。しかし、その人なりの歴史、個人史は、当人にとってはかけがえのない〝生きた証《あか》し〟であり、無限の想い出を秘めた喜怒哀歓の足跡なのである。―この足跡を軽んずる資格をもつ人間など、誰ひとり存在しない」（色川大吉『ある昭和史』38頁：小倉 1983：57で引用されている）

小倉の眼差しは、町の片隅の陋港《ろうこう》に住む「庶民」、〝人を人とも思わぬ状況〟の中で無念の思いや辛い思いをしている人たち、その一人ひとりのかけがえのない生に向けられている。その眼差しの先にあるものは、一人ひとりに立ち現れている生活世界であり、現象学が見出した視点（当事者の視点）から立ち現れる世界である。

一人ひとりに立ち現れている生活世界があり、その世界は人生として〝時〟を刻んでいる。その人生を振り返ると、その人と他者とを結びつけた何本もの〝神秘的な糸〟が絡み合うように交差していて、その糸がその人の人生の多彩な絵模様を織り上げている。そして、その絵模様が記憶として蓄積されている。それが一人ひとりに立ち現れている生活世界であり、それは〝時〟が刻まれた世界なのである。

社会福祉における人間理解は、人を外側からではなく、その人に立ち現れている、〝時〟が刻まれた世界を理解するところから始まる。

②「小さくされた人たち」や「弱さ」の中にある力を見出す

糸賀一雄は、自分たち施設職員ばかりでなく、親、学校の教員、役所の職員、そして地域の人たちは、この世の役に立ちそうもないと思われていた重度や重症の障害をもった人たちから勉強させられ、学んだという。何を学んだかと言えば、一人ひとりがかけがえのない生命をもった存在であり、大切な存在であるということ、個性のある生き方に共感や共鳴を感じるということである。そして、人間として生まれ、その人なりの自己実現をしているということである（糸賀 1968：174-177）。

糸賀はこれらのことに気づいたが故に、そこにある大切なもの・可能性・力を〝光〟と表現し、「この子らが自ら輝く素材そのものであるから、いよいよみがきをかけて輝かそうというのである。『この子らを世の光に』である」（糸賀 1968：177）と言った。この言葉には、重度・重症の障害といわれた人たちは、周囲に、自らが宿している光を光として輝くように促す力をもっていることが示されている。

重度や重症と言われ、周囲からその人の可能性が抑圧されている人たち、即ち小さくされている人たちや弱さの中にこそ、神の力が働いていることを本田神父から学んだ。本田神父は有名な「山上の説教」において言われる「心の貧しい人々は、幸いである」（マタイ福音書5章3節）という従来の訳に対して、「心底貧しい人たちは、神の力がある」と訳している。「力は、弱っているときにこそ発揮される。……（中略）……わたしは弱っているときこそ、力が出るからです」（コリント人への手紙2・12章9節・10節）ということが、聖書において一貫して語られる神の力の働き方を要約したものであることも学んだ。

社会福祉は、聖書が告げている「小さくされている人や弱さ」の中にこそ神の力のような働きがあること、具体的に言えば、自ら生きようとする力、そして周囲にその力を支え・応援しようと駆り立てる力があることを、実感を伴う形で示すことが出来るのである。

③霊としての人間

私たちは人間を身体（肉）と心（魂）といった二つの側面で理解しがちである。しかし、最も小さくされている人たちと関わる社会福祉という営みの中では、そこにダーバールとして支援を促すような力（神の願い／力）が働いているのを感じる。そして、その経験を通して、人間には身体（肉）と心（魂）だけでなく、霊といった側面があることに気づく。

社会福祉は視るべきものを視て、そこにいる人たちと関わるが故に、そこに働いている支援を促すような力（神の願い／力）を感じる。そして、私たちが失いかけている人間の霊としての側面に気づくことが出来るのである。

④視るべきものの中で尊厳と人権に気づく

第二次世界大戦後、ドイツ連邦共和国基本法（いわゆるボン基本法）の第1条第1項は「人間の尊厳は不可侵である。これを尊重し、保護することは、すべて国家権力の義務である」と規定している。この規定が誕生した背景には、ナチズムによる権力の簒奪《さんだつ》やユダヤ人虐殺という歴史的教訓があった（葛生 2011：25）。戦争において、絶滅収容所で抹殺された一人ひとりは、〝時〟と共にあり、〝時〟を刻み生きている人だった。その一人ひとりに違った形の〝時〟があり、その〝時〟がもたらす幸福感や充実感があった。にも拘らず、戦争や絶滅収容所は、そのような幸福感や充実感を内包した一人ひとりのかけがえのない生を、あまりにも無惨な形で奪ってしまった。その深い反省から生まれたのが、人間には「尊厳」があるという人間理解である。

また、イグナティエフ（Ignatieff＝2006：136–138）が言うように、歴史を振り返れば、人間の自然の属性の内には、人権の基礎となるようなものは何ひとつなかったことが分かる。逆に、ホロコーストは、純然たる暴政が人間に自然に備わった残酷さを思うがままに操って利用する時、世界が一体どのような姿になるのかを白日の下に晒した。そのことを見せつけられた歴史的瞬間に、世界人権宣言は人権という理念の再構築に踏み出したのである。

ここに示されるように、尊厳にしても人権にしても〝視るべきものを視た〟が故に見出され、再構築された概念なのである。視るべきものに身を置けば、全ての人が「人間はかけがえのない大切な存在なんだ」と思い感じる訳ではないであろう。しかし、社会福祉という営みは、そこにある呼びかけ（訴え・声なき声）を聴き（感じ）、情動性と共にその呼びかけに応えるところから生まれる。そのような呼応関係の中で、糸賀一雄のように、そして筆者自身も、視るべきものの中にいる一人ひとりのかけがえのなさや大切さを強く感じた。そして、このような関わりの中で人間の尊厳や人権を見出し再構築していくことが可能となる。社会福祉は、このようにして人間に対する理解を深めていくのである。

⑤ The feeling of being necessary

歴史を振り返ると、そして今日でも、様々な条件によって人間と人間でないものが区別されている。そして、人間でないとされた人たち、あるいは人間とは見做されなかった人たちは、まさに人間ではないが故に、人間の姿をした悪魔として虐殺されたり、奴隷（道具）として使われたりしてきた。尊厳という概念も人間と人間ではないものを区別する基準に使われ（小松 2012 : 270, 2013 : 12, 105）、人格という概念も、同様の働きをする装置として機能してきた（岡田 2011 : 265）。

視るべきものの最底辺にいた／いるのが、この人間ではないと排除された人たちである。社会福祉はその現実を視て、その状況にいる人たちに関わることで、そこにある声（思い・気持ち）を聴く。そして、その人たち一人ひとりがかけがえのない〝時〟を刻んで生きている「人」、大切な人であることに気づく、あるいは再確認する。それは理屈ではなく関わりの中から実感される感覚である。この感覚を表現したのが、パウル・ティリッヒ（Tillich = 1981 : 113）の言葉 The feeling of being necessary である。これは自分が存在していることが必要であると自分も思っているし、周りも思っている、そして「自分は大切な存在なんだ」、「あなたは大切な人ですよ」という人間理解を表す言葉である。

今日の社会でも、教育、職場、社会保険や社会福祉、家族や友人から排除され（見棄てられ）、何もかもを諦めた生を生きている人がいる（湯浅 2008 : 60–62）。出生前診断により中絶されてしまう障害のある「いのち」がある。

あるいは、この世に生を受けながら人間としての扱いを受けずに路上で瀕死状態になっている人たちが大勢いる。様々な排除・分割の線があり、排除され必要とされていない人がいる。そのような人たちに対して、「あなたはいなくてはならない人ですよ。大切な人ですよ」と思い感じる感覚が、The feeling of being necessary である。

視るべきものの中における実際に関わりがあり、その中で実感される人間理解がある。それが The feeling of being necessary という社会福祉における人間理解である。なお、この言葉は嶋田啓一郎（1980-a : 331）や秋山智久（1999 : 40）によって、社会福祉実践における最高原理として指摘されてきた言葉でもある。

⑥人間としてその存在を認める

バットストーン（Batstone＝2010 : 22）は「私は売り物ではない、あなたも売り物ではない、だれひとりとして売り物にされてはならない」ことを訴えるために『Not for Sale』（邦題：『告発・現代の人身売買』）を執筆した。人身売買の根幹には「人間を売買可能な〃物〃に貶める恐ろしい力が働いている」（Batstone＝2010 : 22）。社会の底辺には人を人として認めることを取り消す（拒絶する）物象化の力が働いており、そこで人は存在しないかのように扱われたり、物のように扱われたりしてしまう。そのような物象化の力に抗し、あくまで人を人として認めることが、社会福祉の人間理解の根底にある。

⑦一人ひとりが自尊心をもった人生の主人公であり主権者

一人ひとりの人が自らに立ち現れている生活世界の主人公である。そして、自らの意思で物事を決めることで人生を創造していき、他者と共に自分たちが暮らす地域や地方自治体・国家を統治する主権者である。社会福祉のサービス（支援）はあくまで、この世界に生を受けた全ての人が自尊心をもって、その人固有な潜在的可能性を顕在化させるために活用するためのものである。

支援と引き換えに自尊心を傷つけるような社会福祉や、支援を必要としている人たちを福祉サービス（支援）の客体と見るような社会福祉は、社会福祉の本来的な在り方を欠いた姿である。

⑧「大切なものを他者に譲る」という人間の可能性

私たち人間は自己中心的と言ってよいであろう。自分の欲求と価値観に基づき（囚われ）生きている。それは人間の自然な傾向なのであろう。しかしそれに反し、自分が欲しているものを他者に譲るという行為を見聞することがある。そして、そこに感動の気持ちと共に人間の美しさのようなものを感じる。その例を二つ挙げる。

（i）絶滅収容所での体験

一つは、『夜と霧』の著者であるフランクル（Frankl, Viktar E.）自身の絶滅収容所での体験である。

「現場監督（つまり被収容者ではない）がある日、小さなパンをそっとくれたのだ。わたしはそれが、監督が自分の朝食から取りおいたものだということを知っていた。あのとき、わたしに涙をぼろぼろこぼさせたのは、パンという物ではなかった。それは、あのときこの男がわたしにしめした人間らしさだった。そして、パンを差し出しながらわたしにかけた人間らしい言葉、そして人間らしいまなざしだった……」（Frankl＝2002：144）

（ii）飢餓の可能性の中での体験

もう一つは、ＮＧＯ日本国際飢餓対策機構の神田英輔が飢餓に対する緊急援助の中で体験したことである。

「筆者たちが緊急食糧配布を始めたその場に、隣のウォロ州から三日がかりで歩いてきた二人の女の子がやってきた。ボロをまとっただけの姿は、村の子どもたちのみすぼらしさ以上に一段と目立つものだった。お姉ちゃんが八歳くらい、妹が四歳くらいだった。話を聞くと家族のことを語ってくれた。お父さんは約三か月前に餓死したとのこと、お母さんは一か月前、目がまったく見えなくなったとのこと、栄養不足が原因と考えられた。風の便りにゴンダールに行ったら食べ物がもらえるらしいということを聞き、山を三つ越え、三日三晩かけて歩いてきたというのである。もちろん裸足で、野宿しながら食べる物もない。この二人に準備した食糧をあげようとした筆者を見て、一人のエチオピアの兵隊がつかつかと近づき、この二人を銃の台尻でグイと押し倒し、言ったのである。『ウォロの人間はこんな所に来るな。あっちへ行け』。かわいそうに、この二人は追い散らされてしまったのである。群集の中に紛れ込んでしまったこの二人を、筆者は二度と見つけることができなかった。……（中略）……翌朝、夜が明けるとすぐに、この二人のことを捜し歩いた。尋ねて歩いていた筆者に村人の一人が教えてくれた。村のある家族がこの二人を泊めたというのである。

筆者は早速その家を訪問した。出てきたご主人はみすぼらしい格好をしていたが、彼の口からでた言葉は筆者を驚かせた。前日約一か月ぶりに配給でもらった食糧をあの二人にも分けて食べさせ、さらに、その中から、あの二人にも分けてやり、母親のためにも、持って帰らせたとのことだった。もちろん筆者たちが各家庭に配給した食糧は、緊急援助だから不十分なものでしかなかった。そのような中から他人に分けてあげるということは、自分の家族が真っ先に餓死する可能性が出てくるということである。

筆者は彼の生き方にショックすら覚えた。外見は粗末ななりをしたご主人だったが、この方の内に、人間としてのすばらしさを見て感動したことを忘れられない。彼の言葉は非常に印象的なものであった。『もしも自分があの二人の立場だったら、きっと私がしたのと同じことをしてほしいと思いますよ。私は人間として当たり前のことをしただけです』人間として当たり前のことができるすばらしさを教えられた。ほんとうに美しい生き方をなさっていたのである。

筆者はあの時、人の美しさはどんなときに輝くのかということがわかったような気がした。自分にとってほんとうに大切なものを他者と分かち合えるときに、人間の『美しさ』は輝くのだと教えられた」（神田 2003：99−100）

人間は自然な傾向に反し、自分が欲しているものを他者に譲るという行為をすることが出来る可能性を秘めている。そして、その人間の可能性を感動と共に〝美しい〟と感じる感受性ももっている。社会福祉は人間を、このような可能性と感受性をもった存在として理解するのである。

（三）社会福祉の方法や取り組みに関すること

①人を抑圧する（虐げ・奪い・蔑む）仕組みを分析する

小倉は、〝視るべきもの〟をしっかりと視た上で、それらが歴史―社会の中でどのような要因により生起したのかを、法制度（フォーマル）と道徳（インフォーマル）の双方から分析する。

歴史を振り返ると、そして、今日における自己責任論が示すように、尊厳を剥奪された状況や困難な生活の原因を、その状況にいる人たちに求める見方があった。例えば、その人たちが怠惰であるから、道徳的ではないから、あるいは前世の報いである、といったようにである。しかし、社会福祉という営みは、社会科学の知見を用いて、人を抑圧する（虐げ・奪い・蔑む）仕組みを分析して、そこにある不公平な仕組みや規則を明らかにする。そして、尊厳を剥奪された状況や困難な生活の原因は、その状況にいる人たちにあるのではなく、社会にある不公平や仕組みや規則にあることを明らかにするのである。

さらに福祉哲学は、「個人にはどうすることも出来ないにも拘らず、与えられている世界における著しい不平等」を根源的不平等と捉え、そのような不平等は、変えられる可能性があるにも拘らず変えようとしない、人間や社会がもたらした「不正義」であることを露わにする。

阿部志郎は経済学者マーシャルの「心は温かく、されど頭は冷やかに（Warm heart but Cool head）」を人生のモットーにしている（阿部 1999：28）。ここに示されている通り、社会福祉には視るべきものの状況にいる人たちの痛みや苦しみに共感する温かな心（Warm heart）が不可欠である。しかし、社会福祉が成り立つためには、冷静な頭脳

（Cool head）で視るべきものを生み出す原因を分析・解明し、その状態が不正義であることを明らかにする必要がある。

②政府と民間の協働

人々の困難な生活や人としての尊厳を剥奪されるような状況を生み出している主な原因が社会にあるが故に、その対応は社会を統治する政府の責任（役割）として認識されるようになった。こうして福祉国家が成立する。福祉国家では、権利保障の思想のもとに社会福祉の法制度が創られ、その法制度を軸にして支援が福祉サービスとして提供されている。しかしそこでは、福祉サービスの受給者＝保護を受けている二流市民といった意識を生み出し、利用者の自尊心が傷つけられる場合がある。また、地域に生活することが困難な状況になっている人がいても、それは役所が福祉サービスで対応することであるといった新たな無関心、社会的分断を生み出す可能性も秘めている。福祉国家という国の在り方は単に財政的な課題だけでなく、このような課題も抱えているのである。

政府の責任を民間に転嫁することがあっては絶対にならない。しかし、政府だけでは先に確認したような社会福祉の目的を実現することは出来ない。必要なことは、社会福祉の目的を実現するために政府と民間が、それぞれの特性や役割・責任を踏まえ協働していくことである。

例えば、政府には人々の生存の基盤となる物質的および社会的ニーズを充足する資源が全ての人に届き、且つそこに汚名の感情が生じないような普遍主義的政策をもとに社会福祉制度を設計する役割がある。そして、人々の実存的ニーズの充足を図る中間集団が適切に機能するような政策及び実践のサポートを行う役割がある。一方民間は、現存する社会福祉制度では届かないニーズに対応すると共に、地域の人が互いの実存（承認や触れ合いなどの精神的な側面）を支え合うコミュニティを、政府（行政）と協働しながら創っていく役割がある。これは、あくまで単純化した例示に過ぎないが、社会福祉の本質には政府と民間の協働がある。

③自分や人の中にある醜さ（自己中心性、差別偏見、攻撃性など）に気づき向き合う

社会福祉は実際に行われる政策・事業・活動である。その営みを何年、何十年とする中で気づかれる社会福祉の本質がある。それが自分そして人が宿している醜さ（自己中心性、差別偏見、攻撃性など）に気づき向き合うことである。次の文章は、阿部の言葉の中でも印象に残っているものの一つである。

「私は、福祉の仕事を専門にしております。なのに、残念ながら、その偏見を乗り越えることが、いまだにできずにいます。私は、障害児を見ると、自分が偏見を持っていることを感じます。人間の持っている障害児に対する偏見――みにくい、汚ない、かわいそうだという気持ち――は、誰もが感情的に持っています。しかし、これがあるかぎり〝真の福祉〟は成り立たないだろうと思います。この心の中にある弱さ、みにくさをどうやって克服するかが私たちの課題となってまいります」（阿部 1987：82-83）

これは抽象的な話でもなければ他人事でもない。筆者自身の実感でもある。一〇年以上知的障害者施設の支援をしていると、知的障害をもった人がいることが日常であり、障害をもった人に対する自分の偏見は大分弱くなったと思っていた。しかし、それは表面的であることに気づいた。

ある夜勤の時である。利用者の一人が寝ないで奇声を上げながら徘徊をし、テレビを台から落とそうとする、部屋の戸を開けるなどをして他の利用者の睡眠を妨げる、ふらふらとして転倒しそうになる、といった行動に対応している内に「全く、何をやっているんだ」と苛立ち、「全くしょうがない人だな」と否定的な見方をしている自分がいることに気づく。ここで虐待と言われる言動はしないが、虐待をしてしまう職員の心理を容易に想像出来る自分がいた。

また、次のような住民のエゴもある。社会福祉施設や廃棄物処理施設などを建設しようとすると、しばしば地域住民の反対に遭い計画が頓挫する、あるいは建てる替わりに大きな譲歩を余儀なくされるという、施設と地域間で

の紛争を施設コンフリクトという。佐々木勝一は施設コンフリクトとして採り上げた事例（二〇〇一年夏、H県K市郊外の住宅地、知的障害者入所更生施設の移転計画）において、自治会が実施したアンケートに示された住民の声を紹介している。それは次のようなものである。

「この周辺の地価が下がらないか懸念します」

「（知的障害者のような）良いか悪いかの判断が出来ない人が近隣に来るのは反対です。福祉を前面に出すと、反対する人は悪人にされる。ずるいです」

「自分勝手、閉鎖的と言われるかもしれません。ですが、自分と家族のために選んだ環境を大切にし、子どもに受け継がせたいだけなのです。環境悪化や危害が加わる恐れが、たとえ1％でも増えるのなら、賛成はできないのです」（佐々木 2006：304–305）

このアンケートでは約七割の住民が施設移転に対して反対を表明した。地元自治会は「移転に関する専門委員会」を立ち上げ、次のように相反する二つの答申を出す（佐々木 2006：305–306）。

【主答申】「反対する客観的、合理的理由はない」【副答申】「住民の反対意見が強く、移転に同意できない」

この答申に示されていることは「住民は、反対する客観的・合理的理由はない、にも拘らず、移転には同意できない」という何とも理不尽な主張である。

そもそも、知的障害があっても入所施設を利用することなく、地域で暮らすことが望ましい。しかし、地域で支える資源・仕組みが整っていないため、施設利用者（入所者）は入所施設を利用するしか選択肢がなかったのである。言い換えれば、生まれ育った家庭と地域から引き剥がされ、施設に入らざるを得なかったのである。施設利用者の立場からみれば、地域で暮らす（住む）という「当たり前」のことが保障されず、更には、施設という生活の場の設置すら同意してもらえない。佐々木が言うように「施設コンフリクトで侵害される障害者の『住む』の権利は、施設であろうと地域であろうと最も基本的な権利に対する侵害である」（佐々木 2006：308）。

このような状況は入所施設に限らない。二〇〇三（平成一五）年度から二〇一二（平成二四）年度までの一〇年間を計画期間とする新障害者基本計画では、施設から地域生活への移行の推進、グループホームや福祉ホーム等の地域における住居の確保が基本的方向として掲げられた。

しかしながら、例えば、筆者は昨年（二〇一二年二月）、長野県西駒郷地域生活移行支援センターで、「今年度（二〇一一年度）だけでも、地元の建設反対のため、三つのグループホーム開設が出来なかった」と聞いた。

障害児・者福祉に関して言えば、「総論賛成、各論反対」という言葉を聞く。これは、新障害者福祉計画が示すような、障害がある人も施設ではなく地域で暮らすことは、総論としては賛成だが、自分の家の近くにグループホームが出来るのは（各論では）反対という、自己中心的な見解である。

私たちは誰もが自己中心的な傾向をもち、他者を拒み、差別や時に攻撃さえする。このような醜さ（自己中心性、差別偏見、攻撃性など）に気づきそれに向き合うことは、社会福祉という営みの中では避けることが出来ない現実であり、それ故、社会福祉の本質に属することであると考える。

④自分の大切なものを差し出す／重荷（負担）を分かち合う

社会福祉という営みの中では、自分や人の醜さ（自己中心性、差別偏見、攻撃性など）に直面するが、それに気づき向き合う中で、次のような経験もする。

（ⅰ）自分に大切なものを差し出す

第二次世界大戦後の一九四六年一一月から一九五二年六月まで、日本にララ（LARA：Licensed Agencies for Relief in Asia＝アジア救援公認団体の略称）からの支援物資が送られていた。当時にして推定四〇〇億円もの物資が送られ、栄養状態の悪化した多くの子どもたちを飢えと寒さから救った。阿部はララ支援物資について次の体験を語っている。

「私ははじめ、ララは、アメリカの余剰物資が送られていると思っていた。その後アメリカにいたときに、ある女子の高等学校へ行きましたら昼飯を教師も生徒も食べていない。聞いたら一週間に一日昼食を絶っている。これをララに援助として送るというのです。これには頭を下げました。要するに高校生たちが一食抜いて、敗戦国のわれわれに救援の手をさしのべた」（阿部、土肥、河 2001：8）

余ったものではない。自分にとっても必要なものがララ支援物資となった。そこには犠牲が伴っている。犠牲とはある大切なことのために、別の大切なものを失うことを意味する。それ故、この言葉は、例えば「国家のために尊い犠牲になった」というように、個人の意思（本心）に反して尊い命を奪われたことを美化・正当化するロジック（犠牲の論理）に使われる。よって、この言葉の使用には注意を要する。言うまでもなく、尊い命が国家あるいは全体の利益のために損なわれる（犠牲になる）ことがあってはならない。個が全体の利益の犠牲になってはならない、これは社会福祉の本質の根幹に位置する考えである。この意味で「犠牲」は危険な要素を含んだ言葉である。しかし同時に社会福祉の本質的要素を宿している。そのことを示しているのが、次の阿部の言葉である。

「上着を脱いで、病んで苦しんでいる人の上にかける。そうすれば、病んでいる人は寒さを防ぐことができます。しかし、上着を脱いだ人は寒くなるのです。寒くなることを承知のうえで、あえて苦しんでいる人に上着をかける。それも自らの選択に拠ってです。その行為がサクリファイスなのです。上着をかけることによって、かけられた人とかけた自分自身がともに心を温められ豊かになる。これが〝福祉の哲学〟です。犠牲を負う。しかし、そのことによって、共に生きることが可能になるのです」（阿部、河 2008：55-56）

ここで語られる犠牲とは、「他者と共に生きる」という大切なことのために、自分にとって大切なものを差し出すことである。ここには、阿部が福祉を哲学することによって気づいた社会福祉の本質が示されている。

（ii）重荷（負担）を分かち合う

社会福祉という営みの中では、「重荷（負担）を分かち合う」という経験もする。阿部はそれがコミュニティの意味であり、ボランティアであると言う。

「いろいろな人が一緒に住んでいる地域を、住むだけでなく、『共に生きる』場にすることがコミュニティづくりなのです。私どもの町では、子どもも老人も障害児も一緒に運動会をしていますが、隣人同士でつくる温かいコミュニティの中で、はじめて『孤独な魂』は慰められ、社会に参加する場を見だすことによって、積極的に隣人と共に生きる意志が湧きあがってくるのではないでしょうか。

コミュニティとは、『互いに重荷を負い合う』という意味です。他人の持っている重い荷物を『私も一緒に持たせてください』といって手を差しのべる人がボランティアです。

このようなボランティアが集まり、ボランティアの輪が広がってこそ、地域社会を真実なコミュニティへとつくりあげていくことができるのではないでしょうか（強調は原文）」（阿部 1988：33）

自分や人の醜さに向き合いながらも、社会福祉の営みの中では、自分の大切なものを差し出し、重荷（負担）を分ち合う経験をする。おそらくそれは、人間が潜在的に宿している人間性／社会性であり、人間の可能性（人間は自己中心的な傾向をもつが、しかし、人間にはこういうことも出来るという可能性）であろう。この人間の可能性が社会福祉の本質にはあると考える。

⑤虐げられている人たちの声（願い）こそが真の解放と人間性の回復をもたらす

他者と重荷（負担）を分ち合い、共に生きる中で気づくことがある。それは、「貧しく小さくされた人たちのいつわらざる願いを真剣に受けとめ、その願いの実現に協力を惜しまないときに、人は共に救いを得、解放していただける」（本田 2006：35）ということである。すなわち、虐げられている人たちの声（願い＝ダーバール）に応え共に生きようとすることは、その声を発している人たちの抑圧的な状況（非人間的な状態）からの解放をもたらすだけではなく、共に生きようとする人たちの非人間的な状態からの解放をも、もたらすということである。

筆者はこのことを本田神父から学んだ。しかし、フレイレ（Freire, Paulo Regulus Neves）も『被抑圧者の教育学』の中で次のように述べている。

「非人間化は、人間性を奪われた者のみにみられるのではなく、形を変えて、人間性を奪っている側にも見られる。……（中略）……抑圧者の暴力は、抑圧者自身をも非人間化していく。……（中略）……被抑圧者が自らの人間性を取り戻すための闘いは、……（中略）……抑圧者、被抑圧者、双方の人間性を回復しようとするとき、その闘いは意味をもつ。これこそが被抑圧者の大きな役割であり、抑圧者の歴史の課題である。つまり、自らの解放のみではなく、抑圧する者も共に解放する、ということだ。被抑圧者の無力さから生まれる力が、抑圧する者とされる者の両方を共に解放する力をもちえるのであり、暴力に頼る抑圧者は、こういう力をもつことはできない」（Freire = 2011 : 22–23）

虐げられている他者の声に応え、重荷（負担）を分かち合う時、他者が非人間的な状況から解放されていくだけでなく、重荷（負担）を分かち合った自分自身も非人間的な状態から解放されていく経験をする。このような経験をもたらす働きが社会福祉の本質にはある。

⑥「自己中心性」から「人間の可能性」への変容／支援を必要とする人と支援をする人相互の変容

阿部は、先に引用した障害児との出会いのエピソードを次のように言い直している。

「福祉は、確かに人のために何かをする、働きかけることですが、自分自身の中にある弱さ・醜さ、その罪を克服する努力のプロセスでもある、と私は思ったのです」（阿部・一番ケ瀬 2001 : 55）

「心の中にある弱さ、みにくさをどうやって克服するかが私たちの課題」という表現が、「自分自身の中にある弱さ・醜さ、その罪を克服する努力のプロセス」と言い換えられている。阿部は、自分自身の中にある弱さ・醜さ、その罪は克服出来ないかもしれないが、しかし、その克服に向けての努力やプロセスに真の福祉の在り方（本質）を見出している。社会福祉という営みに何十年と身を置き活動した人間であれば、この言葉（見解）こそが、社会福祉の本質を言い当てているのではないか、と感じるであろう。筆者はそのように感じる者の一人である。

社会福祉によってもたらされることは、支援を必要としている人の状態や状況の変容だけではない。そこには、支援者の自己中心性への気づき、大切なものを差し出したり、負担を分かち合ったりすることができるという人間（自分）の可能性への気づき、そして、自己中心的であるが故に非人間的と言える状態からの解放がある。即ち、支援を必要としている人と支援をする人、その双方の状態や状況が変容していくプロセスこそが社会福祉の本質である。

（四）社会福祉の目的に関すること

①「社会的なもの（social）」への気づき

人が複数いても、その人たちに何の関わり・関係がなく、バラバラの状態では、そこに社会があるとは言わない。社会とは人と人との間で、間主観性・相互主観性・共同主観性の働きによって生じた何らかの関係性のことである。この関係性が失われた状態が社会的排除である。例えば、家庭、学校、職場、地域、社会制度といった関係性から排除された状態が社会的排除である。これに対して、関係性がある状態が社会的包摂である。この社会的包摂においては、適切な関係性と不適切な関係性がある。適切な関係性とは、この世界に生を受けた全ての人が自尊心をもって、その人固有な潜在的な可能性を顕在化させるという、社会福祉の目的に対して有効に働く関係である。これに対して、不適切な関係性とは、暴力・虐待・剥奪／搾取・蔑み・支配などである。

市野川容孝は「社会的なもの」の一つの起源をルソーに求め、その言葉がもつ意味と可能性を考察している（市野川 2006 : 89–127）。ルソーは『人間不平等起源論』と『社会契約論』において、社会を、不平等を生み出すものであり、且つ、平等を生み出すものであると語る（市野川 2006 : 99–100）。しかし、平等と不平等という概念は、自他の分離が前提となる。ルソーはこの分離を「自尊心」と呼び、それは「私のもの」と「あなたのもの」の区別、即ち、所有という概念の成立と等根源的であると考える（市野川 2006 : 112）。これら自尊心と私的所有が社会契約の基礎となる（市野川 2006 : 113）。ルソーの社会契約は、私的所有が生み出す不平等を是正し、平等が実現するために、所有されたものの再分配へと向かう（市野川 2006 : 113）。

しかしその一方で、契約によって保障された安全は国家によるものであるから、統治者が「お前の死ぬことが国家の役に立つのだ」という時は、市民は死ななければならない。このように、ルソーの社会契約には過剰な統合（同化）への傾向がある。この傾向に対して市野川は、差異の尊重という考えを導入する。そして、その概念を次のように説明する。

「差異の尊重は、他者に対する無関心《アンディフェランス》を、他者に背を向けて、自分自身の中に嵌入していくことを意味しない。全く逆に、この無関心の否定こそが（論理的にも）本当の意味での差異《ディフェランス》の尊重を可能にする。ルソーが、私利の剥き出しの追求に対置した『社会的な美徳』は、消去ではなく、洗練の対象として大切に保存されるべきであり、これを保存《アウフヘーベン》できなかった人びとが、他者に心を閉ざし、他者を排除し、同時に自分自身を否定しながら、ナチズムのサディステックな支配構造にマゾヒステックに服従していったのである（強調は原文）」（市野川 2006 : 126）

ここで市野川は、他者に対する無関心の否定、言い換えれば、他者に関心をもつことこそが差異の尊重を可能にするのであり、「社会的な美徳」として洗練の対象として大切に保存されるべきであると述べている。その上で市野川は、差異の尊重（他者に関心をもつこと）と平等という二つの理念を統合し両立させる「社会的なもの」の弁証法は、未だ完遂されざる課題として私たちに残されている、と指摘する（市野川 2006：127）。即ち、他者に関心をもちその他者を尊重し、且つ、それぞれの他者に対して等しく対応することこそが「社会的なもの」なのである。

私たちは、このような「社会的なもの」に対する課題を、レヴィナスの思想により答えることが出来る。レヴィナスにおいて差異の尊重（他者への関心）は他者に対する責任＝倫理と捉えられ、その一方で平等（等しく対応する）は、全ての他者に対する責任に等しく対応する正義として捉えられる。レヴィナスにおいては、他者に対する責任＝倫理という根源的な社会性は、第三者（他の他者）の存在によって「社会的なもの」へと拓かれる。そして、それは正義として考察される。このことが示されている箇所を引用する。

「人間の多様性は、〈自我〉が――私が――第三者を忘れることを許さない。第三者は他者の近さから私を引き剥がすのだ。媒介を欠いているがゆえに唯一で比較不能な隣人のための責任は司法に先だっている。しかし、あらゆる判断に先行するかかる責任から、根源的な社会性から、第三者は私を引き剥がすのである。隣人にとっての他者である第三者もまた私の隣人なのだ。……（中略）……問題は私の責任に課せられる他者の苦しみを見過ごしてはならないということなのである。

これが正義の時である。唯一者であり比較不能な者である隣人の根源的権利に対して、私は責めを負わねばならない。ところがまさに、この隣人への愛が、そして隣人の権利が、比較不能な者たちの比較を可能にする〈理性〉に、愛の叡智に訴えかけるのだ。一個の尺度が、『他者のために』の『軌道を逸した』高潔さの上に、その無限性の上に重ねられる。ここにおいて、唯一者の権利は、人間の根源的権利は判断を、それゆえに客観性、客観化、主題化、総合を要請する。そのためには裁定する制度が、総合を支える政治的権威が必要である。正義が国家を要請し基礎づける。たしかにここでは、人間の唯一性は人類に属する一個体としての特殊性に、市民としての条件に還元される。……（中略）……

しかし、人間の一般性と特殊性が今や他者の権利の起源とその唯一性を覆ってしまうとしても、正義それ自体がこれらのものを忘れさせることはありえない。……（中略）……人間の顔が市民としての自同性のしたに隠されてしまっても、正義は裁判官や政治家の判断に注意を促す声を持つのである（強調は原文）」（Lévinas＝1993 : 270-271）

一人ひとりが〝比較不能なかけがえのない他者〟である。しかし現実には、私がある他者の顔の呼びかけに応えるならば、その時、私は他の他者からの呼びかけに応えることが出来ない。どちらの他者の呼びかけも比較不能なものであるが、現実には複数の他者からの呼びかけがあるが故に、私は比較不能なものを比較しなければならない。この時に要請されるものが正義である。正義は比較不能なものを比較する。ところが、正義による一般化により、他者の顔の唯一性（かけがえのなさ）は覆われてしまう。これに対してレヴィナスは「正義それ自体がこれらのものを忘れさせることはあり得ない」、「正義は裁判官や政治家の判断に注意を促す声をもつ」と言う。即ち、レヴィナスの正義は、それぞれの社会において正義とされていることに対して、他者の顔の訴えやその訴えに喚起される責任を忘れることがないよう、そして、既存の正義では忘却されている他者の顔の訴えに対して等しく対応するよう求める。市野川が指摘する「差異の尊重と平等という二つの理念を統合し両立させる『社会的なもの』の弁証法」は、レヴィナスにおいては「全ての他者に対して等しく、他者への責任＝倫理を求める正義」という形を取る。

社会福祉（social welfare）は、社会という関係性・規則・秩序の中に見出されてきた「社会的なもの」を重視してきた。それらは、平等、人権、差異の尊重、他者への気遣い、共生といった価値によって語られてきた。しかしながら、福祉哲学においてこの「社会的なもの」を考察した結果、その意味として「全ての他者に対して等しく、他者への責任＝倫理を求める正義」といった内容を見出した。ここで見出された「社会的なもの」は、他者の顔の「汝殺すなかれ」という訴えにより、他者との関係性に潜んでいる暴力を禁じ、排除・見棄てられている人の呼びかけに応えるように促す。その上で、他者の顔の呼びかけに応える責任＝倫理という関係、そして正義という関係を創造していく。この後で論じるが、このような「社会的なもの」こそが社会福祉の本質となる。なお、以下で用いられる社会性と「社会的なもの」は、同じ意味内容を表わす言葉として使用する。

②私の世界に〝他者の世界〟が立ち現れる共生的空間の創造

私には、私に見えている世界、私が様々なことを思い感じる世界が立ち現れている。同様に、他者にも私と違った世界が立ち現れているであろう。私たちはまず、私が生きている世界が存在し、私とは違った世界を生きている他者が存在すると考える。次いで、それぞれの世界（異なる主観）の関係を考えがちである。このような実体（主観）が先行し、その後に実体間の関係を考える見方に対して現象学から学んだことは、私や他者に立ち現れている世界は、Intersubjektivität（間主観性、相互主観性、共同主観性）の働きによって構成されている、ということである。

Intersubjektivität の働きには物象化のような力が作動している時がある。そのような力によって構成された世界を生きている場合、私たちは他者の存在を承認しないで物のように扱ったりしてしまう。あるいは、Intersubjektivität の働きが、ある人たちに負のレッテルを貼るように働いている時がある。そのような力によって構成されている世界を生きている場合、私たちはある人たちに障害者、ホームレスというレッテルを貼り、その人たちを蔑むような見方をしてしまうこともある。そして、そのような力によって構成されている世界では、他者は私が生きている世界の登場人物に格下げされ、その人が生きている生活世界が見失われてしまう。このような事態に対してアレントは、他者から自分が生きている生活世界が見失われかねない立場から次のように言う。

「彼らとの関係に組み込まれ彼らと結びついて、はじめて私は現実に世界における一者であり、他のすべての人々から私の持ち分の世界を受け取るのである」（Arendt＝1981：298）。

言い換えれば、他者の顔の呼びかけに応える形で生まれる社会性が作動している場合、私の世界に、私とは違った他者の世界が立ち現れるのである。

先に、社会福祉の目的に関する本質的なものとして、「社会的なもの」への気づきを指摘した。その指摘に続いて確認すべきことは、社会性が作動している場合、この私の世界の登場人物に格下げされ、時に物のように扱われてしまいかねない他者が、私とは違った世界を生きている存在として立ち現れる、ということである。そして、その他者とは「だれ一人として、過去に生きた他人、現に生きている他人、将来生きるであろう他人と、けっして同一ではない」（Arendt＝1994：21）〝唯一無二のかけがえのない世界〟を生きている存在である。

社会性を生み出す他者の顔の呼びかけは、私の表象やレッテルを突き破り、私の世界に他者の世界を立ち現せるのであり、そうすることで他者は自分の持ち分の世界を受け取る。そして私は私の世界の中に、本来は他者が占めるべき場所をお返しすることが出来る。

阿部志郎は「中国の言葉に『意中人あり（心のなかに人がいる）』というのがあります。共にあるということは、自分のなかに他人を存在させることに他なりません」（阿部 1999：24）と言う。阿部が言っていることと、ここで述べている、私が生きている世界の中に〝私とは違った世界を生きている他者の世界〟を立ち現せることとは、同じ事態を言っているのであろう。

社会性に気づきそれを作動させることで、私の世界の中に〝他者の世界〟が現れる共生的空間を創造していくことが、社会福祉の目的に関する本質的なものと言えるであろう。

③〝最後の一人〟まで人として接し、その人と世界を分有する

生後まもなく〝名もなき小さな者たちの墓〟に葬られていく運命にある「ほどなく死ぬ運命を背負わされてこの世にやってくる子どもたち」（Ziegler＝2003：56）がいる。現在の日本でも地域の人たちに気づかれずに餓死する人がいる。私の世界の中にその人の世界が立ち現れるどころか、認知すらされずに困難な状況に苦しみ、死んでいく

人たちが大勢いる。これまで何度も指摘したように、このような視るべきものの状態にある悲痛な叫びや願いは、社会に届くことが少なく沈黙していることが多い。また、可視化されたとしても、犯罪や虐待などは人々の反感の感情を引き起こさせ敵対視される。

先に見出した Intersubjektivität（間主観性、相互主観性、共同主観性）に働く社会性は、社会から排除され、まるで存在しないかのように思われる状況にいる〝最後の一人〟の呼びかけに気づき応えようとする。それが社会性として見出したものの本質的な働きである。社会福祉の本質である社会性には、〝最後の一人〟の呼びかけに気づき応えようとする。それが故に、社会福祉の目的に関する本質的なものには、〝最後の一人〟まで人として接し、その人と世界を分有することを目指す。

阿部（2011：6）は「マザー・テレサ（Mother Teresa）が、死にゆく人を看取るのに、二つの質問をした。一つは、『あなたのお名前は』。おそらく、人生の中で自分の名前を呼ばれたことのない浮浪者に固有名詞で呼びかけた。もう一つは『宗教は』と聞きその人の宗教に従って、野辺送りをした」という行いを紹介している。この世界の全ての人が見棄てたとしても、社会福祉の実践者はその人を見棄てず、かけがえのない人として関わる。そしてその関わりを通して、私の世界の中に、その人の世界が立ち現れるようにすることで、〝最後の一人〟と世界を分有することを目指すのである。

（五）社会福祉の本質

①原理・目的・本質の関係性

本章では、社会福祉の原理、目的、本質に分け、その内容を明らかにしてきた。ところで、原理、目的、本質はどのような関係にあるのだろうか。

「原理にあたるギリシア語のアルケーは〈始まり〉〈根源〉の意で、その訳語として出来た西欧語のprinciple等は他のものがそれに依存する本源的なもの、世界の根源、ある領域の物事の根本要素という意味をも含んでいる」（栗田、古在編 1979 : 73）。即ち、原理とは、「他のものがそれに依存する根源にあるもの」といった意味である。目的とは「実現されるべく意図されている未来の状景において達成されるはずの価値のことである」（大澤 1998 : 1591）。そして本質とは、ある概念で指示されるもの全てに妥当し（普遍性）、且つ、そこで指示された事例のみに妥当する（固有性）特質である（山本 1998 : 1506–1507）。

これらの意味を踏まえ、ここでは社会福祉の原理、目的、本質の関係を次のように考える。社会福祉の原理とは、社会福祉という営みを生み出し、且つ、その営みを支える根源にあるものである。この原理は、ある価値の実現を目指す方向性をもった運動・作用であり、その運動・作用によって実現が望まれる価値が社会福祉の目的である。そして、その原理が目的の実現を目指す過程・実践によって示される固有な性質（社会福祉であるならば本来もっているべき性質）が本質である。

②社会福祉の本質

（ⅰ）二つの志向性によって構成される世界

本書で試みてきたことは、根源的な地点から社会福祉の経験を学び直すことであった。そのために必要なことは、まず、〝視るべきもの〟の中にいる人の痛みや苦しみが心に響いてくるところに視座・視点を移し（メタノイヤ）、次いで、「世界を対象化するような上空飛行的（俯瞰的）視点」から、「私が世界を直接経験している〝この私〟の視点（当事者の視点）」へと視点を引き戻す（現象学的還元）ことであった。この二つの視点の移動を経た時、目の前の他者とこの私は別の世界を生きているが故に、その他者の痛み苦しみに対して安易に「分かる」とは言えないことが自覚される。他者が生きている世界を経験することは、私には絶対に出来ない。その意味で、他者が生きている世界は私にとっては無限の彼方にある。この根源的事実は、社会福祉の本質を理解するための大前提となる。

とは言え、別の世界を生きている私と他者は、超越論的間主観性の仕組みと働きにより、部分的ではあるが意味や規則を共有しコミュニケーションを図っている。この超越論的間主観性の仕組みと働きを生み出しているのが志向性である。フッサールによって見出された志向性には二種類ある。一つは能動的（構成的）志向性である。これは対象に意味を付与する構成的能作（立松 1994：179）であり、意識の働きである。もう一つは受動的（先構成的）志向性である。これは、感覚、感情、本能、衝動など無意識に生じている働きである（山口 2009：117–118）。この働きは能動的（構成的）志向性に先行し、その前提となっているものであり（山口 2005：172–173）、ここで言う「受動的」とは受け身という意味ではなく、「自然とまとまる」（山口 2005：338）という意味である。山口一郎によれば、受動的志向性が相互に働いている受動的相互（間）主観性の領域が基盤にあり、それに基礎づけられた形で能動的志向性が相互に働いている能動的相互（間）主観性がある（山口 2002：14–15）。

この二つの志向性とは異なる第三の志向性を見出したのがレヴィナスである。レヴィナスの志向性は、他者の顔を通して、他者の苦痛を被るという受動的な経験の中で見出される志向性である。私を起点にした「何かについての意識」である志向性は、私の欲求や価値観を基盤にしているが故に、自己中心的に働く。レヴィナスが見出した第三の志向性は、私からの志向性を反転させ、逆向きに私を突き刺すように働く。それは、私の自己中心性の殻を突き破るように働く。このような志向性は、他者の顔から発せられ、他者を迎え入れるという志向性である。

これら超越論的次元において作動している三つの志向性によって、私たちが生きている世界が「意味ある世界」として構成されている。

（ⅱ）超越論的次元で作動する「倫理」＝社会性

村上靖彦はフッサールについて次のように述べている。

「哲学史におけるフッサールの重要な貢献の一つは、経験の成り立ちを、主体と客体といった静的で固定した『実体』という錯覚から解放し、志向性という運動に還元したことである。人間の経験構造を運動によって組み立てる動的な視点を獲得したのである」（村上 2008 : 41–42）

「社会福祉とは何か」という問いに対して、対話（ヘブライ対話とギリシア的対話）と現象学（フッサールが創設した現象学、その現象学を方法に用いたレヴィナスの哲学）を用いて哲学した結果、社会福祉の本質として見出されたのが「社会性」である。これはレヴィナスによって見出された第三の志向性であり、超越論的次元を突き破り、超越的次元への通路となるような、それが故に、「神の言葉」を聴き、その意味の理解をもたらすような志向性である。この第三の志向性である社会性をレヴィナスは「倫理」と呼ぶが、この「倫理」について、村上は次のように述べている。

「レヴィナスが描き出した括弧つきの『倫理』は生身の他者と出会うための装置である。ある程度健康な場合は身代わり、絶対責任のようなレヴィナスの妄想的な倫理はそのままでは現実化しえないが、しかし現実の人間関係にも残響を残す構造であるとみなされる。それゆえに全ての人を貫く普遍的で超越論的な構造なのであり、かつこの超越論的な構造と具体的経験とのあいだの繊細な浸透が、『倫理』と呼ばれているのである。現実世界の倫理もまたこの『基本構造』としての『倫理』の経験的な痕跡のひとつである。その意味で、レヴィナスが描き出した『倫理』という構造は、経験的な現実の背後で潜在的に作動し、疾患やある種の道徳的な状況で間接的に顕在化するような潜在的な構造なのだ」（村上 2012-b : 236）

社会福祉の本質として見出された「社会性」＝「倫理」は、経験的次元における価値や規範、あるいは法則ではない。そうではなく、私たちの経験を成り立たせている超越論的次元、より正確に言えば、超越論的次元を突き破り、超越的次元への通路となるような次元で作動している運動（力）である。その運動（力）は、私たちの経験の背後で潜在的に作動しており、悲惨な状況、困難な生活を強いられている人との出会いで顕在化するものなのである。

（ⅲ）社会福祉の本質としての「社会性」

では、私たちの経験の背後で潜在的に作動している社会福祉の本質としての「社会性」とはどのようなものだろうか。まずそれは、社会福祉という営みを生み出し、社会福祉が実現すべき価値へと向かう運動である。この運動により、他者の苦痛に自分自身も傷つく（可傷性）という経験をし、他者の顔が発している呼びかけ（声／声なき声＝ダーバール）を聴き感じる。そして、その呼びかけは（声／声なき声＝ダーバール）は、それを聴いた者の責任・責めを喚起し、支援へと駆り立てる力を宿している。これが社会福祉の原理である。この運動はある価値の実現を目指す。ここで目指される価値は、この世界に生を受けたすべての人が宿している「尊厳」と「その人固有な潜在的な可能性」を顕在化させること（一人ひとりの福祉の実現）である。そして、それを実現するために、他者の顔の呼びかけに応える責任＝倫理から生じる「善」（ミクロレベル）、中間集団によってもたらされる「共通善」（メゾレベル）、他者の顔の呼びかけに応える責任＝倫理を基盤とする「正義」（マクロレベル）といった環境における価値や状態の実現が目指される。更にこの運動は、目的を実現するために、人を抑圧する（虐げ・奪い・蔑む）仕組みを分析し、政府と民間の協働をもたらす。

またこの運動は、自分のエゴイズムに気づかせ、自分の大切なものを差し出し、重荷（負担）を分かち合う行動をもたらす。何故なら、「社会性」という運動は、「これは私のものだ。ここは私の場所だ」という存在への固執から離脱し、「他人の優先権を認めうるという人間の可能性」（Lévinas＝1993：154）、言い換えれば、「存在するのとは別の仕方」へと向かうからである。このような運動が、社会福祉の本質としての「社会性」である。

(六) 源泉と福祉思想

①福祉思想の源泉

第一章第一節で確認した通り、福祉思想とは「社会福祉についての直感やイメージに、哲学的な考察(福祉哲学)を施した結果得られた、社会福祉についての体系的な思考内容」である。即ち、福祉哲学をした結果明らかにされた本章の内容(社会福祉の原理、目的、そして本質)が福祉思想である。

さて、本章で明らかにされた福祉思想には二つの源泉を見て取ることが出来る。一つは、他者の顔、他者への責任、そして「社会性」という言葉が示しているようにレヴィナスの思想である。もう一つは、第Ⅱ部で福祉哲学を展開した最後(第七章の最後)に仮説として提示した福音である。福祉哲学とは、自らの社会福祉の経験に基づき哲学をし、福祉思想の源泉を掘り当てる営みなのかもしれない。筆者が自らの経験に基づき福祉哲学をした結果、掘り当てた源泉はレヴィナスの思想と福音であった。しかし、掘り当てられる福祉思想の源泉には、仏教をはじめ他の宗教の聖典、倫理・人権思想など多様なものがあるだろう。

②源泉と私たちの呼応関係から生まれる福祉思想

福祉思想に関する研究書やテキストを見ると、先に福祉思想の源泉と位置づけたものを福祉思想と捉え紹介している。しかし、福祉思想の源泉と福祉思想は異なるのではないだろうか。福祉思想は、非人間的な状況にいる人とその状況を前にした人が、福祉思想の源泉となるものが発する力やメッセージに気づき、それに応答する中から生まれるものである。その福祉思想の内容には、福祉思想の源泉が告げているメッセージ(呼びかけ)に応えようとしながらも、十分には応えることが出来ないという人間の葛藤が刻み込まれ、且つ、それぞれの人が生きている歴史的社会的状況が反映される。

具体的に言えば、他者の優先権を認めるというメッセージに気づいても、なかなかそうすることが難しいため、社会福祉の本質の一つとして「自分や人の中にある醜さ（自己中心性、差別偏見、攻撃性など）に気づき向き合う」といった内容が示される。また、現代における福祉思想は、グローバリゼーションと不正義の仕組みによってもたらされる格差や、個人化がもたらす中間集団の変質・衰退といった諸問題を踏まえた内容となる。

福祉思想は、福祉哲学という営みによって福祉思想の源泉を掘り当て、その源泉が発するメッセージに応答しながら、それぞれの歴史的社会的状況を踏まえた中で創造されていくものであると考える。

終章　福祉哲学の継承と再生

——仮説の検証と今後の課題

社会福祉は全体社会及び政治・経済・文化（国民の意識、具体的には地域で暮らす一人ひとりの住民＝地域住民の意識）といった外的要因に大きく左右される。経済が停滞すれば税収が減り社会福祉を支える財政的基盤が弱まる。自助努力を強く謳う新自由主義のような政治思想が強ければ社会福祉の制度は縮小する。そして、国民（地域住民）の社会福祉に対する理解や協力がなければ社会福祉は衰退する。

社会福祉という営みが属する全体社会を衝き動かす最も顕著な価値が経済成長である。経済が成長し社会全体が物質的に豊かになれば、その分、貧困が減ると考えられる。そして、物資的豊かさは精神的な豊かさをもたらし、更には、福祉の問題に対応する財政的基盤にもなると考えられている。

しかしながら、社会全体の物資的な豊かさという光は常に闇を生み出してきた。ここで言う闇とは、本書で言う〝視るべきもの〞であり、社会の底辺、人としての尊厳を奪われた状況である。誰もが闇の存在を知っている。あるいは、そのような状態があることを薄々は気づいている。しかし、その闇を視ようとはしない。また、少し気にかかり視ようとしても闇であるが故に、その状態は見えない／見え難い。人は闇ではなく専ら光に目を向ける。おそらく、光（豊かさ）に目を向け、光を求めるのは人間の自然的傾向なのであろう。

このような状況の中で、いま社会福祉に求められていることは、経済成長を基盤とした社会全体の物質的な豊かさのみに目を向けがちな人間の自然的傾向に抗して、社会福祉という営みを維持・発展させることが出来る内的要因（社会福祉が潜在的に宿している原動力、原理や本質）を明らかにすることである。この求めに応じるためには、社会福祉とは何であるのかをその根本から問い直さなければならない。しかしながら問題は、「どうすれば社会福祉を根本から問い直す『福祉哲学』をすることが出来るのか」という点である。これが本書の出発点となった問い（問題意識）であった。

この問いに応えるためにまず必要であると考えたことが、先覚者によって見出された福祉哲学の継承であった。歴史を振り返れば、物質的な豊かさという光が生み出す闇の存在に無関心でいることが出来ず、闇へと向かう志をもつ人たちがいた。また、社会全体の豊かさや福祉ではなく、そこで暮らす一人ひとりの福祉に目を向ける人たちもいた。そこには、その人たちが紡ぎだした福祉哲学の原型があった。この福祉哲学を継承しながら福祉哲学を行うことで、福祉哲学を今日において再生すること、その中で、社会福祉の原理や本質を明らかにすることが本書で試みたことであった。

最後に結論として、第一章で提示した仮説がどのような形で検証されたのか、福祉哲学とは何であるのか、福祉哲学の継承と再生とはどのようなことだったのか、そして、福祉哲学の課題と今後の方向性についてまとめる。

第一節　仮説の検証

（一）仮説を検証する基準

「どうすれば社会福祉を根本から問い直す『福祉哲学』することが出来るのか」という問いに対して、福祉哲学は次の枠組みとプロセスによって行うことが出来るという仮説を第一章で提示した。

「福祉哲学の枠組みとプロセスは、社会福祉の経験を巡って、社会福祉の現実に目を向ける（視るべきものを視る：小倉襄二の言葉であり、福祉哲学の前提）→その現実の中で問い考える（呻きに応える：阿部志郎の言葉であり、福祉哲学の生成）→原理や本質など社会福祉において大切なことを言葉にする（福祉思想）→社会福祉の経験……という思考の循環運動の中で、社会福祉の経験を学び直すことである」

この仮説の妥当性を示すためには、この枠組みとプロセスに沿って思考を展開した本研究が、福祉哲学したと言い得ることを検証すればよい。そのためには、仮説の妥当性を検証する基準が必要である。この基準となるのが、第一章で示した福祉哲学の定義を構成する要素である。

第一章では仮説を提示するに当たり、福祉哲学である限り有するべき特徴を確認した。仮説で提示した枠組みとプロセスに沿って思考を展開した本書（本研究）が、福祉哲学したと言えるか否かは、その営みが福祉哲学である限り有するべき特徴をもっていたのか否かによって判断することが出来る。それは、第一章で示した通り、次のような特徴である。

①ある世界を生きている当事者（主体）の視点から問い考えている。
②自明性を問う。
③問うことを重視する。
④原理を探究する。
⑤真なる世界に対する理解を目指す（この私が生きている世界を学び直す）。
⑥生活することが困難であったり、人としての尊厳が傷つけられたりしている、あるいはそのような状況にいる人に直接関わっている／関わったという経験を基盤にしている。

この内、①と⑥は当事者の視点に基づく経験という形で一つにまとめることが出来る。よって、仮説の妥当性を検証する基準として以下の五点を設定する。そして、この基準に基づき仮説の妥当性を検証する。

【検証基準】

①当事者（筆者）自身の視点と経験に基づいたものであるか。
②普段は問われることがない自明なものを問うているのか。
③問うことを重視しているか。
④原理を探究しているか。
⑤真なる世界に対する理解を目指しているか（この私が生きている世界を学び直しているか）。

（二）仮説の検証

①検証1——当事者（筆者）自身の視点と経験に基づいたものであるか

「図1-1　福祉哲学の枠組みとプロセスに関する仮説」（四一頁）に示されている通り、仮説の中心には「私に立ち現れている世界における社会福祉の経験」がある。本書で展開した福祉哲学の根底には筆者自身の視点と社会福祉の経験に基づくものであった。それは以下のような経験である。

（ⅰ）〝視るべきもの〞を視る経験

筆者の社会福祉の経験の中心にあるのは、第二章第二節で記した知的障害者入所更生施設における支援の経験である。施設で暮らしていたのは、知的障害があり介護や見守りが必要なため、地域で家族と暮らすことが困難な人たちであった。そこでの暮らしは、他人との集団生活・画一的な生活であり、選択肢（生き方の幅＝ケイパビリティ）が極めて限定されていた。また、職員による虐待もあり、社会から「社会的に重要であるとされること」や「生きる理由」が殆んど分配されない暮らし（生）であった。

（ⅱ）〝声なき声〟を聴く（感じる）

筆者が一九年間、社会福祉施設における支援を経験する中で最も重要であると思っていることは、この世界には〝声なき声〟があるということであった。それは、言葉がなく、自分の能力と関心に合った日中活動も趣味もないAさんが発していた「幼い子どもは可愛い。大好きだ」という声なき声や、職員から虐待（不適切な関わり）を受けている人が発していた「もっと大切に接してほしい。一人の大人として敬ってほしい」という声なき声である。

（ⅲ）〝声なき声に応えるよう促す力〟を感じる経験

筆者は、これら声なき声を聴き（感じ）、その声に応えるように促す力を感じることがあった。そして、これこそが社会福祉の根源にあるものであり、自分が支援する理由ではないかと感じるようになった。しかし、声なき声を実際に聴いた訳ではなく、それに応えるように促す力にしても、それを確かに感じたものの、それは主観的なものに過ぎなかった。そのため、それらを聴いたり感じたりした経験は、筆者の思い込みかもしれないという疑いをもっていた。

（ⅳ）問いをもつ経験

社会福祉の経験の中で、実際に支援という関わりをもつと、幾つもの問いに直面する。例えば次のような問いである。

問１：社会福祉の原理に関する問い

最重度と言われる知的障害がある人たちの支援に長く携わっていると、その人たちが発する声なき声を聴き（感じ）、その声に応えるように促す力を感じることがあった。そして、これこそが社会福祉の根源にあるものではないかと感じるようになった。この、自分が視るべきものの一つである福祉現場で感じた〝声なき声〟や〝それに応えるように促す力〟とは何であるのか。

問2：社会福祉の目的に関する問い

社会福祉法第3条には、福祉サービスの基本的理念として「尊厳の保持」と「自立支援」が掲げられている。しかし、入所施設の暮らしでは、もっと外出したい、家族と会いたい、ゆっくりとお風呂に入りたいなど、当たり前の要求も、「いまの日本では無理」で片づけられてしまう。こんな現実の中にいると、「尊厳の保持」と「自立支援」とはどのような意味なのか、そして、社会福祉は人と社会がどのようになることを目指しているのかと、社会福祉の目的を改めて問わずにはいられない。

問い3：社会福祉の本質に関する問い

福祉は恩恵ではなく、生存権や幸福追求権といった人権の保障であると言われている。権利は法という規範（外的なもの）によって結ばれる関係性の中で保障される。しかし、その関係性では、イグナティエフが言うように、自発的な意思（内的なもの）によって結ばれる関係性の中で充足される友愛、愛情、帰属感、尊厳、そして尊敬の念といったニーズを充足することは原理的にできない。これらのニーズは人が人として生きていく上では欠かせないものである。そうであるならば、権利保障は社会福祉という仕組みを生み支える重要な思想ではあるが、社会福祉の本質と言えるほどの内容は有していない。では、社会福祉の本質とは何であるのか。

問い4：社会福祉の人間理解に関する問い

心身に障害のある人を「可哀そう」と思うのは失礼だし、自分が人から「可哀そう」と思われたら嫌だ。また、出生前診断で障害があると分かると中絶をするという考えは、心身の障害がある人にとっては存在の否定にもなる。そのため、障害それ自体を肯定する考えが必要である。しかし、本当に先天性の難病、最重度の知的障害などを心底肯定出来るか。

問い5：福祉哲学に関する問い

福祉の原理や本質を問うことを可能にする福祉哲学とはどのようなものなのか。これらは全て、筆者自身の知的障害がある人たちを支援する中から生まれた問いである。

（v）自らが経験した事象の分析

社会福祉の原理とは何か、具体的に言えば、他者を支援するという営みを生み出す、その最も根源にあるものは何であるのか。この問いに応えるために、筆者が勤務していた知的障害者入所更生施設（現在では障害者支援施設）で、幼稚園児と子どもが好きな入居者が定期的に交流出来る活動を企画し支援した場面を取り上げ、現象学を用いてその場面の事象分析を試みた。現象学は、自らが経験している事象を、外側から対象化して理解するのではなく、自分に立ち現れている世界をその内側から理解する方法である。本書では、現象学を用いることで、自らの社会福祉（他者を支援すること）の経験を学び直した。

ここに示した通り、本書で展開した福祉哲学は、筆者自身の視点と社会福祉の経験を基盤としたものである。

②検証2——自明性を問う

社会福祉の現場で、また社会福祉研究においても、自明であるが故に問われないどころか、意識すらされないテーマがある。それが、「世界」という私たちが生きている土台である。

支援（社会福祉）について考える時、私たちが現に生きている「世界」をも考察の対象に入れて議論されることはない。何故なら、私は心をもち、目の前に同様に心をもった他者がおり、そして私と他者がその中に含まれている世界という全体があることは自明なこととされているからである。それは前出（三四三頁）の図6－1のような世界であった。

本書で展開した福祉哲学は、現象学を用いて考えることで、このような自明性を問うことが出来た。

③検証3——問いを重視する

哲学は問いを重視する。その問いの中でも、（ⅰ）自明であるが故に問われることがないもの（自明性／前提）、（ⅱ）人が生きていく上でとても大切なこと（価値や規範あるいは本質）、（ⅲ）最も根源にあるもの（原理）このようなテーマについて問い考えるのが哲学である。

このような問いを重視する哲学（福祉哲学）の実践として、本書では次のようなテーマについて問うた。

（ⅰ）自明であるが故に問われることがないもの（自明性／前提）

先の検証2で示した通り、社会福祉の現場で、また社会福祉研究においても、自明であるが故に問われないテーマがある。それは、「私は心をもち、目の前に同様に心をもった他者がおり、そして私と他者がその中に含まれている世界という全体がある」という世界観である。本書では、このような世界観を自明なこととしている自然的態度を問うた。

（ⅱ）人が生きていく上でとても大切なこと（価値や規範あるいは本質）

本書では「人が生きていく上でとても大切なもの」を直接、問いとして提示はしていない。しかし、社会福祉を理解する上で大切な、社会福祉の目的や本質についての問いを第三章で提示した。そして、これらの問いに応えるために、第四章では先覚者からの学びを、第五章では他領域からの学びを整理し、それらを踏まえ第八章において、社会福祉における目的と本質について学び直した。

（ⅲ）最も根源にあるもの（原理）

第六章では、現象学の知見を用いて他者を支援するという事象分析を行うことで、社会福祉の原理を超越論的次元（理性の領域）において理解する可能性を切り拓いた。また第七章における本田神父との対話、及び第八章第二節における原理に関する考察を通して、社会福祉の原理を超越的次元（信仰の領域）において理解する可能性にも思考を拓いた。

このように、本書では哲学がテーマとする、自明なもの、価値や規範あるいは本質、そして原理を福祉哲学の問いとして設定し、それに応える形で思考を展開した。

④検証4――原理を求める

哲学の思考は原理（根源）を求める。しかし、福祉哲学の思考には、「根源を知りたい」という知的欲求だけでなく、虐げられ・剥奪され・蔑まれている人たち（場合によっては自分も含まれる）の幸せを求める人間の本源的欲求もあった。この二つの方向性をもって本書の考察は行われた。

考察の結果、見出された原理（根源）には二つの次元があった。一つは第六章における考察によって見出された超越論的次元である。もう一つは第七章の対話によって見出された超越的次元である。前者は理性が見出し得る最も根源的次元であり、後者は理性の権限を超えた信仰の領域に属する次元である。そして、それぞれの次元において、社会福祉の原理を明らかにした。

⑤検証5――より真なる理解をもたらす

第八章にまとめた通り、本書における考察を通して、社会福祉の経験について様々な学び直しができた。その中でも、最も重要な学びは次の点である。

（i）社会福祉を根源から理解するために必要とされる視点

社会福祉を根源から理解するためにはメタノイヤに次いで、一方では現象学的還元により超越論的次元を分析出来る視点をもつことが、他方で、対象化と理論化により経験的次元を分析出来る視点をもつことが必要となる。

（ii）Intersubjektivität の働きによって構成される生活世界

私たち一人ひとりに立ち現れ、そこで暮らしている生活世界は、超越論的間主観性、相互主観性、共同主観性といった、私と他者の「間」で作動している Intersubjektivität の働きによって構成されている。

（iii）社会福祉の根拠としての生活世界

生活世界が、私たち一人ひとりが現に生き暮らしている「現実」である。生活世界には尊厳という価値が宿っているものの、そこは傷つきやすい世界である。そのような生活世界で発せられる願い、抵抗が社会福祉とは何であるのかを気づかせ、その営みを発展させていく根拠となる。

（iv）社会福祉が聴くべき言葉

この世界には、話されたり書かれたりする言葉や論理といった意味のロゴスとは異なる、より根源的な言葉としてダーバールがある。それは、表情や眼差し、言葉にならない心の叫び、「いやだ」という拒否（言葉）、あるいは、諦めの中で心の奥底にしまわれた無念の想いといった、嘘偽りなどあり得ない真実の声／声なき声（言葉）である。

（v）社会福祉の原理

筆者が福祉の現場で社会福祉の原理と感じた〝声なき声〟と〝それに応えるように促される力〟は、超越的次元において説明すれば神の力の働きとして、超越論的次元を超越していくような次元で説明すれば他者の顔が発する言葉への応答としての責任として、そして、超越論的次元において説明すれば視線触発という志向性として説明出来る。

（vi）社会福祉の目的

社会福祉の目的は、この世界に生を受けたすべての人が宿している「尊厳」と「その人固有な潜在的可能性」を顕在化させること（一人ひとりの福祉の実現）である。そして、それを実現するために、他者の顔の呼びかけに応える責任＝倫理から生じる「善」（ミクロレベル）、中間集団によってもたらされる「共通善」（メゾレベル）、他者の顔の呼びかけに応える責任＝倫理を基盤とする「正義」（マクロレベル）といった環境における価値や状態を実現することである。

（vii）社会福祉の本質

社会福祉の本質とは、私たちの経験を成り立たせている超越論的次元を突き破り、超越的次元への通路となるような次元で作動している運動（力）であり、レヴィナスによって「倫理」という言葉によって露わにされた人間の「社会性」である。この運動（力）は、他者の顔が発している訴え・呼びかけに応えるように促される力（社会福祉の原理）によって生じ、この世界に生を受けた全ての人が宿している「尊厳」と「その人固有な潜在的可能性」を顕在化へと向かわせる。そして、目的を実現するために、人を抑圧する（虐げ・奪い・蔑む）仕組みを分析し、政府と民間の協働をもたらす。また、自分のエゴイズムに気づかせ、自分の大切なものを差し出し、重荷（負担）を分かち合う行動をもたらす。このような「社会性」が社会福祉の本質である。

⑥考察と仮説の修正

第一章で提示した仮説に基づき展開した本書の福祉哲学の実践は、検証1～検証5で確認した通り、検証基準として示した①～⑤の基準を満たしている。しかし、全ての基準を満たせた理由は、福祉哲学の方法として現象学を導入したこと、及び、先覚者や他の領域との対話を行ったことによる。よって、仮説の枠組みとプロセスによって福祉哲学が行えるようになるためには、「その現実の中で問い考える」という箇所を「その現実の中で現象学と対話という二つの方法を用いて問い考える」と修正しなければならない。この点を踏まえ、改めて仮説を提示するならば次のようになる。

「福祉哲学の枠組みとプロセスは、社会福祉の経験を巡って、社会福祉の現実に目を向ける（視るべきものを視る：小倉襄二の言葉であり、福祉哲学の前提）→その現実の中で現象学と対話という二つの方法を用いて問い考える（呻きに応える：阿部志郎の言葉であり、福祉哲学の生成）→原理や本質など社会福祉において大切なことを言葉にする

（福祉思想）↓社会福祉の経験……という思考の循環運動の中で、社会福祉の経験を学び直すことである」

このように修正すれば次の通り、この仮説の妥当性は検証出来る。

【仮説の検証】

〔大前提〕

福祉哲学であるならば、検証基準として掲げた①～⑤を満たしている必要がある。

〔小前提〕

修正された仮説に基づき展開した本研究は、検証基準①～⑤を満たしている。

〔結　論〕

故に、修正された仮設に基づく思考は福祉哲学となる。

第二節　福祉哲学とは何か

福祉哲学を実践した結果、社会福祉の原理、目的、本質だけでなく、福祉哲学自体に対する学び直しをすることが出来た。その内容は以下の通りである。

（一）対話としての福祉哲学

①福祉哲学は二つの段階の対話において展開する。最初の段階は、視るべきものに身を置き、そこで発せられている声／声なき声（呼びかけ）を聴き、その呼びかけに応えようとする対話である。この段階において福祉哲学の問いが見出される。次の段階の対話は、見出された問いについて他者と共に（複数で）考えるために行われる対話

である。

②福祉哲学はヘブライ的思考とギリシア的思考の双方によって営まれる。福祉哲学における最初の段階の対話は、実際に視て、自らの耳でダーバールという言葉を聴き（感じ）、そこで発せられている願いや問いに応えようとする対話である。この対話はヘブライ的な思考に基づくものであり、ここに福祉哲学が生まれる。福祉哲学の問いを考える上で必要となるのが、他者あるいは社会科学・社会哲学・実践哲学・文学・宗教などとの対話である。この対話に基づき、ある世界を生きている当事者の視点から自明とされている事柄を問い直し、物事の根源にあるものを探究することで、この世界に対する真なる見方を学び直すことが出来る。この対話はギリシア的思考に基づくものである。このように、福祉哲学はヘブライ的思考とギリシア的思考の双方によって営まれる。

③福祉哲学は私と他者との「間」の領域を、現象学という方法を用いて記述することで、この私と他者が共に生きる世界を学び直す。この私が生きている世界は自らの死と共に消滅する世界であり、その世界そのものは他の誰とも交換することも出来なければ、共有することも出来ない。その意味で、私と他者が生きている世界には深淵な断絶がある。そのような私と他者との「間」で作動しているものが間主観性／相互主観性／共同主観性であり、これらの働きによりこの私や他者の世界は構成されているのであった。

福祉哲学は現象学の知見から学ぶことで、「間」を構成する間主観性／相互主観性／共同主観性という各次元の働きを根拠として、そこから社会福祉の経験を、言い換えれば、私と他者が共に生きる世界を学び直す。

これらの学び直しに基づくならば、福祉哲学の定義を次のように修正することが出来る。

「福祉哲学とは、視るべきものを実際に視て、自らの耳で声／声なき声を聴き（感じ）、そこで発せられている願いや『問い』について、その問いに応える／答えるために必要な人たちと共に（複数で）考えることで、願いや問いに応えると共に、社会福祉の経験について学び直す営みである」

この福祉哲学という営みは、他者の声を聴きその声に応えるという意味における対話と、他者と共に言葉を交わしながら考えるという意味における対話である。そしてその思考は、ダーバールという言葉を聴き、それに応えるという意味ではヘブライ的思考であり、問いに対する答えを導くために様々な領域の知見を集め、誰もが納得する筋道（論理）を示すという意味ではギリシア的思考である。このように福祉哲学は対話実践の一種であり、その思考はヘブライ的思考とギリシア的思考、ダーバールとロゴスという二種類の言葉によって営まれる。

（二）全ての人に開かれた哲学

村上は「西洋哲学は成人男性でＩＱが高く、健康であり、理性的な判断ができる人が自分を内省して哲学をつくり上げてきたという二〇〇〇年以上の歴史がありました」（合田、村上 2012 : 56）と語る。今日では女性も哲学をしているが、ＩＱが高い人が問いを見出し、その問いを高い知的能力によって徹底的に考える、という点は変わらないであろう。そして、そのような哲学は主に大学という場において行われている。その結果、多くの人にとって哲学は無縁な営みとなっている。

これに対して、「大学（アカデミア）という特殊な場の閉鎖性から脱却し、市民との交流のなかから学問や思想自らを鍛え直す」（中岡 2010-a : 158）という抱負のもと、「一般市民との間で哲学カフェをはじめ多くの哲学的『対話』を実践し、サポートしてきた」（中岡 2011 : 278）のが大阪大学から生まれた臨床哲学である。臨床哲学は、大学の講義で語られ、研究される哲学、そして大学で哲学を教えたり学んだりする人たちに専有されがちな哲学を、大学の外に哲学の対話が出来る場を設けることで市民へと開いていった。その営みは、街角で政治家、軍人、職人、詩人といったアテナイ市民や、外国から来たソフィストや若者たちと対話したソクラテスの哲学（納富 2005 : 72）を思い浮かばせるものであり、その意味で哲学という営みの原点回帰と理解することも出来る。

しかしながら、臨床哲学が大学で哲学を教え―学ぶものから市民へと開かれたと言っても、哲学が「問い考える」営みである限り、「哲学は問い考えることが出来る一部の人たちのもの」ではないだろうか。筆者は「そうである」と考えていた。具体的に言えば、知的営みができない最重度の知的障害がある人たちは哲学することは出来ないと考えていた。しかし、そうではないことに福祉哲学の実践を通して気づいた。

福祉哲学の最初の段階は、視るべきものに身を置き、そこで発せられている声／声なき声（呼びかけ）を聴き、その呼びかけに応えようとする対話である。この段階において福祉哲学の問いが見出される。即ち、最重度と言われる人一人ひとりが、〝声なき声〟を通して、あるいはその存在を通して、他者と共に生きていく上で大切なことを「問う」という形で福祉哲学に参加しているのである。その存在は、ソクラテスのようではないだろうか。

ソクラテスは「基本的に、相手に問いかける存在であった」（納富 2005：121）。そして、「ソクラテスの問いに直面してそれに答えていく営みは、各人の内で哲学を熟成させていく」（納富 2005：122）こととなる。第三章第一節で確認した通り、哲学においては答えを出すことよりも、まず「問うこと」が重要であり、問いが哲学を熟成させる。この点を確認するならば、ソクラテス同様、最重度の知的障害がある人一人ひとりも、問いを発するという形で、哲学という営みを生成させ、その営みに参加しているのである。最重度と言われる知的障害がある人の顔が発する〝声なき声〟によって、あるいは、その存在そのものを通して問いかけている。レヴィナスが見出したように、「いまあなたが享受している世界、その立場は本当にあなたのものなの」、「殺さないで」、「虐げないで、奪わないで、蔑まないで」、「独りにしないで」と問いかけ、呼びかけるという形で対話としての福祉哲学に参加しているのである。

勿論、最重度の知的障害がある人たちだけではない。視るべきものの中にいる一人ひとりが、それぞれに、他者と共にある社会を形成していく上で最も重要な問いを発している。にも拘らず、それらの問いかけは「経済成長こそ第一に求める善である」という大きな掛け声にかき消され、殆んどの人の耳に、そして心に届かないだけなのである。

福祉哲学の実践を通して、視るべきものの中にいる一人ひとりは、重要な問いを発している福祉哲学の実践者（参加者）であることを学び直すことができた。福祉哲学は、この世界に生を受けた全ての人に開かれているのである。

第三節　福祉哲学の継承と再生

（一）福祉哲学の継承

福祉哲学の継承には二つの側面がある。一つは福祉哲学することの継承である。これは、小倉襄二や阿部志郎、糸賀一雄ら福祉哲学者の生を想起しながら、いま自分が直面している福祉における根本的な問いについてその哲学と対話し、心（関心・感性・思考）を本質の理解を可能にするものへと向き変えることによって、社会福祉について学び直すことである。もう一つは福祉思想の継承である。これは、福祉哲学した結果、理解することが出来た社会福祉の原理や本質を言葉に書き留め、それをいまに活かし、後世へと引き継ぐことである。

以下ではこの二つの継承について述べる。

①福祉哲学の継承

本書では、社会福祉とは何か（本質の問い）、何故支援するのか（原理の問い）、社会福祉が目指すのはどのような状態なのか（目的の問い）、人間とは何か（人間理解の問い）、社会福祉をその根源から問い考える福祉哲学とはどのようなものか（福祉哲学自体の問い）、といった福祉における根本的な問いに対して、主に小倉襄二や阿部志郎、糸賀一雄らの福祉哲学と対話し、そこから、社会福祉における本質的なものを見出すことを可能にするメッセージ（プラトンであれば善のイデアと呼んだものであり、後世へと引き継ぐべきメッセージ）へと心（関心・感性・思考）を向き変えることの必要性を学んだ。三人の先覚者は、これらのメッセージに自らの心（関心・感性・思考）を向き変えることで、社会福祉の経験の学び直しをしていった、即ち、福祉哲学をしたのである。

本書における福祉哲学の実践は、福祉哲学を成り立たせているメッセージを軸に仮説を組み立て、それぞれのメッセージへと心（関心・感性・思考）を向き変えていくことで社会福祉の経験の学び直しをしていった、即ち、福祉哲学をした。その実践は、三人の先覚者の福祉哲学を継承する形で行われたものなのである。

②福祉思想の継承

阿部志郎先生から「古人の跡を求めず　古人の求めたところを求めよ」（芭蕉）と書いた手紙をいただいた。二〇〇一年一二月二〇日の日付なので、いまから一一年以上も前になるが、この言葉に福祉思想を継承するとはどういうことかが端的に示されているのではないだろうか。

いつの時代・社会においても、生きていくことが困難な状況、そのような人を前にした状況があった。その中で、どうすればいいのかを問い必死で考えた中から福祉思想は生まれる。そこには問い考えた人の〝思いや願い〟が込められており、それこそが〝古人が求めたもの〟であろう。それは、〝思いや願い〟であるが故に、福祉思想に〝温かさ〟をもたらすと同時に、人に対する〝語りかけ〟となる。筆者は小倉襄二、阿部志郎、糸賀一雄の福祉思想に〝温かさ〟を感じ、筆者に対する〝語りかけ〟として聴いた。その〝語りかけ〟の中にこそ、〝古人が求めたもの〟が示されているのであろう。

では、そのような〝古人が求めたもの〟とは何か。最後の小さき者への愛（小倉 2010 : 9）、福祉の心やコミュニティ（阿部志郎）、この子らを世の光に（糸賀一雄）といった言葉に示される〝古人が求めたもの〟とは、「この世に生を受けた全ての〝一人〟が放つ光が輝けるよう、互いに気遣い大切にし、そして支え合える人間と社会になること」ではないだろうか。

福祉思想の継承とは、〝温かさ〟をもった〝語りかけ〟として聴かれる〝古人が求めたもの〟を、心底納得する中で学び、それを今に活かし、後世／後生に引き継ぐことであると考える。

(二) 福祉哲学の再生

かつて糸賀は「福祉の実現は、その根底に、福祉の思想をもっている。実現の過程でその思想は常に吟味される。どうしてこのような考えではいけないのかという点を反省させる。福祉の思想は行動的な実践のなかで、常に吟味され、育つのである」(糸賀 1968 : 64) と言った。ここで哲学という言葉は使われていないが、既存の福祉思想を福祉実践の中で吟味／反省することは、まさに哲学することに他ならない。福祉哲学をすることで、福祉思想は育つと糸賀は言っているのである。そして、糸賀一雄や阿部志郎に典型的に見られるように、かつては実践の中で問い考える福祉哲学があった。

しかしながら、今日の社会福祉は法制度によって創られる福祉システムとなり、その仕組みはますます複雑になっている。社会福祉事業はこの法制度の枠に沿って行われるため、事業経営者は法制度の動向に思考と行動が拘束されてしまう。その法制度の枠の中で行われる福祉サービスは、様々なマニュアルに従って行われている。そして、極めて限られた人的資源の中で行わざるを得ない福祉実践は、日々の業務をこなすことで精一杯の状況にある。更に言えば、社会福祉教育も、国家資格取得に必要な知識習得の教育となり、問い考える機会が少なくなっている。このような中で、かつては福祉実践を支えていた福祉哲学が見失われかけている。

糸賀が福祉の実現に必要とした福祉哲学や福祉思想は、もはや必要ないのであろうか。そうではない。糸賀が活躍した時代とは違い、ますます福祉システムが社会福祉の営みに関わる人を拘束し自ら考える機会を奪っているが故に、自らがいる場所で感じる違和感、疑問を基に、そして何より〝声なき声〟に応える中で問い考えることが必要なのである。即ち、福祉哲学の再生が必要なのである。

このような考えのもと、先覚者の〝視るべきものを視る〟、〝呻きに応える〟、〝この子らを世の光に〟という三つのメッセージを軸とする「福祉哲学に関する仮説」を提示した。そして、この仮説で提示した枠組みとプロセスに沿って思考を展開することで、福祉哲学という一つの思考を再生した。これが福祉哲学の再生の意味である。

本書で示した、それぞれの人の社会福祉の経験を基盤とした思考の循環運動（福祉哲学）こそが、全体社会がもたらす非人間化や、政治・経済・文化システムがもたらす社会福祉の縮小と衰退に抗し、社会福祉という営みを発展させていく原動力になると考える。

第四節　今後の研究課題と方向性

（一）研究課題

①他領域からの学びと対話

福祉哲学という営みは、社会科学、社会哲学や実践哲学を含んだ哲学、文学、宗教（学）など、様々な領域の知識が必要となる。そのため、本書では第七章「本田神父との対話」を除き、筆者独りで社会科学、社会哲学や実践哲学を含んだ哲学、文学からの学びを整理した。しかし、これら広範囲に及ぶ領域からの学びを独りで行うには限界がある。

本田神父との対話の中で、聖書を、当時の状況を踏まえ原典（旧約聖書であればヘブライ語、新約聖書であればギリシア語）で読むことの重要さを学んだ。これは聖書に限らず、哲学や文学についても当てはまる。例えば、フッサールが置かれていた思想的状況を踏まえつつドイツ語で原典を読まなければ、フッサールの現象学は分からないであろう。しかし、社会福祉の経験をしている人が、聖書、哲学書、文学書などを、そのテクストが記された当時の状況を踏まえ原典で読みこなすことは端的に不可能である。そのため、福祉哲学をするために必要不可欠なテクストやテーマがあった場合、一方では自ら原典に当たりつつも、もう一方では、そのテクストやテーマに精通している人たちとの対話を通し、福祉哲学するために必要なことを学んでいく必要がある。第七章の本田神父との対話は、そのような実践の一環である。

②現象学を学ぶ／現象学者と共に

本書では対話と並んで福祉哲学の方法として現象学を導入した。村上（2011-b：148）が言うように「現象学を様々な経験の分析へと『応用』することは、現象学そのものの純粋な姿」であり、福祉哲学に現象学を導入し活用することは、現象学の本来的な在り方であろう。そのため第六章では、現象学者であり、現象学をケアという経験の分析に応用している浜渦辰二に現象学を学びながら、「他者を支援するという事象」の分析を行った。しかしその学びは、まだ初歩的な段階に過ぎない。また、第二節の対人関係の現象学の整理については、村上靖彦本人から指導を受けた訳ではなく筆者の整理に過ぎない。

第六章や第八章における考察を通して、福祉哲学における現象学の可能性の一端は示せたと思う。その可能性を更に引き出すためには、引き続き、現象学という思考の仕方や事象分析の仕方を現象学者から学ぶ必要がある。

また、現象学者と共に福祉哲学することも課題の一つである。現象学は純粋に哲学そのものであり、その営みを「方法」という形に当てはめたりマニュアル化したりすることは困難である。第六章でも述べた通り、現象学は教科書になるような知識とは異なる芸事といった側面をもつ。それが故に、看護研究のように、一方に看護の実践者がいて、もう一方に現象学という芸事を身につけた研究者がいるという分業体制で、看護という事象の分析が試みられている。この体制は、現象学が教科書になるような知識とは異なる芸事であることから必然的に帰結する事態なのかもしれない。

社会福祉研究においても、そのような分業体制は必要であろう。しかし、福祉哲学の問いに直面している当事者が、その問いを現象学者と共に考えるという福祉哲学の在り方もある。そこには、福祉哲学の問いに直面している当事者の経験があり、直面している事象がある。そこで経験していながらも本人は気づいていない経験の深層（超越論的次元の仕組みや働き）を露わにして、事象そのものが見出せるよう現象学者と共に福祉哲学をする機会を創出することも福祉哲学の課題である。

③福祉哲学の更なる継承

本書で行われた福祉哲学の継承は、小倉襄二、阿部志郎、糸賀一雄の福祉哲学の継承であった。ここで行えたことは継承すべきことの一部に過ぎない。更に、この三人から学び福祉哲学の継承を続けていく必要がある。また、この三人以外にも継承しなければならない福祉哲学の先覚者はいる。そのような先覚者と出会い福祉哲学の継承を行うことで、福祉哲学という思考の可能性と、そこから生まれる福祉思想の内容を明らかにしていくことも今後の課題である。

④多様な視点・立場から福祉哲学をすること

現象学からの学びの一つは、〝それぞれの人に世界が立ち現れている〟ということである。この根源的な事実が示すことは、本書における社会福祉の経験の学び直しは、あくまで筆者に立ち現れている世界に関することであり、立場の違った人から見れば、社会福祉は違ったように映り理解されるということである。例えば、本書は、知的障害がある人たちに対する支援の経験を基盤にしていたが、低所得・貧困状態にある人を支援する経験には、筆者の経験では理解出来ていない側面が含まれているであろう。更に言えば、支援する立場ではなく、実際に入所施設で暮らしている人、生活保護や介護保険を利用している人、あるいはそれらの制度を「福祉の世話にはなりたくない」という思いから利用しない人の視点・立場から理解される社会福祉の経験もある。そこには、今の筆者では理解出来ていない社会福祉のリアリティ（現実感）があるであろう。

これら異なる視点・立場、そして経験をしている者が、「社会福祉の経験」という共通基盤の上で対話（福祉哲学）をすることで、それぞれの立場の者が社会福祉に対する理解を深めていくことも今後の課題の一つである。

⑤終わりなき対話

第二章で様々な視るべきものを取り上げた。それらすら、視るべきものの僅かな一部に過ぎない。いまこの時も、その状況を視れば社会福祉についての理解が変わる、といった現実もあるであろう。私たちは全てを視ることは出来ない。それでもその限界を常に意識しつつ、視るべきものを視ようとしなければならない。

福祉哲学における〝視る〟とは、そこにある声を〝聴く〟ことであり、その声に応えるという〝対話〟を生み出すものである。視るべきものが無くならない限り、この対話に終わりはない。

⑥東洋的なものとの対話

本書では「福祉哲学は対話実践の一種であり、その思考はヘブライ的思考とギリシア的思考、ダーバールとロゴスという二種類の言葉によって営まれる」と理解した。これらヘブライ的思考とギリシア的思考、ダーバールとロゴスは、一言で言えば「西洋的なもの」である。即ち、本書によって示された福祉哲学は極めて「西洋的」である。その西洋的な思考は必然的に、西洋的な思想である福音思想やユダヤ教を背景にもつレヴィナスの思想の中に福祉思想を見出す。しかしながら、本書で念頭に置いているのは日本の社会福祉である。その営みは日本語で行われ、その宗教的な基盤はキリスト教ではなく仏教や神道である。そこにあるのは、一言で言えば、「東洋的なもの」である。この「東洋的なもの」との対話から、「西洋的なもの」と「東洋的なもの」の双方に共通する、より「普遍的なもの」を学ぶことによってこそ、この日本が歴史的に形成してきた、そして私たちの生の基盤となっている「特殊なもの」を理解することが出来るのではないだろうか。

福祉哲学の先覚者である嶋田啓一郎は主著『社会福祉体系論』の最後に「『ますます世界的に、飽くまで日本的に！』そのような世界的普遍性を基盤として、日本の特殊性を真剣に取り上げる学風を築くために、力動的統合理論は今後重要な役割を果たすに違いない」（嶋田 1980-a : 363）と書き記した。嶋田が示した「ますます世界的に、飽くまで日本的に！」という方向性を継承し発展させていくためにも、福祉哲学は「東洋的なもの」からも学ばなければならない。

（二）方向性

①疑い得ないものを疑う――福祉哲学の徹底

虐げ・暴力、理不尽な剥奪、蔑み、飢餓状態など、誰もが避けたいと思う状態（視るべきもの）には、もはや声にならない声や願いが発せられ、もう嫌だといった拒否が示されている。それらは嘘偽りのない真実の声であり、それこそが本書において福祉哲学を実践することで見出した、社会福祉という営みを生み出し、その存在が必要であると言える根拠であった。

しかしここからが、福祉の根源を問う福祉哲学が始まる地点なのかもしれない。哲学することの出発点について永井均は次のように言う。

「ある価値を信じて――あるいは信じたふりをして――闘わざるをえない状況があることは疑う余地がない。だが、ニヒリストなら、その闘いの現場でもなお、自分が依拠しているその価値自体を根底において疑っているはずである。自分がいまそれに頼らざるをえない状況にあるからこそ、その価値や規範の本性と出自を最も根底から疑い、解明しきることができる。……（中略）……

マルクス主義者こそがマルクス主義の、フェミニストこそがフェミニズムの、ナショナリストこそがナショナリズムの、価値と本性を根底から疑うことができる。本能的にこのチャンスを生かしたいと感じてしまうような人でなければ、そもそもものを考え始めることなどできはしない。それこそが哲学するということの出発点なのだ、と私は思う。自分が依拠している価値を、根底において疑っているのではないような人と、何かを論じることはむなしい。この意味でニヒリストであることは、およそものを考えることができるための最低限の条件だと私は思っている（強調は原文）」（永井 2013：89–90）

社会福祉という営みは、人間には尊厳がある、あるいは人権があるという価値を前提に議論が組み立てられる。これらの価値を前提にして、あるいは信じて闘わなければならない状況にあるのが社会福祉である。社会福祉という営みに具体的に関われば関わるほど、尊厳や人権といった価値の大切さが身に沁み、それらの価値に依拠せざるを得なくなる。それが故に、尊厳や人権という価値を疑う視点や思考は喪失され、それらの価値を疑う発言をすると「社会福祉の基本が分かっていない」とばっさり切り捨てられ、議論する余地が与えられない。

筆者自身、誰もが避けたいと思う状態（視るべきもの）の中で発せられている声にならない声や願い、あるいは、もう嫌だといった拒否は、嘘偽りのない真実の声であり、この点は疑い得ないと考えている。そして、その声に呼応する中で気づく価値／見出される価値も、疑い得ないくらい重要な価値であると考えている。

しかしながら、「疑い得ない」というほど他の思考の可能性を削がれた地点こそ、言い換えれば、他の思考の可能性に盲目になってしまった地点こそ、他の可能性へと思考を開くという意味で、福祉哲学が始まる地点なのである。福祉の価値を絶対化し、その価値を認めない者を排除したり、蔑んだりすることこそ、福祉の価値に反することはないであろう。排除しないという価値（主張）と思考が一致するためには、福祉哲学を徹底し、絶えず、自らが依拠する価値を疑い、その妥当性に対して異議を唱える者と対話する姿勢を保つ必要がある。

②対等な立場で考える

視るべきものの中にある声に呼応する中で気づく価値／見出された価値は、疑い得ないくらい重要な価値である。それが故に、まだその価値に気づいていない人に対して啓蒙しようという姿勢や立場になりがちである。言い換えれば、自分たちは大切な価値を知っているが、あなたたちは知らないので、それを理解してもらわなくては、という姿勢や立場になりがちである。

これに対して、福祉哲学における基本的な姿勢は、自らが依拠する価値も改善や修正の余地があるが故に、対等な立場で、どのような価値に依拠することが望ましいことであるのかを、共に考えていこうとすることである。共に生きるためには、その前提として、対等な立場で共に考える姿勢と立場が必要である。このような姿勢と立場を保持し、対話を通して、社会福祉が依拠すべき価値の探究を可能にすることが福祉哲学には求められる。

③主体性を育む

今日では他者を支援する営みの多くは福祉システムとなりつつある。福祉サービスの利用者は複雑な仕組みを理解することで精一杯であり、福祉サービスの提供者も限られた時間と人員の中、システムの手順に沿って福祉サービスを提供することで精一杯になっている。それぞれ「問う、考える」という機会が奪われている。半ば、思考停止の中、システムが作動している状態である。

しかし、人間は様々なことを感じる存在である。また、疑問を抱き、問い考えることが出来る存在である。それが故に福祉哲学に求められることは、システムがもたらす思考停止に抗し、自分たちで問い考え、他者と共に生きる社会を形成していく「人間の主体性」を育むことである。

④社会福祉学の構築

社会福祉という営みを対象化する観察者の視点（俯瞰的な視点）ではなく、視るべきものの中にある痛みや苦しみ、諦めや無念の思いが心に響いてくる地点に視点を移し（メタノイヤ）、そこでなされている「他者を支援する」という営み（社会福祉という営み）を、その営み（事象）自身が示していることを理解出来る地点に視点を移した時（現象学的還元）に理解される「他者を支援する（社会福祉）」という事象そのものの姿がある。それは、誰もが避けたいと思う状態（視るべきもの）の中で発せられている声にならない声や願い、あるいは、もう嫌だといった拒否といった嘘偽りのない真実の声であり、その声に応えなければという思いや、その声に応えるよう促す力である。おそらくこれが、社会福祉という営みが潜在的に宿している本来的な姿であろう。そして、このような本来的な姿を踏まえる中で明らかにされる社会福祉の原理・本質・目的がある。これらの点を明らかにすることが福祉哲学の主要な役割であり、本書で試みたことである。

現実に社会福祉という営みがあるが、その社会福祉を対象とした学問である社会福祉学は未だ確立されていない。そのような現状に対して、福祉哲学を基盤とした上で、以下の三つの領域によって構成される社会福祉学を構想することが出来る。

一つめは、現実に存在するニーズ（支援が必要な状態）とそのニーズを充足するために実在する社会福祉という営みが、現にどのような営みであるのかを記述説明する領域である。この領域では、他の生活を支える社会政策と社会福祉政策の関係がどのようになっているのか、社会福祉という営みは政策レベル、組織レベル、実践レベルではどのようになっているのかを記述説明することが課題となる。

二つめは、福祉哲学が露わにした社会福祉の原理・本質・目的を起点にしつつ、様々な立場の人たちと対等な立場で対話を重ねていく中で、社会福祉という営みはどのような営みでなければならないのか、その理念（理念としての社会福祉）を示す領域である。この領域では、他の生活を支える社会政策と社会福祉政策の関係を踏まえ、社会福祉はどのような営みでなければならないのかを、政策レベル、組織レベル、実践レベルで明らかにすることが課題となる。

そして三つめは、現実に存在するニーズ（支援が必要な状態）とそのニーズを充足するために実在する社会福祉を踏まえて、理念としての社会福祉を実現するためにはどうすればいいのかを考え提示する領域である。この領域では、政策、組織、実践のそれぞれのレベルで具体的な改善案を提示することが課題となる。

一つめの領域では、様々な科学を動員して現実に存在するニーズ（支援が必要な状態）とそのニーズを充足するために実在する社会福祉が実証的に把握される。二つめの領域では、哲学、宗教、文学、科学などあらゆる知を総動員して、理念としての社会福祉が提示される。そして三つめの領域では、様々な科学を動員することで、現実に存在するニーズを充足するための有効な方法、実在する社会福祉の改善に有効な方法が提示される。

要約するならば、福祉哲学は「社会福祉学とは福祉哲学を基盤としながら、①現状の分析、②理念の提示、③理念を実現するための方法の探究、これらを行う学問である」という社会福祉学の在り方を提示することが出来る。このような考えに基づき、今後は福祉哲学を基盤とした社会福祉学の構想を提示したい。

文献一覧

【A】

Agamben, G.（1998）*Quel che resta di Auschwitz : L'archivio e il testimone*（*Homo sacer* III）. Torino, Bollati Boringhieri.（＝2001, 上村忠男・廣石正和訳『アウシュヴィッツの残りのもの――アルシーヴと証人』月曜社）

阿部彩（2011）『弱者の居場所がない社会――貧困・格差と社会的包摂』講談社。

阿部仲麻呂（2008）「信仰の風光――キリスト教神学に基づく聖霊の解明」飯田隆・伊藤邦武・井上達夫他編『岩波哲学講座13　宗教／超越の哲学』岩波書店、一八九～二三二頁。

阿部志郎（1978）『地域の福祉を築く人びと』全国社会福祉協議会。

阿部志郎（1987）『講演集1　福祉の心』海声社。

阿部志郎（1988）『講演集2　ボランタリズム』海声社。

阿部志郎（1989）「日本社会福祉思想史　吉田久一著作集1　解説」『日本社会福祉思想史　吉田久一著作集1』川島書店、五九五～五九九頁。

阿部志郎（1997）『福祉の哲学』誠信書房。

阿部志郎（1999）「21世紀の福祉システムとパラダイム」『社会福祉研究』76、鉄道弘済会社会福祉部、一八～二八頁。

阿部志郎（2001）『「キリスト教と社会福祉」の戦後』海声社。

阿部志郎編著（2006）『ヒューマンサービス論』中央法規出版。

阿部志郎（2008）『もうひとつの故郷――美しいコミュニティへ』燦葉出版社。

阿部志郎（2011）『社会福祉の思想と実践』中央法規出版。

阿部志郎・一番ケ瀬康子（2001）『なんぞ嘆ぜんや　ついに事業成るなきを――横須賀基督教社会館50年』ドメス出版。

阿部志郎・土肥隆一・河幹夫（2001）『新しい社会福祉と理念――社会福祉の基礎構造改革とは何か』中央法規出版。

阿部志郎・河幹夫（2008）『人と社会――福祉の心と哲学の丘』中央法規出版。

阿部志郎・前川喜平編著（2010）『ヒューマンサービスの構築に向けて』中央法規出版。

秋元美世（2010）「序論」岩田正美監修／秋元美世編著『リーディングス　日本の社会福祉　第5巻　社会福祉の権利と思想』

日本図書センター、三〜二〇頁。
秋山智久（1982）「『社会福祉哲学』試論——平和・人権の希求と社会福祉的人間観の確立」『社会福祉研究』30、鉄道弘済会社会福祉部、一四〜一九頁。
秋山智久（1999）「第2章　人間の幸福と不幸——社会福祉の視点より」嶋田啓一郎監修／秋山智久・高田真治編著『社会福祉の思想と人間観』ミネルヴァ書房、二〇〜四七頁。
Améry, J.（1977）*Jenseits von Schuld und Sühne*, Klett-Cotta Verlagsgemeinschaft, Stuttgart.（=1984, 池内紀訳『罪と罰の彼岸』法政大学出版局）
Antelme, R.（1957）*L'Espèce humaine*, Gallimard.（=1993, 宇京頼三訳『人類——ブーヘンヴァルトからダッハウ強制収容所へ』未來社）
荒このみ（2004）『アフリカン・アメリカン文学論——「ニグロのイディオム」と想像力』東京大学出版会。
Arendt, H.（1962）*Elemente und Ursprünge totaler Herrschaft*, Europäische Verlagsanstalt, Frankfurt am Main（=1981, 大久保和郎・大島かおり訳『全体主義の起原　3　全体主義』みすず書房）
Arendt, H.（1958）*The Human Condition*, the University of Chicago Press.（=1994, 志水速雄訳『人間の条件』筑摩書房）
Aristotelēs／出隆訳（=1959）『形而上学（上）』岩波書店。
Aristotelēs／高田三郎訳（=1971）『ニコマコス倫理学（上）』岩波書店。
Aristotelēs／高田三郎訳（=1973）『ニコマコス倫理学（下）』岩波書店。
粟田賢三・古在由重編（1979）『岩波哲学小辞典』岩波書店。
粟津則雄（1976）「訳注」モーリス・ブランショ／粟津則雄・出口裕弘訳『文学空間』現代思潮社、三九九〜四〇九頁。
東　廉（1998）「訳者あとがき」ウルリヒ・ベック／東廉・伊藤美登里訳『危険社会——新しい近代への道』法政大学出版会、四六一〜四七〇頁。

【B】

Bales, K .（2000）*Disposable People : New Slavery in the Global Economy*, University of California Press.（=2002, 大和田英子訳『グローバル経済と現代奴隷制』凱風社）
Batstone, D.（2010）*NOT for Sale : The Return of the Global Slave Trade–and How We Can Fight It*, HarperCollins Publishers.（=

2010, 山岡万里子訳『告発・現代の人身売買――奴隷にされる女性と子ども』朝日新聞出版）

Bauman, Z.（1998）*Globalization : The Human Consequences*, Cambridge, U. K : Polity Press.（＝2010, 澤田眞治・中井愛子訳『グローバリゼーション――人間への影響』法政大学出版局）

Bauman, Z.（2005）*Work, Consumerism and the New Poor*. Second Edition, Open University Press.（＝2008, 伊藤茂訳『新しい貧困――労働、消費主義、ニュープア』青土社）

Beck, U.（1986）*Risikogesellschaft : Auf dem Weg in eine andere Moderne*, Suhrkamp.（＝1998, 東廉・伊藤美登里訳『危険社会――新しい近代への道』法政大学出版局）

Beck, U.（1988）*Gegengifte : Die organisierte Unverantwortlichkeit*, Suhrkamp.

Beck, U. Giddens, A. Lash, S.（1994）*Reflexive Modernization : Politics, Tradition and Aesthetics in the Modern Social Order*, Polity Press.（＝1997, 松尾精文・小幡正敏・叶堂隆三訳『再帰的近代化――近現代における政治、伝統、美的原理』而立書房）

Berlin, I.（1969）*Four Essays on Liberty*, Oxford University Press.（＝2000, 小川晃一・小池銈・福田歓一・生松敬三訳『自由論』みすず書房）

Berlin, I.（1990）*The Crooked Timber of Humanity : Chapters in the History of Ideas*, edited by Henry Hardy, John Murray.（＝1992, 福田歓一・河合秀和・田中治男他訳『理想の追求〔バーリン選集４〕』岩波書店）

Berlin, I and Jahanbegloo, R.（1992）*Conversation with Isaiah Berlin*, Peter Halban, London.（＝1993, 河合秀和訳『ある思想史家の回想――アイザィア・バーリンとの対話』みすず書房）

Blanchot, M.（1949）*La Part du Feu*, Gallimard.（＝1997, 重信常喜・橋口守人訳『完本　焔の文学』紀伊國屋書店）

Blanchot, M.（1955）*L'espace littéraire*, Gallimard.（＝1976, 粟津則雄・出口裕弘訳『文学空間』現代思潮社）

Blanchot, M.（1969）《Le grand refus》, in *L'Entretien infini*, Gallimard.（＝2008-a, 湯浅博雄訳「大いなる拒否：『終わりなき対話』収録」『ブランショ　生誕100年――つぎの百年の文学のために』思潮社、一二〇～一四四頁）

Blanchot, M.（1969）《L'indestructible 2. L'espèce humaine》, in *L'Entretien infini*, Gallimard.（＝2008-b, 上田和彦訳「破壊できないもの　2　人類：『終わりなき対話』収録」『ブランショ　生誕100年――つぎの百年の文学のために』思潮社、一七四～一八一頁）

Blanchot, M.（1971/1995）*L'Amitié*, Gallimard.

Blanchot, M.（1980）《Notre compagne clandestine》in *Textes pour Emmanuel LEVINAS*, Jean-Michel Place éditeur.（＝1985, 田中

淳一訳「われらの密かな同伴者」田中淳一・若森栄樹訳『白日の狂気』朝日出版社、六五～八四頁）

Blanchot, M.（1986/1998/2003）*Écrits politiques : Guerre d'Algérie, Mai 68, etc. 1958-1993*, Éditions Lignes & Manifestes./《N'oubliez pas!》, in *La Quinzaine littéraire*, n° 459, 16 mars./《L'écriture consacrée au silence》, in *L'Œil-de-bœuf*, n° 14/15, mai.（＝2005, 安原伸一郎・西山雄二・郷原佳以訳『ブランショ政治論集１９５８‐１９９３』月曜社）

Boman, T.（1954）*Das hebräische Denken im Vergleich mit dem Griechischen, 2Aufl*. Vandenhoeck & Ruprecht.（＝2003, 植田重雄訳『ヘブライ人とギリシヤ人の思惟（オンデマンド版）』新教出版社）

Bourdieu, P.（1997）*Méditations pascaliennes*, Éditions du Seuil.（＝2009, 加藤晴久訳『パスカル的省察』藤原書店）

Buber, M.（1932）*Zwiesprache*, Schocken Verlag, Berlin.（＝1979, 植田重雄訳「対話」『我と汝・対話』収録、岩波書店、一六九～二三九頁）

Buber, M.（1948）*Das Problem des Menschen*, Verlag Lambert Schneider, Heidelberg.（＝1961, 児島洋訳『人間とは何か』理想社）

Buber, M.（1950）*Urdistanz und Beziehung*, Verlag für Recht und Gesellschaft.（＝1969, 稲葉稔訳「原隔離と関わり」『ブーバー著作集第４巻　哲学的人間学』収録、みすず書房、五～二六頁）

Buber, M.（1954）*Elemente des Zwischenmenschlichen*, Merkur, YG. 8, H. 2, Feb.（＝1968, 佐藤吉昭・佐藤令子訳「人間の間柄の諸要素」『ブーバー著作集第２巻　対話的原理Ⅱ』収録、みすず書房、八五～一一七頁）

【C～E】

千葉建（2005）「コミュニケーションをめぐる闘争――アクセル・ホネットにおける承認の道徳とその認識論的基礎について」『哲学・思想論集』（31）、筑波大学哲学・思想学系、六七～八一頁。

Claesges, U.（1972）Zweideutigkeit in Husserls Lebenswelt-Begriff, in : *Perspektiven transzendental-phänomenologischer Forschung*, für Ludwig Landgrebe zum 70. Geburtstag von seiner Kölner Schülern, hrsg. v. U.Cleasges & K. Held, Phaenomenologica, Bd.49.（＝1978, 鷲田清一・魚住洋一訳「フッサールの〈生活世界〉概念に含まれる二義性」新田義弘、小川侃編『現象学の根本問題』晃洋書房、八一～一〇四頁）

Delanty, G.（2003）*Community*, Routledge.（＝2006, 山之内靖・伊藤茂訳『コミュニティ――グローバル化と社会理論の変容』ＮＴＴ出版）

Deleuze, G.（1976）*Proust et les signes*, Presses Universitaires de France.（＝1977, 宇波彰訳『プルーストとシーニュ――文学機械

としての「失われた時を求めて」〔増補版〕』法政大学出版局）

Derrida, J.（1994）*Force de loi――Le《Fondement mystique de l'autorité》*, Éditions Galilée.（＝1999-a, 堅田研一訳『法の力』法政大学出版局）

Derrida, J.（1997）*Deconstruction in a nutshell. A Conversation with Jacques Derrida*, Edited with a Commentary by John D. Caputo, Fordham UP, New York.（＝2004, 高橋透・黒田晴之・衣笠正晃他訳『デリダとの対話――脱構築入門』法政大学出版局）

Derrida, J.（1999）'Hospitality, Justice and Responsibility： A dialogue with Jacques Derrida, in *Questioning Ethics： Contemporary Debates in Philosophy*. Kearney, R and Dooley, M . London and New York, Routledge： 65-83.（＝1999-b, 安川慶治訳「歓待、正義、責任――ジャック・デリダとの対話」『批評空間』第Ⅱ期23号、一九二～二〇九頁）

Eaglestone, R.（2004）*The Holocaust and the Postmodern*, Oxford University Press.（＝2013, 田尻芳樹・太田晋訳『ホロコーストとポストモダン――歴史・文学・哲学はどう応答したか』みすず書房）

Ellison, R.（1982）*Invisible Man*, New York： Random House.（＝2004-a, 松本昇訳『見えない人間（Ⅰ）』南雲堂フェニックス）

Ellison, R.（1982）*Invisible Man*, New York： Random House.（＝2004-b, 松本昇訳『見えない人間（Ⅱ）』南雲堂フェニックス）

【F～G】

Foucault, M（1994）*Dits et écrits*, tome Ⅳ 1980-1988, Editions Gallimard, pp.219-561.（＝2001, 蓮實重彦・渡辺守章監修／小林康夫・石田英敬・松浦寿輝編『ミシェル・フーコー思考集成Ⅸ　１９８２-８３　自己／統治性／快楽』筑摩書房）

Frankl, V. E.（1977）Ein Psychologeerlebt das Konzentrationslager in ...*trotzdem Ja zum Leben sagen*, Kösel-Verlag, München.（＝2002, 池田香代子訳『夜と霧　新版』みすず書房）

Freire, P.（1968）*Pedagogia do Oprimido*, Paz Terra.（＝2011, 三砂ちづる訳『新訳　被抑圧者の教育学』亜紀書房）

藤村正之（2007）「第11章　家族とライフコース」長谷川公一・浜日出夫・藤村正之・町田敬志編『社会学』有斐閣、三四五～三七六頁。

藤沢令夫（1985）「実践と観想――その主題化の歴史と、問題の基本的筋目」『新・岩波講座哲学10　行為 他我 自由』岩波書店、一～四四頁。

藤沢令夫（2002）「解説」プラトン／藤沢令夫訳『国家（下）』岩波書店、四三一～四九三頁。

Galtung, J.（1969）Violence, Peace and Research, *Journal of Peace Research, No.3.*（＝1991, 高柳先男・塩屋保訳「Ⅰ 暴力、平和、平和研究」『構造的暴力と平和』所収、中央大学出版部、一～六六頁）

後藤玲子・ポール・デュムシェル（2011）「序章 正義を忘れた経済学」後藤玲子・ポール・デュムシェル編著『正義への挑戦――セン経済学の新地平』晃洋書房、一～三一頁。

合田正人・村上靖彦（2012）「討議 外傷と病理の哲学へ」『現代思想 3月臨時増刊号 総特集 レヴィナス』Vol.40-3, 青土社、三五～五九頁。

郷原佳以（2005）「第三部・訳者解題 証言――記憶しえないものを忘れないこと」モーリス・ブランショ／安原伸一郎・西山雄二・郷原佳以訳『ブランショ政治論集一九五八―一九九三』月曜社、三三一～三七七頁。

郷原佳以（2008）「非人称性の在処――解題」『ブランショ 生誕100年――つぎの百年の文学のために』思潮社、二二九～二四一頁。

【H】

Habermas, J.（1981）*Theorie des Kommunikativen Handelns*, Suhrkamp Verlag, Frankfurt/Main.（＝1987, 丸山高司・丸山徳次・厚東洋輔他訳『コミュニケーション的行為の理論（下）』未來社）

Habermas, J.（2001）*Die Zukunft der menschlichen Natur. Auf dem Weg zu einer liberalen Eugenik?* Frankfurt am Main, Suhrkamp.（＝2004, 三島憲一訳『人間の将来とバイオエシックス』法政大学出版局）

濱真一郎（2008）『バーリンの自由論――多元論的リベラリズムの系譜』勁草書房。

濱口桂一郎（2009）『新しい労働社会――雇用システムの再構築へ』岩波書店。

濱口桂一郎・湯浅 誠・宮本太郎（2011）「第2章 現役世代をどう支えるか」宮本太郎編『弱者99％社会――日本復興のための生活保障』幻冬舎、五七～八八頁。

浜渦辰二（1995）『フッサール間主観性の現象学』創文社。

浜渦辰二（2001）「訳注」フッサール／浜渦辰二訳『デカルト的省察』岩波書店、二八一～三四三頁。

浜渦辰二（2002）「精神医学と現象学の対話のために――フッサールとハイデガーをてがかりに」平成12・13年度科学研究費補助金・基盤研究（C）（2）研究成果報告書（代表者・浜渦辰二）『いのちとこころに関わる現代の諸問題の現場に臨む臨床人間学の方法論的構築』、四一～五一頁。

浜渦辰二（2012-a）「まえがき」E・フッサール／浜渦辰二・山口一郎監訳『間主観性の現象学──その方法』筑摩書房、七～一〇頁。

浜渦辰二（2012-b）「訳者解説」E・フッサール／浜渦辰二・山口一郎監訳『間主観性の現象学──その方法』筑摩書房、五三三～五五二頁。

浜渦辰二（2012-c）「共同主観性」大澤真幸・吉見俊哉・鷲田清一編『現代社会学事典』弘文堂、二八五頁。

ハンセン病問題に関する検証会議（2005）「第十一　ハンセン病強制隔離政策に果たした医学・医療界の役割と責任の解明」『ハンセン病問題に関する検証会議最終報告書』財団法人日弁連法務研究財団、二八五～二九九頁。以下のアドレスで報告書が全文公開されている。（http://www.jlf.or.jp/work/hansen_report.shtml#saisyu）

原田正純（1989）『水俣が映す世界』日本評論社。

原田正純（2007）『豊かさと棄民たち──水俣学事始め』岩波書店。

原田正純（2008）「政策・理論フォーラム　社会福祉はいのち・人権とどう向き合うのか　第1部：いのち・人権と社会福祉水俣学からみた〝弱者〟の視点」日本社会福祉学会編『社会福祉学』49（3）、八一～八八頁。

原田正純（2009）『宝子たち──胎児性水俣病に学んだ50年』弦書房。

Heidegger, N.（1927）*Sein und Zeit*, 1. Aufl.（＝2013, 熊野純彦訳『存在と時間（一）』岩波書店）

Henry, M.（2002）*Paroles du Christ*, Paris Éditions du Seuil.（＝2012, 武藤剛史訳『キリストの言葉──いのちの現象学』白水社）

東島大（2010）『なぜ水俣病は解決できないのか』弦書社。

樋口均（2010）「第1章　グローバル化と地域経済」渋谷博史・樋口均・櫻井潤編『21世紀の福祉国家と地域②　グローバル化と福祉国家と地域』学文社、一八～五二頁。

保苅瑞穂（2010）『プルースト　読書の喜び──私の好きな名場面』筑摩書房。

本田哲郎（1990）『小さくされた者の側に立つ神』新世社。

本田哲郎（1992）『続　小さくされた者の側に立つ神』新世社。

本田哲郎（2006）『釜ヶ崎と福音──神は貧しく小さくされた者と共に』岩波書店。

本田哲郎（2010）『聖書を発見する』岩波書店。

本田哲郎（2013）「I　そこが知りたい　聖書への九つの問い　1　小さくされた人びとから」荒井献・本田哲郎・高橋哲哉『3・11以後とキリスト教』ぷねうま舎、一一～七三頁。

本間直樹・中岡成文・浜渦辰二（2010）「第３部　どこに向かって」鷲田清一監修／本間直樹・中岡成文編『ドキュメント臨床哲学』大阪大学出版会、二一七〜二六七頁。

Honneth, A.（1992）*Kampf um Anerkennung : Zur moralischen Grammatik sozialer Konflikte*, Frankfurt : Suhrkamp.（=2003, 山本啓・直江清隆訳『承認をめぐる闘争——社会的コンフリクトの道徳的文法』法政大学出版局）

Honneth, A.（2000）*Das Andere der Gerechtigkeit : Aufsätze zur Praktischen Philosophie*, Frankfurt : Suhrkamp.（=2005, 加藤泰史・日暮雅夫他訳『正義の他者——実践哲学論集』法政大学出版局）

Honneth, A.（2005）*Verdinglichung, Eine anerkennungstheoretische Studie,* Suhrkamp, Frankfurt am Main.（=2011, 辰巳伸知・宮本真也訳『物象化——承認論からのアプローチ』法政大学出版局）

Honneth, A.／出口剛司・宮本真也訳（2011）「『物象化』追考」『現代社会学理論研究』５、日本社会学理論学会、四三〜五二頁。

Humboldt, W. v.（1968）*Wilhelm von Humboldts Gesammelte Schriften*, Band VI, Hrg. von der Königlich Preussischen Akademie der Wissenschaften, Erste Abteilung, *Werke* VI, Erste Hälfte, Walter de Gruyter & Co. Berlin.（=2006, 村岡晋一訳『双数について』新書館）

Husserl, E.（1954）*Die Krisis der europäischen Wissenschaften und die transzendentale Phänomenologie :* Eine Einleitung in die phänomenologische Philosophie, *Husserliana* Bd. VI, Haag, Martinus Nijhoff.（=1995, 細谷恒夫・木田元訳『ヨーロッパ諸学の危機と超越論的現象学』中央公論新社）

Husserl, E.（1964）*Erfahrung und Urteil ; Untersuchungen zur Genealogie der Logik*, Redigiert und herausgegeben von Ludwig Landgrebe, Dritte unveränderte Auflage, Claasen Verlag, Hamburg.（=1975, 長谷川宏訳『経験と判断』河出書房新社）

Husserl, E.（1977）Philosophische Bibliothek Bd. 291, Edmund Husserl, *Cartesianische Meditationen. Eine Einleitung in die Phänomenologie*, Herausgegeben, eingeleitet, und mit Registern versehen von Elisabeth Ströker, Felix Meiner.（=2001, 浜渦辰二訳『デカルト的省察』岩波書店）

Husserl, E.（1973）*Zur Phänomenologie der Intersubjektivität, Texte aus dem Nachlass, Erster Teil : 1905-1920*, Husserliana Band XIII ; *Zweiter Teil ; 1921–1928*, Husserliana Band XIV ; *Dritter Teil : 1929–1935*, Husserliana Band XV, hrsg. Von Iso Kern, Den Haag, Martinus Nijhoff.（=2012-a, 浜渦辰二・山口一郎監訳『間主観性の現象学——その方法』筑摩書房）

Husserl, E.（1973）*Zur Phänomenologie der Intersubjektivität, Texte aus dem Nachlass, Erster Teil : 1905-1920*, Husserliana Band XIII ; *Zweiter Teil ; 1921-1928*, Husserliana Band XIV ; Dritter Teil : 1929-1935, Husserliana Band XV, hrsg. Von Iso Kern, Den

Haag, Martinus Nijhoff.（＝2012-b, 浜渦辰二・山口一郎監訳『間主観性の現象学――その展開』筑摩書房）

【I】

市野川容孝（2006）『思考のフロンティア　社会』岩波書店。

出隆（1961）「訳者解説」アリストテレス／出隆訳『形而上学（下）』岩波書店、三五七～四三一頁。

Ignatieff, M.（1984）*The Needs of Strangers*, London : Chatto & Windus.（＝1999, 添谷育志・金田耕一訳『ニーズ・オブ・ストレンジャーズ』風行社）

Ignatieff, M.（2001）*Human Rights as Politics and Idolatry*. Princeton and Oxford : Princeton University Press.（＝2006, 添谷育志・金田耕一訳『人権の政治学』風行社）

伊波敏男（2007）『ハンセン病を生きて――きみたちに伝えたいこと』岩波書店。

伊原木大祐（2010）『レヴィナス――犠牲の身体』創文社。

今田高俊（2012）「社会科学」大澤真幸・吉見俊哉・鷲田清一編『現代社会学事典』弘文堂、五六九～五七〇頁。

色川大吉（1978）『ある昭和史――自分史の試み』中央公論社。

石見徹（2007）『グローバル資本主義を考える』ミネルヴァ書房。

糸賀一雄（1968）『福祉の思想』日本放送出版協会。

糸賀一雄（1982）『糸賀一雄　著作集Ⅰ』日本放送出版協会。

伊藤恭彦（2010）『貧困の放置は罪なのか――グローバルな正義とコスモポリタニズム』人文書院。

岩下壮一（1991-a）「御復活の祝日に際して」モニック・原山編著『キリストに倣いて――岩下壮一神父　永遠の面影』学苑社、二〇三～二〇九頁。

岩下壮一（1991-b）「ジャック・マリテン／岩下壮一訳『近代思想の先駆者』序文」モニック・原山編著『キリストに倣いて――岩下壮一神父　永遠の面影』学苑社、二七五～二七八頁。

岩田靖夫（2008）『いま哲学とはなにか』岩波書店。

【K】

カイラシュ・サティアティ（2008）「第3章　働く子どもたちの未来に向けて」アムネスティ・インターナショナル日本編『働

かされる子どもたち　児童労働』リブリオ出版、三七～五〇頁。

神谷美恵子（2004）『神谷美恵子コレクション　人間をみつめて』みすず書房。

神田英輔（2003）「飢餓と飽食――支え合う21世紀の国際社会を構築するために」『社会福祉研究』88、鉄道弘済会社会福祉部、九六～一〇〇頁。

加野芳正（2011）『なぜ、人は平気で「いじめ」をするのか？――透明な暴力と向き合うために』日本図書センター。

堅田研一（1999）「脱構築と正義――訳者解説」ジャック・デリダ／堅田研一訳『法の力』法政大学出版局、一九七～二一五頁。

柏女霊峰（1995）『現代児童福祉論』誠信書房。

柏女霊峰（2013）「児童虐待」山縣文治・柏女霊峰編『社会福祉用語辞典〔第9版〕』ミネルヴァ書房、一三七頁。

片桐新自（2006）「4章　社会学の基本概念」片桐新自・永井良和・山本雄二編『基礎社会学〔新訂第1版〕』世界思想社、四三～五八頁。

加藤博史（2008）『福祉哲学――人権・生活世界・非暴力の統合思想』晃洋書房。

加藤博史（2013）『社会福祉の定義と価値の展開――万人の主権と多様性を活かし、格差最小の共生社会へ』ミネルヴァ書房。

河東田博（2012）「解題：スウェーデンにおける施設解体と地域生活支援――施設カールスルンドの解体にみるスウェーデンしょうがい者福祉改革」ケント・エリクソン／河東田博・古関-ダール瑞穂訳『スウェーデンにおける施設解体と地域生活支援――施設カールスルンドの誕生と解体までを拠り所に』現代書館、二〇八～二二二頁。

川本和彦・福井昌子・藤田真利子（2008-a）「第2章　『子どもの人身売買』概観」アムネスティ・インターナショナル日本編『売られる子どもたち　子どもの人身売買』リブリオ出版、一七～三二頁。

川本和彦・福井昌子・藤田真利子（2008-b）「第4章　子どもたちの証言――コソボ、アフリカから」アムネスティ・インターナショナル日本編『売られる子どもたち　子どもの人身売買』リブリオ出版、四三～五一頁。

川本隆史（2012）「ケイパビリティ」大澤真幸・吉見俊哉・鷲田清一編『現代社会学事典』弘文堂、三四三～三四四頁。

川崎二三彦（2006）『児童虐待――現場からの提言』岩波書店。

河津英彦（2010）「子どもの生命危機と虐待――全国児童相談所調査を手がかりに」『社会福祉研究』107、鉄道弘済会社会福祉部、二～一一頁。

河津聖恵（2008）「私たちの今日の詩のために――ブランショ『再読』」『ブランショ　生誕100年　つぎの百年の文学のために』思潮社、八一～八三頁。

Kant, I（1785）Kants Werke. Herausgegeben von Ernst Cassirer. Band IV. *Grundlegung zur Metaphysik der Sitten*.（＝1976, 篠田英雄訳『道徳形而上学原論』岩波書店）

Kant, I（1787）Kants Werke, Akademie Textausgabe, III, *Kritik der reinen Vernunft*, 2. Auflage, Walter de Gruyter & Co.（＝2010, 中山元訳『純粋理性批判１』光文社）

茅野奈緒深〔取材・構成・文〕／高橋聖人〔企画・撮影〕（2002）『ジロジロ見ないで～〝普通の顔〟を喪《うしな》った９人の物語』扶桑社。

Kearney, R. ed.（1984）*Dialogues with contemporary Continental thinkers: The Phenomenological heritage*, Manchester University Press.（＝1988, 毬藻充・庭田茂吉・松葉祥一訳『現象学のデフォルマシオン』現代企画室）

木原活信（2012）「春季大会シンポジウム　いま社会福祉原論に求められていること　指定発言」日本社会福祉学会編『社会福祉学』52（４）、一一一～一一四頁。

小林慧子（2011）『ハンセン病者の軌跡』同成社。

鬼界彰夫（2011）『生き方と哲学』講談社。

国土交通省編（2006）『国土交通白書２００６　平成17年度年次報告』ぎょうせい。

小松美彦（2012）『生権力の歴史――脳死・尊厳死・人間の尊厳をめぐって』青土社。

小松美彦（2013）『生を肯定する――いのちの弁別にあらがうために』青土社。

クー・リチャード（2002）「【解説】スティグリッツ経済学への共感」ジョセフ・E・スティグリッツ／鈴木主税訳『世界を不幸にしたグローバリズムの正体』徳間書店、三七五～三九〇頁。

古東哲明（2005）『現代思想としてのギリシア哲学』筑摩書房。

厚生労働省編（2011）『労働経済白書（平成23年度版）――世代ごとにみた働き方と雇用管理の動向』日経印刷。

厚東洋輔（2011）『グローバリゼーション・インパクト――同時代認識のための社会学理論』ミネルヴァ書房。

窪田暁子（2008）「『ハンセン病隔離政策の被害』論――ハンナ・アーレントの所説にてらして」『中部学院大学・中部学院短期大学部　研究紀要』９、四九～五八頁。

熊本地裁（2006）「判決　熊本地裁（第一次～第四次）」ハンセン病違憲国賠裁判全史編集委員会編『ハンセン病違憲国賠裁判全史　第３巻　裁判編　西日本訴訟（Ⅲ）』皓星社、一三九～三二八頁。（以下のアドレスで判決文が公開されている。http://www.geocities.jp/libell8/hanketu-1.htm）.

熊野純彦（1999）『レヴィナス入門』筑摩書房。

熊野純彦（2012）『岩波人文書セレクション　レヴィナス――移ろいゆくものへの視線』岩波書店。

栗原彬編（2000）『証言　水俣病』岩波書店。

栗原彬（2005）『「存在の現れ」の政治――水俣病という思想』以文社。

串崎真志（2013）『共感する心の科学』風間書房。

葛生栄二郎（2011）『ケアと尊厳の倫理』法律文化社。


【L】

Levi, P.（1986）*I sommersi e i salvati*, Giulio Einaudi editore s. p. a., Torino.（＝2000, 竹山博英訳『溺れるものと救われるもの』朝日新聞出版）
Lévinas, E.（1961）*Totalité et Infini, Essai sur l'extériorité*, Martinus Nijhoff.（＝2005, 熊野純彦訳『全体性と無限（上）』岩波書店）
Lévinas, E.（1961）*Totalité et Infini, Essai sur l'extériorité*, Martinus Nijhoff.（＝2006, 熊野純彦訳『全体性と無限（下）』岩波書店）
Lévinas, E.（1963）*Difficile Liberté, Essais sur le judaïsme*, Albin Michel.（＝2008, 内田樹訳『困難な自由――ユダヤ教についての試論』国文社）
Lévinas, E.（1967）*En découvrant l'existence avec Husserl et Heidegger, la deuxième édition*, J. Vrin.（＝1996-a, 佐藤真理人・小川昌宏・三谷嗣・河合孝昭訳『実存の発見――フッサールとハイデッガーと共に』法政大学出版局）
Lévinas, E.（1974）*Autrement qu'être ou au-delà de l'essence*, Martinus Nijhoff,（＝1999, 合田正人訳『存在の彼方へ』講談社）
Lévinas, E.（1976）*Noms propres,* Fata Morgana.（＝1994-a´ 合田正人訳『固有名』みすず書房）
Lévinas, E.（1982）*Éthique et Infini, Dialogues avec Philippe Nemo*, Fayard.（＝1987, 原田佳彦訳『倫理と無限――フィリップ・ネモとの対話』朝日出版社）
Lévinas, E.（1982）*Éthique et Infini, Dialogues avec Philippe Nemo*, Fayard.（＝2010, 西山雄二訳『倫理と無限――フィリップ・ネモとの対話』筑摩書房）
Lévinas, E.（1982）*De Dieu qui vient à l'idée*,Vrin.（＝1997-a, 内田樹訳『観念に到来する神について』国文社）
Lévinas, E.（1984）*Transcendance et intelligibilité, suivi d'un entretien*, Labor et Fides.（＝1996-b, 中山元訳『超越と知解可能性――哲学と宗教の対話』彩流社）

Lévinas, E.（1987）*Hors sujet*, Fata Morgana.（＝1997-b, 合田正人訳『外の主体』みすず書房）
Lévinas, E.（1991）*Entre nous*,Grasset.（＝1993, 合田正人・谷口博史訳『われわれのあいだで』法政大学出版局）
Lévinas, E.（1993）*Dieu, la Mort et le Temps*, Grasset.（＝1994-b, 合田正人訳『神・死・時間』法政大学出版局）
Lévinas, E.（1994）*Les imprévus de l'histoire, Liberté et commandement*, Fata Morgana.（＝1997-c, 合田正人・谷口博史訳『歴史の不測　付論：自由と命令／超越と高さ』法政大学出版局）
Lévinas, E.（1995）*Altérité et transcendance*, Fata Morgana.（＝2001, 合田正人・松丸和弘訳『他性と超越』法政大学出版会）
Lévinas, E.,Burggraeve, R.（éd）（1997）*Emmanuel Lévinas et la socialité de l'argent. Un philosophe en quête de la réalité journalière. La genèse de Socialité et argent ou l'ambiguïté de l'argent*, Peeters, Leuven.（＝2003, 合田正人・三浦直希訳『貨幣の哲学』法政大学出版局）
Luhmann, N.（1991）*Soziologie des Risikos*, Walter de Gruyter.
Lukács, G.（1923）*Geschichte und Klassenbewußtsein*, in： ders., Werke, Band 2（Früschriften II）, Neuwied und Berlin 1968.（＝1968, 城塚登・古田光訳『ルカーチ著作集９　歴史と階級意識』白水社）

【M】


前田信彦（2010）『仕事と生活——労働社会の変容』ミネルヴァ書房。

正村俊之（2009）『グローバリゼーション——現代はいかなる時代なのか』有斐閣。

松葉祥一（2008）「訳者解説——デモクラシーとは何か」ジャック・ランシエール／松葉祥一訳『民主主義への憎悪』インスクリプト、一六三～一八五頁。

松本昇（2004）「訳者あとがき」ラルフ・エリスン／松本昇訳『見えない人間（Ⅱ）』南雲堂フェニックス、四二八～四三〇頁。

Merleau-Ponty, M.（1945）*La Phénoménologie de la Perception*, Gallimard.（＝1967, 竹内芳郎・小木貞孝訳『知覚の現象学１』みすず書房）

水上英徳（2008）「アクセル・ホネットにおける承認の行為論——承認論の基礎」『大分県立芸術文化短期大学研究紀要』46、八九～一〇二頁。

水俣病50年取材班編著（2006）『水俣病50年——「過去」に「未来」を学ぶ』西日本新聞社。

南日本放送ハンセン病取材班編（2002）『岩波ブックレットNo.567 ハンセン病問題は終わっていない』岩波書店。

港道隆（2012）「現象学から顔―痕跡へ、そして代補」『現代思想　3月臨時増刊号　総特集　レヴィナス』Vol.40-3，青土社、八五～一一七頁。

宮本真也（2011）「訳者解説1」アクセル・ホネット／辰巳伸知・宮本真也訳『物象化――承認論からのアプローチ』法政大学出版局、一三七～一六八頁。

宮本太郎（2009）『生活保障――排除しない社会へ』岩波書店。

宮本久雄（2012）『他者の風来――ルーアッハ・プネウマ・気をめぐる思索』日本キリスト教団出版局。

宮坂道夫（2006）『ハンセン病――重監房の記録』集英社。

森岡清志（2008）「第2章　地域社会とは何だろう」森岡清志編『地域の社会学』有斐閣、二一～四三頁。

森田洋司（2010）『いじめとは何か――教室の問題、社会の問題』中央公論新社。

森岡正博（2001）『生命学に何ができるか――脳死・フェミニズム・優生思想』勁草書房。

村上靖彦（2008）『自閉症の現象学』勁草書房。

村上靖彦（2011-a）『治癒の現象学』講談社。

村上靖彦（2011-b）「応用現象学を学ぶ人のために――ごっこ遊びと自閉症児の並べ遊びを例に」戸田山和久・出口康夫編『応用哲学を学ぶ人のために』世界思想社、一四八～一五八頁。

村上靖彦（2012-a）『レヴィナス――壊れものとしての人間』河出書房新社。

村上靖彦（2012-b）「眩暈と不眠――レヴィナスの精神病理学」『現代思想　3月臨時増刊号　総特集　レヴィナス』Vol.40-3，青土社、二二四～二三七頁。

村田純一（1998）「超越論的」廣松渉・子安宣邦・三島憲一他編『岩波哲学・思想事典』岩波書店、一〇八五頁。


【N】


なだいなだ（1985）『人間、この非人間的なもの』筑摩書房。

永井均（1991）『〈魂〉に対する態度』勁草書房。

永井均（1995）『ウィトゲンシュタイン入門』筑摩書房。

永井均（1996）『〈子ども〉のための哲学』講談社。

永井均（1998）『これがニーチェだ』講談社。

永井均（2013）『哲学の密かな闘い』ぷねうま舎。

内閣府編（2006）『平成19年版国民生活白書』社団法人時事画報社。

内藤朝雄（2009）『いじめの構造――なぜ人が怪物になるのか』講談社。

中井久夫（1997）『アリアドネからの糸』みすず書房。

中村剛（2004）『人間福祉の基礎研究――福祉現場におけるレスポンシビリティ』永田文昌堂。

中村剛（2009）『福祉哲学の構想――福祉の思考空間を切り拓く』みらい。

中岡成文（2010-a）「第2部　動きを／動きながら　1　現代社会の組織／運動としての臨床哲学」鷲田清一監修／本間直樹・中岡成文編『ドキュメント　臨床哲学』大阪大学出版会、一五八～一六六頁。

中岡成文（2010-b）「第2部　動きを／動きながら　2　知ること／動くこと」鷲田清一監修／本間直樹・中岡成文編『ドキュメント　臨床哲学』大阪大学出版会、一六七～一七七頁。

中岡成文（2011）「臨床哲学」戸田山和久・出口康夫編『応用哲学を学ぶ人のために』世界思想社、二七四～二八四頁。

中山竜一（2004）「第10章　ポスト構造主義と正義論」平井亮輔編『正義――現代社会の公共哲学を求めて』嵯峨野書院、二五九～二八二頁。

NHK「無縁社会プロジェクト」取材班編著（2010）『無縁社会――〝無縁死〟三万二千人の衝撃』文藝春秋。

NHKスペシャル取材班『老人漂流社会――他人事ではない〝老後の現実〟』主婦と生活社。

新潟県福祉保健部生活衛生課編（2013）『新潟水俣病のあらまし〈平成24年度改訂〉』新潟県。

西原和久（2010）『間主観性の社会学理論――国家を超える社会の可能性〔1〕』新泉社。

西原和久（2012）「生活世界」大澤真幸・吉見俊哉・鷲田清一編『現代社会学事典』弘文堂、七三六頁。

西川潤（2004）『世界経済入門　第三版』岩波書店。

西川潤（2011）『グローバル化を超えて――脱成長期　日本の選択』日本経済新聞出版社。

西村ユミ（2001）『語りかける身体――看護ケアの現象学』ゆみる出版。

西山雄二（2005）「第二部・訳者解題　『明日、五月があった、破壊と構築のための無限の力が』」モーリス・ブランショ／安原伸一郎・西山雄二・郷原佳以訳『ブランショ政治論集　一九五八‐一九九三』月曜社、二二七～二五六頁。

西山雄二（2007）『異議申し立てとしての文学――モーリス・ブランショにおける孤独、友愛、共同性』御茶の水書房。

野家啓一（1993）『無根拠からの出発』勁草書房。

野家啓一（2010）「哲学とは何か――科学と哲学のあいだ」日本哲学史フォーラム編『日本の哲学』11、昭和堂、八～二三頁。

野上裕生（1999）「第4章訳注〔1〕」アマルティア・セン／池本幸生・野上裕生・佐藤仁訳『不平等の再検討――潜在能力と自由』岩波書店、一一二頁。

納富信留（2002）『プラトン――哲学者とは何か』ＮＨＫ出版。

納富信留（2005）『哲学者の誕生――ソクラテスをめぐる人々』筑摩書房。

納富信留（2007）「哲学の成立――古代ギリシアから現代日本に向けて」日本哲学会編『哲學』58、法政大学出版局、二五～四三頁。


【O】


小倉襄二（1970）『社会保障と人権』汐文社。

小倉襄二（1981）『社会状況としての福祉――発想を求めて』法律文化社。

小倉襄二（1983）『市民福祉の政策と思想――参加と計画』世界思想社。

小倉襄二（1996）『福祉の深層――社会問題研究からのメッセージ』法律文化社。

小倉襄二（2006）「総論　老後保障・福祉を学ぶために」小倉襄二・浅野仁編『新版　老後保障を学ぶ人のために』世界思想社、一～三九頁。

小倉襄二（2007）『右翼と福祉――異形の〝底辺にむかう志〟と福祉現況へのメッセージ』法律文化社。

小倉襄二（2010）『流域―社会福祉と生活設計――戦後福祉状況をめぐる断章』高菅出版。

小倉襄二（2010）「書評　中村剛著『福祉哲学の構想：福祉の思考空間を切り拓く』」日本社会福祉学会編『社会福祉学』51（1）、一〇三～一〇五頁。

岡田温司（2011）「訳者あとがき」ロベルト・エスポジト／岡田温司監訳／佐藤真理恵・長友文史・武田宙也訳『三人称の哲学――生の政治と非人称の思想』講談社、二六三～二七二頁。

岡本達明（1978）「自由の蒼民――解説・漁民の世界」岡本達明編『近代民衆の記録7　漁民』新人物往来社、九～三三頁。

岡村重夫（1983）『社会福祉原論』全国社会福祉協議会。

大川正彦（2001）「ジュディス・シュクラー〝恐怖のリベラリズム〟訳者付記」『現代思想』第29巻第7号、青土社、一三八～一三九頁。

小野正嗣（2012）『ヒューマニティーズ文学』岩波書店。

大澤真幸（1994）『意味と他者性』勁草書房。

大澤真幸（1998）「目的」廣松渉・子安宣邦・三島憲一他編『岩波哲学・思想事典』岩波書店、一五九一～一五九二頁。

大内和彦（2006）『福祉の伝道者　阿部志郎』大空社。

【P～R】
Platōn／藤沢令夫訳（＝2002）『国家（下）』岩波書店。
Pogge, T. W.（2005）“Real World Justice” *The Journal of Ethics*, 9, 2005, Gillian Brock & Darrel Mollendorf（eds.）, *Current Debates in Global Justice*, Springer.（＝2007, 児玉聡訳「現実的な世界の正義」『思想』993号、岩波書店、九七～一一三頁）
Poirié, F.（1987）*Emmanuel Lévinas, Qui êtes-vous?* Manufacture.（＝1991, 内田樹訳『暴力と聖性――レヴィナスは語る』国文社）
Proust, M.（1995–1997）*À la Recherche du Temps Perdu*, 4vol., Gallimard（＝2007-a, 鈴木道彦訳『失われた時を求めて12　第七篇　見出された時Ⅰ』集英社）
Proust, M.（1995–1997）*À la Recherche du Temps Perdu*, 4vol., Gallimard（＝2007-b, 鈴木道彦訳『失われた時を求めて13　第七篇　見出された時Ⅱ』集英社）
Proust, M.／出口裕弘・吉川一義訳（＝2002）「サント＝ブーヴに反論する」保苅瑞穂編『プルースト評論選　Ⅰ　文学篇』筑摩書房、九～二一〇頁。
Rawls, J.（1999）*A Theory of Justice, revised edition*, Harvard University Press.（＝2010, 川本隆史・福間聡・神島裕子訳『正義論　改訂版』紀伊國屋書店）
Rawls, J.（Erin Kelly ed）.（2001）*Justice as Fairness: A Restatement*, Harvard University Press.（＝2004, 田中成明・亀本洋・平井亮輔訳『公正としての正義　再説』岩波書店）

【S】

佐伯啓思（2002）「第１章　グローバル市場社会の〈文化的矛盾〉」佐伯啓思・松原隆一郎編著『〈新しい市場社会〉の構想――信頼と公正の経済社会像』新世社、三～四九頁。

犀川一夫（2006）「証人　犀川一夫　意見書」ハンセン病違憲国賠裁判全史編集委員会編『ハンセン病違憲国賠裁判全史　第2巻裁判編　西日本訴訟（Ⅱ）』皓星社、三四六～三五四頁。

齋藤純一（2011）「1　社会保障の理念をめぐって――それぞれの生き方の尊重」齋藤純一・宮本太郎・近藤康史編『社会保障と福祉国家のゆくえ』ナカニシヤ出版、五～二三頁。

齋藤純一・宮本太郎・近藤康史（2011）「序――福祉国家・社会保障の構想力」齋藤純一・宮本太郎・近藤康史編『社会保障と福祉国家のゆくえ』ナカニシヤ出版、i～xvi頁。

斎藤慶典（1998）「対話」廣松渉・子安宣邦・三島憲一他編『岩波哲学・思想事典』岩波書店、一〇二五～一〇二六頁。

斎藤慶典（2007）『哲学がはじまるとき――思考は何／どこに向かうのか』筑摩書房。

坂井聖二（1998）「第Ⅱ部　事例と対応　第1章　私の出会った子どもたち」斎藤学編『児童虐待〔臨床編〕』金剛出版、九三～一〇〇頁。

櫻井公人（2006）「第14章　アメリカ経済――移民による建国からカジノ・グローバリズムまで」本山美彦編著『世界経済論――グローバル化を超えて』ミネルヴァ書房、二三九～二五六頁。

佐々木勝一（2006）「福祉改革時代における障害者施設――語りからの施設コンフリクトと施設観」『京都光華女子大学研究紀要』44、二九五～三二二頁。

Sen, A.（1982）*Choice, Welfare and Measurement*, Basil Blackwell.（＝1989, 大庭健・川本隆史訳『合理的な愚か者――経済学＝倫理学的探究』勁草書房）

Sen, A.（1992）*Inequality Reexamined*, Oxford University Press.（＝1999, 池本幸生・野上裕生・佐藤仁訳『不平等の再検討――潜在能力と自由』岩波書店）

Sen, A.（1999）*Development as Freedom*, Alfred A. Knopf, New York.（＝2000, 石塚雅彦訳『自由と経済開発』日本経済新聞社）

Sen, A.（2009）*The Idea of Justice*, London：Allen Lane, Penguin, and Cambridge, MA：Belknap Press of Harvard University.（＝2011, 池本幸生訳『正義のアイディア』明石書店）

Sen, A.（2009）山脇直司解題／加藤幹雄訳『グローバリゼーションと人間の安全保障』日本経団連出版。

Sen, A.（2011）「第1章　経済・法・倫理」後藤玲子・ポール・デュムシェル編著『正義への挑戦――セン経済学の新地平』晃洋書房、三三～四七頁。

社会事業史学会編（2009）『社会事業史研究』36、不二出版。

社会経済生産性本部（1998）「調査資料　日本的人事制度の変容に関する調査」『賃金実務』812、産労総合研究所、三六～四七頁。

Shklar, J. N.（1989）Liberalism of Fear, in Nancy L. Rosenblum (ed.) *Liberalism and the Moral Life*. Cambridge, Mass：Harvard University Press.（＝2001, 大川正彦訳「恐怖のリベラリズム」『現代思想　第29巻第7号』青土社、一二〇～一三九頁）

Shklar, J.N.（1990）*The Faces of Injustice*. Yale University Press.

嶋田啓一郎（1980-a）『社会福祉体系論――力動的統合理論への途』ミネルヴァ書房。

嶋田啓一郎（1980-b）「第1章　社会福祉思想と科学的方法論」嶋田啓一郎編『社会福祉の思想と理論』ミネルヴァ書房、三～六四頁。

嶋田啓一郎（1999）「第1章　福祉倫理の本質課題――主体性の黄昏れと人格価値」嶋田啓一郎監修／秋山智久・高田真治編著『社会福祉の思想と人間観』ミネルヴァ書房、二～一九頁。

下山晃（2009）『世界商品と子供の奴隷――多国籍企業と児童強制労働』ミネルヴァ書房。

Singer, I. B.（1966）*Zlateh the Goat and Other Stories*.（＝1993, 工藤幸雄訳『やぎと少年』〔岩波　世界児童文学集17〕岩波書店）

Steger, M. B.（2009）*Globalization：A Very Short Introduction. Second Edition*. Oxford and New York：Oxford University.（＝2010, 櫻井公人・櫻井純理・高嶋正晴訳『新版　グローバリゼーション』岩波書店）

Stiglitz, J. E.（2002）*Globalization and its discontents*, W. W. Norton & Company, Inc.（＝2002, 鈴木主税訳『世界を不幸にしたグローバリズムの正体』徳間書店）

健やか親子21検討会（2001）「資料　健やか親子21検討会報告書――母子保健の２０１０年までの国民運動計画」『小児保健研究』60（1）日本小児保健協会、五～三三頁。

炭谷茂（2004）『社会福祉の原理と課題――「社会福祉基礎構造改革」とその後の方向』社会保険研究所。

【T】

田口茂（2010）『フッサールにおける〈原自我〉の問題――自己の自明な〈近さ〉への問い』法政大学出版局。

高橋哲哉（1998）『デリダ――脱構築』講談社。

髙山守（2007）「必然性・偶然性・そして、自由――『哲学とはいかなる営みか』に向けて」日本哲学会編『哲學』58、法政大学出版局、五～一三頁。

武田さち子（2004）『あなたは子どもの心と命を守れますか！』ＷＡＶＥ出版。

武川正吾（2007）『連帯と承認――グローバル化と個人化のなかの福祉国家』東京大学出版会。

武川正吾（2011）「第7章　日本における個人化の現象――福祉国家をとおしてみる」ウルリッヒ・ベック・鈴木宗徳・伊藤美登里編『リスク化する日本社会――ウルリッヒ・ベックとの対話』岩波書店、一二七～一三九頁。

竹沢尚一郎（2010）『社会とは何か――システムからプロセスへ』中央公論新社。

谷徹（1998）「自然的態度」廣松渉・子安宣邦・三島憲一他編『岩波哲学・思想事典』岩波書店、六四九頁。

谷徹（2002）『これが現象学だ』講談社。

谷徹（2004）「訳者解説」エトムント・フッサール／谷徹訳『ブリタニカ草稿』筑摩書房、一七一～二七九頁。

立松弘孝（1994）「志向性」木田元・村田純一・野家啓一他編『現象学事典』弘文堂、一七七～一八一頁。

Tillich, P.（1962）The Philosophy of Social Work, *The Social Service Review*, Vol.36, No.1, The University of Chicago Press.（＝1981, 松井二郎訳「ソーシャルワークの哲学」『基督教社会福祉学研究』14、一〇八～一一五頁）

Tomlinson, J.（1999）*Globalization and Culture*, Cambridge；Polity Press.（＝2000, 片岡信訳『グローバリゼーション――文化帝国主義を超えて』青土社）

友枝敏雄（2007）「序章　モダニティの社会学理論――ギデンズを中心にして」友枝敏雄・厚東洋輔編著『社会学のアリーナへ――21世紀社会を読み解く』東信堂、三～三三頁。

Tresmontant, C.（1956）*Essai sur la pensée hébraïque*, Les Éditions du Cerf.（＝1963, 西村俊昭訳『ヘブル思想の特質』創文社）

【U～W】

上田和彦（2005）『レヴィナスとブランショ――〈他者〉を揺るがす中性的なもの』水声社。

上田和彦（2008）「言葉を守り続ける／第三類の関係　地平なき人間／破壊できないもの　二、人類　解題」『ブランショ　生誕100年　つぎの百年の文学のために』思潮社、一八二～一九三頁。

内田樹（2004）『他者と死者――ラカンによるレヴィナス』海鳥社。

和田肇（2008）「雇用形態の多様化と労働法政策」『法律時報』80巻12号、四～一〇頁。

Waldenfels, B.（1983）*Phänomenologie in Frankreich*, Suhrkamp Verlag.（＝2009, 佐藤真理人監訳『フランスの現象学』法政大学出版局）

鷲田清一（1993）「地平と地盤のあいだ――〈生活世界〉という概念」『岩波講座　現代思想6　現象学運動』岩波書店、二一五

～一二三九頁。

渡邊二郎（1998）「哲学　1　西洋」廣松渉・子安宣邦・三島憲一他編『岩波哲学・思想事典』岩波書店、一一一九～一一二〇頁。

渡邊二郎（2005）『はじめて学ぶ哲学』筑摩書房。

Weber, M.（1922）Soziologische Grundbegriffe, *Wirtschaft und Gesellschaft*. Tübingen：J. C. B. Mohr：I, 1-30.（＝1972, 清水幾太郎訳『社会学の根本概念』岩波書店）

Weil, S.（1950）*Attente de Dieu*, Paris, La Colombe.（＝1967, 田辺保・杉山毅訳『神を待ちのぞむ』勁草書房）

Weil, S.（1957）*Écrits de Londres et dernières letters*, Paris.Gallimard.（＝1969, 田辺保・杉山毅訳『ロンドン論集とさいごの手紙』勁草書房）

Wilkinson, R. G.（2005）*The Impact of Inequality：How to Make Sick Societies Healthier*, The New Press.（＝2009, 池本幸生・片岡洋子・末原睦美訳『格差社会の衝撃――不健康な格差社会を健康にする法』書籍工房早山）

World Bank（2005）*World Development Report 2006, Equity and Development*, Oxford University Press.（＝2006, 田村勝省訳『世界開発報告２００６――経済開発と成長における公平性の役割』一灯舎）

【Y～Z】

山田昌弘（2004）『希望格差社会――「負け組」の絶望感が日本を引き裂く』筑摩書房。

山田昌弘（2005）『迷走する家族――戦後家族モデルの形成と解体』有斐閣。

山縣文治（2013）「社会福祉」山縣文治・柏女霊峰編『社会福祉用語辞典　第９版』ミネルヴァ書房、一五七頁。

山口一郎（2002）『現象学ことはじめ――日常に目覚めること』日本評論社。

山口一郎（2005）『存在から生成へ』知泉書館。

山口一郎（2009）『実存と現象学の哲学』放送大学教育振興会。

山口一郎（2013）「訳者解説」Ｅ・フッサール／浜渦辰二・山口一郎監訳『間主観性の現象学――その展開』筑摩書房、五八一～五九九頁。

山口節郎（2002）『現代社会のゆらぎとリスク』新曜社。

山本巍（1998）「本質　1　西洋【古代ギリシア】」廣松渉・子安宣邦・三島憲一他編『岩波哲学・思想事典』岩波書店、一五〇六〜一五〇七頁。

山野良一（2006）「第2章　児童虐待は『こころ』の問題か」上野加代子編著／山野良一・リーロイ・H・ペルトン・村田泰子・美馬達哉『児童虐待のポリティクス――「こころ」の問題から「社会」の問題へ』明石書店、五三〜九九頁。

山脇直司（1998）「社会哲学」廣松渉・子安宣邦・三島憲一他編『岩波哲学・思想事典』岩波書店、六九六頁。

安原伸一郎（2005）「第一部・訳者解題　文学の力――シャルル・ド・ゴールに反対するブランショ」モーリス・ブランショ／安原伸一郎・西山雄二・郷原佳以訳『ブランショ政治論集　一九五八―一九九三』月曜社、一〇四〜一二三頁。

安丸良夫（1999）『日本の近代化と民衆思想』平凡社。

吉田敦彦（2007）『ブーバー対話論とホリスティック教育――他者・呼びかけ・応答』勁草書房。

吉岡志津世（2012）「声なき声に耳を澄ませて――文学の想像力」毎日新聞二〇一二年一月一七日兵庫版二五面。

湯浅博雄（2008）「『大いなる拒否』をめぐって」『ブランショ　生誕100年――つぎの百年の文学のために』思潮社、一四五〜一五五頁。

湯浅博雄・上田和彦・西山雄二・郷原佳以（2008）「座談会　来るべきテクストのために　ブランショの現在」『ブランショ　生誕100年　つぎの百年の文学のために』思潮社、八四〜一一九頁。

湯浅誠（2008）『反貧困――「すべり台社会」からの脱出』岩波書店。

Zahavi, D.（2003）*Husserl's Phenomenology*, Stanford University Press. Stanford.（＝2003, 工藤和男・中村拓也訳『フッサールの現象学』晃洋書房）

Ziegler, J.（1999）*La faim dans le monde expliquée à mon fils*, Seuil.（＝2003, 勝俣誠監訳／たかおまゆみ訳『世界の半分が飢えるのはなぜ？――ジグレール教授がわが子に語る飢餓の真実』合同出版）

おわりに代えて
――共生の意味

福祉哲学を実践して、この世界には〝優先して聴かなければならない声〟が発せられていることに気づいた。その声は単なる話し言葉や書かれた言葉（世界の言葉）とは異質な、その人にとって切実な願いとしての言葉（いのちの言葉）であり、にも拘らず、後回しにされている言葉である。その言葉はロゴスとは異なるダーバールと言われ、それを聴いた者にそこで発せられている願いに応えるように促す。同時に、そこで発せられている問いについて考えるように促す。ここに福祉哲学が生まれる。これが、本書において明らかにした福祉哲学の姿である。

聴かなければならない大切な声が、私と他者との「間」に橋をかけ、出会いをもたらす。出会いは、「私は恵まれた環境に生まれ育ったが、それは偶然であり、日々虐待される家庭に私が生まれたかもしれない」、「他人事と済ましていいのか」といった思いと共に、これまで安住していた自己中心的な世界にほころびをもたらす。このほころびの中で、私の世界の中にこれまで隠れていた他者の世界が立ち現れる。その他者は、時を刻み、様々な想いや願いをもって生きる唯一無二の存在であり、その人に呼びかけられたら私は自然と応える、そんな存在である。このような存在として他者が立ち現れていることが「共に生きる」という言葉の真に意味することであろう。そしてこのことが、福祉哲学をした結果として得られた社会福祉に対する学び直しである。

福祉哲学は、この世に生を受けた全ての存在に開かれた哲学である。脳の機能が停止した状態であるが故に「考える」ことが出来ない人も、その存在を通して（まさに身をもって）、人が共に生きる上で重要な問いを発している。この問いにより福祉哲学は生まれ、問いに気づき応答する中で福祉哲学は展開していく。

福祉の現場、地域や学校、あるいは街角のカフェで自然と営まれる「対話としての福祉哲学」を根拠・基盤にしてこそ、社会福祉に対する市民の意識は深まるであろう。また、このような福祉哲学を根拠・基盤にして、社会福祉学の構想が可能となるであろう。これらのことは可能性であり、一つの希望である。そのような希望を本書に感じてもらえた時、そこに本書が存在する意味を確認出来ると思っている。

さて、本書は大阪大学より博士（学術）の学位を授与された論文「福祉哲学の継承と再生――社会福祉の経験をいま問い直す」（二〇一三年九月二五日授与）に加筆したものである。論文指導並びに主査の労を取ってくださったのは浜渦辰二先生である。浜渦先生は『フッサール間主観性の現象学』の著者、フッサール『デカルト的省察』（岩波文庫）の訳者、フッサール『間主観性の現象学』（ちくま学芸文庫）の監訳者といった業績が示すようにフッサール研究の第一人者であるが、その哲学研究をケアという事象分析に繋げて思考する哲学者である。浜渦先生から、社会福祉の経験を学び直すための方法として現象学がもつ可能性と、間主観性と生活世界という福祉思想の鍵となる概念について学ぶことが出来た。中岡成文先生には論文の副査の労を取っていただいた。本書の仮説（図1－1）の中心には「私の社会福祉の経験」が位置づいているが、これは中岡先生の「元来の哲学は経験をフレーム化する（捉える枠組みを作る、定式化する）ものだった。……臨床哲学は経験の初源性を取り戻したい」（『ドキュメント　臨床哲学』大阪大学出版会、二〇一〇年、一七四～一七五頁）という言葉に触発されたものである。また、浜渦先生、中岡先生そして本間直樹先生といった哲学者から対話の重要性を学ぶことが出来た。本書で得た「福祉哲学は全ての人に開かれた対話としての哲学である」という発想や理解は、大阪大学で学ばなければもつことが出来なかったであろう。さらに、社会福祉学の領域で一九八〇年代から社会福祉哲学の必要性を提起されている秋山智久先生に論文の審査をして頂く機会に恵まれた。公開審査当日秋山先生から「本研究の功績は、福祉哲学を体系的に示したことにあるが、加えて言えば、論文全体に貫かれている〝温かな眼差し〟がいい」という言葉を頂いた。この言葉を聴き、福祉哲学は〝温かな眼差し〟に貫かれた思考であることに気づくことが出来た。ご指導くださった浜渦辰二先生、中岡成文先生、秋山智久先生、本間直樹先生に、記して感謝の気持ちをお伝えしたい。

臨床哲学の運動に触発され、対話を通して福祉哲学という思考を深めたいと思うようになった。そう思った時、心に浮かんだのが大阪の釜ヶ崎で日雇い労働者に学びながら聖書を読み直している本田哲郎神父である。浜渦先生がドイツ語で現象学を説明されたのと同じく、本田神父からは、旧約聖書はヘブライ語、新約聖書はギリシア語と原典の言葉から聖書を学ばせて頂いた。本田神父との対話では、「福祉現場にいる時に感じたが言葉にできずにいたものはこれだ」と心底納得する経験をした。特にダーバールという言葉は、福祉哲学を理解する上で決定的な学びとなった。邂逅とも言える出会いに恵まれたことに感謝しつつ、五回の対話それぞれで筆者の思考を拓いてくれた本田哲郎神父に、改めて心よりお礼申し上げる。

本書が一つの形を成し、出版する機会に恵まれたのは二人の方のお力添えによる。一人は筆者を本田神父にご紹介くださった八窪清先生である。八窪先生は福祉施設職員から大学の教員になり、何も分からない筆者を支え育ててくれた恩人である。本書の原稿も細かく眼を通して頂いた。もう一人はミネルヴァ書房編集部の戸田隆之氏である。戸田氏は本書が博士論文として学位が授与される前から本書の意義をご理解くださり、出版が可能となるために様々なお力添えを頂いた。本書の内容は戸田氏との対話の中から生まれた箇所もあり、その意味でも戸田氏は本書の生みの親である。本書の内容を世に問うことが出来ることは筆者にとって大きな喜びである。それを可能にしてくれた八窪清先生と戸田隆之氏に心から感謝する次第である。

最後に、秋山先生がご指摘くださったように、本書が〝温かな眼差し〟に貫かれているとしたら、それは筆者に変わらず〝温かな眼差し〟を注ぎ続けてくれている家族のお陰である。父・中村光平、母・中村久枝、弟・中村守、妻・中村直美、そして三人の子ども颯月《さつき》、日凪生《ひなせ》、笙良《せいら》との「間」に注がれている〝温かな眼差し〟の交流が、本書で展開した福祉哲学を生み出してきたのであろう。感謝の気持ちと共に本書を私にとって最も大切な家族に捧げる。

二〇一三年一二月一五日

中村　剛

事項索引

た　行

な　行

は　行

ま　行

ら　行

欧　文

人名索引

あ　行

か　行

ま　行

や　行

ら　行

わ　行

《著者紹介》

中村　剛（なかむら・たけし）

1963年　埼玉県に生まれる
2013年　大阪大学大学院文学研究科文化形態論（臨床哲学）専攻
博士後期課程修了　博士（学術）
19年間，社会福祉施設（知的障害者入所更生施設，知的障害者通所授産施設，養護老人ホーム）に支援員，相談員として勤務
現　在　関西福祉大学社会福祉学部准教授
専　門　福祉哲学，社会福祉原論
主　著　『福祉哲学の構想——福祉の思考空間を切り拓く』みらい，2009年
『井深八重の生涯に学ぶ——“ほんとうの幸福”とは何か』あいり出版，2009年
『社会福祉学原論——脱構築としての社会福祉学』みらい，2010年
「福祉思想としての新たな公的責任——『自己責任論』を超克する福祉思想の形成」『社会福祉学』51(3)，2010年
「社会福祉における承認の重要性——A. ホネットの承認論を理論的基盤として」『社会福祉研究』111，2011年

MINERVA 社会福祉叢書㊷
福祉哲学の継承と再生
——社会福祉の経験をいま問い直す——

2014年３月20日　初版第１刷発行　〈検印省略〉

定価はカバーに
表示しています

著　者　中　村　　剛
発行者　杉　田　啓　三
印刷者　藤　森　英　夫

発行所　株式会社　ミネルヴァ書房
607-8494 京都市山科区日ノ岡堤谷町１
電話代表　(075)581-5191
振替口座　01020-0-8076

亜細亜印刷・新生製本

ISBN978-4-623-06970-5
Printed in Japan